Wer Freud Ideen gab
Eine systematische Untersuchung

Waxmann Verlag GmbH
Steinfurter Straße 555, 48159 Münster
info@waxmann.com

Psychotherapiewissenschaft
in Forschung, Profession und Kultur

Schriftenreihe der
Sigmund-Freud-Privatuniversität Wien

Herausgegeben von Bernd Rieken

Band 6

Die Sigmund Freud-Privatuniversität in Wien ist die erste akademische Lehrstätte, an der die Ausbildung zum Psychotherapeuten integraler Bestandteil eines eigenen wissenschaftlichen Studiums ist. Durch das Studium der Psychotherapiewissenschaft (PTW) wird dem Umstand Rechnung getragen, dass Psychotherapie eine hoch professionelle Tätigkeit ist, die – wie andere hoch professionelle Tätigkeiten auch – neben einer praktischen Ausbildung eines eigenen akademischen Studiums bedarf. Das hat zur Konsequenz, dass die wissenschaftliche Beschäftigung mit ihr nicht mehr ausschließlich den Nachbardisziplinen Psychiatrie und Klinische Psychologie mit ihrer nomologischen Orientierung obliegt, sodass die PTW als eigene Disziplin an Konturen gewinnen kann.

Vor diesem Hintergrund wird die Titelwahl der wissenschaftlichen Reihe transparent: Es soll nicht nur die Kluft, welche zwischen Psychotherapieforschung und Profession besteht, verringert, sondern auch dem Umstand Rechnung getragen werden, dass man der Komplexität des Gegenstands am ehesten dann gerecht wird, wenn neben den üblichen Zugängen der Human- und Naturwissenschaften auch Methoden und/oder Fragestellungen aus dem Bereich der Kultur-, Sozial- und Geisteswissenschaften Berücksichtigung finden.

Thomas Barth

Wer Freud Ideen gab

Eine systematische Untersuchung

Waxmann 2013

Münster / New York / München / Berlin

Bibliografische Informationen der Deutschen Nationalbibliothek

Die Deutsche Nationalbibliothek verzeichnet diese Publikation in
der Deutschen Nationalbibliografie; detaillierte bibliografische
Daten sind im Internet über http://dnb.d-nb.de abrufbar.

Gedruckt mit freundlicher Unterstützung der Österreichischen Forschungsgemeinschaft.

Diese Arbeit wurde 2011 von der Sigmund-Freud-Privatuniversität Wien im Fach
Psychotherapiewissenschaft als Dissertation angenommen.

Psychotherapiewissenschaft in Forschung, Profession und Kultur, Band 6

ISSN 2192-2233
ISBN 978-3-8309-2947-5

© Waxmann Verlag GmbH, Münster 2013

www.waxmann.com
info@waxmann.com

Umschlaggestaltung: Anne Breitenbach, Tübingen
Umschlagfoto: © Freud Museum London
Gedruckt auf alterungsbeständigem Papier,
säurefrei gemäß ISO 9706

Vorwort

Auch ein Genie entsteht nicht im luftleeren Raum. Von irgendwoher bekommt es einen primären Anstoß, absorbiert Ideen, die es kritisch und kreativ verarbeitet und reagiert auf Feedback, den es persönlich und/ oder virtuell von Zeitgenossen laufend erhält. Ein solches Netzwerk der Ideen, ihrer Diffusion und Verarbeitung zu entflechten ist für einen Forscher eine gigantische Aufgabe. Thomas Barth hat genau das mit Blick auf eine der zentralen Wissenschaftspersönlichkeiten und denkerischen Innovatoren des 20. Jahrhunderts auf sich genommen: Sigmund Freud. Dass dies an der SFU geschehen ist, mit ihren vielfältigen Ressourcen an Material zu den Entwicklungen der Psychoanalyse, stellt diese Forschungsarbeit noch in einen besonderen Rahmen.

„Wer Freud Ideen gab" wird umfassend ergründet und aufgeschlüsselt, zu welchem Zweck der Verfasser ganz wörtlich eine Datenflut von hunderten von Quellen verarbeitet hat, einem außerordentlichen Maß an wissenschaftlicher Selbstbeherrschung, die es ihm ermöglicht, präzise Relevantes unter den Daten hervor zu holen, Unsicheres zu identifizieren und in betörender sprachlicher Präzision – die an jene seines Forschungsobjektes überraschend erinnert – sein Thema darzustellen.

Thomas Barths Ansatz ist durch ein hohes Maß an Systematik gekennzeichnet, mit der er an seine Rekonstruktionen herangeht und die sich deutlich von früheren Ad-hoc-Versuchen anderer Autoren, etwa Henri F. Ellenberger (1970) die „Einflussquellen" auf Freuds Denken zu nominieren, unterscheidet. Immer wieder geht Barth daher methodisch auf die Gefahr der „Unschärfen bei der Bestimmung von Ideeneinflüssen" ein und eruiert in einem eigenen Kapitel (V) nicht weniger als 16 solcher Unschärfen, die aus verschiedensten Gründen entstehen können; z. B. durch den polymorphen Charakter von Ideeneinflüssen, durch kryptomnestische Phänomene, durch parallele Ideenverläufe, durch Ideen, die Allgemeingut einer Zeit sind, interpretatorische Missverständnisse, angebliche Verhüllungen Freuds (!) und die eigene, subjektive Betrachtungsweise des Forschers. Gerade dieses Kapitel demonstriert sehr deutlich die im höchsten Maße kritische und selbstkritische Vorgehensweise des Verfassers bei der Einschätzung seines Quellenmaterials.

Wie schon von anderer Seite, etwa von Stephen Jay Gould in seinem letzten Buch „I have landed" (2002) im Hinblick auf die Mythe vom Vatermord in Freuds „Totem und Tabu" und in seiner später entdeckten „phylogenetischen Phantasie" (Manuskript) hervorgehoben wurde, hält auch Barth den ideologischen Einfluss zweier aus der Biologie des 19. Jahrhunderts stammender Postulate bei Freud für wichtig: Lamarcks Ansicht einer Weitergabe individuell erworbener Verhaltensmerkmale durch Vererbung und Haeckels Hypothese der Rekapitulation phylogenetischer Entwicklungsstadien in der Ontogenese. Barth behandelt diesen Komplex an Fragen sehr innovativ, indem er zum Beispiel Lamarcks Ideen bis ins biogenetische Grundgesetz von Haeckel weiterverfolgt und die Ideengeschichte des ganzen Komplexes noch weiter zurückrollt. Dieses Kapitel ist eines der an Datenmaterial dichtesten Teile historischer Rekonstruktion des Ideeneinflusses auf Freud in diesem Buch.

Ergänzend zu dieser Thematik möchte ich erwähnen, dass bekanntlich anfangs der 1920er Jahre in der Psychoanalyse und ihrer Theorie eine stillschweigende, aber bedeutende interne Revolution stattfand, psychodynamisch u. a. ausgelöst durch den Abfall prominenter „Schüler" von Sigmund Freud kurz vorher und durch das Heranwachsen seiner jüngsten Tochter Anna zu einer späteren Analytikerin ersten Ranges und zu Freuds offensichtlichem wissenschaftlichen Nachfolger. Die Befähigung dazu demonstrierte sie dann mit ihrem Buch „Das Ich und die Abwehrmechanismen" (1936), das in einer sachten, unaufdringlichen, aber im Prinzip radikalen Weise die Schwerpunkte in ihres Vaters Denken umgestaltete.

In Reaktion auf Veränderungen und neue Verhältnisse, wie sie politisch und sozial nach dem Ende des 1.Weltkrieges zutage traten, die Reduktion des Habsburgerreiches auf „l'Autriche c'est ce qui reste" und analog dazu die Reduktion Freuds auf „celui qui reste" nach dem Verlust der Mitstreiter Jung und Adler, ging Sigmund Freud allmählich neue Wege, die ihn auch stärker in die Kulturwissenschaft, Soziologie und Kulturpsychologie führten. Beeindruckt von Gustave Le Bons „La psychologie des foules" und Douglas' „The Group Mind", veröffentlichte er 1921 seine Schrift „Massenpsychologie und Ich-Analyse". Zwei Jahre darauf folgte „Das Ich und das Es", in dem er das so genannte Strukturmodell psychischer Instanzen (Ich, Es und Über-Ich) postulierte. Bald danach beginnt sich deutlich Anna Freuds Einfluss auf ihren Vater abzuzeichnen, im Sinne einer sublimierten Übertragung im Anschluss an ihre eigene Lehranalyse bei ihrem Vater. Es kam zu einer Weiterentwicklung der psychoanalytischen Theorie von einer „Tiefenpsychologie" mit Schwerpunkt Es auf eine Wissenschaft der menschlichen Gesamtpsyche, in der das Ich zum prinzipiellen Anliegen des Therapeuten avancierte, so wie es Anna Freud dann 1936 in ihrem eigenen Buch propagierte. Es ist aus meiner Sicht nicht nur eindeutig, sondern auch psychologisch verständlich, dass Anna im letzten Lebensjahrzehnt ihres an Krebs erkrankten Vaters nicht nur verlässliche Betreuerin, sondern auch ein bedeutender, wenn nicht sogar der bedeutendste intellektuelle Einfluss auf Freud gewesen ist. Mit Recht bemerkt daher Barth, dass in der Kategorie „Familie" unter den Einflüssen, da die Zeit nur bis 1891 eingeschlossen war, spätere Ideeneinflüsse seiner Geschwister, vor allem aber vonseiten Anna Freuds nicht berücksichtigt sind (S. 128).

Bei einem detaillierten und umfangreichen Werk wie dem hier vorliegenden Buch „Wer Freud Ideen gab" gibt es somit kein wirkliches Ende der Forschung. Es ist wie eine „unendliche Analyse", um auf eine Schrift Freuds hinzuweisen. Jede erfolgreich abgeschlossene Arbeit stößt weitere Türen auf. Das ist gerade bei dem vorliegenden Werk unentrinnbar der Fall.

Gerhard Kubik

Inhalt

Einleitung

Jeder Idee liegen eine oder mehrere Ideen zugrunde. Die Grundlage für dieses Buch bildet meine Dissertation auf dem Gebiet der Psychotherapiewissenschaft an der Sigmund Freud Privatuniversität (SFU) Wien, die im Dezember 2011 abgeschlossen wurde. Die Idee zu dieser Dissertation stammte vom Rektor Prof. Alfred Pritz, der die Forschungsfrage „Wer gab Freud Ideen?" den Doktoratsstudenten und -studentinnen der Gruppe D an der Sigmund Freud Privatuniversität (SFU) Wien am 7.11.2009 als Dissertationsthema vorschlug und mir zur Bearbeitung übergab. Am 24.9.2010 wurde das Dissertationsprojekt im Rahmen des Doktorandenseminars der Gruppe D unter der Leitung von Univ. Prof. Dr. Dr. Bernd Rieken in einem Referat vorgestellt. Im Sommer 2011 wurde die Reinschrift ausgearbeitet. Um eine Reflexion der eigenen Subjektivität methodisch zu integrieren, wurde der Entstehungsprozess dieser Arbeit von Mag^a Christa Luger psychoanalytisch supervidiert.

Dieser Forschungsprozess ist hier abgebildet. Es handelt sich dabei weder um eine Biographie noch um das Bestreben, Freud neu zu interpretieren, zu analysieren oder etwaige Geheimnisse aus seinem Leben detektivisch aufzuspüren, sondern um einen methodischen Versuch, Einflüsse verschiedener Personen und Umstände auf seine Entwicklung von Ideen systematisch zu erforschen und damit einen psychotherapiewissenschaftlich relevanten Beitrag zur psychoanalytischen Ideengeschichte zu leisten. Dabei werden einige historische, ideengeschichtliche, entwicklungsgeschichtliche, biographische und psychoanalytische Themenkreise eingehend untersucht und miteinander in Beziehung gesetzt. Der dabei begangene Forschungsweg beginnt bei grundsätzlichen Überlegungen zur Forschungsfrage, verläuft über die Entwicklung und Anwendung einer dafür speziell abgestimmten Methodik und generiert Ergebnisse, die wiederum weitere Überlegungen anregen.

Unmittelbar mit dieser Arbeit verbundenen Dank gebührt Univ. Prof. Dr. Gerhard Kubik und Univ. Prof. Dr. Dr. h.c. mult. Alfred Pritz für die Betreuung der Dissertation, Mag^a Christa Luger für ihre Supervision, Dr. Susanne Ogris für das Redigieren des gesamten Manuskriptes (und so Vieles mehr!) sowie Elizabeth Anthony, M.S.W., Prof. Dr. Gerhard Fichtner, Dr. Heiko Lassek, Peter Swales und Karsten Worm.

Dank auch an die SFU für ihre Atmosphäre des interdisziplinären Denkens, repräsentiert u. a. durch Dr. Diana Braakmann, Dr. Dr. Gerhard Burda, Dr. Omar Gelo, Dr. Karl Golling, Univ. Prof. Dr. Giselher Guttmann, Felix de Mendelssohn, Mag^a Katharina Reboly, Univ. Prof. Dr. Johannes Reichmayr, Univ. Prof. Dr. Dr. Bernd Rieken, Univ. Doz. Dr. Brigitte Sindelar und Univ. Doz. Dr. Thomas Stephenson und an Beate Plugge, M. A. vom Waxmann Verlag.

Weiters möchte ich auch denjenigen Personen danken, die meine Entwicklung in früheren Jahren unterstützten. Dazu zählen u. a. Dr. Karl Schnürl, Mag. Friedrich Förstel, OSR Inge Faux sowie meine Eltern, Anna und Wolfgang Barth.

Dieses Buch sei all jenen gewidmet, die Interesse an der Psychoanalyse haben.

I. Charakteristika

1. Zur Arbeitsweise

In diesem Buch wird das Ziel verfolgt, einen psychotherapiewissenschaftlich relevanten Beitrag zur Erforschung der psychoanalytischen Ideengeschichte zu leisten, indem Einflüsse verschiedener Personen auf Freuds Entwicklung von Ideen systematisch untersucht werden.

Der Titel „Wer Freud Ideen gab" enthält bereits die Forschungsfrage „Wer gab Freud Ideen?" Unter „Ideen" sind alle jene Ideen zu verstehen, die mit Freuds Entwicklung der Psychoanalyse als Behandlungsmethode und Wissenschaft in Zusammenhang standen.

Das Forschungsgebiet umfasst Ideen von Personen, die entweder vor oder zu Freuds Lebenszeit (vom 6.5.1856 bis zum 23.9.1939) gelebt hatten, wobei zwei Bedingungen zu erfüllen sind: erstens der Nachweis von Ideen bzw. mit diesen Ideen in Beziehung stehenden Personen und zweitens der Nachweis, dass Freud zu jenen Ideen bzw. Personen Kontakt hatte. Außerhalb des Forschungsgebietes liegen damit alle anderen Entwicklungen der Psychoanalyse nach Freuds Tod, Ideen von Personen, zu denen Freud keinen nachweisbaren Kontakt hatte sowie die Umkehrung der Forschungsfrage („Wem gab Freud Ideen?").

Als wichtigstes Kriterium für die Nachweisbarkeit von Ideeneinflüssen in Freuds Werk soll hier die Validierung von Ideeneinflüssen durch Freud selber anhand von Zitaten aus seinen Originalschriften (der Primärliteratur) gelten. Wie speziell im fünften Kapitel dargestellt wird, sind Validierungen mit Unschärfen verschiedener Art verbunden (z. B. bedingt durch generelle Relativitäten der Bestimmbarkeit von Ideeneinflüssen, Attributionen anderer Autoren und die eigene Subjektivität).

In der Methodik deklariert sich, von welcher Ausgangsbasis aus über welche Wege zu welchem Ziel sich der Erkenntnisprozess in der Forschungsarbeit gestaltet. Um ideengeschichtliche Aspekte in Freuds Entwicklung der Psychoanalyse zu untersuchen, wurde eine qualitative Herangehensweise gewählt. Der Forschungsweg verläuft über die Untersuchung von Texten mit dem Ziel, Zugänge zu Ideeneinflüssen Freuds zu eröffnen. Der hier gewählte methodische Ansatz weist drei Aspekte auf:

Theoretische Aspekte

Die in dieser Arbeit verwendeten Quellen bestehen aus Literatur, die sich wiederum in drei Bereiche untergliedert. Den ersten und wichtigsten Bereich stellen Originalwerke von Freud dar, in denen seine wissenschaftlichen Ideen, seine Arbeitsweise und seine Positionen zur Psychoanalyse sowie seine Beziehungen zu Biologie, Psychologie, Philosophie, Psychiatrie, Medizin, Literatur, Geschichte, Kunst, Religion und Kultur erkennbar werden. Den zweiten Literaturbereich bilden

Originalwerke und Ideen anderer Personen, von denen Freud beeinflusst wurde. Um einen Einfluss dieser „Fremdtexte" auf Freuds Originaltexte erkennen zu können, ist eine ausreichende Kenntnis der Ideen und Konzepte anderer Autoren, auf die Freud direkt oder indirekt Bezug nimmt, Voraussetzung. Der Fokus der Untersuchungen verschiebt sich dann fallweise einen Schritt in die Vergangenheit zurück, hin zu den Quellen des Originalmaterials der jeweiligen Autoren, aus denen auch Freud Informationen gewinnen hätte können. Den dritten Bereich bilden Arbeiten von Autoren, die sich mit Ideeneinflüssen auf Freud auseinandersetzten. Diese sekundären Quellen können stark untereinander divergierende Aussagen der jeweiligen Autoren enthalten.

Empirische Aspekte

Für die Art und Weise, wie der Forschungsweg begangen wird, ist die Auswahl der dabei verwendeten Techniken und Instrumente von entscheidender Bedeutung. Bereits bestehende Verfahren qualitativer Forschung wie z. B. tiefenhermeneutische Verfahren oder Experteninterviews wurden hier nicht verwendet. Stattdessen wurden eigens für diese Arbeit ausgewählte bzw. neu konzipierte Modelle und Verfahren eingesetzt. Zur systematischen Rekonstruktion von Ideeneinflüssen in Freuds Werk wird ein Modell zur Bestimmung von Ideeneinflüssen vorgestellt, das als Instrument verwendet werden kann, um Ideenverläufe nachvollziehbar zu machen. Neben einigen exemplarischen Ideeneinflüssen in Freuds Werk (z. B. Brücke, Charcot, Abraham) werden damit speziell Ideeneinflüsse von Ernst Haeckel und Jean Lamarck auf Freuds Theoriebildung untersucht, aus denen gemeinsam mit Einflüssen anderer Personen eine „Sequenz entwicklungsgeschichtlicher Ideen" rekonstruiert wird.[1]

Die Datenerhebung erfolgte in allen drei erwähnten Literaturbereichen. Neben der konventionellen Methode der Textbearbeitung mittels Randnotizen und Exzerpieren wurden zwei Computerprogramme für die Datenerhebung und -auswertung verwendet. Die CD-ROM „Freud im Kontext" (2010) ermöglichte einen digitalen Zugriff auf Freuds Werke und gezielte Suchläufe nach frei wählbaren Begriffen innerhalb seiner Schriften. Aus Wörtern, aus denen sich ein Einfluss eines bestimmten Autors (z. B. Lamarck oder Haeckel) in einem Text Freuds erahnen ließ, wurden Suchbegriffe gebildet. Wie Signifikanten, die semantische Netze bilden, wurden diese Begriffe manchmal zu „Ideenfängern" in Freuds Texten. So konnten implizite Ideeneinflüsse jener Personen auf Freud erschlossen werden. Aufgrund mangelnder Aussagekraft rein zahlenmäßig ausgewiesener Ergebnisse in diesem Zusammenhang wurden die Suchergebnisse nicht quantitativ, sondern qualitativ interpretiert.

---

1 „Eine" Sequenz und nicht „die" Sequenz deshalb, da sie nach subjektiven Kriterien zusammengestellt wurde. Sie ist eines von vielen möglichen sekundären Konstrukten und nicht etwas, das Freud in dieser Form konzipiert hatte.

Mit einer Software, die strukturelle Verbindungen von Elementen untereinander visuell darstellbar macht, wurde während des gesamten Arbeitsprozesses kontinuierlich weiteres Datenmaterial gesammelt, gegliedert und vernetzt. Dadurch entwickelten sich weitverzweigte, baumartige Strukturen, innerhalb derer komplexe Bögen von Ideenverläufen erfassbar gemacht werden konnten, wie z. B. die eben erwähnte „Sequenz entwicklungsgeschichtlicher Ideen". Diese Strukturen sind Bestandteile einer „Freud-Matrix", die seit ihrer Entstehung am 22.1.2010 bis zum 17.8.2011 über einen Zeitraum von eineinhalb Jahren auf insgesamt 3,60 GB an Daten, 4195 Verzweigungen und 388 Hyperlinks heranwuchs. Durch seine offene Architektur diente dieses Datensystem während des Arbeitsprozesses als computergestützter Container zur Datensammlung, und als inspirierendes Instrument zur Generierung und Verknüpfung von Inhalten. Diese Freud-Matrix kann als eine Art entwicklungsgeschichtliches System, mit dem sich zwar nicht die Entwicklungen von Lebewesen, dafür aber die Entwicklungsverläufe von Ideen skizzieren lassen, verstanden werden.

Aspekte reflektierter Subjektivität

Aufgrund der Vielschichtigkeit, die sich aus dem Forschungsprozess mitsamt der in Erwägung zu ziehenden Unschärfen ergibt, kommt es nicht immer zu eindeutigen Antworten bezüglich Freuds Ideeneinflüssen. Zu versuchen, sich dieser Unschärfen bewusst zu werden, stellt einen wesentlichen Teil des Forschungsprozesses und der Forschungsergebnisse dar. Diese Grundeinstellung bildet den dritten methodischen Aspekt, den der „reflektierten Subjektivität".

Bliebe dieser Aspekt unbeachtet, wären unreflektierte Verzerrungen die Folge. Getrieben vom eigenen Begehren verschiedenster Art zum Thema Freud zu schreiben, könnten die erwähnten Unschärfen bei der Beantwortung der Forschungsfrage ausgeblendet werden – extrem gedacht – bis zu einem Ausmaß, in dem der Forschungsweg zu einem selbstgefälligen Wahnsystem mutiert, innerhalb dessen sich eine persönliche Agenda in Sachen Freud inszeniert. Dieser Möglichkeit eingedenk, wird eben diese reflektierte Subjektivität als kritische Betrachtung der eigenen Position im Verlauf des Forschungsprozesses berücksichtigt.

Im Sinne des Ethnologen und Psychoanalytikers Georges Devereux (1908-1985) bedeutet dies, sich den Einfluss persönlicher Verzerrungen auf das Forschungssubjekt bzw. das Forschungsmaterial kritisch-reflexiv bewusst zu machen und sich dessen bewusst zu bleiben.[2] Dazu zählen Übertragungsphänomene, die in Zusammenhang mit dem attraktiven Forschungssubjekt Freud, den Personen, die für ihn als Einflussquellen für Ideen infrage kommen (z. B. Fließ, Charcot, Jung, Lamarck, Goethe und Haeckel) sowie anderen Autoren, die über Freud Arbeiten

---

2   Devereux 1962 [1992].

geschrieben haben (z. B. Jones, Ellenberger, Gay), auftreten können.[3] Die Auswahl und Bearbeitung des Materials und der Methodik sowie interkulturelle Aspekte bilden weitere Bereiche, in denen unreflektierte affektive Reaktionen verzerrende Einflüsse bedeuten können und durch Selbstreflexion sowie Prozess begleitende psychoanalytische Supervision bewusst gemacht werden können.[4] Einen grundsätzlich selbstreflexiven Aspekt bietet auch eine methodische Perspektive namens „Ähnlich aber anders", die hier vorgestellt wird. Diese Perspektive eröffnet eine gleichzeitig integrierende und differenzierende Betrachtungsweise, die wie ein Filter vor eigenen unreflektierten Urteilen bezüglich des Einflusses von Ideen anderer Personen auf Freud bewahren kann.

Zusammenfassend enthält dieses Buch biographische und historische Elemente, die so zusammengestellt wurden, dass sie einen ausreichenden biographischen und historischen Kontext zur Beantwortung der Forschungsfrage abbilden können. Schriften von bzw. über Freud dienen dafür als Quellen und füllen den themenspezifischen Raum, in dem einige strukturelle bzw. ideengeschichtlich relevante Verhältnisse seiner Zeit skizziert werden. Der Schwerpunkt der Betrachtungen liegt auf Einflussquellen Freuds und deren Beziehungen zu seinen psychoanalytischen Ideen. Unter den Einflussquellen werden besonders die Arbeiten Lamarcks und Haeckels hervorgehoben, wodurch sich evolutionsbiologische bzw. morphologische Akzente ergeben.

Die Priorität bei der Beantwortung der Forschungsfrage liegt bei Freuds eigenen Validierungen von Ideeneinflüssen, die, soweit im Rahmen der Möglichkeiten erfassbar, aus seinen eigenen Schriften zitiert werden. Mit dem „Modell zur Bestimmung von Ideeneinflüssen" sowie der beiden softwarebasierenden Werkzeuge wird dafür eine Art „Reverse Engineering"-Technik angewendet, mit der versucht wird, etwaige Einflussquellen in Freuds Ideenentwicklung möglichst klar, kohärent und intersubjektiv nachvollziehbar zu bestimmen.

Somit verlaufen drei Prozesse in diesem Buch: der Prozess, Einflüsse und Entwicklungen von Ideen in Freuds Werk zu orten, der Prozess, damit verbundene Attributionen und Unschärfen verschiedenster Art in Betracht zu ziehen und der Prozess, dass der Verursacher dieser Unschärfen die am stärksten wirksame und gleichzeitig am unbedachtesten agierende Person sein kann: die eigene.

---

3   „Interessant, wie jedes bisschen Affektstimmung beim Autor den Ausblick einengt" (Freud an Abraham am 4.5.1915 in: Briefe [1965: 212]).

4   In diesem Kontext ist mit „interkulturell" verallgemeinernd der Unterschied der Atmosphäre in kulturellen, gesellschaftlichen, sozioökonomischen, politischen und wissenschaftlichen Belangen zwischen dem Wien der zweiten Dekade des 21. Jahrhunderts und dem Wien zu Freuds Zeiten gemeint.

2. Vorschau

Das mit dem Aufbau der Methodik verbundene zweite Kapitel beginnt mit einer Zusammenfassung einer Sammlung von insgesamt 20 Einflussquellen, die der Psychiater und Medizinhistoriker Henri F. Ellenberger (1905-1993) erstellte. Danach werden deren Probleme der Kategorisierbarkeit und der daraus resultierende Bedarf nach einer neuen Kategoriebildung aufgezeigt (S. 19). Wesentliche Kriterien dafür wie die Voraussetzung, dass Freud Kontakt zu Ideen hatte, aus dem sich ein nachweisbarer Ideeneinfluss durch mit jenen Ideen in Verbindung stehenden Personen ableiten lässt sowie die Frage nach einer Bestimmbarkeit von damit zusammenhängenden Ideenprozessen bei Freud ergeben sich aus einer detaillierten Aufschlüsselung der Forschungsfrage (S. 20).

Daraus abgeleitete Grundannahmen für Kriterien einer neuen Kategoriebildung (S. 21) führen zu einer Formulierung von fünf neuen Kategorien zur systematischen Bestimmung von Ideeneinflüssen (S. 22), die anschließend einzeln vorgestellt und in einem „Modell zur Bestimmung von Ideeneinflüssen" zusammengefasst werden (S. 24). Öfters in diesem Buch verwendete Begriffe wie „explizite Ideeneinflüsse", „implizite Ideeneinflüsse", „parallele Ideenverläufe" sowie die bereits erwähnte methodische Perspektive „Ähnlich aber anders" werden auf den Seiten 27 bis 30 vorgestellt.

Im dritten Kapitel, „Freuds Umfeld", wird versucht, den Raum zu rekonstruieren, innerhalb dessen sich Freuds Ideeneinflüsse und Ideenverläufe entwickelten. Strukturelle Bedingungen dafür werden in ihren zeit- und ideengeschichtlichen (S. 31-34) sowie biographischen Aspekten (S. 34-36) beschrieben. Freuds mit einer Vielfalt von Kontakten verbundene biographische Stationen bis zu seiner Praxiseröffnung in der Berggasse 19 werden komprimiert wiedergegeben (S. 37-40), ebenso wie eine von ihm zusammengestellte Auswahl seiner präferierten Bücher.

Das vierte Kapitel widmet sich der Bestimmung von Ideenverläufen in Freuds Denken und beginnt mit einer Beschreibung von Ideeneinflüssen, die sich durch den Einfluss seiner eigenen Familie entwickelt hatten (S. 41-44). In weiterer Folge werden Freuds Beschreibungen eigener vorbewusster Prozesse bei seiner Bildung von Ideen (ab S. 44) mit einem theoretischen Ansatz des französischen Mathematikers Henri Poincaré in Beziehung gesetzt (S. 46-48).

Danach werden mit Empedokles (S. 48-52) und Börne (S. 53-54) zwei von Freud validierte kryptomnestische Ideeneinflüsse beschrieben. Freuds „Ex-Post-Validierungen" von Attributionen anderer Personen hinsichtlich seiner Ideenverwandtschaften zu Personen wie z. B. Plato, Diderot und Ibsen untersucht.

Ernst von Brückes naturwissenschaftlicher Einfluss (S. 57-59) und der Einfluss von Jean- Martin Charcots Motto „ça n'empêche pas d'exister" (S. 59-61) wirkten sich nachhaltig auf Freuds Arbeitsweise aus, die in weiterer Folge auf den Seiten 61-66 thematisiert wird. Seine theoretischen und praktischen Modifikationen in der Entwicklung der Psychoanalyse stehen im Abschnitt „Ideen aus Notwendigkeit" im Vordergrund (S. 66-71).

Dass die Entwicklung der Psychoanalyse nach Freuds Angaben unabhängig von Pierre Janets Entdeckungen stattgefunden hatte, wird anhand einer Darstellung von parallelen Ideenverläufen zwischen Freud und Pierre Janet auf den Seiten 71-76 nachgewiesen. Auch bei Ähnlichkeiten zwischen Freud und Schopenhauer sind parallele Ideenverläufe zu verzeichnen (S. 77-79).

Einige Ideenverläufe Freuds, in denen er sich in seiner Studie „Zur Auffassung der Aphasien" (1891b) zur Lokalisationstheorie des Gehirns, damit auch zu Theodor Meynerts Ansichten, in Opposition stellte, werden auf den Seiten 79-91 rekonstruiert. Ein dialogischer Ideenverlauf zwischen Freud und Karl Abraham wird auf den Seiten 92-93 abgebildet.

Auf welche Weise Freud Raumerweiterungen der Psychoanalyse anstrebte und wie sich das Verhältnis aus Einflüssen (Input) zum Ertrag (Output) in der Entwicklung der Psychoanalyse gestaltete, wird ab der Seite 93 behandelt. Ein Beispiel dieser Raumerweiterung bildet Freuds Allianz mit Friedrich Salomo Krauss, die auf den Seiten 95-97 erläutert wird. Mit einem Vergleich zwischen der Einflussseite und der Ertragsseite der von Freud angestrebten Raumerweiterungen in seiner Entwicklung der Psychoanalyse endet das vierte Kapitel (S. 97-101).

Im fünften Kapitel werden insgesamt 16 verschiedene Arten von Unschärfen ermittelt, die bei der Bestimmung von Freuds Ideeneinflüssen auftreten können (S. 101-128). Eine Berücksichtigung dieser Unschärfen führt zu einer tendenziellen Zunahme an Komplexität bei deren Bestimmbarkeit.

Im sechsten Kapitel wird anhand der Originaltexte Lamarcks und Haeckels versucht, originale kontextuale Zusammenhänge zu rekonstruieren, die Einflüsse auf Freuds Ideenentwicklung bedeuteten. Nach einem Überblick aus der Sekundärliteratur (S. 129-136) werden einige Kernideen von Lamarck (S. 136-145) und Haeckel (S. 140-143) anhand ihrer Originalquellen extrahiert. Haeckels System aus Vererbungs- und Anpassungsgesetzen wird auf den Seiten 143-148 rekonstruiert.

Wie Haeckel Lamarcks Ideen in sein entwicklungsgeschichtliches System integrierte, wird auf den Seiten 156-159 beschrieben. Freuds und Haeckels gemeinsame Bezüge zu Schillers Metapher aus „Hunger und Liebe" bilden eine Brücke zwischen Haeckels System aus 21 Vererbungs- und Anpassungsgesetzen und Freuds erster Triebtheorie (S. 159-163). Diese gemeinsamen Bezüge entsprechen wiederum den beiden Grundtrieben Darwins.

Auch die Grundelemente zu Freuds zweiter Triebtheorie finden sich bei Haeckel über seinen Bezug zu den Grundkräften des Empedokles wieder (S. 164). Weitere interessante Ähnlichkeiten zwischen den Gedankengängen von Freud und Haeckel bestehen in Metaphern, die beide verwendeten, um darzustellen, wie Errungenschaften von Kopernikus und Darwin zur Zerstörung menschlicher Illusionen (vgl. Haeckel) bzw. zu narzisstischen Kränkungen der Menschen (vgl. Freud) führten (S. 164-165).

Im siebten Kapitel wird die Methodik vorgestellt, mit der eine „Sequenz entwicklungsgeschichtlicher Ideen" in Freuds Gesamtwerk erstellt wurde (S. 165-174). Eine Inhaltsübersicht dieser Sequenz (S. 172-178) schliesst das Kapitel ab. Danach beginnt im achten Kapitel die eigentliche Sequenz entwicklungsgeschichtlicher Ideen, die insgesamt 170 kommentierte Textstellen aus 60 Quellen Freuds über eine Schaffensperiode von 45 Jahren umfasst (S. 180-298).

An den letzten Punkt der Sequenz schließt eine Übersicht über die aus den Daten Freuds erhobenen und in der Sequenz gesammelten Bereiche einer „archaischen Erbschaft" an (S. 298-301), gefolgt von deren metapsychologischen Bestimmung. Das neunte Kapitel enthält die Forschungsergebnisse (ab S. 302) und endet mit einer Sammlung von Personennamen mit von Freud validierten Ideeneinflüssen (S. 307-314). Das zehnte Kapitel bietet einige Ausblicke auf weitere Forschungen und Synergien der Psychoanalyse mit anderen Wissenschaften, wie der Epigenetik und dem Ertrag dieses Buches für die Psychotherapiewissenschaft (S. 314-321). Ein Epilog bildet das elfte (S. 317) und ein Anhang mit Ausschnitten aus Goethes „Urworte. Orphisch" das zwölfte und letzte Kapitel (S. 323).

II. Methodisches

1. Einflussquellen Freuds nach Ellenberger

Henri Ellenbergers Standardwerk zur Geschichte der dynamischen Psychiatrie und zu den Wurzeln der Psychoanalyse „Die Entdeckung des Unbewußten" enthält ein Kapitel namens „Die Quellen Freuds".[5] Um den Überblick über diese weit gefächerte Zusammenstellung aller Quellen zu erleichtern, wird der bloß durch Absätze unterteilte Originaltext jenes Kapitels hier insgesamt 20 nummerierten Punkten zugeordnet. Die ursprünglichen Formulierungen werden bei Beibehaltung der Originalschreibweise unter Anführungszeichen gesetzt. Kontextergänzungen aus anderen Stellen desselben Buches werden gesondert zitiert.

1. „Freuds Persönlichkeit", die „erste und wichtigste Quelle jedes schöpferischen Menschen".

2. „Freuds unmittelbare Lehrmeister", wie Ernst von Brücke, Theodor Meynert, Sigmund Exner, Moritz Benedikt und Josef Breuer.

3. „Die Psychologie von Johann Friedrich Herbart" und dessen Einfluss auf Wilhelm Griesinger.

4. „Die romantische Psychiatrie" mit deren Vertretern Johann Christian Reil, Karl Wilhelm Ideler, Johann Christian August Heinroth, Heinrich Wilhelm Neumann.

5. „Die Wissenschaft von der Sexualpathologie", repräsentiert durch u. a. Charles-Édouard Brown-Séquard, Paul Julius Möbius, Leopold Sacher-Masoch, Richard von Krafft-Ebing, Havelock Ellis und Théodule Ribot.[6]

6. „Die psychologische Erforschung von Träumen" durch u. a. Karl Albrecht Scherner, Alfred Maury und Marie-Jean-Léon le Coc, Baron d'Hervey, Marquis de-Saint-Denis.[7]

7. „Die Erforschung des Unbewußten" mit „spekulativen Methoden philosophischer Traditionen von der Antike bis zu Gottfried Wilhelm Leibniz, Carl Gustav Carus und Arthur Schopenhauer, mit experimentellen Methoden durch u. a. Gustav Theodor Fechner, Francis Galton, Charles Richet, Michel-Eugène Chevreul und Frederick W. H. Myers sowie mit klinischen Methoden durch u. a. Charles Richet, Jean-Martin Charcot, Hippolyte Bernheim, Josef Breuer, Jules Héricourt, Pierre Janet und Théodore Flournoy.[8]

---

5 Ellenberger 1970 [2005: 742-760].
6 A.a.O.: 403-422.
7 A.a.O.: 422-433.
8 A.a.O.: 434-444.

8. „Die entlarvende Tendenz", eine Denkungsart die sich durch die „systematische Suche nach Täuschung und Selbsttäuschung" bzw. die „Aufdeckung der zugrundeliegenden Wahrheit" auszeichnet. Vertreter dieser Richtung waren u. a. Karl Marx, François de La Rochefoucauld, Friedrich Wilhelm Nietzsche und Henrik Ibsen.

9. „Die dynamische Psychiatrie" mit Einflüssen aus der hypnotischen Technik, zurückreichend bis Joseph Gassner, Franz Anton Mesmer und dem Marquis de Puységur.[9] Von der dynamischen Psychiatrie, deren Hauptvertreter Charcot sowie die Begründer der „Schule von Nancy" Ambroise-Auguste Liébeault und Hippolyte Bernheim waren, übernahm die Psychoanalyse „viel mehr als man allgemein glaubt". Neben der hypnotischen Technik waren dies: das Interesse an bestimmten Krankheitsbildern, „vor allem der Hysterie", Modelle der menschlichen Seele, wie z. B. die „Koexistenz von bewußter und unbewußter Psyche" oder „Bündel von Unter-Persönlichkeiten" sowie Konzepte von „seelisch-geistiger Energie" bzw. „der autonomen Aktivität von abgespaltenen Persönlichkeitsfragmenten". Ein weiteres Element war der „Rapport", das „wesentliche psychotherapeutische Werkzeug der Magnetiseure und Hypnotiseure". Die psychoanalytische „Übertragung" war eine der „vielen Metamorphosen" des Rapports.

10. „Der Einfluß von Pierre Janet".

11. „Der Einfluß der großen Dichter" (u. a. William Shakespeare, Johann Wolfgang von Goethe und Friedrich Schiller) sowie der Einfluss „unbedeutenderer Schriftsteller", wie Heinrich Heine, Ludwig Börne und Georg Christoph Lichtenberg.

12. „Die philosophischen Quellen Freuds" sind u. a. in Freuds „Psychologisierung" philosophischer Konzepte, seiner Kombination aus Szientismus und Atheismus und seiner Affinität zu Haeckels darwinistischer „Pseudoreligion" des „Monismus", von dem Freuds Denken „ganz durchdrungen" war, erkennbar.

13. „Der Einfluß von Charles Darwin", von dem Freud u. a. das Bild des in Horden lebenden, von einem grausamen Urvater tyrannisierten Urmenschen übernahm sowie, als Haeckels Beifügung zum Darwinismus, das „biogenetische Grundgesetz", das Freud „anscheinend als selbstverständlich gültig angesehen hat".

14. „Der Einfluß von Franz Brentano".

15. Der schwer aufspürbare „Einfluß der romantischen Philosophie", u. a. vertreten durch Goethe, Gotthilf Heinrich von Schubert, Johann Jakob Bachofen und Gustav Theodor Fechner.

---

9   A.a.O.: 89-120.

16. „Der Einfluß der Philosophen des Unbewußten", der die „größte Annäherung an die Psychoanalyse" bedeutete, wie Carl Gustav Carus, Eduard von Hartmann, „besonders" Arthur Schopenhauer und Friedrich Wilhelm Nietzsche.

17. Der „Einfluß von Freuds Patienten".

18. Der „Einfluß von Freuds Schülern". Freud übernahm „sicher viele Ideen", u. a. von Wilhelm Stekel, Alfred Adler, Sándor Ferenczi, Karl Abraham, Otto Rank, Herbert Silberer, Oskar Pfister und Carl Gustav Jung. Die Bestimmung des Ausmaßes ihrer Mitwirkung an Freuds Ideen ist „praktisch unmöglich" und „entzieht sich einer endgültigen Beurteilung".

19. Der „Einfluß der kabbalistischen Tradition" (Chassidismus, kabbalistisches Denken) auf Freud, wie ihn David Bakan (1958) angenommen hatte. Beweise, dass Freud jemals Schriften der jüdischen Mystik kennengelernt hat, existieren jedoch nicht.

20. Der „Einfluß des sexuellen Mystizismus", u. a. durch Schopenhauer, Wilhelm Fließ, Otto Weininger, Wassili Rosanow und Joseph Winthuis.

Im nächsten Schritt wird der Frage nachgegangen, ob sich aus diesen Punkten Kategorien bilden lassen, anhand derer eine systematische Bestimmung von Ideeneinflüssen auf Freud durchgeführt werden kann.

2. Bedarf nach neuen Kategorien

So umfassend Ellenbergers Zusammenstellung aller Quellen Freuds auch ist, so sehr ergeben sich dabei Irritationen bei der Kategorienbildung, die sich aus unklaren Zuordnungen, unterschiedlichen Gewichtungen und Doppelbelegungen der verschiedenen Quellen ergeben.

So gibt es eine Gruppe der „Philosophen" (Quelle Nr. 12) neben „Philosophen des Unbewussten" (Quelle Nr. 16), dann Gruppen, die zur Gänze Einzelpersonen zugeordnet sind (z. B. Quelle Nr. 10: Janet, Quelle Nr. 14: Brentano) und solche, die subjektiv gefärbte, abstrakte Begriffe (z. B. „sexueller Mystizismus") enthalten. Im weiteren kommen Personen vor, die in verschiedenen Quellen mehrfach genannt werden, z. B. Schopenhauer in Quelle Nr. 16 („Philosophen des Unbewussten") und Quelle Nr. 20 („Sexueller Mystizismus"). Bei einigen Gruppen fand tatsächlich ein von Freud validierter Einfluss statt (z. B. bei Freuds Lehrern der Quelle Nr. 2), bei anderen beruht ein angeblicher Einfluss auf Freud vor allem auf Attributionen eines Autors (z. B. beim Einfluss der kabbalistischen Tradition der Quelle Nr. 19). Weiters werden abstrakte Begriffe wie z. B. „sexueller Mystizismus" bezüglich ihres Einflusses so wie Personen behandelt.[10] Aus all diesen Grün-

---

10 Vgl. dazu den Einwand „Wir fragen uns aber auch, wie es dazu kommt, dass abstrakte Begriffe plötzlich wie Personen agieren" (Kubik 2007: 251).

den soll diese Art der Kategorisierung ab nun aufgegeben und nach neuen Möglichkeiten der Kategoriebildung gesucht werden.

Alternativ könnten alle Personen, die für einen Ideeneinfluss bei Freud infrage kommen, verschiedenen Gruppen wie: „Familie", „Freunde", „Ärzte", „Wissenschaftler", „Philosophen", „Lehrer", „Literaten", „Patienten", „Schüler" usw. zugeordnet werden. Aber auch hier ergeben sich Probleme, wie z. B. im Falle von Wilhelm Fließ: Fließ und Freud waren eine Zeit lang Freunde, die Freundschaft zerbrach aber später. Gleichzeitig war Fließ Arzt und Wissenschaftler. Oder im Falle von Anna Freud, die gleichzeitig Tochter, Schülerin und Mitarbeiterin Freuds war. Oder im Falle von Goethe, der unter anderem sowohl Literat als auch Naturphilosoph war. Diese alternative Kategorisierung würde die Probleme mehr verstärken als sie lösen. Auch daraus ergibt sich der Bedarf einer neuen Bestimmung und Ordnung der Kategorien mit dem Ziel, möglichst klare Kriterien dafür zu formulieren, um damit effizient und nachvollziehbar arbeiten zu können. Der nächste Schritt in diese Richtung besteht im Aufschlüsseln der Forschungsfrage.

3. Kriterien für neue Kategorien

Die Forschungsfrage „Wer gab Freud Ideen?" enthält verschiedene Aspekte, die nun näher betrachtet werden sollen. Der erste Aspekt beinhaltet die Frage nach einem Subjekt (Wer?). Der zweite Aspekt ist mit einer bestimmten Qualität, dem „Geben von Ideen" verbunden. Es besteht daher eine Verbindung eines Subjektes bzw. mehrerer Subjekte mit einem Einfluss auf Freud, der mit einem Geben, einem Annehmen, einem damit verbundenen Ideentransfer und einem sich daraus bildenden Entwicklungsprozess von Ideen zusammenhängt („Wer beeinflusste Freuds Entwicklungsprozesse von Ideen?"). Voraussetzung für einen Ideentransfer zwischen Freud und anderen Personen bzw. daraus resultierenden prozesshaften Ideenentwicklungen war Kontakt i. w. S. zwischen Freud und anderen Personen. Der dritte Aspekt bezieht sich auf die Qualität, die Art und Weise der Ideen, die sich dadurch entwickelten („Welche Ideen"?).

Der vierte Aspekt behandelt ein Verb, das sich auf einen Transfer von Ideen bezieht („gab"). Dies rührt an eine allgemeine Überlegung: Das Wort „geben" kann im Zusammenhang mit dem „Geben von Ideen" zu Missverständnissen bzw. Kränkungen führen, wenn „Ideen" mit einem Gegenstand gleichgesetzt werden, den man einer anderen Person „gibt", der dann nicht mehr zum Besitz der eigenen Person gehört. Eine Idee ist aber nicht „weg" im Sinne von „verloren", wenn eine andere Person mit ihr in Kontakt tritt, sondern sie hat, sofern sie verstanden bzw. angenommen wurde, nun auf eine neue Art und Weise Aufnahme im Denken einer weiteren Person gefunden.

Die Idee erfährt so bereits durch den Kontakt einer Person zu ihr und deren Denken Veränderungen, die sich gemäß von sich verändernden Repräsentanzen der jeweiligen Person (z. B. Unverständnis, Verständnis, Annahme, Ablehnung, Interpretation etc.) ausdrücken. Durch Kontakt mit einer Idee und einer daraus resultierenden Beziehung zu ihr können weitere Entwicklungsprozesse im Denken der jeweiligen Person stimuliert werden.

Im spezifischen Falle Freuds entwickelten sich innerhalb seiner Beziehungen zu anderen Personen Ideenprozesse, innerhalb derer Ideen gegeben, angenommen, übernommen, modifiziert und verworfen wurden. Diese Ideenprozesse waren wiederum mit einer Entwicklung von Ideen bei Freud verbunden, sofern Freud in jene Ideenprozesse involviert war, also Kontakt von ihm zu ihnen bestand. Der fünfte Aspekt in der Frage „Wer gab Freud Ideen?" behandelt Freud als „empfangendes Objekt" von Ideeneinflüssen anderer Personen, die, wie eben beschrieben, wiederum zur Bildung und Entwicklung von Ideen bei ihm selber führten.

Im nächsten Schritt werden die Subjekt-Objekt-Zuordnungen vertauscht. Dadurch verschiebt sich der Fokus der Betrachtung und die Forschungsfrage formuliert sich neu in: „Von wem nahm Freud Ideeneinflüsse an, um diese mit seinem eigenen Denken zu vernetzen?" Da bloß die Subjekt-Objekt-Zuordnungen vertauscht wurden, bleibt der Kontakt zwischen Freud und den Personen, von denen Ideeneinflüsse auf sein Denken stammten, erhalten. Dieser Kontakt ist Grundvoraussetzung für einen Ideentransfer zwischen Freud und jenen Personen.

Die nun aufgeschlüsselte Forschungsfrage lautet, dass das Forschungssubjekt Freud mit bestimmten Personen in einer Art von Beziehung stand, die – jeweils individuell verschieden – mit einer Art von Einfluss auf Ideen absorbierende bzw. Ideen generierende Prozesse bei Freud in Verbindung standen. Voraussetzung dafür ist, wie erwähnt, die Nachweisbarkeit, dass Freud zu Personen bzw. deren Ideen Kontakt hatte und die Frage, ob und wie es möglich sein kann, daraus resultierende Ideenprozesse bei ihm zu rekonstruieren. Die Untersuchung dieser Kontakte und der mit ihnen verbundenen Prozesse ist Aufgabe dieser Arbeit. Die dafür benötigten, neuen Kategorien sollen vier Kriterien entsprechen.

1. Ideen stellen sich im Denken, Wirken und Interagieren von Personen dar.

2. Ideen sind mit dem Begriff „Kontakt" verbunden. Ohne Kontakt zu einer Idee ist keine Beziehung zu ihr, kein Einfluss durch sie, kein „Inter-esse" an ihr (im wörtlichen Sinne von „dazwischen sein" gemeint) und daher keine Interaktion mit ihr möglich.

3. Aus dem Zusammenwirken der ersten beiden Punkte ergibt sich, dass eine Idee auf eine Art und Weise etwas Dynamisches, etwas sich wie ein Organismus prozesshaft Entwickelndes ist. Sie kann un- bzw. vorbewusst ihre Bahnen ziehen oder an der Oberfläche des Bewusstseins auftauchen. Sie ist in Bewegung und kann sich durch Denken bzw. Ausdruck formen und modifiziert werden. Sie kann wiederum anderen Ideen zugrunde liegen, sich mit anderen Ideen verbinden bzw. wiederum neue Ideen generieren. Sie kann verworfen werden oder, bei Mangel von Kontakt zu anderen Personen, die sie mitdenken, nachdenken oder weiter entwickeln können, in Vergessenheit geraten. Weiter anthropomorphisierend formuliert: Ideen sind dann „lebendig", wenn mit ihnen etwas geschieht: wenn sie gedacht, ent-

wickelt oder verworfen werden, wenn sie sich mit anderen Ideen verbinden, wenn sie in Taten umgesetzt werden, mit der Realität in Kontakt kommen, sie formen und von ihr geformt werden.

Eine ungedachte Idee ist im wörtlichen Sinne undenkbar, denn bereits der Gedanke an eine ungedachte Idee wäre ein Ausdruck einer Idee. Ideen leben (scheinbar), wenn sie gedacht werden, sie sterben (scheinbar), wenn sie nicht in Kontakt mit Personen stehen und dadurch in Vergessenheit geraten. Sie erstehen (scheinbar) wieder, wenn sie aus dem Vergessen heraus wieder in den Bereich des Denkbaren geraten und wieder gedacht werden können, z. B. wenn sie mit dem Denken einer Person in Kontakt, Beziehung und Verbindung treten.

4. Unter der Vielfalt aller denkbaren Ideen sollen nur diejenigen hier berücksichtigt werden, die nach subjektiven Kriterien des Verfassers für Freuds Entwicklung der Psychoanalyse relevant waren. Innerhalb des hier zu Verfügung stehenden Rahmens wird nur ein Teil jener Gedanken erfasst werden können. Aus diesen vier Kriterien ergeben sich fünf miteinander zusammenwirkende Kategorien, mit denen Ideeneinflüsse systematisch untersucht werden können.

4. Neue Kategorien zur Bestimmung von Freuds Ideeneinflüssen

Kategorie I: Einflüsse aus Freuds familiärem Umfeld

Diese Kategorie enthält den Einfluss von Personen aus dem familiären Umfeld (Ursprungsfamilie und gegründete Familie) auf Freud. In dieser Kategorie wird gesammelt, welche biographischen Ereignisse (z. B. aus Freuds Kindheit und Jugend) Einfluss auf Freuds psychoanalytische Theoriebildung hatten. Diese Kategorie ist für Freuds Theoriebildung insofern von Wichtigkeit, da sie z. B. Freuds Traumtheorie betrifft. Personen aus dieser Kategorie sind in Freuds Methode der Traumdeutung nicht nur in den manifesten, sondern auch in den latenten Trauminhalten von Bedeutung (z. B. Freuds verdrängte Kindheitserlebnisse mit primären Bezugspersonen). Mitglieder von Freuds Familie waren die ersten Personen, mit denen Freud in Kontakt und daraus resultierenden direkten interaktionären und Ideen bildenden Prozessen in Beziehung gestanden hatte.[11] Wie Freud Erfahrungen mit den Bezugspersonen seiner Familie verarbeitet und synthetisiert hatte (z. B. durch Freuds psychoanalytische Technik der Traumdeutung) wird der Kat. IV („Freuds Denken und wissenschaftliche Arbeitsweise") zugeordnet.

---

11 Eine Ausnahme von diesen direkten Interaktionen bilden die Ahnen von Freuds Familie, die, obwohl sie nicht zu Freuds Lebenszeit gelebt hatten, der Kategorie I zugeordnet werden.

Kategorie II: Ideeneinflüsse von Personen zu Freuds Zeit

Hier werden alle Personen erfasst, bei denen die grundsätzliche Möglichkeit eines wechselseitigen Kontaktes mit einem damit verbundenen Transfer von Ideen für Freud gegeben war. Sie enthält alle Personen außerhalb von Freuds Familie, die während seiner Lebenszeit vom 6. Mai 1856 bis zum 23. September 1939 ebenfalls am Leben waren (Zeitgenossen und Zeitgenossinnen). Bezüglich der Forschungsfrage bedeutet das, dass nur eine Person, die mit Freud gleichzeitig am Leben war, ihm aktiv eine Idee „geben" konnte (zum Beispiel durch persönliche Gespräche und Korrespondenz). Gleichzeitig besteht hier aber auch die Möglichkeit eines wechselseitigen Ideentransfers mit damit verbundenen „dialogischen Ideenverläufen", wie beispielsweise in Freuds Korrespondenzen mit Fließ, Jung, Abraham, Ferenczi u. a. Ebenso konnte Freud eine mit ihm in Kontakt stehende Person aus Kat. II (ebenso wie eine Person aus Kat. I) bitten, ihm Ideen zu „geben" und so von ihnen Ideen an- bzw. übernehmen.[12]

Kategorie III: Ideeneinflüsse von Personen vor Freuds Zeit

Dieser Kategorie werden alle Personen, die vor Freuds Zeit, d. h. bis zum 6. Mai 1856 gelebt hatten und nicht genealogischer Teil seiner Ursprungsfamilie waren, zugeordnet. Diese Personen konnten Freud aktiv keine Ideen „geben", da es zu Freud keinen grundsätzlich möglichen wechselseitigen Kontakt gab. Wohl aber konnte er sich von ihnen Ideen „entnehmen" oder „entlehnen" oder von ihnen „inspiriert werden" wie z. B. durch das Lesen ihrer Werke oder indirekt über den Kontakt über seine Familie (Einfluss aus Kat. III „via" Kat. I) oder Zeitgenossen (Einfluss aus Kat. III „via" Kat. II). Diese Kategorie erlaubt die Metapher, dass Ideen (durch Kontakt und Beziehung zu ihnen durch lebende Personen) „weiterleben" können, auch wenn die an der Entstehung und Aufzeichnung beteiligten Personen längst gestorben sind. Ideen leben solange, solange sie gedacht werden können. Sie sind so lange verfügbar, solange sie in überlieferbarer Form erfasst und erhalten geblieben sind (z. B. durch Aufzeichnung), decodierbar sind (verständlich) und Kontakt zu ihnen möglich ist (z. B. durch Interesse, Kenntnis und Zugriffsmöglichkeit).

Kategorie IV: Freuds Denken und wissenschaftliche Arbeitsweise

Hier werden alle Ideen zur Entwicklung der Psychoanalyse, die von Freud durchdacht, konzipiert und ausformuliert wurden, seine Interessen und Arbeitsweise, seine eigene Anwendung der Technik der freien Assoziation bzw. der Selbstreflexion gesammelt. Dabei ist die Frage nach dem „Wie" ausschlaggebend, d. h. wie

---

12 Ein Beispiel für diese Art der Ideenübernahme ist in Zusammenhang mit Freud und Abraham im vierten Kapitel ab S. 92 zu finden.

Freud seine Ideen entwickelte. Einflüsse damit verbundener Ideenverläufe, die mit anderen Personen oder Ideen in Zusammenhang standen, können fallweise Elemente aus allen anderen Kategorien (I-V) enthalten.

Kategorie V: Sonstige Einflüsse

Diese Kategorie umfasst z. B. Mythen und Sagen, denen keine, mit ihnen in unmittelbarer Verbindung stehenden Autoren zugeordnet werden können sowie kulturelle Einflüsse und Prägungen durch Religionen, Traditionen, Bräuche, Folklore, Redensarten u. dgl.[13] Die Verbindung der Ideenverläufe zu Freuds Denken (Kat. IV) kann entweder direkt geortet werden (IV-V) oder durch Überträger dieser Ideen aus den Kategorien I-III (Einflüsse von V „via" I-III).

Basierend auf diesen fünf Kategorien werden einige Ideeneinflüsse und Ideenverläufe Freuds rekonstruiert. Die Reihenfolge ihrer Bestimmung verläuft so, dass mit Kat. IV (Freuds Denken) begonnen wird und zur rechten Seite hin, beginnend mit dem Freud am nächsten gelegenen Kontaktpunkt, die jeweilige Kategorie, aus der ein Einfluss, wie er z. B. durch Validierung Freuds aus seinen Schriften hervorgeht, stammt, angereiht wird.[14] Aus verschiedenen kumulativen Einflüssen, die einzelnen Kategorien zugeordnet werden können, lassen sich so Ideenverläufe skizzenhaft nachzeichnen.

Die Bestimmung eines Ideeneinflusses eines Mythos (Kat. V), der z. B. von Otto Rank (Kat. II) Freud (Kat. IV) mitgeteilt wurde, ergibt einen Ideenverlauf von „IV-II-V". Der Mythos wurde Freud „via" Otto Rank mitgeteilt. Der Einfluss eines von einem antiken Dichter (z. B. Sophokles, Kat. III) aufgezeichneten Mythos (Kat. V) auf Freud ist als Ideenverlauf in der Reihenfolge „IV-III-V" bestimmbar (Ödipus „via" Sophokles).

Die einzelnen Kategorien werden im nächsten Schritt in einem Modell grafisch dargestellt. Danach werden wesentliche, hier öfters verwendete Begriffe, die mit der Bestimmung von Ideeneinflüssen und -verläufen in Zusammenhang stehen sowie die methodische Perspektive „Ähnlich aber anders" besprochen.

---

13 Freuds vielschichtiges Verhältnis hierzu wird z. B. in der Schrift „Die jüdische Tradition in Freuds Werk" (2006) von Felix de Mendelssohn eingehend behandelt.

14 Wenn Freud beispielsweise mit einer Idee (z. B. einem Mythos, Kat. V) durch eine Person (z. B. Rank, Kat. II) in Kontakt kam, dann war Rank in diesem Fall der Kontaktpunkt Freuds zu jener Idee.

5. Modell zur Bestimmung von Ideeneinflüssen

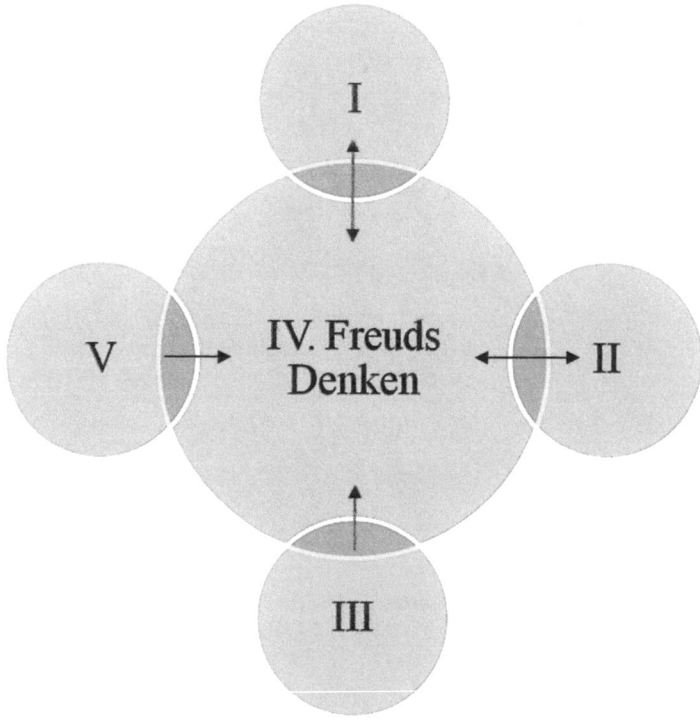

Abb. 1: Modell zur Bestimmung von Ideeneinflüssen

Legende:

Kategorie I: Einflüsse aus Freuds familiärem Umfeld[*]

Kategorie II: Einflüsse von Ideen von Personen zu Freuds Zeit[*]

Kategorie III: Einflüsse von Ideen von Personen vor Freuds Zeit

Kategorie IV: Freuds Denken und wissenschaftliche Arbeitsweise

Kategorie V: Sonstige Einflüsse

---

[*]   Die Doppelpfeile indizieren die prinzipielle Möglichkeit dialogischer Ideenverläufe zwischen Freud und anderen Personen aus den jeweiligen Kategorien I und II.

Erwähnenswert ist ein zusätzlicher Nutzen dieses Modelles, der darin besteht, daß es nicht nur auf Freud angewendet werden kann, sondern universell einsetzbar ist. Somit werden Einblicke in die Vergangenheit von Ideenverläufen – sofern die einzelnen Elemente der Kategorien nachvollziehbar sind – möglich. Dies bedeutet, daß jeder Person, die zur Zeit Freuds oder davor gelebt hatte, wiederum Einflüsse aus diesen fünf Kategorien zugeordnet werden können, wobei die Kat. IV immer auf das „Denken i. w. S." der jeweiligen Person bezogen ist.[16]

Eine allgemeine Formulierung der Kategorien lautet:

Kat. I: Familienmitglieder der jeweiligen Person (Vorfahren, Ursprungsfamilie und gegründete Familie bzw. deren Einflüsse aus den Kat. I-V)

Kat. II: Einflüsse von Zeitgenossen der jeweiligen Person (bzw. deren Einflüsse)

Kat. III: Einflüsse von Menschen, die vor der Lebenszeit der jeweiligen Person gelebt hatten (bzw. deren Einflüsse)

Kat. IV: Das Denken der jeweiligen Person selber (bzw. deren Einflüsse)

Kat. V: Sonstige Einflüsse

Ideeneinflüsse und Ideenverläufe können daher – soweit nachvollziehbar – ad infinitum in die Vergangenheit hinein gedacht werden, was z. B. bei der Erfassung von Ideenverläufen i. w. S., die von Generation zu Generation tradiert werden (z. B. Symbole, Rituale) dienlich sein kann. Als Gedankenexperiment kann vorgestellt werden, dass sich dadurch weitverzweigte, tief in die Vergangenheit zurückreichende Ideenverlaufsreihen abbilden können. Damit verbunden ist auch die Annahme, dass jeder Idee, auch wenn sie noch so neu erscheinen mag, irgendeine andere Idee vorausgegangen ist.

Dieselben fünf Kategorien des Modells können auch zur Selbsterfahrung oder für die klinische Arbeit, z. B. als individuelles Schema zur Bestimmung von Ideenverläufen, Beziehungsstrukturen, persönlichkeitsentwickelnden Einflüssen zur Erforschung von Objektbeziehungen eines Patienten dienlich sein. In diesem Zusammenhang passt es auch zu Freuds Gedanken aus den „Drei Abhandlungen zur Sexualtheorie" (1905d), dass für die Psychoanalyse nicht die Genese, sondern die Beziehung zu einem Objekt das Wesentliche ist.[17]

---

16 Bsp: Aus Freuds Perspektive (IV) war Abraham eine Person aus Kat. II. Wäre Abraham aber im Fokus der Betrachtungen, wäre er selber die Person der Kat. IV („Abrahams Denken"), die nach demselben Schema mit allen anderen, auf seine eigene Person bezogenen Kategorien in Beziehung stand (Kat. I: Abrahams Familie, Kat. II: Abrahams Zeitgenossen (z. B. Freud), Kat. III: Personen, die vor Abrahams Zeit lebten und Kat. V: sonstige Einflüsse).

17 Vgl. Freud 1905d [G.W., V: 82 Fn 12].

5.1 Explizite und implizite Ideeneinflüsse

Ein expliziter Einfluss einer Idee einer Person kann dann in Freuds Schriften geortet werden, wenn dieser Einfluss durch Freud direkt validiert wurde, z. B. durch Zitation des Namens einer Person bezüglich ihres Ideeneinflusses. Dieser direkten Validierung von Ideeneinflüssen durch Freud selber wird hier Priorität gegeben, da sie ein Korrektiv zu – potentiell ins Phantasmatische gehenden – Unschärfen durch Attributionen anderer Autoren bezüglich Freuds Ideeneinflussquellen bzw. Ideenverläufen bildet. Als Verfasser dieses Buches ist es die Aufgabe, ex post Belege bei Freud zur Validierung zu finden, die diese Klarheit gewährleisten können. Bedingt durch die eigene Subjektivität kann diese Suche nach Klarheit paradoxerweise aber zu weiteren Unschärfen führen.

Ein impliziter Einfluss einer Idee einer Person in Freuds Schriften wird dann bestimmt, wenn dieser Einfluss nicht durch einen Beleg in Freuds Schriften direkt validiert werden kann. Die Beurteilung eines impliziten Einflusses einer Person oder Idee auf Freuds Werk ist noch komplizierter und anfälliger für subjektiv gefärbte Attributionen anderer Autoren (Sekundärliteratur) als die Beurteilung expliziter Ideeneinflüsse, da sich durch mangelnde direkte Validierungen Freuds zusätzliche Unschärfen bei der Bestimmung ergeben. Gleichzeitig bedeutet es aber nicht, dass nur, weil ein Ideeneinfluss einer Person nicht durch Freud validiert wurde, dieser Einfluss nicht doch stattgefunden hat. Es ist realistisch davon auszugehen, dass Freud nicht bei jeder seiner Ideen, die auf der Idee einer anderen Person aufbaut, jedes Mal darauf durch Zitation hingewiesen hatte, welchen Ursprung und Entwicklungsgang eine Idee bei bzw. vor ihm durchlaufen hatte.

5.2 Parallele Ideenverläufe

Von parallelen Ideenverläufen, d. h. voneinander unabhängig verlaufenden Ideen wird dann gesprochen, wenn Ideen von anderen Personen entwickelt wurden, die denen von Freud zwar ähnlich waren und den Eindruck erwecken könnten, dass er auf sie aufgebaut hatte, aber Freud keinen oder erst zu einem späteren Zeitpunkt stattfindenden Kontakt zu ihnen hatte. Hier bildet folglich der Nachweis eines Kontaktes von Freud zu einer Idee einer Person das entscheidende Kriterium, da es ohne Kontakt zu einer Idee einer Person nicht zu einem Ideeneinfluss bei Freud kommen konnte. Gibt Freud z. B. an, zu Ideen einer Person keinen Kontakt gehabt zu haben (z. B. im Fall von Pierre Janet, S. 71-76), soll dies hier als ein von Freud validierter, paralleler Ideenverlauf gelten. Grundsätzlich können Attributionen anderer Autoren aus der Sekundärliteratur davon Abweichendes behaupten, was wiederum mit Unschärfen bei der Bestimmung von Ideeneinflüssen verbunden ist.

Die Aussage „Ähnlich aber anders" soll dann vorgenommen werden, wenn – wie am Beispiel von Freud und Empedokles (S. 48-52) oder am Beispiel von Freud und Schopenhauer (S. 77-79) gezeigt wird – zwar gewisse, von Freud validierte Übereinstimmungen von Ideen beider vorliegen, diese Übereinstimmungen aber nicht zu einer verallgemeinernden Beurteilung führen sollen, die in den Bereich von vorschnell generalisierenden „Nichts anderes als"-Zuordnungen fallen.

Die Anwendung dieser methodischen Perspektive kann sich für jene Komplexitäten eignen, auf die Wilfried Datler & Thomas Stephenson (1999) aufmerksam machen: Eine Idee steht erstens immer im Zusammenhang mit den Elementen des mit ihr in Verbindung stehenden Theoriegebäudes. Zweitens ist ein Übernehmen einer Idee von einem Theoriegebäude in ein anderes Theoriegebäude immer mit Bedeutungsverschiebungen bezüglich der kontextualen Beziehungen der Elemente des neuen Theoriegebäudes verbunden. Eine der Möglichkeiten, dies zu berücksichtigen, ist die Gewahrwerdung dieser Komplexität, damit verbunden eine grundsätzliche Bereitschaft, mit den verschiedenen Komplexitäten der miteinander verglichenen Systeme sorgsam umzugehen.

Die Perspektive „Ähnlich aber anders" berücksichtigt sowohl eventuelle Ähnlichkeiten als auch Differenzen zwischen Ideen in jeweils verschiedenen Theoriegebäuden. Datler und Stephenson vertreten z. B. die Ansicht, dass der Begriff des Rapports (Janet) nicht mit dem der Übertragung (Freud) gleichzusetzen ist, da „ein wissenschaftlicher Fachbegriff seine Bedeutung erst durch seine Verbindung mit den anderen Elementen einer Theorie erhält" (ebd.). Zu diesen anderen Elementen einer Theorie zählen z. B. verschiedene Grundannahmen und Erklärungsmodelle (wissenschaftstheoretische, erkenntnistheoretische, anthropologische), unterschiedliche Handlungskonzepte sowie unterschiedliche Erklärungen diagnostischer und therapeutischer Techniken (ebd.). Jeder Begriff ist in diesem Kontext und der adäquaten Kenntnis desselben zu verstehen. Wird der Versuch gemacht, einen Begriff daraus zu verschieben, etwa um ihn in ein anderes Theoriegebäude zu übernehmen, werden dadurch auch die jeweiligen Bedeutungszusammenhänge mit verschoben.

Ebenso steht der Autor eines Theoriegebäudes genauso in sozialer, kultureller und historischer Beziehung zu seiner eigenen Umwelt, die wiederum Einfluss bezüglich mancher Tendenzen des Wahrnehmens und Bearbeitens von Problemzusammenhängen nimmt (vgl. ebd.).

Bezüglich eines Vergleiches der Verwendung des Begriffes „Rapport" (Janet) und des Begriffes „Übertragung" (Freud) stellt sich die methodische Perspektive „Ähnlich aber anders" folgendermaßen dar: Rapport und Übertragung sind vergleichbare Phänomene (ähnlich), die aber in jeweils anderen Zusammenhängen (den Methoden Janets bzw. Freuds) von unterschiedlicher Gewichtung und Bedeutung sind (anders).

Durch diese methodische Perspektive wird es möglich, differenziertere Betrachtungen anzustellen, da sowohl die Bedeutung der einzelnen Elemente, sowie deren dynamische Korrelationen innerhalb eines komplexen theoretischen Systems als auch die Beziehungen mehrerer komplexer theoretischer Systeme zueinander berücksichtigt werden können. Dieser Begriff lässt sich so wie ein Filter verwenden, der vor voreiligen generalisierenden bzw. spaltenden Tendenzen bei der Beobachtung von Phänomenen schützt. Er umgeht vorschnelle Schlüsse, die durch sowohl „Nichts anderes als"-Zuordnungen (die mögliche individuelle Differenzen ignorieren würden) als auch durch „Ganz anders als"-Zuordnungen (die mögliche Gemeinsamkeiten ignorieren würden), erfolgen könnten.

„Ähnlich aber anders" steht nicht nur zu den eben erwähnten Sensibilitäten von Kontextbezügen in Verbindung, sondern auch zu morphologischen bzw. vergleichend-anatomischen Blickweisen von Goethe bzw. Haeckel:

> *„Eine innere und ursprüngliche Gemeinschaft liegt aller Organisation zugrunde; die Verschiedenheit der Gestalten dagegen entspringt aus den notwendigen Beziehungsverhältnissen zur Außenwelt, und man darf daher eine ursprüngliche, gleichzeitige Verschiedenheit und eine unaufhaltsam fortschreitende Umbildung mit Recht annehmen, um die ebenso konstanten als abweichenden Erscheinungen begreifen zu können".[18]*

Ein weiterer, damit in Verbindung stehender Gedanke Goethes lautet:„Die Erscheinung ist vom Betrachter nicht losgelöst, vielmehr in die Individualität desselben verschlungen und verwickelt".[19] Beide Ideen drücken das gleichzeitig Gemeinsame („das Ähnliche") als auch das Individuelle („das Andere") unter Berücksichtigung von Kontextbezügen (z. B. Umwelt) und dem subjektiven Erleben des Betrachters im Rahmen einer stetig fortschreitenden Entwicklung aus. Modellhaft lässt sich diese Perspektive als Kontinuum abbilden:

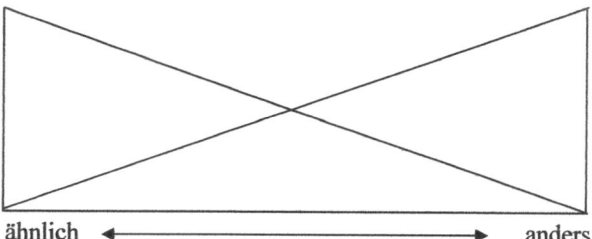

ähnlich ⟵⟶ anders

Abb. 2: Die methodische Perspektive „Ähnlich aber anders"

In diesem Kontinuum können die Bezüge zwischen „ähnlich" und „anders" so gedacht werden, dass innerhalb der Pole möglicher Extremvarianten („ganz gleich" bzw. „ganz anders") vielfältige Schattierungen möglich sind, die sowohl ein Erkennen von Ähnlichkeiten als auch von Unterschieden innerhalb eines fein diffe-

---

18   Goethe 1824, zit. n. Haeckel (1906: 351).
19   Goethe 1833 [1994: 435].

renzierten Spektrums zulassen. Durch diese Blickweise ist es möglich zu berücksichtigen, dass eine Idee bereits durch Kontakt mit einer Person Modifizierungen (wenn auch minimaler Art) erfährt, die sich aus Unterschieden der subjektiven Wahrnehmung, Interpretation, Kontextverhältnissen etc. ergeben. Somit ist es auch möglich, Unterschiede wahrzunehmen, ohne dadurch Ähnlichkeiten zu ignorieren bzw. Ähnlichkeiten wahrzunehmen, ohne dabei etwaige Unterschiede außer Acht zu lassen.[20]

So wertvoll die methodische Perspektive des „Ähnlich aber anders" (bzw. des „Anders aber ähnlich") für differenziertere Betrachtungen und integrativere Beurteilungen sein kann, da sie eventuellen Unschärfen bezüglich zu schneller, generalisierender Urteile vorbeugt, bietet sie dennoch keine Garantie zur Eliminierung von Unschärfen.

Dies ist mit der Annahme verbunden, dass zwei Personen zur selben Idee gleichzeitig ähnliche und unterschiedliche, individuell ausgeprägte Assoziationen bilden.[21] Dieselbe Idee wird von unterschiedlichen Personen jeweils individuell „anders" rezipiert und repräsentiert.[22]

Durch die verschiedenen individuellen Denkprozesse (jeweils Ausdrücke der Kat. IV) der beiden Personen mit jeweils damit enthaltenen Phantasien und Attributionen erfährt eine Idee bereits durch den Kontakt mit ihr Modifikationen in der jeweiligen Repräsentanz. Die individuell unterschiedlichen Repräsentationen einer Idee können aber für beide Personen gleichzeitig „ähnlich genug" sein, sodass die interindividuell unterschiedlichen Ausformungen dieser Idee in den Hintergrund treten und die Überzeugung, dass beide im Wesentlichen über ein- und dieselbe Idee mit intersubjektiv weitgehend übereinstimmenden Ansichten kommunizieren, im Vordergrund steht. Die Repräsentationen beider Personen sind daher zwar von Beginn an – wenn auch nur minimal – „anders", werden aber dennoch als „ähnlich genug" erlebt. Überwiegen aber die Differenzen, da Ähnlichkeiten der Vorstellungen zur selben Idee nicht intersubjektiv erlebt werden, dann wird das von beiden Personen als „anders" Wahrgenommene dementsprechend auch als (ganz) „anders" erlebt und als nicht „ähnlich genug" bewertet.

Die wesentlichen methodischen Elemente wurden damit eingeführt und werden von nun an zur Bestimmung von Freuds Entwicklung von Ideen angewendet.

---

20 So sind unterschiedliche Interpretationen desselben Textes untereinander sowohl auf eine Weise ähnlich (da sie sich auf denselben Text beziehen) als auch in ihrer Eigenart anders (Interpretation, Stil etc.).

21 Ein Beispiel dafür bietet der Rorschach-Test, bei dem jeweils ähnliche, aber auch gänzlich verschiedene Assoziationen zu zehn Bildern bei verschiedenen Personen zu verschiedenen Zeiten zu beobachten sind.

22 Z. B. unterschiedliche Vorstellungen zu Begriffen, wie „Psyche", „Ich", „Unbewusstes" etc.

III. Freud und sein Umfeld

1. Zeit- und ideengeschichtliche strukturelle Bedingungen

Bei allen vorhin erwähnten fünf Kategorien, speziell in der Kategorie IV (Freuds Denken), sind komplexe Einflüsse struktureller Bedingungen, wie z. B. der jeweilige zeitliche, kulturelle, politische, sozioökonomische, wissenschaftliche und biographische Kontext von Bedeutung. Strukturelle Bedingungen, die zu Freuds Zeit stattgefunden hatten, werden hier nicht genauer untersucht, sollen aber hier kurz umrissen werden.

Der Ursprung der Psychoanalyse kann Ellenbergers Betrachtungen nach nicht verstanden werden, ohne einige wissenschaftliche Strömungen ab Ende des 19. Jahrhunderts zu berücksichtigen. Dazu gehören die Wissenschaft von der Sexualpathologie, die psychologische Erforschung von Träumen, die Erforschung des Unbewussten und die „entlarvende Tendenz", eine Geisteshaltung, die für die Aufdeckung einer zugrunde liegenden Wahrheit durch systematisches Suchen nach Täuschung, Selbsttäuschung und damit verbundener Zerstörung von Illusionen steht. Vertreter dieser Art des Denkens waren u. a. Karl Marx, Arthur Schopenhauer, Friedrich Nietzsche und Henrik Ibsen.[23] Der Psychoanalytiker Eduard Hitschmann (1871-1957) drückte diese Denkweise in einem Vortrag am 11. Januar 1930 im Wiener Goethe-Verein mit folgenden Worten aus: „Dieses 20. Jahrhundert, das uns soviel Schmerzliches gebracht hat, ist gleichzeitig ein wunderbares Zeitalter mit seinem neuen Geist, dem Wahrheitsstreben und der Tatsachenliebe, vor allem auch in der Psychologie".[24]

Frank Sulloway betont einen hohen Grad an „unsichtbarem"[25] Einfluss von Darwins (1809-1882) evolutionsbiologischem Denken auf Freud[26] und seine gesamte wissenschaftliche Generation, u. a. auf Herbert Spencer[27] und Ernst Haeckel.[28] Dieser Einfluss war so extensiv, dass Freud wahrscheinlich selbst nicht wusste, wie viel er insbesondere dieser intellektuellen Quelle wirklich schuldete.[29]

---

23 Ellenberger 1970 [2005: 746f.].

24 Hitschmann 1932: 4.

25 „Darwin's high degree of „invisible" influence was especially true for the sciences of man, which were soon suffused with Darwinian and rival lines of evolutionary thinking" (Sulloway 1979 [1992: 239]).

26 Neben Darwin traten nach der Rückkehr Freuds von seiner zweiten Englandreise im Frühsommer 1875 weitere britische Wissenschaftler, wie John Tyndall (1820-1893), Thomas Huxley (1825-1895), Charles Lyell (1797-1875) und Joseph Norman Lockyer (1836-1920) in den Vordergrund seines Interesses (vgl. Gay 1988 [2006: 42]). Alle genannten Wissenschaftler entsprechen der Kategorie II (Freuds Zeitgenossen).

27 Z. B. Spencers universelles, vom Simplen (Homogenen) zum Komplexeren (Heterogenen), über fortschreitende Differenzierungen wirkendes Prinzip des „law of organic progress" (vgl. Spencer 1865: 3).

28 Sulloway 1979 [1992: 239]).

29 Im Original: „how much he really owed to this one intellectual source" (a.a.O.: 275).

Darwins Ideen durchdrangen die ganze, sich damals entwickelnde Psychologie der kindlichen Entwicklung, verstärkten die immense Wichtigkeit der Sexualität im damaligen Verständnis der Psychopathologien und machten Freud auf die vielfältigen Möglichkeiten eines „historischen Reduktionismus", der Rolle der Vergangenheit als Schlüssel zur Gegenwart, aufmerksam. Sie bildeten auch die Grundlage für Freuds fundamentale Konzeptionen der infantilen erogenen Zonen, der menschlichen psychosexuellen Entwicklungsstadien, der Fixierung und der Regression, der archaischen Natur des Unbewussten sowie der psychischen Mechanismen in Freuds allgemeiner Theorie der Psychopathologie.[30]

Mario Erdheim akzentuiert den Wandel gesellschaftlicher Vorstellungen bezüglich Individualität und Subjektivität als wesentliche Grundvoraussetzung für Freuds Entwicklung der Psychoanalyse.[31] Auch Eli Zaretsky hebt Aspekte des Wandels hervor. Durch die sich allmählich vollziehende gesellschaftliche Trennung zwischen „allgemeiner Kultur" und „individueller Psyche" während der „zweiten industriellen Revolution" (1880-1920) eröffnete sich ein bis dahin unbekannter persönlicher Erfahrungsraum. Verbunden mit einem neuen Verständnis von geistiger und seelischer Tiefe in den Bereichen Kunst, Philosophie und Politik wurde die persönliche Identität zum „Problem und Projekt", für das die Psychoanalyse „Theorie und Praxis" mit ihrer grundlegenden Idee eines dynamischen und *persönlichen Unbewußten*[32] lieferte.[33]

Aus Wilhelm Hemeckers Perspektive bildete im Deutschland des 19. Jahrhunderts der Übergang von der Naturphilosophie zu den Naturwissenschaften den größeren wissenschaftsgeschichtlichen Kontext. Während in England die Begriffe Naturwissenschaft und Philosophie schon seit längerer Zeit als gleichbedeutend angesehen worden waren, wurde in Deutschland streng zwischen Philosophie und Naturwissenschaften getrennt. Daher wurde die Bezeichnung „Naturphilosophie" für einen wissenschaftlich arbeitenden Naturforscher, wie es in England allgemein üblich war, in Deutschland nur von wenigen anerkannt.[34] Freud vereinigte hart aufeinanderstoßende gegensätzliche Positionen in sich, wie den Pantheismus Goethes und Haeckels, die Religion seiner jüdischen Umwelt, die Religionskritik Feuerbachs, den Irrationalismus Schopenhauers, Eduard von Hartmanns und Nietzsches sowie die positivistische Wissenschaftlichkeit Brückes und der Wiener Medizinischen Schule. Aus diesen Sedimenten formte er „wie die Hauptgestalt eines gewaltigen Entwicklungsromans" vor dem Hintergrund der enormen geistigen Bewegungen des Fin de Siècle mit der Psychoanalyse ein neues, eigenes System.[35]

---

30 Vgl. a.a.O.: 275f.
31 Vgl. Erdheim 1988 [1994: 176]).
32 Im Original kursiv.
33 Vgl. Zaretsky 2004 [2009: 16-18]).
34 Vgl. Hemecker 1991: 14.
35 Vgl. a.a.O.: 74.

Der in Wien geborene amerikanische Psychoanalytiker und Neurowissenschaftler Eric Kandel hebt neben Freud weitere Personen der Wiener Moderne hervor, die das Denken über die Psyche um die Jahrhundertwende revolutioniert hatten: Den Mediziner und Leiter des Allgemeinen Krankenhauses Carl von Rokitansky (1804-1878), die Künstler Gustav Klimt (1862-1918), Oskar Kokoschka (1886-1980) und Egon Schiele (1890-1918), sowie den Arzt und Schriftsteller Arthur Schnitzler (1862-1931). Ihnen gemeinsam war die von Darwin beeinflusste Ansicht, dass der Mensch kein rationales, sondern ein zum wesentlichen Teil von unbewussten Trieben bestimmtes Wesen ist.[36]

Charakteristisch für das Wesen des „Fin de Siècle" war, neben einem außerordentlichen Interesse der Öffentlichkeit an psychologischen Problemen und der Suche nach neuen Systemen der Psychotherapie eine Atmosphäre der Aufbruchstimmung in eine neue Ära, begleitet von umfassenden wissenschaftlichen und technischen Fortschritten".[37]

Die Polaritäten dieser Bewegungen wurden u. a. von dem britischen Naturforscher Alfred Russell Wallace (1823-1913), der unabhängig von Darwin Ideen zur Evolutionstheorie, wie z. B. die Bedeutung von Umwelteinflüssen auf divergente Entwicklungen von Lebewesen, entwickelt hatte, in seinem Buch „The Wonderful Century. Its Successes and Failures" (1898) dargestellt. Er prognostizierte darin nicht nur u. a. eine allgemeine Anerkennung der Hypnose und der Seelenforschung, sondern nannte auch die „drei großen Geißeln des 19. Jahrhunderts" beim Namen. Der „Dämon der Gier", die „Ausplünderung der Erde" und der „Vampir des Krieges" verursachten eine ungeheure Zunahme von Not, Plünderung, Zerstörung und Ausrottung ganzer Eingeborenenbevölkerungen in der Welt und verdüsterten die Aussichten auf das 20. Jahrhundert.[38]

In Verbindung mit einer kolonialistischen Sicht der Welt entwickelte sich in England und den Vereinigten Staaten in der zweiten Hälfte des 19. Jahrhunderts der ethnologische Ansatz des „unilinearen Evolutionismus", der auf zwei Grundannahmen beruhte. Erstens: Alle Kulturen durchlaufen dieselben Stadien der Entwicklung. Zweitens: Die Entwicklung aller Kulturen verläuft vom „Einfachen zum Komplexen", wobei die Kriterien für den kulturellen Entwicklungsfortschritt durch ethnozentrische Kulturstandards gebildet wurden. Zu den Autoren, deren unilinear-evolutionistische Ideen u. a. auch Sigmund Freuds „Totem und Tabu" (1912-13a) mit beeinflussten, zählten u. a. der britische Anthropologe Sir Edward Burnett Tylor („Primitive Culture", 1871), der amerikanische Anthropologe Lewis Henry Morgan („Ancient Society", 1877) und der schottische Anthropologe Sir James Frazer („Totemism", 1887; „The Golden Bough", 1890). Eine chauvinistische Anspruchshaltung auf eine kulturveredelnde Vormachtstellung der eigenen Nation

---

36 Vgl. Kandel 2012: 16f.
37 Vgl. Ellenberger 1970 [2005: 1033]).
38 Vgl. a.a.O.: 444f.

nach dem „stammverwandten" britischen Vorbild wurde auch in Deutschland vertreten, wie z. B. in Haeckels „Indischen Reisebriefen" (1883):

> *„Statt daher die Erweiterung und Verstärkung der britischen Weltherrschaft grollend mit den Augen des Neides anzusehen, sollten wir von ihrer klugen Politik lernen, deren Erfolge der ganzen civilisirten Menschheit zu gute kommen. Hätte Deutschland, dem Bespiele des stammverwandten England folgend, rechtzeitig Colonien gegründet, wie anders könnte der veredelnde Einfluß der deutschen Cultur sich in der Welt geltend machen; wie viel größer würde unser Vaterland dastehen!".*[39]

Durch die Einflüsse unilinear-evolutionistischer Ideen seiner Zeit ließ sich Freud nicht zu Aussagen dieser Art verführen, sondern schlug andere Wege ein. Ausgehend von einem „Axiom einer universellen Gültigkeit psychoanalytischer Theoreme" stellte er einen grundsätzlich gemeinsamen Bezug zum „Primitiven" i. w. S. bei sogenannten „Normalen", „Neurotikern", „Urmenschen" und „Wilden" her, wodurch Begrifflichkeiten, wie „Krankheit" oder „Kulturzugehörigkeit" relativiert bzw. überschritten wurden.[40]

2. Biographische strukturelle Bedingungen

Sigmund Freud wurde als Sigismund Schlomo Freud am 6.5.1856 als drittes Kind des jüdischen Textilkaufmanns Jakob Freud und als erstes gemeinsames Kind aus dessen zweiter Ehe mit Amalia, geb. Nathanson, geboren. Beide Elternteile Freuds waren Juden, die einer langen Familiengeschichte der Assimilation in der deutschen Kultur, unterbrochen durch Flucht vor antisemitischen Verfolgungen, entstammten. In seinem vierten Lebensjahr erfolgte der Umzug der Familie von der mährischen Kleinstadt Freiberg (Příbor), nach Wien, der Metropole der damaligen Donaumonarchie (vgl. Freud 1925d: 34).

Ernest Jones erwähnt Freuds „faustischen Wissensdrang" und seine ungewöhnliche Fähigkeit des abstrakten Denkens, das er „ganz in den Dienst der Wirklichkeit stellte".[41] Zu den zwei Faktoren biographischer Einflüsse auf Freud zählen Freuds traurige Erfahrungen seiner Kindheit und Jugend sowie der Kontrast zwischen der Hochschätzung durch seine Familie, verbunden mit den großen Hoffnungen, die man in ihm setzte, und der niedrigen Stellung, die Freud in der Außenwelt einnahm.[42] Mit großen Männern, wie Leonardo da Vinci, Moses und Shakespeare, denen gemeinsam war, dass sich bei ihnen Fragen bezüglich ihrer Identität stellten

---

39 Haeckel 1883: 354f.
40 Kubik 2004: 98f.
41 Jones, 1953 [Bd. I, 1984: 49].
42 Jones, 1957 [Bd. III, 1984: 390].

– das, was Freud als „Familienroman" bezeichnet hatte – identifizierte er sich „vielleicht zum Teil".[43]

Christfried Tögel nennt drei biographische Quellen der Triebkräfte, die maßgeblich zu Freuds Ehrgeiz und seinem Streben nach Erfolg beigetragen hatten: Freuds jüdische Herkunft, „die leistungsmotivierend wirkte", die angespannte finanzielle Lage seiner Herkunftsfamilie, resultierend in seinem Wunsch, „diese Misere zu überwinden, um eine Familie gründen zu können" und Freuds Identifikationen mit Personen, „die es zu Macht und Ruhm gebracht hatten".[44] Identifikationen, z. B. mit Hannibal, Oliver Cromwell und Ödipus, bildeten eine natürliche Synthese mit Freuds Wunschvorstellungen: „Freud-Hannibal nimmt Rache an denen, die ihn und seinen Vater erniedrigt hatten, Freud-Cromwell baut ein Weltreich auf und Freud-Ödipus findet die Lösung wissenschaftlicher Rätsel als den Weg, der zu diesem Ziel führt".[45]

Für Ellenberger bedeutet die eigene Persönlichkeit die erste und wichtigste Quelle eines schöpferischen Denkers. Freud hatte ein langes Training an intellektueller und emotionaler Disziplin hinter sich.[46] Durch seine intellektuelle Neugier und psychologische Intuition, seine vorzügliche Beherrschung der Muttersprache und sein lebhaftes Interesse am heimlichen Leben der Menschen hatte er die Qualitäten eines großen Schriftstellers. Als „guter Träumer" besaß er dadurch auch die Fähigkeit, Werke wie „Die Traumdeutung" mit seinen eigenen Traumproduktionen illustrieren zu können.

Unter dem Einfluss seiner „schöpferischen Krankheit"[47] schuf er die „wichtigsten Lehrsätze" der Psychoanalyse.[48] Edgar Stanley Hyman (1954) erwähnt fünf bedeutende Faktoren in der Entwicklung Freuds: Der Erstgeborene, der Liebling seiner Mutter, der verwöhnte „Gelehrte", der Stolz seines Vaters und der Liebling seiner Lehrer.[49] Kontrastierend dazu betont Bernd Nitzschke Freuds lebenslange Suche nach einem Vater.[50] Hans Martin Lohmann bezieht sich auf Lacans Begriff

---

43 A.a.O.: 496.

44 Tögel 1994: 33.

45 A.a.O.: 32.

46 Vgl. Ellenberger 1970 [2005: 641].

47 Dieser Begriff, im französischen Original „La Maladie créatrice" genannt, wurde von Ellenberger im Jahr 1964 vorgestellt (Ellenberger 1964). Die Diagnose einer „schöpferischen Krankheit" erstellt Ellenberger Freud vor allem zwischen 1894 bis 1900, während der Periode seines intensiven Austausches mit Wilhelm Fließ. Psychosomatische und neurotische Symptome verbanden sich mit Freuds enormen intellektuellen und schöpferischen Anstrengungen, sein Konzept der Psychoanalyse in seiner Selbstanalyse und seiner klinischen Arbeit auszuarbeiten. Unduldsamkeit von Kritik, Entwertung und Verachtung sowie Überempfindlichkeit und Misstrauen gegenüber Vorgesetzten und Kollegen, die er als Rivalen in der Priorität seiner Ideen angesehen hatte, kombinierten sich mit Gefühlen äußerster Isolierung. Nachdem Freud die „Vaterfiguren" Brücke, Meynert, Breuer und Charcot hinter sich gelassen hatte, „bahnte er sich einen Weg in eine unbekannte Welt" (vgl. a.a.O.: 610f.).

48 A.a.O.: 743.

49 A.a.O.: 634.

50 Vgl. Nitzschke 1998: 201.

der „Vatermetapher" und ortet einen determinierenden Einfluss des „Namens des Vaters" auf Freuds Leben und wissenschaftliches Werk.[51] Dazu zählten symbolische Väter wie der Rätsellöser und Vatermörder Ödipus, der Gesetzgeber und Führer Moses sowie Freuds „nachträglicher Gehorsam" gegenüber jüdischer (wie Jakob Freud, Josef Breuer, Samuel Hammerschlag) und wissenschaftlich-politischer Paternalität, wie der Jean-Martin Charcots, Oliver Cromwells und Ernst von Brückes. Der „Name des Vaters" wurde von Freud weitergegeben und verdichtete sich in allen Namen seiner Kinder.[52] Weiters wird auf das Verhältnis Freuds zu seiner eigenen durch zwei Schwangerschaften, zwei Geburten und zwei Todesfälle belasteten Mutter und Freuds schmerzhaft erlebter Trennung von seiner Kinderfrau im dritten Lebensjahr hingewiesen. Diese Einflüsse spielten einerseits nach dem Tod seines Vaters in Freuds Krise um 1896/ 97 eine Rolle bei der „Erfindung"[53] der Psychoanalyse und resultierten andererseits in seiner auffälligen Identifizierung mit Männern mit zwei Müttern wie Ödipus, Leonardo da Vinci, und Moses.[54]

Ilse Grubrich-Simitis vermutet drei Faktoren der Entwicklung von Freuds Kreativität. In seinen Talenten und frühkindlicher Entwicklung ist sowohl eine angeborene Hochbegabung als auch eine erworbene ambivalente Beziehung zur Mutter erkennbar. Diese „mitgebrachte Hochbegabung" zeichnet sich durch den ersten Faktor, Freuds Talent zur „Herstellung komplexer neuartiger Zeichenkombinationen" inklusive eines „trennscharfen Sinnes für Rhythmus, Form, Material" aus. Der zweite Faktor setzt sich aus einem „Stück geglückter anfänglicher Bemutterungserfahrung", aus der heraus sich „basale Ichstrukturen als Voraussetzung von Symbolisierung, Sublimierung und Frustrationstoleranz ausbilden können", zusammen. Den dritten Faktor bilden Freuds „traumatische Verlust- und Diskontinuitätserlebnisse in der Beziehung zum zunächst verlässlichen Primärobjekt vor der Etablierung der Selbst-Objekt-Differenzierung" mit daraus resultierenden frühen seelischen Verwundungen und Vernarbungen. Dies führte bei Freud zu einem relativen Durchlässigbleiben der Ichgrenzen, wodurch der „Wahrnehmungsspielraum im Hinblick auf das Unbewusste wie auf die äußere Realität" zum Preis von „lebenslanger psychischer Fragilität" vergrößert wurde.[55]

---

51 Die „Vatermetapher" steht für das lacansche Postulat des „nom-du-père" („der Name-des-Vaters"), das mit der im Französischen gleichklingenden Doppelbedeutung „non-du-père" („das Nein-des-Vaters") spielend den symbolischen und den legislativen Vater miteinander verbindet. Aus der Perspektive Lacans ist Freud ein Ausdruck der Vatermetapher: „Freuds ganze Untersuchung läuft darauf hinaus: Was bedeutet es, ein Vater zu sein?" (Lacan, Seminar IV, zit. nach Fink 1997 [2005: 260]).
52 Vgl. Lohmann 2006: 119f.
53 Im Original unter Anführungszeichen.
54 A.a.O.: 9.
55 Grubrich-Simitis 1993: 106.

3. Biographische Stationen Freuds in den Jahren 1865-1891

An dieser Stelle werden Stationen aus Freuds Ausbildungsjahren, verbunden mit Kontakten mit Personen der Kategorie I (Familie) und II (Zeitgenossen) mit einer Vielfalt an prägenden Einflüssen, die auf Freud auf dem Weg zu seiner „Bemühung um die Neurosen"[56] gewirkt hatten, chronologisch verdichtet dargestellt.

Freuds bereits früh in seiner Kindheit durch seine Eltern Jakob (1815-1896) und Amalia (1835-1930) trotz schwieriger finanzieller Umstände geförderte Entwicklung[57] ermöglichte es ihm schon in frühen Jahren, sich selbstständig[58] Wissen auf verschiedenen Gebieten anzueignen.[59] Von seinem zehnten Lebensjahr an begann 1865 der naturwissenschaftliche Einfluss des Naturhistorikers und Botanikers Alois Pokorny (1826-1886) am Leopoldstädter Realgymnasium.[60] Samuel Hammerschlag (1826-1904), der Freud in Religion und Hebräisch unterrichtete, war ihm ein „väterlicher Freund und Förderer".[61] Zu seiner schriftlichen Matura übersetzte der Klassenprimus u. a. 33 Verse der ihm bereits aus seinem privaten Studium vertrauten Ödipussage von Sophokles (497/496-406/405 v. Chr.).[62] Am 1.5.1873 eröffnete Freud seinem Jugendfreund Emil Fluß, nicht Jura zu studieren, sondern „Naturforscher" zu werden.[63] Von Darwin angezogen, hörte Freud (wahrscheinlich)[64] am 8.3.1873 eine Vorlesung des populären vergleichenden Anatoms und Professors für Zootomie" Carl Brühl (1820-1899). Brühls Vortrag des Goethe zugeschriebenen Hymnus „Die Natur"[65] veranlasste Freud, Medizin zu inskribie-

---

56   Freud 1927a [G.W., XIV: 291].

57   „Obwohl wir in sehr beengten Verhältnissen lebten, verlangte mein Vater, daß ich in der Berufswahl nur meinen Neigungen folgen sollte" (1925d [G.W., XIV: 34]).

58   Z. B. durch das Studium der „Philippsonschen Bibel" (vgl. 1900a [G.W., II-III: 589]).

59   „Frühzeitige Vertiefung in die biblische Geschichte, kaum daß ich die Kunst des Lesens erlernt hatte, hat, wie ich viel später erkannte, die Richtung meines Interesses nachhaltig bestimmt" (Freud 1925d [1936: 7]).

60   Hemecker zufolge entstammten die ersten psychologischen Einflüsse auf Freud der Psychologie Johann Friedrich Herbarts aus der am Gymnasium verwendeten dritten Auflage von Gustav Adolph Lindners „Lehrbuch der empirischen Psychologie als inductiver Wissenschaft", 1872 (vgl. Hemecker 1991: 12).

61   Freud verfasste einen Nachruf auf Hammerschlag, der im Morgenblatt der „Neuen Freien Presse" am 11.11.1904 abgedruckt wurde („Professor S. Hammerschlag [Nachruf]", 1904e).

62   Vgl. Brief von Freud an Emil Fluß vom 16.7.1873 in: Briefe [1980: 6] sowie Freud – Marlé 2006: 48. Der von Sophokles verfasste Mythos des Ödipus (Kat. V) bedeutet einen Ideeneinfluss von (Kat. V) „via" Sophokles (Kat. III) auf Freuds Denken (IV). Der Ideenverlauf lautet: IV (Freud) – III (Sophokles) – V (Ödipus).

63   „Ich werde Einsicht nehmen in die jahrtausendealten Akten der Natur, vielleicht selbst ihren ewigen Prozeß belauschen und meinen Gewinn mit jedermann teilen, der lernen will" (zit. nach Gay 1988 [2006: 34]).

64   Dieser Termin ist Hemeckers Ansicht nach von allen möglichen der „wahrscheinlichste", da Freud Emil Fluß bereits am 17. März 1873 davon berichtete (Hemecker 1991: 92).

65   Dieser naturphilosophische Aufsatz war ab der zweiten Auflage aus dem Jahr 1870 in Ernst Haeckels „Natürlicher Schöpfungsgeschichte", aus der Brühl vorgetragen hatte, abgedruckt (vgl. Hemecker 1991: 15).

ren.[66] Dem an der Wiener Universität herrschenden Antisemitismus fand sich Freud bereits 1873 im Alter von 17 Jahren überraschend ausgesetzt, woraus seine „oppositionelle und vom Urteil einer konformen Mehrheit unabhängige Haltung" resultierte.[67]

Im Januar des Jahres 1875 plante er, das Wintersemester in Berlin zu verbringen, um dort Vorlesungen von Hermann von Helmholtz (1821-1894), Emil Du Bois-Reymond (1818-1896) und Rudolf Virchow (1821-1902) zu hören. Er blieb aber in Wien, wo unter dem Einfluss seines Freundes Joseph Paneth (1857-1890) und des Philosophen Franz Brentano (1838-1917) der Entschluss reift, Doktor der Philosophie und Zoologie zu werden. Wie er seinem Jugendfreund Eduard Silberstein am 7.3.1875 mitteilte, verehrte und bewunderte er Ludwig Feuerbach unter allen Philosophen am meisten.[68] Vom Juli bis August 1875 besuchte Freud seine Halbbrüder Emanuel und Philipp in Manchester. Im Frühjahr 1876 arbeitete er beim Zoologen Carl Claus (1835-1899) am Institut für vergleichende Anatomie an der Universität Wien. Damit verbunden waren ein Stipendium für zwei Forschungsreisen nach Triest sowie seine erste Publikation „Beobachtungen über Gestaltung und feineren Bau der als Hoden beschriebenen Lappenorgane des Aals" (1877). Von Oktober 1876 an, arbeitete er gemeinsam mit Sigmund Exner (1846-1926) und Ernst Fleischl von Marxow (1846-1891) als Assistent im Wiener Labor des Physiologen Ernst von Brücke (1819-1892). Von August bis September 1878 forschte er im Labor des Pathologen Salomon Stricker (1834-1898) zum Thema der „Nerven der Speicheldrüse und die Speichelsekretion bei Hunden".[69]

Am 30.3.1881 promovierte er mit 25 Jahren zum „Doktor der gesamten Heilkunde" an der Universität Wien. In dasselbe Jahr fällt auch seine Zeit am Chemischen Institut in Wien beim Physiologen Carl Ludwig (1816-1895). Ab 31.7.1882 trat er mit 26 Jahren als „Secundarius aspirans" in das Wiener Allgemeine Krankenhaus in die Abteilung für Innere Medizin bei Hermann Nothnagel (1841-1905) ein. Vom Herbst 1882 bis Herbst 1885 arbeitete er drei Jahre lang als Demonstrator im Laboratorium von Theodor Meynert (1833-1892). Vom 12.4.1882 bis 30.4.1883 war er Aspirant im Bereich der klinisch anatomischen Neurologie an der Ersten Medizinischen Universitätsklinik bei Hermann Nothnagel (1841-1905).

Am 18.11.1882 hört er zum ersten Mal die Fallgeschichte der Anna O. von Josef Breuer. Vom 1.5. bis 30.9.1883 arbeitete er wiederum bei Meynert, diesmal als Sekundararzt an dessen psychiatrischer Klinik. Ab dem 1.10.1883 war er zweiter Sekundararzt an der II. Abteilung für Syphilis im Wiener Allgemeinen Kranken-

---

66 Vgl. Freud 1925d [G.W., XIV: 34]; 1930e [G.W., XIV: 546 Fn1).

67 Vgl. Freud 1925d [G.W., XIV: 34f.]).

68 Vgl. Gay 1988 [2006: 39]. Gay erwähnt neben Feuerbach auch Freuds Affinität zu weiteren Vertretern eines kritischen Geistes der Aufklärung, wie Spinoza, Voltaire, Diderot und Darwin (vgl. a.a.O.: 593]).

69 Stricker, obwohl ihm „persönlich befeindet", blieb mit den Worten, „sich nie mit Kleinigkeiten abzugeben, sondern sich an eines der großen Probleme des Lebens heranzuwagen" in Freuds Erinnerung (vgl. Freud an Fließ: Brief 163/ 3.4.1898 [1999: 335f.]).

haus. Vom 1.1.1884 bis Ende Februar 1885 war er der IV. Medizinischen Abteilung von Primarius Franz Scholz zugeteilt. Freuds Schriften „Beitrag zur Kenntnis der Cocawirkung" und „Über Coca" erschienen 1884 und fallen in die Zeit seiner Experimente mit der Substanz. Vom 4.6.1885 an war er an der Privatheilanstalt zu Oberdöbling bei Prof. Heinrich Obersteiner und Prof. Max Leidesdorf für drei Wochen lang im Dienst. Fünf Wochen nach der Bestätigung seiner Ernennung zum Privatdozenten am 5.9.1885 traf Freud am 13.10.1885 zu einem Studienaufenthalt in Paris ein, um bei Charcot knapp fünf Monate lang in dessen renommierter Klinik, dem „Hôpital Salpêtrière", Behandlungsmethoden durch Hypnose und Suggestion zu hysterischen Erkrankungen zu erlernen. Auf seiner Rückreise nach Wien verbrachte Freud vom 3.3.1886 bis 3.4.1886 einen Monat in Berlin, um sich bei Albert Eulenburg [(1840-1917), „Private Poliklinik für Nervenkranke"], Emanuel Mendel [(1839-1907), „Privatirrenanstalt"] und Adolf Baginsky [(1843-1918), „Klinik für Pädiatrie")] fortzubilden.

Nach seiner Rückkehr nach Wien übernahm er die Leitung der neurologischen Abteilung am „1. Öffentlichen Kinderkrankeninstitut" unter Max Kassowitz (1842-1913), bevor er sich am 25.4.1886 in seiner ersten neurologischen Privatpraxis in der Rathausstraße Nr. 7 niederließ. Am 13.9. desselben Jahres heiratete er Martha Bernays in Hamburg, am folgenden Tag nach jüdischem Ritus.[70] Sein zweiteiliger Vortrag über männliche Hysterie, gehalten in der Gesellschaft der Ärzte in Wien am 15.10. und 26.11.1886, fand eine „üble Aufnahme".[71] Am 24.11.1887 begann sein Briefwechsel mit Wilhelm Fließ (1858-1928). Die Suche nach fachlichem Rat brachte Freud im Juli 1889 in Begleitung seiner Patientin „Cäcilie M." zu den Ärzten und Hypnologen Ambroise-Auguste Liébault (1823-1904) und Hippolyte Bernheim (1840-1919), den beiden prägenden Persönlichkeiten der „Schule von Nancy".[72] Wie bereits bei Charcot übersetzte Freud auch deren Arbeiten über Hypnose und Suggestion in die deutsche Sprache.

Am 12.9.1891 bezog er die Berggasse 19. Im gleichen Monat führte die Weigerung seiner Patientin „Elisabeth von R", sich von Freud hypnotisieren zu lassen, zur Entdeckung der Psychoanalyse. Die erstmalige Erwähnung des Begriffes „Psychoanalyse" in einer seiner Publikationen sollte fünf Jahre später erfolgen.[73] Werke, wie „Die Traumdeutung" (1900a), „Totem und Tabu" (1912-13a) oder „Der Mann Moses und die monotheistische Religion" (1939a) sollten 1891 noch ca. neun, 21 bzw. 48 Jahre in Freuds Zukunft liegen. Weniger aus der Annahme, daß vor seinem 11. noch nach seinem 36. Lebensjahr keine weiteren Ideeneinflüsse

---

70   Vgl. Tögel 2005: 137- 139.

71   Vgl. Freud 1925d [G.W., XIV: 39].

72   „Wenn du Cäcilie M.. kenntest, würdest Du keinen Moment zweifeln, daß nur dieses Weib meine Lehrmeisterin gewesen sein kann" (Freud an Fließ: Brief 120/ 8.2.1897 [1999: 243]).

73   Der Name der Publikation lautet: „Weitere Bemerkungen über die Abwehr- Neuropsychosen" (1896b). Laut Karl Abraham wird in dieser Schrift zum ersten Male dem Begriff der „Verdrängung" die volle Bedeutung zugemessen und der Begriff „Psychoanalyse" für das von Freud modifizierte breuersche Verfahren zum ersten Mal erwähnt (vgl. Abraham 1909: 553).

stattgefunden hatten, sondern aus Gründen der Überschaubarkeit soll sich an dieser Stelle dieser komprimierte biographische Ausschnitt schließen.

Multidisziplinäre Kontakte und Lernerfahrungen bei führenden Experten, seine ersten wissenschaftlichen Publikationen sowie Kontakt mit der österreichischen, jüdischen, deutschen, italienischen, britischen und französischen Kultur beeinflussten Freuds Persönlichkeit und sein Denken. Seine „Art von Wißbegierde",[74] sein Bedürfnis „etwas von den Rätseln dieser Welt zu verstehen und vielleicht selbst etwas zu ihrer Lösung beizutragen"[75] sowie seine Arbeitsweise nach dem Motto „travailler comme une bête" setzten sich weiter fort.[76]

4. Freuds Buchempfehlungen an Hugo Heller

Nach biographischen Stationen sollen nun einige von Freuds persönlichen Literaturvorlieben angegeben werden. Ein komprimierter Überblick seiner bevorzugten Werke findet sich in seiner ausgedehnten Beantwortung einer Rundfrage des Verlegers Hugo Heller nach Nennung von „zehn guten Büchern", die Freud in seinem 51. Lebensjahr verfasste.[77]

> „Sie sagten nicht: ‚die zehn großartigsten Werke (der Weltliteratur)', wo ich dann mit so vielen anderen hätte antworten müssen: HOMER, des SOPHOKLES Tragödien, GOETHES Faust, SHAKESPEARES Hamlet, Macbeth und so weiter. Auch nicht die ‚zehn bedeutsamsten Bücher' unter denen dann wissenschaftliche Leistungen wie die des COPERNICUS, des alten Arztes Joh. WEIER über den Hexenglauben, DARWINS Abstammung des Menschen und andere Platz gefunden hätten. Sie haben nicht einmal nach den ‚Lieblingsbüchern' gefragt, unter denen ich MILTONS Paradise Lost und HEINES Lazarus nicht vergessen hätte".[78]

Danach folgt Freuds Auswahl der „zehn guten Bücher": MULTATULI: Briefe und Werke, KIPLING: Jungle Book, ANATOLE FRANCE: Sur la pierre blanche, ZOLA: Fécondité, MERESCHKOWSKY: Leonardo da Vinci, G. KELLER: Leute von Seldwyla, C. F. MEYER: Huttens letzte Tage, MACAULAY: Essays, GOMPERZ: Griechische Denker sowie MARK TWAIN: Sketches. Nach einigen Kommentaren, die die Auswahl der Autoren und derer Werke betreffen, drückt Freud gegen Ende aus, dass Heller bei ihm durch seine Aufforderung etwas angerührt habe, „worüber sich unvermeidlich viel sagen ließe".[79]

---

74 Freud 1925d [G.W., XIV: 34].
75 Freud 1927a [G.W., XIV: 290].
76 In der deutschen Übersetzung: „Arbeite wie ein Tier"; eine von Freud so genannte „Vorschrift" im Labor des Physiologen Claude Bernard (1813-1878), deren Anwendung Freud auch für die Deutung von Träumen empfiehlt: „… d. h. so ausdauernd, aber auch so unbekümmert um das Ergebnis" (Freud 1900a [G.W., II-III: 527].
77 Freuds Schreibweise der Autorennamen in Blockschrift wurde hier übernommen.
78 Freud an Heller, 1.11.1906 in: Briefe [1980: 267].
79 Ebd.

IV. Ideenverläufe in Freuds Denken

1. Ideeneinflüsse aus Freuds Familie

Personen der eigenen Familie, sofern sie für ein Kind präsent sind, bedeuten nicht nur dessen Abstammung, sondern auch das erste Umfeld aus Kontakten und Beziehungen, in dem sich eigene Gefühle, Gedanken und das eigene Sein und Werden im Laufe der Jahre entfalten können. Freuds Familienkonstellation war eigentümlich: „Sein Neffe älter als er selbst, sein bester Freund auch sein größter Feind, sein gütiger Vater alt genug, um sein Großvater zu sein. Aus solchen intimen Erlebnissen sollte er den Stoff seiner psychoanalytischen Theorien weben".[80]

Die folgenden Ideenverläufe, die in Verbindung mit Freuds Familie stehen, wurden aus drei Gründen ausgewählt. Sie beschreiben, an den vorhin besprochenen Punkt seiner bevorzugten Literatur anknüpfend, Freuds Leidenschaft: seine „Lieblingsspeise Bücher" – einen Begriff, den er in der Analyse seines Traumes von der botanischen Monographie in seinem Werk „Die Traumdeutung" (1900a) erwähnte.[81] Zweitens belegen sie Freuds Anwendung der Technik der freien Assoziation als Werkzeug der Kat. IV (Freuds Denken). Drittens zeigen sie, wie eine Verbindung zu einer Kindheitserinnerung (Kat. I) als „Deckerinnerung" über die Methode der psychoanalytischen Traumdeutung (IV-I) Freud als Ideenbaustein zur Theoriebildung diente.

Der erste Ideenverlauf beschreibt Freuds Assoziationsreihe (Kat. IV), die ihn zum freien Einfall „Bücherwurm" hinführt:

„Zyklamen – Lieblingsblume – Lieblingsspeise – Artischocke; zerpflücken wie eine Artischocke, Blatt für Blatt [eine Wendung, die einem anläßlich der Teilung des chinesischen Reiches täglich ans Ohr schlägt]; – Herbarium – Bücherwurm, dessen Lieblingsspeise Bücher sind".[82]

Im zweiten Ideenverlauf derselben Deutung seines Traumes tauchen biographische Szenen aus Freuds Kindheit und Interaktionen mit Familienmitgliedern wie Freuds Vater und Freuds älteste Schwester (Kat. I) auf. Durch die Traumanalyse Freuds (Kat. IV) werden Erfahrungen aus Kat. I zu Theoriebausteinen und Datenmaterial für die Entwicklung seiner Methode zur Deutung von Träumen verarbeitet:

„Dazu kommt noch, ich weiß nicht recht wie, eine sehr frühe Jugenderinnerung. Mein Vater machte sich einmal den Scherz, mir und meiner ältesten Schwester ein Buch mit farbigen Tafeln (Beschreibung einer Reise in Persien) zur Vernichtung zu überlassen. Es war erziehlich kaum zu rechtfertigen. Ich war damals fünf Jahre,

---

80 Gay 1988 [2006: 14].
81 Vgl. den gleichnamigen Essay von Gerhard Fichtner in Davies & Fichtner 2006: 89-120.
82 Freud 1900a [G.W., II-III: 197].

die Schwester unter drei Jahren alt, und das Bild, wie wir Kinder überselig dieses Buch zerpflücken (wie eine Artischocke, Blatt für Blatt, muß ich sagen), ist nahezu das einzige, was mir aus dieser Lebenszeit in plastischer Erinnerung geblieben ist. Als ich dann Student wurde, entwickelte sich bei mir eine ausgesprochene Vorliebe, Bücher zu sammeln und zu besitzen (analog der Neigung, aus Monographien zu studieren, eine Liebhaberei, wie sie in den Traumgedanken betreffs Zyklamen und Artischocke bereits vorkommt). Ich wurde ein Bücherwurm (vgl. Herbarium). Ich habe diese erste Leidenschaft meines Lebens, seitdem ich über mich nachdenke, immer auf diesen Kindereindruck zurückgeführt, oder vielmehr, ich habe erkannt, daß diese Kinderszene eine ‚Deckerinnerung' für meine spätere Bibliophilie ist".[83]

Ein dritter Ideenverlauf führt hin zum „Ödipuskomplex". Aus Freuds Assoziationen während seiner Selbstanalyse (Kat. IV), der Reflexion (Kat. IV) seiner affektiven Beziehung zu seiner Mutter (Verliebtheit) und zu seinem Vater (Eifersucht) (beide Kat. I) in seinem brieflichen Dialog mit Wilhelm Fließ (Kat. II) stammt einer von Freuds bedeutendsten Beiträgen der Psychoanalyse (Kat. IV):[84]

> *„Ein einziger Gedanke von allgemeinem Wert ist mir aufgegangen. Ich habe die Verliebtheit in die Mutter und die Eifersucht gegen den Vater auch bei mir gefunden und halte sie jetzt für ein allgemeines Ereignis früher Kindheit, wenn auch nicht immer so früher wie bei hysterisch gemachten Kindern".*[85]

Weitere von Freud validierte Beispiele aus Ideeneinflüssen der Verbindung IV-I sind in allen Schriften Freuds zu finden, in denen Erlebnisse mit Bezugspersonen der eigenen Familie (Kat. I) in Verbindung mit Freuds psychoanalytischer Ideenbildung (Kat. IV) vorkommen.

---

83 A.a.O.: 178.
84 Der Begriff „Ödipuskomplex" birgt wiederum einen impliziten Einfluss Freuds aus Kat. V „via" Kat. III (Einfluss Mythos „via" Sophokles).
85 Freud an Fließ: Brief 142/ 15.10.1897 [1999: 293].

Einige dieser Familieneinflüsse sind in der folgenden Tabelle verzeichnet:

Kat. I	Einflüsse	Quelle
Mutter	Eine Bäuerin prophezeite Freuds Mutter bei seiner Geburt, „daß sie der Welt einen großen Mann geschenkt habe"	Die Traumdeutung (1900a [G.W., II-III: 198])
Mutter	Erwachen von Freuds Libido mit 2-2,5 a: Mutter im Zug „in nudam" gesehen	Freud an Fließ: Brief 141/ 3.10.1897 [1999: 288]
Mutter	Der Mensch ist aus Erde gemacht. Assoziation: „Du bist der Natur einen Tod schuldig"	Die Traumdeutung (1900a [G.W., II-III: 211])
Mutter	Traum: Mutter schlafend, Personen mit Vogelschnäbeln	Die Traumdeutung (1900a [G.W., II-III: 589])
Vater	Angriff auf den Vater: „Jud, herunter vom Trottoir!" Danach Freuds Identifizierung mit dem Helden Hannibal	Die Traumdeutung (1900a [G.W., II-III: 203])
Vater	Urinieren im Schlafzimmer der Eltern mit 7-8 a. Strafrede des Vaters „Aus dem Buben wird nichts werden". Kränkung von Freuds Ehrgeiz, Kompensation im Traum durch regelmäßiges Aufzählen seiner Leistungen und Erfolge	Die Traumdeutung (1900a [G.W., II-III: 221f])

Einen gesonderten Platz nimmt in diesem Zusammenhang der von Freud im Vorwort zur zweiten Auflage aus dem Jahr 1909 validierte Einfluss des Todes seines Vaters auf seine Selbstanalyse und die Entstehung der „Traumdeutung" ein:

„Für mich hat dieses Buch nämlich noch eine andere subjektive Bedeutung, die ich erst nach seiner Beendigung verstehen konnte. Es erwies sich mir als ein Stück meiner Selbstanalyse, als meine Reaktion auf den Tod meines Vaters, also auf das bedeutsamste Ereignis, den einschneidendsten Verlust im Leben eines Mannes. Nachdem ich dies erkannt hatte, fühlte ich mich unfähig, die Spuren dieser Einwirkung zu verwischen".[86]

Einen weiteren Einfluss bildet Freuds bereits erwähnter Neffe John, dem Freud gleichzeitig auch der um ein Jahr jüngere Onkel war.

„Ich habe schon erzählt, daß meine warmen Freundschaften wie meine Feindschaften mit Gleichaltrigen auf meinen Kinderverkehr mit einem um ein Jahr älteren Neffen zurückgehen, in dem er der Überlegene war, ich mich frühzeitig zur Wehre setzen lernte, wir unzertrennlich miteinander lebten und einander liebten,

---

86 Freud 1900a (1909 [G.W., II-III: II-X].

dazwischen, wie Mitteilungen älterer Personen bezeugen, uns rauften und – verklagten. Alle meine Freunde sind in gewissem Sinne Inkarnationen dieser ersten Gestalt, die ‚früh sich einst dem trüben Blick gezeigt‘, Revenants. Mein Neffe selbst kam in den Jünglingsjahren wieder, und damals führten wir Cäsar und Brutus miteinander auf. Ein intimer Freund und ein gehaßter Feind waren mir immer notwendige Erfordernisse meines Gefühlslebens; ich wußte beide mir immer von neuem zu verschaffen, und nicht selten stellte sich das Kindheitsideal so weit her, daß Freund und Feind in dieselbe Person zusammenfielen, natürlich nicht mehr gleichzeitig oder in mehrfach wiederholter Abwechslung, wie es in den ersten Kinderjahren der Fall gewesen sein mag“.[87]

Der Hinweis auf den Wiederholungscharakter des Themas deutet auf spätere von diesen Beziehungserfahrungen bestimmte Verläufe von Übertragungs-Freundschaften in seinem Leben mit z. B. Fließ und Jung hin. (vgl. Kubik 2003: 63).

Zwei Literatureinflüsse in dieser Textstelle können der Kat. III zugeordnet werden: Der erste betrifft Schillers Gedicht „Brutus und Cäsar“ (1780) aus seinem Drama „Die Räuber“, in dem das ödipale Thema des Vatermordes mit den Worten „Wo ein Brutus lebt, muß Cäsar sterben. Geh du linkswärts, laß mich rechtswärts gehen“ zum Ausdruck kommt.[88]

Der zweite Einfluss ergibt sich durch Vervollständigung von Freuds Zitatfragment „früh sich einst dem trüben Blick gezeigt“ zu „Ihr naht euch wieder, schwankende Gestalten, die früh sich einst dem trüben Blick gezeigt“. Diese ersten Worte aus Goethes „Faust“ drücken metaphorisch Freuds Idee unbewusster Reinszenierungen verdrängter Kindheitserlebnisse (Kat. I) mit anderen Personen (Kat. II) im weiteren Leben aus.[89]

2. Vorbewusste Prozesse bei Freuds Ideenbildungen

Für die Beantwortung der Forschungsfrage ebenso wichtig wie die Beantwortung des „Wer“ (Wer gab Freud Ideen?) ist das „Wie“: Wie entwickelte Freud aus verschiedenen Ideeneinflüssen seine Ideen? Wie wurden von ihm Einflüsse aufgenommen, verarbeitet, und welche Ergebnisse brachte dies hervor? Welche Prozesse können beobachtet werden? Während der Untersuchung von Freuds Schriften wurde versucht, verschiedene Strukturen und Prozesse in der Kategorie IV (Freuds Denken) zu erkennen. Anhand einiger Beispiele soll gezeigt werden, wie Freud durch sein Denken und seine Arbeitsweise (Kat. IV) Einflüsse aus den Kategorien I-V verarbeitete.

---

87   Freud 1900a [G.W., II-III: 486f.].
88   Schiller 1781 [1787: 171].
89   Goethe 1808 [1993: 9].

44

Freud betonte die Wichtigkeit vorbewusster Gedankentätigkeit bei der intellektuellen und künstlerischen Produktion:[90]

> *„Wir neigen wahrscheinlich in viel zu hohem Maße zur Überschätzung des bewußten Charakters auch der intellektuellen und künstlerischen Produktion. Aus den Mitteilungen einiger höchstproduktiven Menschen, wie Goethe und Helmholtz, erfahren wir doch eher, daß das Wesentliche und Neue ihrer Schöpfungen ihnen einfallsartig gegeben wurde und fast fertig zu ihrer Wahrnehmung kam. Die Mithilfe der bewußten Tätigkeit in anderen Fällen hat nichts Befremdendes, wo eine Anstrengung aller Geisteskräfte vorlag. Aber es ist das viel mißbrauchte Vorrecht der bewußten Tätigkeit, daß sie uns alle anderen verdecken darf, wo immer sie mittut".[91]*

Diese vorbewussten Prozesse während der Ideenbildung verglich Freud mit einem langwierigen Geburtsakt. In einem Brief an Fließ vom 14. November 1897 teilte er mit, dass „nach den greulichen Wehen der letzten Wochen ein neues Stück Erkenntnis geboren wurde". Während der Wehen hatte sich dieses Stück schon „wiederholt gezeigt und wieder zurückgezogen, aber diesmal blieb es und erblickte das Licht" (Freud an Fließ: Brief 146/ 14.11.1897 [1999: 301]). Freuds Einfälle konnten auch mit Vorahnungen einhergehen: „Komischerweise ahne ich solche Ereignisse eine gute Weile vorher" (ebd.).

Wie sich bei Freud in vorbewussten Prozessen Ideen zur Rolle der Sexualität in der Ätiologie der Neurosen durch Neustrukturierung scheinbar voneinander unabhängiger Gedächtnisinhalte entwickelten, wird in zwei seiner Schriften, der „Geschichte der psychoanalytischen Bewegung" (1914d) und der „Selbstdarstellung" (1925d), jeweils anhand derselben Ideeneinflüsse aus Kat. II beschrieben. Freud beschreibt einen Vorgang des Zusammensetzens von Erinnerungen, die er zeitversetzt und unabhängig voneinander durch Mitteilungen von Josef Breuer, Charcot und dem von ihm geschätzten Wiener Gynäkologen Rudolf Chrobak (1843-1906) aufgenommen und längere Zeit nicht beachtet hatte. Zu dem Zeitpunkt, als er diese flüchtigen Mitteilungen hörte, waren sie noch unzusammenhängend für sein Verständnis. Erst später bildeten diese fragmentarischen Erinnerungen in Freud eine Erkenntnis, die ihn zur Annahme der Rolle der Sexualität in der Ätiologie der Neurosen brachte:

> *„Allein eines Tages setzten sich bei mir einige Erinnerungen zusammen, welche diese Befriedigung störten und mir dafür einen schönen Einblick in den Hergang unseres Schaffens und die Natur unseres Wissens gestatteten. Die Idee, für die ich verantwortlich gemacht wurde, war keineswegs in mir entstanden. Sie war mir von drei Personen zugetragen worden, deren Meinung auf meinen tiefsten Respekt*

---

90 Vgl. in diesem Kontext auch den Kommentar von Ernst Kris, dass wissenschaftliche Zusammenhänge vorbewusst bearbeitet werden, ehe sie bewusst werden (Kris in: Sigmund Freud. Briefe an Wilhelm Fließ 1887-1904 [1999: 301 Fn2]).

91 Freud 1900a [G.W., II-III: 618].

rechnen durfte, von Breuer selbst, von Charcot und von dem Gynäkologen unserer Universität Chrobak, dem vielleicht hervorragendsten unserer Wiener Ärzte. Alle drei Männer hatten mir eine Einsicht überliefert, die sie, streng genommen, selbst nicht besaßen. Zwei von ihnen verleugneten ihre Mitteilung, als ich sie später daran mahnte, der dritte (Meister Charcot) hätte es wahrscheinlich ebenso getan, wenn es mir vergönnt gewesen wäre, ihn wiederzusehen. In mir aber hatten diese ohne Verständnis aufgenommenen identischen Mitteilungen durch Jahre geschlummert, bis sie eines Tages als eine scheinbar originelle Erkenntnis erwachten".[92]

In seiner „Selbstdarstellung" (1925d) nimmt Freud wieder darauf Bezug:

„Als ich 1914 die ‚Geschichte der psychoanalytischen Bewegung' schrieb, tauchte in mir die Erinnerung an einige Aussprüche von Breuer, Charcot und Chrobak auf, aus denen ich eine solche Erkenntnis hätte frühzeitig gewinnen können. Allein ich verstand damals nicht, was diese Autoritäten meinten; sie hatten mir mehr gesagt, als sie selbst wußten und zu vertreten bereit waren. Was ich von ihnen gehört hatte, schlummerte unwirksam in mir, bis es bei Gelegenheit der kathartischen Untersuchungen als anscheinend originelle Erkenntnis hervorbrach".[93]

Die Aussage, dass Breuer, Charcot und Chrobak unabhängig voneinander Freud Ideen zur Rolle der Sexualität in der Ätiologie der Neurosen gaben, soll hier nicht getätigt werden, denn sie würde den tatsächlichen Ideenprozess Freuds (Kat. IV), der aus seiner Verarbeitung dieser Ideen durch Synthese und Neustrukturierung der verschiedenen Einflüsse bestand, in den Hintergrund drängen. Die Aussage aber, dass sich bei Freud in seinen eigenen theoretischen Überlegungen und empirischen Untersuchungen eine Neustrukturierung von ihm längere Zeit vorbewussten Mitteilungen von Breuer, Charcot und Chrobak ergeben hatte, durch die dann jene Ideeneinflüsse (Kat. II) einen neuen Kontext und Bedeutungen erhielten, ist zutreffender, denn sie beschreibt eher eine aktive, prozesshafte und kreative Qualität in der Genese von Ideen.

Freuds Formulierung „als anscheinend originelle Erkenntnis" (ebd.) lässt vermuten, dass vielleicht noch andere Personen an jener Originalität beteiligt waren. Die Formulierung „hervorbrach" (ebd.) beschreibt das plötzliche Auftauchen einer neuen Erkenntnis, die von wesentlichem Wert für Freuds eigenes theoretisches Konzept zur Rolle der Sexualität in der Ätiologie der Neurosen war.

Als Analogie, die als Hilfserklärung für den Entwicklungsverlauf und das Zustandekommen komplexer Ideen wie jener eben beschriebenen dienen soll, eignet sich eine Bemerkung des französischen Mathematikers Henri Poincaré aus dessen Buch „Science et méthode" (1908), den Erfindungsprozess einer mathematischen

---

92 Freud 1914d [G.W., X: 50].
93 Freud 1925d [G.W., XIV: 48 f].

Formulierung betreffend.[94] Diese Gedanken hatten u. a. auch einen direkten Einfluss auf das Denken des Psychoanalytikers Wilfred Bion, der daraus sein Konzept des „selected fact", der „ausgewählten Tatsache", entwickelte (vgl. Bion 1962 [1992: 125]). Bion zitiert Poincaré wiederholt in seinen Schriften, u. a. in „Lernen durch Erfahrung":

„Wenn ein neues Ergebnis irgendeinen Wert haben soll, muß es Elemente vereinigen, die seit langem bekannt und dennoch bis dahin zerstreut waren und untereinander ohne Bezug zu sein schienen, und plötzlich Ordnung schaffen, wo der Anschein von Unordnung herrschte. Dann versetzt es uns in die Lage, auf einen Blick jedes dieser Elemente an dem Platz zu erkennen, den es im Ganzen einnimmt. Die neue Tatsache ist nicht nur als solche wertvoll, sondern nur sie allein gibt den alten Tatsachen, die sie vereint, einen Wert. Unser Geist ist fehlbar ebenso wie unsere Sinne; er würde sich selbst in der Komplexität der Welt verlieren, wenn diese Komplexität nicht in sich harmonisch wäre; wie der Kurzsichtige würde er nur die Details wahrnehmen und wäre dazu verurteilt, jedes dieser Details zu vergessen, bevor er das nächste untersucht, weil er unfähig wäre, etwas als Ganzes zu erfassen. Die einzigen Tatsachen, die unsere Aufmerksamkeit wert sind, sind jene, die Ordnung in diese Komplexität einführen und sie uns zugänglich machen".[95]

Poincaré betont die elementare wissenschaftliche Wichtigkeit der Neuordnung vorher isolierter, zusammenhanglos scheinender „alter Tatsachen" durch eine „neue Tatsache", z. B. durch ein neues, Ordnung und Bedeutung schaffendes Ergebnis. Ist die Aufmerksamkeit aber nur auf die Details (die alten, unverknüpften Tatsachen) gerichtet, kann diese Neuordnung, die Integration in ein größeres harmonisches Ganzes, nicht hergestellt bzw. wahrgenommen werden. Von diesem Erklärungsmodell aus betrachtet, wären im vorigen Beispiel von Freud die Mitteilungen Breuers, Charcots und Chrobaks vorbewusste „alte Tatsachen", die erst durch die „neue Tatsache", den plötzlichen Erkenntnisgewinn durch Freuds Neukontextualisierung, Bedeutung und Wert erhielten. Durch das „große Ganze", erkennbar in der Morphologie von Freuds sich in Entwicklung befindlichem Theoriegebäude, wurde dem Faktor der Sexualität eine bedeutsame Rolle und ein Wirkungsraum in der Ätiologie der Neurosen zugewiesen.

---

94 „Hilfserklärung" bedeutet nicht den Versuch eines Nachweises einer Idee, die Freud von Poincaré übernommen haben hätte können. Poincarés Idee wird an dieser Stelle lediglich als Hilfserklärung für zugrunde liegende Vorgänge bei der Ideenbildung verwendet.

95 Poincaré 1908, in Bion 1962 [1992: 125]). Poincarés Zitat aus dem Jahr 1908 in englischer Übersetzung: „If a new result is to have any value, it must unite elements long since known, but till then scattered and seemingly foreign to each other, and suddenly introduce order where the appearance of disorder reigned. Then it enables us to see at a glance each of these elements in the place it occupies in the whole. Not only is the new fact valuable on its own account, but it alone gives a value to the old facts it unites" (Poincaré 1908 [1914: 30]).

Ein weiteres Beispiel für diesen komplexen Prozess der Neuordnung vormals isolierter Phänomene kann, unter Berücksichtigung von Poincarés Perspektive, in dieser Textstelle aus „Totem und Tabu" (1912-13a) gefunden werden:

> *„Allein, wenn man die von der Psychoanalyse gegebene Übersetzung des Totem mit der Tatsache der Totemmahlzeit und der Darwinschen Hypothese über den Urzustand der menschlichen Gesellschaft zusammenhält, ergibt sich die Möglichkeit eines tieferen Verständnisses, der Ausblick auf eine Hypothese, die phantastisch erscheinen mag, aber den Vorteil bietet, eine unvermutete Einheit zwischen bisher gesonderten Reihen von Phänomenen herzustellen".*[96]

Aus Poincarés Blickwinkel von wäre Freuds Formulierung der Bildung einer unvermuteten „Einheit zwischen bisher gesonderten Reihen von Phänomenen" (ebd.) das Hervortreten der „neuen Tatsache", durch die die „bisher gesonderten" drei „alten Tatsachen" (die psychoanalytische Übersetzung des Totem, die auf William Robertson Smith basierende Erklärung der Totemmahlzeit sowie Darwins Hypothese des Urzustandes der menschlichen Gesellschaft) eine neue Bedeutung erhielten. Die Fortschritte, die Freud vollzog, bestanden in einem Bedeutungszuwachs durch das Hervortreten von Freuds „neue Tatsachen" und die mit diesem Bedeutungszuwachs verbundenen Neuordnungen der einzelnen „alten" Gedanken und Konzepte. Die „Möglichkeit eines tieferen Verständnisses" (ebd.) beschreibt eine daraus entstehende Chance auf wissenschaftlichen Erkenntnisgewinn.

3. Kryptomnestische Ideeneinflüsse

Wie in den vorigen Beispielen gezeigt wurde, konnte Freud über persönliche Beziehungen und durch seine umfangreiche Lektüre Ideen anderer Personen (Kat. I, II, III, V) aufnehmen („Input"), die sich prozesshaft mit seinem eigenen Denken (Kat. IV) verknüpften und „neue Tatsachen" als „Output" hervorbrachten.[97] Freuds „originale" Ideen weisen Bedeutungszusammenhänge zu von ihm synthetisierten Ideen anderer Personen auf, falls „Kontakt" zwischen seinem Denken (Kat. IV) und ihren Ideen als unabdingbares Kriterium für einen Ideeneinfluss bestanden hatte und falls es möglich ist, diesen Kontakt bzw. diese Zusammenhänge nachweisbar zu machen. Das nächste Beispiel zeigt, wie Freud einen möglichen kryptomnestischen Ideeneinfluss des vorsokratischen Philosophen Empedokles (ca. 495-435 v. Chr.) auf sein eigenes Denken validiert (IV-III).

Der Begriff „Kryptomnesie" geht auf den Schweizer Psychologen Théodore Flournoy (1854-1921) zurück und bezeichnet eine Erinnerungstäuschung, bei der der Betroffene überzeugt ist, etwas Neues zu erleben, „obwohl es sich aber um Erinnerungen handelt" (Peters 1997: 301). Freud stellt diesen kryptomnestischen Ein-

---

96 Freud 1912-13a [G.W., IX: 171].
97 Auf Ideen generierende Qualitäten dieser Relationen in Freuds Entwicklung der Psychoanalyse wird im vierten Kapitel (S. 97-101) eingegangen.

fluss am Beispiel seiner psychoanalytischen Konzeption, der Dualität zwischen Eros und Todestrieb und deren Ähnlichkeit zu den beiden Grundprinzipien des Empedokles (φιλία und νεῖκος) in seiner Schrift „Die endliche und unendliche Analyse" (1937c) folgendermaßen dar:

> „Umsomehr mußte es mich erfreuen, als ich unlängst unsere Theorie bei einem der großen Denker der griechischen Frühzeit wiederfand. Ich opfere dieser Bestätigung gern das Prestige der Originalität, zumal da ich bei dem Umfang meiner Lektüre in früheren Jahren doch nie sicher werden kann, ob meine angebliche Neuschöpfung nicht eine Leistung der Kryptomnesie war".[98]

Die Frage bezüglich des Anspruches auf Priorität, den Freud mit seinem Ideen in diesem Fall erheben hätte können, relativiert sich in diesem Beispiel. Freud gibt sein „Prestige der Originalität" (ebd.) für seine Freude auf, die eigenen Gedanken beim Vorsokratiker Empedokles wiedergefunden zu haben. Dieser Schritt Freuds ist generalisierbar: Der Anspruch auf alleinige Urheberschaft – damit verbunden der Reiz, originaler Schöpfer einer Idee zu sein – formt sich in die Erkenntnis der Existenz einer geistigen Verwandtschaft zu Ideen um, die vor der eigenen Zeit in den jeweils spezifischen kontextualen Beziehungen „ähnlich aber anders" gedacht worden sind.

Durch eine generelle Annahme von Möglichkeiten kryptomnestischer Einflüsse in Freuds Denken kann nicht mehr mit Sicherheit unterschieden werden, ob der Keim einer Idee von Freud selbst oder von jemandem anderen stammt.[99] Ein Stück Sicherheit der Bestimmbarkeit von Ideeneinflüssen muss somit aufgegeben werden. Und selbst wenn der Keim einer Idee von einer anderen Person stammen sollte, und damit auch die Abstammung eines (eigenen) Gedankens von Freud von einem Gedanken jemandes Anderen nachvollziehbar wird: Kann jemals mit Sicherheit garantiert werden, dass ein ähnlicher Gedanke nicht ebenso von einer anderen Person bereits früher gedacht worden ist? Hätte so z. B. Empedokles bereits ähnliche Gedanken wie die der Evolutionsbiologen denken können? Ja, denn „stufenweise Entwicklung der Lebewesen", „Rolle des Zufalls" und „Überbleiben des Tauglichsten" bilden, Freuds Validierung nach, einige Anhaltspunkte dafür. Mit „Er" meint Freud in der folgenden Textstelle Empedokles:

> „Er erklärte die Verschiedenheiten der Dinge durch Mischungen der vier Elemente, Erde, Wasser, Feuer und Luft, glaubte an die Allbelebtheit der Natur und an die Seelenwanderung, aber auch so moderne Ideen wie die stufenweise Entwicklung der Lebewesen, das Überbleiben des Tauglichsten und die Anerkennung der

---

98 Freud 1937c [G.W., XVI: 90f.].
99 Kryptomnesie ist hier als allgemeines, grundsätzlich nicht pathologisches Phänomen, das bei allen Menschen vorkommen kann, zu verstehen.

Rolle des Zufalls (Τυχη) bei dieser Entwicklung gehen in sein Lehrgebäude ein".[100]

Die Suche nach den Ursprüngen eines Gedankens kann so in Ahnenreihen von Vordenkern bzw. der historischen Verwandten im Geiste in eine zwar interessante, dafür aber zunehmend komplexe und diffuse Vergangenheit ähnlicher Gedankengänge führen. „Wer gab nun Empedokles Ideen?" Zuordnungen an frühere „Urheber" oder „Urahnen" eines Gedankens werden durch dieses Blicken zurück zu Ursprüngen von Ideen wie durch ein Kaleidoskop immer relativer und unschärfer, bei abnehmender Sicherheit, in einem nicht religiösen Kontext eindeutige „Schöpfer" von z. B. Gedanken über die menschliche Existenz lokalisieren zu können.

Gleichzeitig könnte aber auch in der Analyse von Freuds Ideenprozessen das Finden von Analogien in den Gedanken anderer zu vorschnellen Gleichsetzungen führen, die verallgemeinernde Schlüsse, wie etwa: „Freuds duale Triebtheorie aus Eros und Todestrieb ist nichts anderes als das Prinzip des φιλία und νεῖκος von Empedokles" hervorbringen. Hier ist die methodische Perspektive „Ähnlich aber anders" nützlich, denn wird den Gedankengängen Freuds detaillierter weitergegangen, kommt zum Vorschein, warum eine Gleichsetzung nicht ganz so einfach ist, wie es auf den ersten Blick den Anschein hat:

> *„Unser Interesse gebührt aber jener Lehre des Empedokles, die der psychoanalytischen Triebtheorie so nahe kommt, daß man versucht wird zu behaupten, die beiden wären identisch, bestünde nicht der Unterschied, daß die des Griechen eine kosmische Phantasie ist, während unsere sich mit dem Anspruch auf biologische Geltung bescheidet. Der Umstand freilich, daß Empedokles dem Weltall dieselbe Beseelung zuspricht wie dem einzelnen Lebewesen, entzieht dieser Differenz ein großes Stück ihrer Bedeutung".*[101]

In weiterer Folge werden die beiden Naturkräfte des Empedokles – Liebe (φιλία) und Streit (νεῖκος) – sowie ihr ständiges Ringen, das sich in der Mischung bzw. Separation der Ur- Teilchen der „vier Elemente" ausdrückt, von Freud näher beschrieben. Der „Philosoph", auf den sich Freud bezieht, ist wiederum Empedokles:

> *„Der Philosoph lehrt also, daß es zwei Prinzipien des Geschehens im weltlichen wie im seelischen Leben gibt, die in ewigem Kampf mit einander liegen. Er nennt sie φιλία – Liebe – und νεῖκος – Streit. Die eine dieser Mächte, die für ihn im Grunde ‚triebhaft wirkende Naturkräfte, durchaus keine zweckbewußten Intelligenzen' sind, strebt danach, die Ur- Teilchen der vier Elemente zu einer Einheit zusammenzuballen, die andere im Gegenteil will all diese Mischungen rückgängig machen und die Ur- Teilchen der Elemente von einander sondern. Den Weltprozeß denkt er sich als fortgesetzte, niemals aufhörende Abwechslung von Perioden, in denen die eine oder die andere der beiden Grundkräfte den Sieg davonträgt, so*

---

100 A.a.O.: 91.
101 Freud 1937c [G.W., XVI: 91].

daß einmal die Liebe, das nächste Mal der Streit seine Absicht voll durchsetzt und die Welt beherrscht, worauf der andere, unterlegene, Teil einsetzt und nun seinerseits den Partner niederringt".[102]

Hier die Unterschiede, das „Andere": Während Empedokles von einer Beseelung des Weltalls und des Einzelwesens – einer seiner philosophischen Gesinnung entsprechenden, kosmischen Phantasie – ausgeht, nimmt Freud keinen Dualismus zwischen Welt und Seele, keine Wanderung derselben und keine Allbelebtheit der Natur an, sondern basiert seine Triebtheorie auf der Trennung zwischen Lebendigem und Leblosen, auf der Naturwissenschaft der Biologie, grundlegend verschieden zu einer animistischen Weltsicht wie der des Empedokles. Es gibt bei Freud keine Vermengung und Trennung von Stoffteilchen wie bei Empedokles, sondern Mechanismen der Verlötung und Mischung von Triebkomponenten. Das Lebende (Eros) drängt nach Rückkehr zum Leblosen, es strebt zum Todestrieb zurück. Der „Streit" (Empedokles) ist bei Freud Ausdruck des Destruktionstriebes, der sich in der Wendung des Todestriebes nach außen zeigt.

Und hier das „Ähnliche" zwischen Empedokles und Freud: Trotz der unüberbrückbaren Unterschiede der Weltbilder mit den damit verbundenen Konsequenzen, die sich aus den beiden gänzlich verschiedenen Prämissen aus unterschiedlichen Erkenntnismodellen mit davon abgeleiteten Folgerungen ergeben, bleiben als Gemeinsames die zwei Prinzipien des Schaffens (Eros) und des Lösens bzw. Zerstörens von Verbindungen (Destruktion). Bei Empedokles und bei Freud sind sie dem Namen und der Funktion nach das Gleiche:

„Die beiden Grundprinzipien des Empedokles – φιλία und νεῖκος – sind dem Namen wie der Funktion nach das Gleiche wie unsere beiden Urtriebe Eros und Destruktion, der eine bemüht, das Vorhandene zu immer größeren Einheiten zusammenzufassen, der andere, diese Vereinigungen aufzulösen und die durch sie entstandenen Gebilde zu zerstören. Wir werden uns aber auch nicht verwundern, daß diese Theorie in manchen Zügen verändert ist, wenn sie nach zweieinhalb Jahrtausenden wieder auftaucht. Von der Einschränkung auf das Biopsychische abgesehen, die uns auferlegt ist, unsere Grundstoffe sind nicht mehr die vier Elemente des Empedokles, das Leben hat sich für uns scharf vom Unbelebten gesondert, wir denken nicht mehr an Vermengung und Trennung von Stoffteilchen, sondern an Verlötung und Entmischung von Triebkomponenten. Auch haben wir das Prinzip des ‚Streites' gewissermaßen biologisch unterbaut, indem wir unseren Destruktionstrieb auf den Todestrieb zurückführten, den Drang des Lebenden, zum Leblosen zurückzukehren. Das will nicht in Abrede stellen, daß ein analoger Trieb schon vorher bestanden hat, und natürlich nicht behaupten, daß ein solcher Trieb erst mit dem Erscheinen des Lebens entstanden ist. Und niemand kann vorherse-

---

102 A.a.O.: 92.

hen, in welcher Einkleidung der Wahrheitskern in der Lehre des Empedokles sich späterer Einsicht zeigen wird."[103]

Auch im 1938 geschriebenen Spätwerk „Abriß der Psychoanalyse" findet sich über eine Fußnote ein Bezug zu den Ähnlichkeiten zwischen Freuds dualer Triebtheorie (Eros und Todestrieb) und Empedokles' Konzept der Antagonisten Liebe ($\varphi\iota\lambda\acute{\iota}\alpha$) und Streit ($\nu\epsilon\widetilde{\iota}\varkappa o\varsigma$):

„Über den Bereich des Lebenden hinaus führt die Analogie unserer beiden Grundtriebe zu dem im Anorganischen herrschenden Gegensatzpaar von Anziehung und Abstossung".[2]

[Inhalt der Fußnote 2]: *„Die Darstellung der Grundkräfte oder Triebe, gegen die sich die Analytiker noch vielfach sträuben, war bereits dem Philosophen Empedokles von Akragas vertraut".*[104]

An dieser Stelle, einer Assoziation folgend, die sich aus Freuds Formulierung „gegen die sich die Analytiker noch vielfach sträuben" (ebd.) ergab, wurde der Frage nachgegangen, welche von Freud erwähnte Zeitgenossen (Kat. II) sich ebenfalls mit Erweiterungen der Trieblehre beschäftigt hatten und welche er davon in seiner dafür wegweisenden Schrift „Jenseits des Lustprinzips" (1920g) nannte. Von Freuds Überlegungen über die mögliche Existenz eines primären Masochismus weg führt eine Fußnote zu Sabina Spielrein (1885-1942), August Stärcke (1880-1954) und Otto Rank (1884-1939), deren Ideen zur Weiterentwicklung der Trieblehre von Freud zusammengefasst werden:

„In einer inhalts- und gedankenreichen, für mich leider nicht ganz durchsichtigen Arbeit hat Sabina Spielrein ein ganzes Stück dieser Spekulation vorweggenommen. Sie bezeichnet die sadistische Komponente des Sexualtriebs als die ‚destruktive'. (Die Destruktion als Ursache des Werdens. Jahrbuch für Psychoanalyse, IV, 1912.) In noch anderer Weise suchte A. Stärcke (Inleiding by de vertaling von S. Freud, De sexuele beschavingsmoral etc., 1914) den Libidobegriff selbst mit dem theoretisch zu supponierenden biologischen Begriff eines Antriebes zum Tode zu identifizieren. (Vgl. auch Rank, Der Künstler.) Alle diese Bemühungen zeigen, wie die im Texte, von dem Drang nach einer noch nicht erreichten Klärung in der Trieblehre".[105]

Keine Erwähnung bei Freud fand jedoch eine Idee eines anderen Zeitgenossen, Wilhelm Stekel (1868-1940), auf dessen Buch „Die Sprache des Traumes" (1911) sich Sabina Spielrein in ihrem von Freud vorhin erwähnten Werk „Die Destruktion als Ursache des Werdens" (1912) bezieht: „In seinem Werke weist Verfasser an zahlreichen Träumen nach, daß wir neben dem Wunsche zu leben, den Wunsch zu

---

103 A.a.O.: 92f.
104 Freud 1940a; 1938 [G.W. XVII: 71].
105 Freud 1920g [G.W., XIII: 59 Fn. 13].

sterben haben. Letzteren faßt er als Gegensatz zu dem im Wesen des Sexualinstinktes liegenden Wunsch zu leben auf".[106]

Ein weiterer kryptomnestischer Einfluss, der von Freud validiert wurde, kann bei Ludwig Börne (1786-1837, Kat. III) beobachtet werden und betrifft die psychoanalytische Technik der freien Assoziation. Freuds Ansicht nach waren, entgegen einer Behauptung von Havelock Ellis,[107] weder Garth Wilkinson (1812-1899, Kat. II) mit seiner Methode des frei assoziativen Schreibens, die er „impressions" nannte, noch Friedrich Schiller (1759-1805, Kat. III), der riet, während des kreativen Schreibens den freien Einfällen Beachtung zu schenken, Einflussquellen auf die Entwicklung der psychoanalytischen Technik,[108] wohl aber Börne. Freuds Erinnerung an diesen Einfluss Börnes war anfangs blockiert, obwohl Börne der erste Schriftsteller gewesen war, in dessen Werke sich Freud vertiefte (vgl. 1920c [G.W., XII: 312]) und er Börnes „Gesammelte Werke" am 6. Mai 1869 zu seinem 13. Geburtstag geschenkt bekam und sie damals „mit großem Eifer" las.[109]

Im folgenden Beispiel aus Freuds Schrift „Zur Vorgeschichte der analytischen Technik" (1920c) wird die Geschichte von Freuds Aufdeckung der Erinnerung in Bezug auf den Einfluss Börnes nachgezeichnet: Dr. Hugo Dubowitz machte Sándor Ferenczi in Budapest auf die Ähnlichkeiten zwischen Börne und Freud in Börnes „Die Kunst, in drei Tagen ein Originalschriftsteller zu werden" aufmerksam. Daraufhin wurde Freud veranlasst, im ersten Band von Börnes „Gesammelten Schriften" (1862) jenen Aufsatz zu lesen, in dem empfohlen wird, drei Tage lang hintereinander alle Einfälle, die einem in den Sinn kommen, niederzuschreiben. Freud konnte sich zwar an andere Geschichten aus demselben Band, nicht aber mehr an jenen Aufsatz erinnern. Er war verwundert, dass er im erwähnten Aufsatz Gedanken von Börne ausgesprochen fand, „die er selbst immer gehegt und vertreten hatte". Auch Börnes Verwendung des Begriffes „Zensur" fand Einzug in das Vokabular der Psychoanalyse („Traumzensur").

Freud schließt seine Mitteilung mit der Folgerung, dass nicht auszuschließen war, dass ein Stück Kryptomnesie, „das in so vielen Fällen hinter einer anstehenden Originalität vermutet werden darf" dadurch aufgedeckt werden konnte und bestätigt damit die Wahrscheinlichkeit eines kryptomnestischen Einflusses von Börne auf sein Denken (IV-III).[110]

An dieser Stelle sollen Gedanken aus Börnes Originaltext wiedergegeben werden, dessen Orthographie unverändert übernommen wurde:

---

106 Spielrein 1912: 465.

107 Hier bildet sich ein Szenario ab, in dem eine Attribution einer anderen Person (Ellis) bezüglich eines angeblichen Ideeneinflusses auf Freud (Wilkinson bzw. Schiller) von Freud nicht validiert wurde.

108 „Indes darf man es als sicher annehmen, daß weder Schiller noch Garth Wilkinson auf die Wahl der psychoanalytischen Technik Einfluß geübt haben. Mehr persönliche Beziehung scheint sich von einer anderen Seite her anzudeuten" (Freud 1920c [G.W., XII: 312]).

109 Vgl. Tögel 2005: 135.

110 Vgl. Freud 1920c [G.W., XII: 312].

„Aufrichtigkeit ist die Quelle aller Genialität, und die Menschen wären geist-reicher, wenn sie sittlicher wären. Und hier folgt die versprochene Nutzanwen-dung. Nehmt einige Bogen Papier und schreibt drei Tage hinter einander ohne Falsch und Heuchelei, Alles nieder, was euch durch den Kopf geht. Schreibt, was ihr denkt von euch selbst, von euern Weibern, von dem Türkenkrieg, von Göthe, von Fonks Kriminalprozeß, vom jüngsten Gerichte, von euern Vorgesetzten - und nach Verlauf der drei Tage werdet ihr vor Verwunderung, was ihr für neue, uner-hörte Gedanken gehabt, ganz außer euch kommen. Das ist die Kunst, in drei Ta-gen ein Original- Schriftsteller zu werden!".[111]*

4. Freuds „Ex-Post-Validierungen" von Ideenverwandtschaften

In den folgenden Zitaten validiert Freud Attributionen anderer Autoren bezüglich einer Ideenverwandtschaft zwischen seinen Ideen zur Rolle der Sexualität in der Entstehung der Hysterie und deren Platos (Kat. III). Der erste Autor ist wiederum Ellis, dessen Hinweis auf eine Ideenverwandtschaft von Freud diesmal von Freud in seiner Selbstdarstellung (1925d) verifiziert wird:

„Auch wußte ich damals noch nicht, daß ich mit der Zurückführung der Hysterie auf Sexualität bis auf die ältesten Zeiten der Medizin zurückgegriffen und an Plato angeknüpft hatte. Ich erfuhr es erst später aus einem Aufsatz von Havelock El-lis".[112]

Auch die nächsten beiden Fälle bilden Beispiele dafür, wie Freud nachträglich sei-ne Ideenverwandtschaft zu einer anderen Person (Plato) bzw. einen Hinweis von anderen Personen daraufhin bestätigt. Die Ähnlichkeiten der Vorstellung eines er-weiterten Sexualbegriffes der Psychoanalyse mit der Idee des Eros von Plato wur-den von Max Nachmansohn („Freuds Libidotheorie verglichen mit der Eroslehre Platos", 1915) und dem Züricher Pfarrer Oskar Pfister („Plato als Vorläufer der Psychoanalyse", 1921) erwähnt. Freud bestätigt den Fund Nachmansohns in sei-nem Vorwort zur vierten Auflage der „Traumdeutung" (1900a) aus dem Jahre 1920 sowie die beiden Beiträge von Nachmansohn und Pfister in „Massenpsychologie und Ich-Analyse" (1921c).

Freuds Validierung der Ideenverwandtschaft zu Platos „Eros" (Nachmansohn):

„Was aber die ‚Ausdehnung' des Begriffes der Sexualität betrifft, die durch die Analyse von Kindern und von sogenannten Perversen notwendig wird, so mögen alle, die von ihrem höheren Standpunkt verächtlich auf die Psychoanalyse herab-schauen, sich erinnern lassen, wie nahe die erweiterte Sexualität der Psychoanaly-se mit dem Eros des göttlichen Plato zusammentrifft (S. Nachmansohn, Freuds Li-

111 Börne (1823[1862: 245]).
112 Freud 1925d [G.W., XIV: 49].

bidotheorie verglichen mit der Eroslehre Platos, Intern. Zeitschr. f.
se, III., 1915)".[113]

Freuds Validierung der Ideenverwandtschaft zu Platos „Eros" (Nachmansohn,
Pfister):

> *„Der ‚Eros' des Philosophen Plato zeigt in seiner Herkunft, Leistung und Bezie-*
> *hung zur Geschlechtsliebe eine vollkommene Deckung mit der Liebeskraft, der Li-*
> *bido der Psychoanalyse, wie Nachmansohn und Pfister im Einzelnen dargelegt*
> *haben, ...".*[114]

Anhand des hier angegeben Materiales lässt bestätigen, dass Freud eine von Ellis,
Nachmansohn und Pfister attribuierte Verwandtschaft zwischen seinen und Platos
Ideen bezüglich des Eros-Begriffes validierte. Es stellt sich nun die Frage, ob eine
von Freud validierte Ideenverwandtschaft zu Plato auch bedeutet, dass von Plato
ein Ideeneinfluss auf Freud stattgefunden hatte.

Bevor darüber ein Urteil gefällt werden kann, sollen einige Überlegungen an-
gestellt werden. Plato konnte Freud aktiv keine Idee „geben", da er als Person der
Kat. III nicht zur selben Zeit wie Freud am Leben war. Die anderen Möglichkeiten
wären erstens, dass Freud die Idee Platos entweder übernommen hatte (Ideentransfer), oder sie zweitens unabhängig von Platos Einfluss entwickelt hatte (paralleler
Ideenverlauf). Nun könnte im ersten Fall behauptet werden, dass Freud die Idee des
Eros von Plato übernahm, ohne aber auf Platos Ideeneinfluss hingewiesen zu haben. In diesem Fall würde es sich dann um die Attribution eines impliziten Ideeneinflusses von Plato auf Freud handeln. Vielleicht fand aber auch ein kryptomnestischer Einfluss statt. In diesem Fall wurde dieser kryptomnestische Einfluss
wie in den vorherigen beiden Beispielen (Empedokles bzw. Börne) von Freud validiert. Vielleicht verliefen die Ideen Platos und Freuds aber parallel, d. h., es gab
keinen Kontakt von Freud zu Platos Ideen, sodass Freud gar nicht wissen konnte,
dass Plato in seiner Definition des „Eros" als „Vorläufer der Psychoanalyse", wie
ihn Pfister (1921) nannte, Freuds Ideen sehr nahe gekommen war.

Falls der erste Fall (impliziter Ideeneinfluss) angenommen wird, ist nachzuweisen, dass Freud zu Platos Ideen Kontakt gehabt hatte. So besteht eine allgemeine
Möglichkeit, dass Freud von der Verbindung zwischen „Plato und Eros" wusste, da
diese Idee zu jenen zählen kann, die – um mit Ernest Jones zu argumentieren –
„ganz einfach allgemein bekannt" war, zum „Allgemeingut der gebildeten und besonders der wissenschaftlichen Kreise des 19. Jahrhunderts" gehörte (Jones, 1953
[Bd. I, 1984: 436]). Bezüglich der Einschätzbarkeit von Freuds Kenntnissen über
Plato gibt es auch konkretere Anhaltspunkte. Hemecker zufolge war in Freuds
Übersetzungen einiger Abhandlungen von John Stuart Mill, die Freud – vom Philosophen Franz Brentano vermittelt – im Auftrag des renommierten Philologen und

---

113 Freud 1900a [G.W., II-III: 32].
114 Freud 1921c [G.W., XIII: 99].

Verlegers Theodor Gomperz (1832-1912) durchführte, auch ein Aufsatz mit dem Titel „Plato" enthalten (vgl. 1991: 40). Auch wurden Freud von Heinrich Gomperz (1873-1942), dem Sohn von Theodor Gomperz, philosophiegeschichtliche Informationen über Plato übermittelt (vgl. Hemecker 1991: 42), die Freud z. B. in „Jenseits des Lustprinzips" (1920g) verwertete.[115]

Weiters befindet sich das dreibändige Werk „Griechische Denker" (1896-1909) von Theodor Gomperz[116] auf Freuds 1906 erstellter Liste der „zehn guten Bücher" (vgl. S. 40) und ist – mit Freuds Ex libris und Randnotizen versehen – Bestandteil seiner Londoner Bibliothek.[117] In dieser Bibliothek finden sich auch u. a. das Werk „De Freud à Plato" von Patrice Georgiadès[118] (1934) sowie die deutsche Übersetzung von Platos Werk „das Gastmahl" (1932) des Mitherausgebers Franz Kobler, der Freud im Mai 1936 ein Exemplar mit den Worten „Herrn Professor Sigmund Freud, dem Durchleuchter des Eros, zum 80. Geburtstage in tiefster Verehrung" überreicht hatte.[119] All diese Belege sprechen für einen Ideeneinfluss von Plato auf Freud (IV-III). Weiters existieren direkte Validierungen Freuds bezüglich einer Ideenverwandtschaft seines Begriffes des Eros zu Platos Begriff des Eros. Beide Begriffe weisen bei gleichzeitigen kontextualen Unterschieden der jeweiligen Systeme, der Philosophie Platos und der Psychoanalyse Freuds, eine große Ähnlichkeit zueinander auf („Anders aber ähnlich").

In den vorigen Beispielen (ab S. 48) wurde zu rekonstruieren versucht, wie Freud Attributionen anderer Autoren bezüglich Ideenverwandtschaften und Einflüssen zu anderen Personen nicht validierte (Wilkinson, Schiller) bzw. validierte (Empedokles, Börne, Plato). In den nächsten Beispielen soll anhand des Ödipuskomplexes gezeigt werden, wie Freud aus einer „Ex-post Position" heraus andere Quellen validiert, die Freuds Annahme einer universellen Gültigkeit seines psychoanalytischen Theorems verifizieren. Freud holt sich damit Bestätigungen für die Gültigkeit seiner eigenen Ideen ein, wo immer sie ihm passend erscheinen.

---

115 Auch bezieht sich Freud direkt auf Plato: „Ich meine natürlich die Theorie, die Plato im Symposion durch Aristophanes entwickeln läßt, und die nicht nur die Herkunft des Geschlechtstriebes, sondern auch seiner wichtigsten Variation in Bezug auf das Objekt behandelt" (1920g [G.W., XIII: 62]).

116 So finden sich laut Inhaltsverzeichnis des dritten Bandes der vierten Auflage aus dem Jahr 1922 bei Gomperz, neben anderen Verwendungen durch z. B. Hesiod, den Orphikern und Parmenides, Verweise auf eine Beschreibung des Eros-Begriffes in Platos „Symposion" im zweiten Band von Gomperz auf den Seiten 301-308, in Platos „Phädros", ebenfalls im zweiten Band von Gomperz auf S. 324 (Gomperz 1922 [1973: 529]).

117 Gomperz, Theodor: Griechische Denker. Eine Geschichte der antiken Philosophie. Leipzig: Veit & Comp. 1896-1909. Kat. Nr. 1538. LDFRD 587-589 (Davies & Fichtner 2006, S. 228 des pdf-Dokumentes des Kataloges).

118 Georgiadès, Patrice: De Freud à Plato. Bibliothèque-Charpentier, Paris 1934. Kat. Nr. 1496, LDFRD 1898 (Davies & Fichtner 2006, Seite 223 des pdf-Dokumentes des Kataloges).

119 Plato [Plato]: Das Gastmahl. Übersetzt und hrsg. von Franz Kobler und Ernst Müller. Saturn-Verlag, Wien 1932. Kat. Nr. 2787, LDFRD 78. (Davies & Fichtner 2006, S. 410 des pdf-Dokumentes des Kataloges).

Den Beginn macht die philosophische Schrift „Le neveu de Rameau" (Rameaus Neffe) des französischen Philosophen, Literaten und Enzyklopädisten der Aufklärung Denis Diderot (1713-1784). Dieser berühmte Dialog (1931d [G.W., XIV: 541]) wurde in den Jahren 1761-1774 geschrieben und zuerst von Goethe 1805 in seiner eigenen deutschen Übersetzung bearbeitet, die achtzehn Jahre vor der französischen Fassung (1823) veröffentlicht wurde. Der „scharfsinnige Denker" Diderot (Kat. III) erkannte „die wesentlichen Charaktere" des Ödipuskomplexes"[120] Indem Freud Diderots Ansichten posthum bestätigt, lässt sich Freud dadurch die Allgemeinheit des Ödipuskomplexes indirekt durch Diderot bestätigen. Aus während der Recherchen zu dieser Arbeit drei aufgespürten, inhaltlich ähnlichen Textbeispielen zu Freud-Diderot (IV-III) wurde die folgende Stelle aus Freuds „Fakultätsgutachten im Prozeß Halsmann" (1931d) ausgewählt:[121]

> *„Der Ödipuskomplex ist, soweit wir wissen, in der Kindheit bei allen Menschen vorhanden gewesen, hat in den Entwicklungsjahren große Veränderungen erfahren und wird bei vielen Individuen in wechselnder Stärke auch in reifen Zeiten gefunden. Seine wesentlichen Charaktere, seine Allgemeinheit, sein Inhalt, sein Schicksal wurden, lange vor der Zeit der Psychoanalyse, von einem scharfsinnigen Denker wie Diderot erkannt, wie eine Stelle seines berühmten Dialogs ‚Le neveu de Rameau' beweist. In Goethes Übersetzung dieser Schrift (Band 45 der Sophienausgabe) steht auf Seite 136 zu lesen: ‚Wäre der kleine Wilde sich selbst überlassen und bewahrte seine ganze Schwäche (imbécillité), vereinigte mit der geringen Vernunft des Kindes in der Wiege die Gewalt der Leidenschaften des Mannes von dreißig Jahren, so bräch' er seinem Vater den Hals und entehrte die Mutter".*[122]

Eine weitere Ex-post-Validierung nimmt Freud bei einem Zeitgenossen (Kat. II), Henrik Ibsen (1828-1906), in der „Traumdeutung" (1900a) vor:

> *„Den Rest der in unserer heutigen Gesellschaft arg antiquierten potestas patris familias pflegt jeder Vater krampfhaft festzuhalten, und jeder Dichter ist der Wirkung sicher, der wie Ibsen den uralten Kampf zwischen Vater und Sohn in den Vordergrund seiner Fabeln rückt".*[123]

---

120 Vgl. Freud 1931d [G.W., XIV: 541].
121 Die beiden anderen Fundstellen zu Freud und Diderot (IV-III) sind: XXI. Vorlesung, „Libidoentwicklung und Sexualorganisation" (1916-17a [G.W., XI: 350]) und „Abriß der Psychoanalyse" (1940a [G.W. XVI: 119f.]).
122 Freud 1931d [G.W., XIV: 541].
123 Freud 1900a [G.W., II-III: 263].

5. Brückes Einfluss auf Freuds naturwissenschaftliche Orientierung

Ein wesentlicher Ideeneinfluss auf Freuds naturwissenschaftliche Orientierung (IV-II) ging von einem der unmittelbaren Lehrer Freuds, dem Physiologen Ernst von Brücke aus. Der diszipliniert-naturwissenschaftliche Arbeitsstil des geborenen Berliners bildete eine willkommene Antithese zur „wienerischen Schlamperei", die Freud mit einer „gewissen wohlwollenden Verachtung"[124] betrachtete. Brücke gehörte zu einer Gruppe von Wissenschaftlern, unter ihnen der Physiologe und theoretische Mediziner Emil Du Bois-Reymond (1818-1896), der Physiologe und Physiker Hermann von Helmholtz (1821-1894), der Mediziner und Archäologe Rudolf Virchow (1821-1902) und der Physiologe Carl Ludwig (1816-1895), aus denen sich 1845 die „Berliner Physikalische Gesellschaft" bildete.[125]

Die streng naturwissenschaftliche, organisch-physikalische Gesinnung dieser Gruppe – damit auch ihre scharfe Abgrenzung zu romantischen, vitalistischen, naturphilosophischen, mystizistischen und religiösen Strömungen – geht aus einem Brief von Du Bois-Reymond an Eduard Hallman aus dem Jahr 1842 klar hervor:

> „Brücke und ich haben uns verschworen, die Wahrheit geltend zu machen, daß im Organismus keine anderen Kräfte wirksam sind als die gemeinen physikalisch-chemischen; daß, wo diese bislang nicht zur Erklärung ausreichen, mittels der physikalisch-mathematischen Methode entweder nach ihrer Art und Weise die Wirksamkeit im konkreten Fall gesucht werden muß, oder daß neue Kräfte angenommen werden müssen, welche, von gleicher Dignität mit den physikalisch-chemischen, der Materie inhärent, stets auf nur abstoßende oder anziehende Komponenten zurückzuführen sind".[126]

Durch Brücke übertrug sich diese wissenschaftliche Haltung auch auf Freud.[127] Wie sehr sich sein Denken (Kat. IV) an naturwissenschaftlichen Erklärungsmodellen orientierte, soll folgendes Beispiel aus der „Traumdeutung" (1900a) zeigen. Freud ordnet hier die Ansichten der Philosophen der Romantik – in diesem Beispiel Gotthilf Heinrich v. Schubert (1780-1860) und Johann Gottlieb Fichte (1762-1814) – einer vergangenen intellektuellen Periode zu, in der die „Philosophie und nicht die exakten Naturwissenschaften" das Denken bestimmte.

> „Es ist unstreitig, daß die psychischen Leistungen des Traumes bereitwilligere und wärmere Anerkennung gefunden haben in jener, jetzt hinter uns liegenden, intellektuellen Periode, da die Philosophie und nicht die exakten Naturwissenschaften die Geister beherrschte. Aussprüche, wie die von Schubert, daß der Traum eine Befreiung des Geistes von der Gewalt der äußeren Natur sei, eine Loslösung der

---

124 Vgl. Jones, 1953 [Bd. I, 1984: 61].
125 A.a.O.: 62.
126 Zit. n. Jones, 1953 [Bd. I, 1984: 61f.].
127 „Brückes Wissenschaftsphilosophie war für ihn nicht weniger formend als sein berufliches Können" (Gay 1988 [2006: 45]).

Seele von den Fesseln der Sinnlichkeit, und ähnliche Urteile von dem jüngeren Fichte u. a., welche sämtlich den Traum als einen Aufschwung des Seelenlebens zu einer höheren Stufe darstellen, erscheinen uns heute kaum begreiflich; sie werden in der Gegenwart auch nur bei Mystikern und Frömmlern wiederholt".[128]

Neben all den wissenschaftlichen Anregungen und Aufgaben in seinem Labor auf den Gebieten der Physiologie und Histologie gab Brücke Freud eine entscheidende Idee in Form eines Rates, der sich Karriere entscheidend auswirken sollte: Er legte Freud aus wirtschaftlichen Gründen den Wechsel von einer rein wissenschaftlichen Laufbahn zugunsten der Beendigung seines Medizinstudiums und des Aufbaus seiner eigenen selbstständigen Praxis nahe. Freud erwähnt diesen Schritt – ausgelöst durch das „Mahnwort seines verehrten Lehrers" – u. a. in seinem Nachwort zu „Die Frage der Laienanalyse" (1927a) in Kombination mit Stichworten seines wissenschaftlichen Werdeganges, der von den Fachbereichen Medizin, Zoologie, Chemie, Physiologie, Histologie, Neuropathologie und Hirnanatomie bis hin zur „Bemühung um die Neurosen" reichte:

„In den Jugendjahren wurde das Bedürfnis, etwas von den Rätseln dieser Welt zu verstehen und vielleicht selbst etwas zu ihrer Lösung beizutragen, übermächtig. Die Inskription an der medizinischen Fakultät schien der beste Weg dazu, aber dann versuchte ich's – erfolglos – mit der Zoologie und der Chemie, bis ich unter dem Einfluss v. Brückes, der größten Autorität, die je auf mich gewirkt hat, an der Physiologie haften blieb, die sich damals freilich zu sehr auf Histologie einschränkte. Ich hatte dann bereits alle medizinischen Prüfungen abgelegt, ohne mich für etwas Ärztliches zu interessieren, bis ein Mahnwort des verehrten Lehrers mir sagte, daß ich in meiner armseligen materiellen Situation eine theoretische Laufbahn vermeiden müßte. So kam ich von der Histologie des Nervensystems zur Neuropathologie und auf Grund neuer Anregungen zur Bemühung um die Neurosen".[129]

Freuds autobiographisch erwähntes „Bedürfnis, etwas von den Rätseln dieser Welt zu verstehen" (ebd.) stellte eine der entscheidenden Antriebsquellen für seinen Werdegang dar.

---

128 Freud 1900a [G.W., II-III: 66].
129 Freud 1927a [G.W., XIV: 290f.].

6. Charcots Motto „ça n'empêche pas d'exister"

Freud teilt seiner Verlobten Martha Bernays seine begeisterten Eindrücke aus seiner Begegnung mit Charcot, einem „der größten Ärzte", der „ein genial nüchterner Mensch ist", brieflich mit. Charcots Vorlesungen waren wie ein Besuch in Notre-Dame für Freud, „mit neuen Empfindungen vom Vollkommenen": „Mein Gehirn ist gesättigt wie nach einem Theaterabend. Ob die Saat einmal Früchte bringen wird, weiß ich nicht; aber daß kein anderer Mensch je ähnlich auf mich gewirkt hat, weiß ich gewiß".[130]

Zur Bemerkung Ellenbergers, dass Charcots Einfluss „vorwiegend persönlicher Art" gewesen zu sein scheint,[131] ist zu ergänzen, dass von Charcot auch ein Einfluß auf Freuds wissenschaftliche Arbeitsweise zu verzeichnen ist. Dieser Einfluss aus Kat. II verdichtet sich in seinem Motto: *„La théorie, c'est bon, mais ça n'empêche pas d'exister"*, das wörtlich übersetzt „Die Theorie ist gut, aber das hindert nicht zu existieren" lautet. Sinngemäß: Nur wenn etwas (noch) nicht mit einer (bestehenden) Theorie zu erklären ist, heißt es nicht, dass es nicht doch sein kann.

Dieses Motto bzw. dessen Destillat *„ça n'empêche pas d'exister"* bildet einen hermeneutischen Zirkel zwischen bestehenden Theorien und weiteren Beobachtungen der Realität, „des Existierenden". Die Realität ist nicht immer innerhalb der bereits bestehenden Theorieschablonen erfassbar. Bleibt das Theoriegebäude flexibel und entwickelbar (d. h. nicht dogmatisch abgeschlossen), können sich durch weitere Erkenntnisse über das Existierende theorieerweiternde Modifikationen bilden. Diese Ausdrucksform einer im Wesentlichen grundsätzlich abduktiven methodologischen Zugangsweise verdichtet sich symbolisch im Motto Charcots *„ça n'empêche pas d'exister"*, das in Freuds Schriften in folgenden Textausschnitten thematisiert wird:

Beispiel 1 aus Freuds Nachruf „Charcot" (1893f)

> *„Charcot wurde auch niemals müde, die Rechte der rein klinischen Arbeit, die im Sehen und Ordnen besteht, gegen die Übergriffe der theoretischen Medizin zu verteidigen. Wir waren einmal eine kleine Schar von Fremden beisammen, die, in der deutschen Schulphysiologie aufgezogen, ihm durch die Beanständung seiner klinischen Neuheiten lästig fielen: ,Das kann doch nicht sein', wendete ihm einmal einer von uns ein, ,das widerspricht ja der Theorie von Young-Helmholtz'. Er erwiderte nicht: ,Um so ärger für die Theorie, die Tatsachen der Klinik haben den Vorrang' u. dgl., aber er sagte uns doch, was uns einen großen Eindruck machte: ,La théorie, c'est bon, mais ça n'empêche pas d'exister'"*.[132]

---

130 Brief aus Paris vom 24.11.1885 in: Briefe [1980: 189].
131 Ellenberger 1970 [2005: 748].
132 Freud 1893f [G.W., I: 23f.].

Beispiel 2 aus „Bruchstück einer Hysterie - Analyse" [Dora] (1905e)

„..., aber ich kann es nur immer wieder von neuem wiederholen, weil ich es nie-
mals anders finde, daß die Sexualität der Schlüssel zum Problem der Psychoneu-
rosen wie der Neurosen überhaupt ist. Wer ihn verschmäht, wird niemals aufzu-
schließen imstande sein. Ich warte noch auf die Untersuchungen, welchen diesen
Satz aufzuheben oder einzuschränken vermögen sollen. Was ich bis jetzt dagegen
gehört habe, waren Äußerungen persönlichen Mißfallens oder Unglaubens, denen
es genügt, das Wort Charcots entgegenzuhalten: ‚Ça n'empêche pas d'exister'".[133]

Beispiel 3 aus der „IX. Vorlesung, „Die Traumzensur" (1916-17a)

„Was macht es, daß Ihnen die Resultate der Traumdeutung unerfreulich, ja be-
schämend und widerwärtig erscheinen? Ça n'empêche pas d'exister, habe ich als
junger Doktor meinen Meister Charcot in ähnlichem Falle sagen gehört. Es heißt
demütig sein, seine Sympathien und Antipathien fein zurückstellen, wenn man er-
fahren will, was in dieser Welt real ist".[134]

Beispiel 4 aus Freuds „Selbstdarstellung" (1925)

„Manche von Charcots Demonstrationen hatten bei mir wie bei anderen Gästen
zunächst Befremden und Neigung zum Widerspruch erzeugt, den wir durch Beru-
fung auf eine der herrschenden Theorien zu stützen versuchten. Er erledigte solche
Bedenken immer freundlich und geduldig, aber auch sehr bestimmt; in einer dieser
Diskussionen fiel das Wort: Ça n'empêche pas d'exister, das sich mir unvergeß-
lich eingeprägt hat".[135]

Wie die Daten dieser vier Beispiele zeigen, verwendete Freud das Motto Charcots
sowohl als 37-Jähriger (1893f) als auch in seiner zusammenfassenden autobiographischen Rückschau im Alter von 69 Jahren (1925d). Während der Forschungsarbeiten konnte keine andere Idee eines anderen Zeitgenossen (Kat. II) gefunden
werden, die von Freud nachdrücklicher betont worden war. Eine sinngemäße Verwandtschaft zu Charcots „*ça n'empêche pas d'exister*" besteht auch in einem
Shakespeare-Zitat aus Hamlet, das der Überlieferung von Ernest Jones nach Freuds
Lieblingszitat war: „Es gibt mehr Ding' im Himmel und auf Erden, als Eure
Schulweisheit sich träumt".[136]

---

133 Freud 1905e [1901; G. W., V: 278].
134 Freud 1916-17a [G.W., XI: 146].
135 Freud 1925d [G.W., XIV: 37f.].
136 Jones 1957 [Bd. III, 1984: 429].

7. Das Zusammenspiel aus Induktion und Deduktion

Wie Freud für den Erkenntnisgewinn seiner Arbeitsweise (Kat. IV) Kombinationen aus induktiven und deduktiven Methoden verwendete, wird nun mit einigen Beispielen aus seinen Schriften gezeigt. In „Some elementary Lessons in Psycho-Analysis" (1938b) wählt Freud die Worte „genetisch" (für induktiv) bzw. „dogmatisch" (für deduktiv):[137]

„Wenn man ein bestimmtes Gebiet des Wissens – oder bescheidener ausgedrückt, der Forschung – für den Unkundigen darstellen will, hat man offenbar die Wahl zwischen zwei Methoden oder Techniken. Die eine wäre, von dem auszugehen, was jedermann weiss oder zu wissen glaubt und für selbstverständlich hält, ohne ihm zunächst zu widersprechen. Dann findet sich bald Gelegenheit, ihn auf Tatsachen aus demselben Gebiet aufmerksam zu machen, die er zwar kennt, aber bisher vernachlässigt oder nicht genügend gewürdigt hat. Anschliessend an diese kann man ihn dann mit anderen Tatsachen bekannt machen, von denen er nichts gewusst hat, und bereitet ihn so auf die Notwendigkeit vor, über sein bisheriges Urteil hinauszugehen, nach neuen Gesichtspunkten zu suchen und neue Annahmen zur Erklärung anzuhören. Auf diese Art beteiligt man den Anderen an dem Aufbau einer neuen Theorie des Gegenstandes und kann seine Einwendungen gegen sie bereits während der gemeinsamen Arbeit erledigt haben. Eine solche Darstellung verdient den Namen einer genetischen, sie wiederholt den Weg, den vorher der Forscher selbst gegangen ist. Bei all ihren Vorzügen haftet ihr der Mangel an, dass sie dem Lernenden nicht genug Eindruck macht. Ihm wird etwas, was er entstehen und langsam unter Schwierigkeiten wachsen gesehen hat, lange nicht so imponieren, wie etwas, was ihm, anscheinend in sich geschlossen, fertig entgegentritt.

Die andere Darstellung, die grade dieses leistet, ist die dogmatische, sie stellt ihre Ergebnisse voran, verlangt Aufmerksamkeit und Glauben für ihre Voraussetzungen, gibt wenig Auskünfte zu deren Begründung. Allerdings entsteht dann die Gefahr, dass ein kritischer Zuhörer sich kopfschüttelnd sagt: das klingt doch alles recht sonderbar; woher der Mann das nur weiss! Ich werde mich in meiner Darstellung keiner der beiden Methoden ausschliesslich bedienen, vielmehr bald die eine, bald die andere befolgen".[138]

Die induktive Methode bedeutet ein schrittweises, langsames Erforschen. Obsolet Gewordenes wird verworfen und durch Besseres ergänzt. Der Prozess ist der eines allmählichen Theorieaufbaus. Der Forschungsweg verläuft „von unten nach oben". Eine möglichst vorbehaltlose Untersuchung von Phänomenen steht den Gesetzen voran. Die deduktive Methode verlangt Gewissheit über bereits vorangestellte Ergebnisse und Theorien. Der Forschungsweg verläuft „von oben nach unten".

---

137 Für den Goethe-Biographen und Darwin-Übersetzer Carl Gustav Carus (1789-1869) war die „genetische Methode" ein Verdienst Goethes (vgl. Hemecker 1991: 77f.).
138 Freud 1938b [G.W. XVII: 141f.].

Deduktive Gesetze sind den einzelnen Fällen übergeordnet. Grundsätzlich bestehen bei beiden Ansätzen Möglichkeiten, dass unbekannte, nicht überzeugungskonforme bzw. Angst erregende Daten entweder nicht wahrgenommen, anerkannt bzw. verzerrt oder aus der Untersuchung bzw. dem wissenschaftlichen System eliminiert werden. Professionelle Abwehrstrategien im Namen der Wissenschaft, wie u. a. Spaltung, Verdrängung, Verleugnung bzw. Bagatellisierung, halten etwaige Irritationen vom Forscher fern.[139]

Eine abduktive Methodik integriert das Zusammenspiel aus induktiven und deduktiven wissenschaftlichen Arbeitsstilen. Bei Freud lässt sich eine Forschungsdynamik, die durch das Pendeln zwischen beiden Polen entsteht, erkennen, wobei ein spannungsgeladenes Feld, ein Kontinuum aus induktiver Unsicherheit und deduktiver Sicherheit in Freuds Suche nach der „Erforschung des Tatsächlichen", nach einer den psychischen Phänomenen inhärenten Wahrheit, entsteht.[140] Je nach Situation bzw. Position im Prozessverlauf kann sich der eine bzw. der andere Pol akzentuieren. Innerhalb dieser Dynamik wirken u. a. folgende Modalitäten seiner Arbeitsweise: sorgfältige Beobachtung, Sammeln von Erfahrungen, Phantasie, kritische Überprüfung und Zweifel.

In „Zur Ätiologie der Hysterie" (1896c) akzentuiert Freud mit der Formulierung „mühselige Einzelerforschung statt wohlfeiler Spekulation" den induktiven, empirischen Aspekt seiner Forschungen:

> „Wie immer Sie meine Resultate aufnehmen mögen, ich darf Sie bitten, dieselben nicht für die Frucht wohlfeiler Spekulation zu halten. Sie ruhen auf mühseliger Einzelerforschung der Kranken, die bei den meisten Fällen hundert Arbeitsstunden und darüber verweilt hat".[141]

Freuds Skepsis gegen bereits anfänglich fertige, „vollkommene Theorien" bringt das nächste Beispiel aus „Über Psychoanalyse" (1910a) zum Ausdruck, denn sie stehen im Gegensatz zum induktiven Forschungsstil, seiner „voraussetzungslosen Erforschung des Tatsächlichen":

---

139 Vgl. Devereux' Bemerkung über „Wissenschaftlichkeit" als professionelle Abwehrstrategie gegen die eigenen, Angst erregenden Daten: „Die professionelle Haltung kann, wie auch die wissenschaftlichen Methoden und Techniken, nur dann effektiv genutzt werden, wenn man versteht, daß sie auf der Ebene des Unbewußten auch als Abwehrstrategie gegen die Angst, die die eigenen Daten erregen, funktioniert. Leugnet man ihre Abwehrfunktion, so werden sie bald in erster Linie für Abwehrzwecke gebraucht, und zwar gerade dann, wenn ihre ‚Wissenschaftlichkeit' besonders betont wird" (Devereux 1967 [1992: 129]).

140 Vgl. Marie Bonapartes Handschrift eines Zitates von Henri Poincaré in einem Exemplar von Poincarés „La valeur de la science" (1925): „Ceux qui ont soif avant tout de certitude n'aiment pas réellement la vérité" („Jene, die vor allem nach Sicherheit dürsten, mögen nicht wirklich die Wahrheit") Das Buch, vermutlich ein Geschenk von ihr an Freud, ist in Freuds Londoner Bibliothek unter der Nummer Kat. Nr. 2796, LDFRD 1402 archiviert (Davies & Fichtner 2006, S. 411 des pdf-Dokumentes des Kataloges).

141 Freud 1896c [G.W., I: 458].

„...., aber vollkommene Theorien fallen nicht vom Himmel, und Sie werden mit noch größerem Recht mißtrauisch sein, wenn Ihnen jemand eine lückenlose und abgerundete Theorie bereits zu Anfang seiner Beobachtungen anbietet. Eine solche wird gewiß nur das Kind seiner Spekulation sein können und nicht die Frucht voraussetzungsloser Erforschung des Tatsächlichen".[142]

Freud wendete diese Skepsis gegen „vollkommene Theorien", aus denen sich auf deduktivem Wege Ableitungen treffen lassen, auch auf seine eigenen Theorien an. Der „Niederschlag fortgesetzter und vertiefter Erfahrungen" führte zu Entwicklungen in Form von Theoriemodifikationen und Revisionen, hier veranschaulicht am Beispiel der Entwicklung seiner eigenen Ansichten über die Rolle der Sexualität in der Ätiologie der Neurosen aus der gleichnamigen Schrift (1906a):

„Ich bin der Meinung, daß man meine Theorie über die ätiologische Bedeutung des sexuellen Momentes für die Neurosen am besten würdigt, wenn man ihrer Entwicklung nachgeht. Ich habe nämlich keineswegs das Bestreben abzuleugnen, daß sie eine Entwicklung durchgemacht und sich während derselben verändert hat. Die Fachgenossen könnten in diesem Zugeständnis die Gewähr finden, daß diese Theorie nichts anderes ist als der Niederschlag fortgesetzter und vertiefter Erfahrungen".[143]

Der Begriff „dogmatisch" wird von Freud selten, u. a. aber im folgenden Textausschnitt, in relativierter Form verwendet, denn die Lehrsätze der Psychoanalyse sollen vom Leser nicht „Glauben fordern" oder dessen „Überzeugung wecken". Im Vorwort zum gegen Ende seines Lebens geschriebenen, unvollendet gebliebenen und posthum publizierten „Abriß der Psychoanalyse" (1940a) fasst Freud die aus einer „unabsehbaren Fülle von Beobachtungen und Erfahrungen" gewonnenen Wesenszüge der Psychoanalyse „gleichsam dogmatisch" zusammen. Dennoch ist es für ihn wichtiger, dass der Leser bzw. der imaginierte Zuhörer sich durch eigene Beobachtungen und Erfahrungen sein eigenes Urteil bilden soll:

„Diese kleine Schrift will die Lehrsätze der Psychoanalyse in gedrängtester Form und in entschiedenster Fassung gleichsam dogmatisch zusammenstellen. Glauben zu fordern und Überzeugung zu wecken, liegt selbstverständlich nicht in ihrer Absicht. Die Aufstellungen der Psychoanalyse ruhen auf einer unabsehbaren Fülle von Beobachtungen und Erfahrungen, und nur wer diese Beobachtungen an sich und anderen wiederholt, hat den Weg zu einem eigenen Urteil eingeschlagen".[144]

Eine induktive Theoriebildung ist vonnöten, wenn es, wie im folgenden Beispiel anhand der Entwicklung der Trieblehre in „Zur Einführung des Narzißmus" (1914c) darum geht, wissenschaftliches Neuland zu betreten: „Bei dem völligen

---

142 Freud 1910a [G. W., VIII: 16].
143 Freud 1906a [G.W., V: 149].
144 Vorwort zu „Abriß der Psychoanalyse", Imago Bd. XXV, Heft 1, 1940a [1938]: 8.

Mangel einer irgendwie orientierenden Trieblehre ist es gestattet oder besser gebo-
ten, zunächst irgendeine Annahme in konsequenter Durchführung zu erproben, bis
sie versagt oder sich bewährt".[145] Für eine empirische wissenschaftliche Haltung
spricht auch die Bemerkung von Jones, dass Freud gelernt hatte, dass „alle Schluß-
folgerungen sich auf Erfahrungen – und nur auf diese – stützen müssen" (Jones,
1953 [Bd. I, 1984: 443]). In Abgrenzung zum deduktiven Wesen einiger philosophischer Systeme betont Freud im nächsten Beispiel aus „Psychoanalyse" und „Libidotheorie" (1923a) den Charakter der Psychoanalyse als empirische Wissenschaft. Das Vermeiden dogmatischer Ansprüche öffnet Raum für Zukünftiges:

> *„Die Psychoanalyse ist kein System wie die philosophischen, das von einigen
> scharf definierten Grundbegriffen ausgeht, mit diesen das Weltganze zu erfassen
> sucht, und dann, einmal fertig gemacht, keinen Raum mehr hat für neue Funde und
> bessere Einsichten. Sie haftet vielmehr an den Tatsachen ihres Arbeitsgebietes,
> sucht die nächsten Probleme der Beobachtung zu lösen, tastet sich an der Erfah-
> rung weiter, ist immer unfertig, immer bereit, ihre Lehren zurechtzurücken oder
> abzuändern. Sie verträgt es so gut wie die Physik oder die Chemie, daß ihre obers-
> ten Begriffe unklar, ihre Voraussetzungen vorläufige sind, und erwartet eine
> schärfere Bestimmung derselben von zukünftiger Arbeit".[146]*

Dieser mit „sorgfältiger und mühseliger Beobachtung" verbundene, offene Raum
kann von Freud fallweise auch für im Kontrast zu Beobachtung und Kritik stehende
Spekulationen über „ungesicherte Dinge" genützt werden. Das folgende Beispiel
aus dem von Ilse Grubrich-Simitis wiederentdeckten metapsychologischen Entwurf
Freuds, der „Übersicht der Übertragungsneurosen" (1985 [1915]), belegt, wie
Freud, Charcots Motto „*ça n'empêche pas d'exister*" folgend, seiner Phantasie erlaubt, einen „Blick in die Ferne" zu öffnen:

> *„Hoffe, der Leser, der sonst auch an Langeweile vieler Abschnitte gemerkt hat,
> wie sehr alles auf sorgfältiger und mühseliger Beobachtung aufgebaut, wird Nach-
> sicht üben, wenn auch einmal die Kritik vor der Phantasie zurücktritt und ungesi-
> cherte Dinge vorgetragen werden, bloß weil sie anregend sind und Blick in die
> Ferne eröffnen".[147]*

Die folgende Metapher „Spekulation, das Leitseil der Erfahrung" im Geleitwort zu
Hermann Nunbergs „Allgemeine Neurosenlehre auf psychoanalytischer Grundlage" (1932b) drückt Freuds Forschungslust mit den damit verbundenen Komplexitäten wissenschaftlichen Arbeitens aus:

> *„Wem es um Vereinfachung und glatte Erledigung der betreffenden Probleme zu
> tun ist, der wird von dieser Arbeit kaum befriedigt werden. Wer aber wissenschaft-*

---

145 Freud 1914c [G.W., X: 143].
146 Freud 1923a [G.W., XIII: 229].
147 Freud 1985 [1915]; G.W. NB: 641].

liches Denken bevorzugt, es als Verdienst zu würdigen weiß, wen die Spekulation, das Leitseil der Erfahrung, nie verläßt und wer die schöne Mannigfaltigkeit des psychischen Geschehens genießen kann, der wird dieses Werk schätzen und eifrig studieren".[148]

Eine, von Konventionen unbeirrte „Art von Kourage" sah Freud – einer brieflichen Mitteilung an Ferenczi nach – bei sich selber als einzige hervorragende Eigenschaft. Die gleichzeitige „rücksichtslose Realkritik" der eigenen Erfahrungen im kreativen Schaffensprozess gewährleistet, dass durch die „kühnspielende Phantasie" der Rahmen des real Möglichen zwar ausgedehnt, die Realität per se aber nicht verlassen wird:[149]

„Lassen Sie mich gestehen, daß ich an mir nur eine Eigenschaft vom ersten Rang gefunden habe, eine Art von Kourage, die von Konventionen unbeirrt ist. Übrigens gehören Sie selbst zu den Produktiven und müßten auch an sich den Mechanismus der Produktion beobachtet haben. Die Aufeinanderfolge von kühnspielender Phantasie und rücksichtsloser Realkritik".[150]

Dem Psychoanalytiker Theodor Reik war Freud in keiner Weise jemals engstirnig oder dogmatisch erschienen: „Throughout thirty years I never noticed a single trait of narrow-mindedness or dogmatism in him" (Reik 1940: 20).

Für den für Freud unabdingbaren Zusammenhang zwischen Forschung und Zweifel auf seiner kontinuierlichen Suche nach den psychischen Phänomenen zugrundeliegenden Gesetzmäßigkeiten, soll dieses abschließende Beispiel aus einem seiner Briefe an Stefan Zweig stehen, in dem er knapp 2 Jahre vor seinem Lebensende resümiert:

„Meine Arbeit liegt hinter mir, wie Sie es selbst sagen. Niemand kann vorhersagen, wie spätere Zeiten sie einschätzen werden. Ich selbst bin nicht so sicher, von der Forschung ist ja der Zweifel unablösbar, und mehr als ein Bruchstückchen der Wahrheit hat man gewiß nicht herausbekommen".[151]

---

148 Freud 1932b [G.W. XVI: 273].
149 Jones bestätigt, dass die Phantasie ein wichtiges Element von Freuds eigener Natur war, sie aber zugunsten seiner skeptischen Ader und ausgewogenen Urteilskraft gezügelt blieb (vgl. Jones 1955 [Bd. II, 1984: 194]). Generell fällt ihm in Freuds Werk ein „hartnäckiger Dualismus" auf, eine sehr charakteristische Art dialektischen Denkens, das auf der Interaktion von Gegensatzpaaren, wie z. B. Liebe – Hunger, Ich – Sexualität, Autoerotismus – Heteroerotismus, Leben – Tod basiert (vgl. a.a.O.: 494]).
150 Freud an Ferenczi, Brief vom 4.4.1915. zit. n. Jones, 1955 [Bd. II, 1984: 220].
151 Freud an Zweig, Brief vom 17.10.1937 in: Briefe [1980: 454].

8. Ideen aus Notwendigkeit

Georges Devereux nach besteht kein Zweifel, dass Freud die Psychoanalyse hauptsächlich von den Patienten gelernt hatte (vgl. Devereux 1967 [1992: 152]). Auf die Frage, warum die Entdeckung des Ödipuskomplexes als wissenschaftliche Einsicht auf sich warten lassen musste, „bis Freuds Patienten (dem Inhalt nach) erzählten, daß es ihn gebe", gibt Devereux eine Antwort, die „so kurz wie deprimierend" ist: „Viele Jahrhunderte haben Patienten versucht, ihren Therapeuten die gleichen Dinge zu erzählen, aber diese weigerten sich einfach zuzuhören" (ebd.).

Nun stellt sich die Frage, welche Entwicklungen in Freuds theoretischem Verständnis bzw. seiner Behandlungstechnik stattgefunden hatten, die ihn dazu brachten, Phänomene wie z. B. den Ödipuskomplex aus den Erzählungen seiner Patienten erkennen zu können. Durch Rekonstruktion einiger Entwicklungsschritte des psychoanalytischen Verfahrens soll gezeigt werden, wie pragmatische Notwendigkeiten, die sich aus den Behandlungen von Patienten ergeben hatten, Freud dazu veranlassten, Ideen von Zeitgenossen (Kat. II) zu adaptieren, wie z. B. von Breuer, Charcot, Liébeault und Bernheim, bzw. eigene Methoden (z. B. die Technik der freien Assoziation) zu entwickeln. Das hier verwendete Quellenmaterial beinhaltet Extrakte aus fünf Originalwerken Freuds: „Studien über Hysterie" (Breuer & Freud 1893-95d), „Zur Geschichte der psa. Bewegung" (1914d), „Kurzer Abriß der Psychoanalyse" (1924f), „Selbstdarstellung" (1925d) und „Nachwort zur Frage der Laienanalyse" (1927a).

Im ersten, problemorientierten Teil dieser Übersicht wird Freuds Erkennen der Begrenztheit dreier Behandlungsmethoden (Elektrotherapie, Hypnose und Breuers kathartische Methode) dargestellt.

Die Begrenztheit der Elektrotherapie

Zu Beginn seiner neurologischen Praxis standen Freud nur zwei wirtschaftlich sinnvolle Therapieformen zur Verfügung: die Elektrotherapie und die Hypnose. Die Elektrotherapie des deutschen Neurologen Wilhelm Erb (1840-1921) erwies sich für Freud aber nicht als exakte Methodik, sondern als ein für die Behandlung unbrauchbares Phantasma. Mit dem deutschen Neurologen Paul Möbius (1853-1907) argumentiert Freud, dass die Erfolge der elektrischen Behandlung Nervenkranker – falls überhaupt welche zu verzeichnen waren – auf der Wirkung der ärztlichen Suggestion beruhten (vgl. 1925d [G.W., XIV: 39f.]).

Die Begrenztheit der Hypnose

„Mit der Hypnose stand es besser", denn ihr „verführerischer Nutzen" lag darin, dass der Behandler durch ihre Anwendung sein Gefühl der Ohnmacht überwinden und einen schmeichelhaften Ruf als Wundertäter erlangen konnte. Die damals von Freud erkannten Probleme waren, dass erstens nicht alle Kranken sich hypnotisieren ließen und zweitens die erwünschte Tiefe der Hypnose nicht steuerbar war.[152]

Die Begrenztheit der kathartischen Methode

Die Grenzen der kathartischen Methode bestanden Freuds Erfahrung nach darin, dass sie sowohl bei der Anwendung auf andere Störungsbilder als dem der Hysterie, wie z. B. der Angstneurose oder der Neurasthenie, wirkungslos war, als auch bei der Beseitigung der kausalen Bedingungen der Hysterie mangelhafte Ergebnisse brachte. Denn anstelle der beseitigten Symptome entstanden wiederum neue.[153]

Freuds theoretische und praktische Weiterentwicklungen als Problemlösungen

> *„Die Psychoanalyse ist auf einem engbegrenzten Boden erwachsen. Sie kannte ursprünglich nur das eine Ziel, etwas von der Natur der sogenannt ,funktionellen' Nervenkrankheiten zu verstehen, um die bisherige ärztliche Ohnmacht in der Behandlung derselben zu überwinden".[154]*

Im zweiten, lösungsorientierten Teil dieser Übersicht werden fünf von Freuds Weiterentwicklungen erwähnt, die für den Weg von Breuers kathartischem Verfahren zur Psychoanalyse entscheidend waren: die Modifikation der kathartischen Methode Breuers, das Erkennen der Rolle sexueller Ursachen in der Ätiologie der Neurosen, das Erkennen des Phänomens der Übertragungsliebe, das Aufgeben des hypnotischen Verfahrens und Erkennen der Übertragung sowie das Erkennen der Bedeutung von Übertragung, Widerstand und Verdrängung. Gleichzeitig können diese Fortschritte auch als Umsetzungen von Charcots Motto *„ça n'empêche pas d'exister"* in die Praxis verstanden werden. Wäre Freud nur an bestehenden Ideen, wie z. B. der Hypnose oder Breuers kathartischer Methode, verhaftet geblieben, hätten diese Weiterentwicklungen nicht stattgefunden.

Modifikation der kathartischen Methode Breuers

Obwohl Freud sich lediglich als Beobachter der kathartischen Methode, die er zur Gänze als Breuers geistiges Eigentum anerkannte, ansah und betonte, daß es nicht sein Ziel war, die Natur der Hysterie zu ergründen, sondern bloß die Entstehung ihrer Symptome zu beleuchten, setzte er vier wesentliche Akzente, die das Verfahren Breuers modifizierten:

---

152 Vgl. a.a.O.: 40f.
153 Vgl. Freud in: Breuer & Freud 1893-95d [G.W., I: 259 f].
154 Freud 1924f [G.W., XIII: 405].

a. Betonung der Bedeutung des Affektlebens

b. Betonung der Wichtigkeit der Unterscheidung zwischen unbewussten und bewussten (bewusstseinsfähigen) seelischen Akten

c. Einführung eines dynamischen Faktors: Ein Symptom entsteht durch Aufstauung eines Affektes

d. Einführung eines ökonomischen Faktors: Dasselbe Symptom ist Ergebnis einer sonst anderswie verwendeten Energiemenge (Konversion)

Mit der Annahme von dynamischen und ökonomischen Faktoren sowie der Unterscheidung zwischen unbewussten bzw. bewusstseinsfähigen seelischen Vorgängen begann sich auch gleichzeitig Freuds Entwicklung der Metapsychologie in diesem Entwicklungsschritt zu formen (vgl. 1925d [G.W., XIV: 48]).

Erkennen der Rolle sexueller Ursachen in der Ätiologie der Neurosen

Das Problem der Ätiologie der Hysterie, das in der noch sehr unvollständigen Theorie der „Studien über Hysterie" (1893-95d) kaum berührt worden war, begann sich durch Freuds wachsende Erfahrung mit Patienten (Kat. II) aufzuklären. Der Erkenntnisgewinn lag darin, dass hinter neurotischen Erscheinungen nicht beliebige Affekterregungen, sondern regelmäßig sexuelle Ursachen verborgen lagen: entweder aktuelle sexuelle Konflikte oder Nachwirkungen früherer sexueller Erlebnisse (ebd.).

Erkennen des Phänomens der Übertragungsliebe

Die über Jahre gewonnen Erkenntnisse Freuds über die Rolle der Sexualität in der Ätiologie der Neurosen fanden bei Ärzten nur Unglauben und Widerspruch. Freud überlegte Breuers Fall „Anna O." neu und fand das Thema der „Übertragungsliebe", die sich in Breuers Patientin nach erfolgter kathartischer Behandlung zu Breuer entwickelt hatte.[155] Breuer konnte mit dieser Übertragungsliebe aber nicht umgehen, da er das Phänomen der Übertragung nicht erkannte und zog sich irritiert und bestürzt von Anna O. zurück. Freud gegenüber war es Breuer peinlich, an sein anscheinendes Missgeschick erinnert zu werden. Zwischen beiden entwickelten sich persönliche Spannungen, die schließlich zur Trennung führten.[156]

---

155 Für Roudinesco & Plon zählt die Geschichte der „Anna O." zu den „Entstehungsmythen der Psychoanalyse". Die damit verbundene Kontroverse ist in Roudinesco & Plon 1997 [2004: 759-764] abgebildet.

156 Vgl. a.a.O.: 51.

Aufgeben des hypnotischen Verfahrens und Erkennen der Übertragung

Durch die Erfahrung der Probleme der Hypnose, dass die Therapieerfolge wie weggewischt waren, wenn sich das persönliche Verhältnis zu den Patienten getrübt hatte, und um die Einschränkung der Krankheit auf hysteriforme Zustände zu überwinden, veränderte Freud die Technik der Katharsis. Ein weiterer Erkenntnisgewinn, der darin bestand, dass sich die persönliche affektive Beziehung der Beherrschung entzieht und mächtiger als die kathartische Arbeit ist, ergab sich, als eine Patientin nach erfolgreicher hypnotischer Intervention ihre Arme um Freuds Hals schlang. Daraufhin verzichteten Freud und die Patientin in stillschweigender Übereinkunft auf weitere hypnotische Behandlung. Freud meinte, die Natur des „mystischen Elements" hinter der Hypnose erfasst zu haben. Um aber dieses mystische Element zu isolieren, musste das Verfahren der Hypnose aufgegeben werden.[157]

Erkennen der Bedeutung von Übertragung, Widerstand und Verdrängung

Durch Freuds Wechsel der Technik veränderte sich auch die kathartische Arbeit. Die Hypnose hatte ein Kräftespiel verdeckt, das sich nun enthüllte und dessen Erfassung eine sichere Begründung für die Theorie ergab. Die nächsten Fragen, die sich stellten, waren die, warum die Kranken so viel an äußerem und innerem Erleben vergessen hatten und sie sich wieder erinnern konnten, wenn die beschriebene Technik auf sie angewendet wurde. Das Gemeinsame der vergessenen Inhalte war, dass sie alle auf eine Weise peinlich waren, entweder schreckhaft, schmerzhaft oder beschämend. Freuds Schlussfolgerung war, dass es gerade darum vergessen worden war, d. h. nicht bewusst geblieben ist. Um es wieder bewusst zu machen, musste etwas in dem Kranken überwunden werden, was sich sträubte. Ein weiterer erkannter Zusammenhang, von dem sich schließlich die Theorie der Verdrängung ableitete, war der, dass je schwerer das zu Erinnernde war, umso größer die Anstrengung für den Arzt war, diesen Widerstand zu überwinden. Der Kraftaufwand des Arztes wurde so das Maß für den Widerstand des Kranken.[158]

Wie unmittelbar der Wirkungszusammenhang zwischen therapeutischen und wissenschaftlichen Aspekten, zwischen „Erkenntnis" und „Erfolg" der Behandlungen, zwischen „Aufklärung" und „wohltätiger Wirkung" derselben ist, fasst Freud mit dem Begriff „Junktim des Heilens und Forschens" im „Nachwort zur Frage der Laienanalyse" (1927a) zusammen. Jede neue Lösung eines behandlungstechnischen Problems ergibt einen wissenschaftlichen Gewinn in der Kenntnis des Seelenlebens:

---

157 Vgl. a.a.O.: 51f.
158 Vgl. a.a.O.: 54.

„In der Psychoanalyse bestand von Anfang ein Junktim zwischen Heilen und For-
schen, die Erkenntnis brachte den Erfolg, man konnte nicht behandeln, ohne etwas
Neues zu erfahren, man gewann keine Aufklärung, ohne ihre wohltätige Wirkung
zu erleben. Unser analytisches Verfahren ist das einzige, bei dem dies kostbare
Zusammentreffen gewahrt bleibt. Nur wenn wir analytische Seelsorge treiben, ver-
tiefen wir unsere eben aufdämmernde Einsicht in das menschliche Seelenleben.
Diese Aussicht auf wissenschaftlichen Gewinn war der vornehmste, erfreulichste
Zug der analytischen Arbeit; dürfen wir sie irgendwelchen praktischen Erwägun-
gen zum Opfer bringen".[159]

Zusammenfassend sind in all diesen Beispielen abduktive Ausdrucksformen der
Ideenentwicklung und Theoriebildung mit einer Tendenz zum induktiven Pol erkennbar. Direkte Beobachtung, Lernen aus Erfahrungen und eine durch behand-
lungstechnische Probleme notwendige Entwicklung neuer, lösungsorientierter Ansätze in Verbindung mit Personen[160] der Kat. II führten Freud zu Modifikationen
der Technik und daraus resultierenden neuen, theoriebildenden Erkenntnissen, die
wiederum durch neue Beobachtungen geprüft wurden. Die daraus entstehenden
Veränderungen der kathartischen Methode, die zur Psychoanalyse führten, beinhalteten die Lehre von der Verdrängung und vom Widerstand, die Einsetzung der
infantilen Sexualität und die Deutung und Verwertung der Träume zur Erkenntnis
des Unbewussten (vgl. 1914d [G.W., X: 53]).

An die Phase der kathartischen Methode Breuers knüpft die im nächsten Kapitel behandelte Frage an, ob aus den Angaben Freuds Pierre Janet für ihn bzw.
Breuer als Einflussquelle von Bedeutung war.

9. Freud und Janet: Parallele Ideenverläufe

In der Bestimmung eines etwaigen Ideeneinflusses von Pierre Janet (1859-1947)
auf Freud treten Diskrepanzen zwischen Attributionen anderer Autoren und Freuds
eigenen Validierungen auf. So ist der Einfluss von Pierre Janet auf Freud nach Ellenbergers Ansicht ein „umstrittenes Problem, das nie objektiv untersucht worden
ist".[161] Bezüglich des Gebrauches des Begriffes „misère psychologique" bei Freud
stellt Ellenberger fest, dass in den „Studien über Hysterie" (Breuer & Freud 1893-
95d) Janets Einfluss auf Freud offensichtlich ist, „selbst in der Terminologie;
Freud benutzte Janets Ausdrücke Begriffe „misère psychologique" und „psychische
Analyse".[162] Diese Aussagen Ellenbergers wurden überprüft. Eine Durchsuchung

---

159 Freud 1927a [G.W., XIV: 293f.].
160 Hierzu zählten neben Breuer in der Zeit der „Studien über Hysterie" (vgl. Breuer & Freud
   1893-95d [G.W., I: 37-160]) u. a. die Patientinnen Emmy v. N (Fanny Moser), Lucie R., Katharina (Aurelia Kronich), Elisabeth v. R und Cäcilie M. (Anna von Lieben), später z. B. der
   Fall „Dora" (Ida Bauer), der in „Bruchstück einer Hysterie-Analyse" speziell in Zusammenhang mit der Übertragung beschrieben wurde (vgl. Freud 1905e [G. W., V: 161- 286]).
161 Ellenberger 1970 [2005: 748].
162 A.a.O.: 749.

des Datenmaterials der CD-ROM „Freud im Kontext" (2010) ergab, dass Freud den Begriff „misère psychologique" in seinem Gesamtwerk genau ein einziges Mal verwendete, und zwar an der Stelle, in der er die von Janet aufgestellte Behauptung einer „psychischen Minderleistung" als Voraussetzung für die Hysterie im Falle von Emmy von N. gerade eben nicht bestätigen kann. Die Stelle befindet sich in den „Studien über Hysterie":

> *„Ich gestehe auch, ich kann in der Geschichte der Frau v. N... nichts von der ‚psychischen Minderleistung' finden, auf welche P. Janet die Entstehung der Hysterie zurückführt. Die hysterische Disposition bestünde nach ihm in einer abnormen Enge des Bewußtseinsfeldes (infolge hereditärer Degeneration), welche zur Vernachlässigung ganzer Reihen von Wahrnehmungen, in weiterer Folge zum Zerfall des Ich und zur Organisierung sekundärer Persönlichkeiten Anlaß gibt. Demnach müßte auch der Rest des Ich, nach Abzug der hysterisch organisierten psychischen Gruppen, minder leistungsfähig sein als das normale Ich, und in der Tat ist nach Janet dieses Ich bei den Hysterischen mit psychischen Stigmaten belastet, zum Monoideismus verurteilt und der gewöhnlichen Willensleistungen des Lebens unfähig. Ich meine, Janet hat hier Folgezustände der hysterischen Bewußtseinsveränderung mit Unrecht zu dem Range von primären Bedingungen der Hysterie erhoben. Das Thema ist einer eingehenderen Behandlung an anderer Stelle wert; bei Frau v. N... aber war von solcher Minderleistung nichts zu bemerken. Während der Periode ihrer schwersten Zustände war und blieb sie fähig, ihren Anteil an der Leitung eines großen industriellen Unternehmens zu besorgen, die Erziehung ihrer Kinder niemals aus den Augen zu verlieren, ihren Briefverkehr mit geistig hervorragenden Personen fortzusetzen, kurz allen ihren Pflichten soweit nachzukommen, daß ihr Kranksein verborgen bleiben konnte. Ich sollte doch meinen, das ergäbe ein ansehnliches Maß von psychischer Überleistung, das vielleicht auf die Dauer nicht haltbar war, das zu einer Erschöpfung, zur sekundären misère psychologique führen mußte".*[163]

Den Begriff „psychische Analyse" verwendete Freud in seinen Schriften insgesamt achtmal, chronologisch zuletzt in seiner „Psychopathologie des Alltagslebens", in der er dreimal vorkommt (1901b [G.W., IV: 51, 208, 236]). Freuds Angaben nach gab es keinen Ideeneinfluss von Janet auf ihn, dafür aber von Breuer. Als Anmerkung zu einem Artikel von Ernest Jones mit dem Titel „Professor Janet über Psychoanalyse" fügte Freud hinzu: „Was ich übernommen habe, habe ich nicht von Janet, sondern von Breuer empfangen, wie wiederholt öffentlich anerkannt" (Int. Zeitschrift für ärztliche Psychoanalyse. Bd. 4. 1916/17, S. 42).

In seiner XVII. Vorlesung („Der Sinn der Symptome", 1916-17a) stellt Freud klar, dass die Aufdeckung des Sinnes der neurotischen Symptome zuerst von Josef Breuer durchgeführt wurde und Janet unabhängig von Breuer denselben Nachweis erbracht hatte. Janet gebührt dafür auch literarische Priorität, da Breuer seine Be-

---

163 Breuer & Freud 1893-95d [G.W., I: 161f.].

obachtung erst gemeinsam mit Freud mehr als ein Jahrzehnt später (1893-95d) veröffentlichte. Von wem die Entdeckung herrührt, ist Freuds Angaben nach für ihn
von geringer Bedeutung, da Entdeckungen mehrmals gemacht werden können:

> *„Es mag uns übrigens ziemlich gleichgültig sein, von wem diese Entdeckung her-*
> *rührt, denn Sie wissen, jede Entdeckung wird mehr als einmal gemacht, und keine*
> *wird auf einmal gemacht, und der Erfolg geht ohnedies nicht mit dem Verdienst.*
> *Amerika heißt nicht nach Kolumbus".* [164]

Noch vor Breuers und Janets Entdeckungen erwähnt Freud den französischen Ana-
tom und Psychiater Psychiater Francois Leuret (1797-1851, Kat. III), der annahm,
dass selbst die Delirien der Geisteskranken sich als sinnvoll erkennen lassen müss-
ten, wenn man das Verständnis hätte, sie zu übersetzen. Freud war lange Zeit bereit, das Verdienst Janets an der Aufklärung der neurotischen Symptome sehr hoch
zu bewerten, da Janet sie als Äußerungen von „idées inconscientes", also unbewusster Ideen, auffasste, welche die Kranken beherrschten. Freud bemerkte eine
übergroße Zurückhaltung vonseiten Janets, so, als ob jener bekennen wollte, dass
das Unbewusste für ihn nichts weiter als eine Redensart, etwas Dahingesagtes sei:

> *„Der Sinn der neurotischen Symptome ist zuerst von J. Breuer aufgedeckt worden*
> *durch das Studium und die glückliche Herstellung eines seither berühmt geworde-*
> *nen Falles von Hysterie (1880-82). Es ist richtig, daß P. Janet unabhängig densel-*
> *ben Nachweis erbracht hat; dem französischen Forscher gebührt sogar die litera-*
> *rische Priorität, denn Breuer hat seine Beobachtung erst mehr als ein Dezennium*
> *später (1893-95) während der Mitarbeiterschaft mit mir veröffentlicht. Es mag uns*
> *übrigens ziemlich gleichgültig sein, von wem diese Entdeckung herrührt, denn Sie*
> *wissen, jede Entdeckung wird mehr als einmal gemacht, und keine wird auf einmal*
> *gemacht, und der Erfolg geht ohnedies nicht mit dem Verdienst. Amerika heißt*
> *nicht nach Kolumbus. Vor Breuer und Janet hat der große Psychiater Leuret die*
> *Meinung ausgesprochen, selbst die Delirien der Geisteskranken müßten sich als*
> *sinnvoll erkennen lassen, wenn wir erst verstünden, sie zu übersetzen. Ich gestehe,*
> *daß ich lange Zeit bereit war, das Verdienst P. Janets an der Aufklärung der neu-*
> *rotischen Symptome sehr hoch anzuschlagen, weil er sie als Äußerungen von idées*
> *inconscientes auffaßte, welche die Kranken beherrschten. Aber Janet hat sich seit-*
> *dem in übergroßer Zurückhaltung so geäußert, als ob er bekennen wollte, daß das*
> *Unbewußte für ihn weiter nichts gewesen sei als eine Redensart, ein Behelf, une*
> *façon de parler; er habe an nichts Reales dabei gedacht. Seither verstehe ich Ja-*
> *nets Ausführungen nicht mehr, ich meine aber, daß er sich überflüssigerweise um*
> *viel Verdienst geschädigt hat".* [165]

---

164 Freud 1916-17a [G.W., XI: 264].
165 A.a.O.: 264f.

Sieben Jahre später als die „Vorlesungen" erschien Freuds „Kurzer Abriß zur Geschichte der Psychoanalyse" (1924f). Auch hier wird auf eine parallele, voneinander unabhängige Entwicklung der Ideen Josef Breuers und Janets hingewiesen:

> *„Charcot selbst bemühte sich weiter nicht um ein psychologisches Verständnis der hysterischen Neurose, aber sein Schüler P. Janet nahm diese Studien auf und konnte mit Hilfe der Hypnose zeigen, daß die Krankheitsäußerungen der Hysterie in fester Abhängigkeit von gewissen unbewußten Gedanken (idées fixes) stehen. Janet charakterisierte die Hysterie durch eine von ihm angenommene konstitutionelle Unfähigkeit, die seelischen Vorgänge zusammenzuhalten, aus der ein Zerfall (Dissoziation) des Seelenlebens hervorgehe. Die Psychoanalyse knüpfte aber keineswegs an diese Forschungen Janets an. Für sie wurde die Erfahrung eines Wiener Arztes, Dr. Josef Breuer, maßgebend, der unabhängig von fremdem Einfluß um das Jahr 1881 ein hysterisch erkranktes Mädchen von hoher Begabung mit Hilfe der Hypnose studieren und herstellen konnte. Breuers Ergebnisse sind der Öffentlichkeit erst 15 Jahre später mitgeteilt worden, nachdem er den Referenten (Freud) zum Mitarbeiter angenommen hatte".*[166]

Ein Jahr später, im Jahre 1925, dementierte Freud in seiner autobiographischen Schrift „Selbstdarstellung" (1925d) die Vorwürfe, während seines Aufenthaltes bei Charcot an der Salpêtrière (vom 13. Oktober 1885 bis Ende Februar 1886) Janets Lehren geraubt zu haben:

> *„Während ich dies schreibe, erhalte ich zahlreiche Aufsätze und Zeitungsartikel aus Frankreich, die von dem heftigen Sträuben gegen die Aufnahme der Psychoanalyse zeugen und oft die unzutreffendsten Behauptungen über mein Verhältnis zur französischen Schule aufstellen. So lese ich z. B., daß ich meinen Aufenthalt in Paris dazu benützt, mich mit den Lehren von P. Janet vertraut zu machen, und dann mit meinem Raube die Flucht ergriffen habe. Ich will darum ausdrücklich erwähnen, daß der Name Janets während meines Verweilens an der Salpêtrière überhaupt nicht genannt wurde".*[167]

Der Werdegang der Entdeckungen aus der Sicht von Freud:

> *„Breuer hatte mir, schon ehe ich nach Paris ging, Mitteilungen über einen Fall von Hysterie gemacht, den er in den Jahren 1880 bis 1882 auf eine besondere Art behandelt, wobei er tiefe Einblicke in die Verursachung und Bedeutung der hysterischen Symptome gewinnen konnte. Das war also zu einer Zeit geschehen, als die Arbeiten Janets noch der Zukunft angehörten".*[168]

Nachdem Freud die Grenzen der hypnotischen Suggestion bei Bernheim gesehen hatte, begann er selber, die Methode Breuers ausschließlich anzuwenden. So konn-

---

166 Freud 1924f [G.W., XIII: 407].
167 Freud 1925d [G.W., XIV: 37].
168 A.a.O.: 44.

ten klinische Daten als Bestätigung für Breuers Methode gesammelt werden. Breuer sträubte sich anfänglich gegen Freuds Idee einer gemeinsamen Publikation. In-
zwischen aber hatten Pierre Janets Publikationen einen Teil der Arbeit Breuers
vorweggenommen. Freud validiert, dass die Entdeckungen Breuers und Janets voneinander unabhängig waren. Diese Entdeckungen waren, dass hysterische
Symptome auf Lebenseindrücke zurückzuführen sind und dass diese Symptome
durch hypnotische Reproduktion während ihrer Entstehung aufgehoben werden
konnten:

> *„Als ich mehrere Jahre hindurch immer nur Bestätigungen gefunden hatte, bei je-
> dem Falle von Hysterie, der solcher Behandlung zugänglich war, auch bereits
> über ein stattliches Material von Beobachtungen verfügte, die der seinigen analog
> waren, schlug ich ihm eine gemeinsame Publikation vor, gegen die er sich anfangs
> heftig sträubte. Er gab endlich nach, zumal da unterdes Janets Arbeiten einen Teil
> seiner Ergebnisse, die Zurückführung hysterischer Symptome auf Lebenseindrücke
> und deren Aufhebung durch hypnotische Reproduktion in statu nascendi vorweg-
> genommen hatten. Wir ließen 1893 eine vorläufige Mitteilung erscheinen: ‚Über
> den psychischen Mechanismus hysterischer Phänomene‘. 1895 folgte unser Buch
> ‚Studien über Hysterie‘“.*[169]

Freuds Ansicht nach war eine Hysterika für Janet eine „arme Person", die infolge
ihrer konstitutionellen Schwäche ihre seelischen Akte nicht zusammenhalten konnte. Die daraus entstehenden Folgen waren seelische Spaltung und Einengung des
Bewusstseins. Nach den Erkenntnissen der Psychoanalyse aber waren jene Phänomene Ergebnisse von zwei dynamischen Faktoren: seelischer Konflikt und vollzo-
gene Verdrängung. Freuds Funde waren in historischer und inhaltlicher Hinsicht
unabhängig von Janet und griffen noch dazu über die Janets weit hinaus. Janets
Erkenntnisse trafen ein ganzes Stück weit mit jenen Breuers zusammen, jedoch
wurden Breuers Funde früher gemacht und später veröffentlicht als die Janets:

> *„Meine Darstellung muß dem Leser gezeigt haben, daß die Psychoanalyse von den
> Janetschen Funden in historischer Hinsicht völlig unabhängig ist, wie sie auch in-
> haltlich von ihnen abweicht und weit über sie hinausgreift. Niemals wären auch
> von den Arbeiten Janets die Folgerungen ausgegangen, welche die Psychoanalyse
> so wichtig für die Geisteswissenschaften gemacht und ihr das allgemeinste Inte-
> resse zugewendet haben. Janet selbst habe ich immer respektvoll behandelt, weil
> seine Entdeckungen ein ganzes Stück weit mit denen Breuers zusammentrafen, die
> früher gemacht und später veröffentlicht worden waren. Aber als die Psychoanaly-
> se Gegenstand der Diskussion auch in Frankreich wurde, hat Janet sich schlecht
> benommen, geringe Sachkenntnis gezeigt und unschöne Argumente gebraucht.
> Endlich hat er sich in meinen Augen bloßgestellt und sein Werk selbst entwertet,*

---

169 A.a.O.: 46.

indem er verkündete, wenn er von ‚unbewußten' seelischen Akten gesprochen, so habe er nichts damit gemeint, es sei bloß ‚une façon de parler' gewesen".[170]

Gegen Ende seines Lebens bekräftigt Freud in seinem „Abriß der Psychoanalyse" erneut die Unabhängigkeit der Psychoanalyse von den Ideen Janets und deren Abstammung von Breuers „unabhängig von fremden Einfluß" entwickelten Methode:

> *„Die Psychoanalyse knüpfte aber keineswegs an diese Forschungen Janets an. Für sie wurde die Erfahrung eines Wiener Arztes, Dr. Josef Breuer, maßgebend, der unabhängig von fremdem Einfluß um das Jahr 1881 ein hysterisch erkranktes Mädchen von hoher Begabung mit Hilfe der Hypnose studieren und herstellen konnte".*[171]

Bei einem Vergleich all dieser Validierungen Freuds mit Behauptungen, wie denen von Emmanuel Regis & Angelo Hesnard, dass Freud sich ständig von Janet inspirieren hat lassen und seine Methoden und Konzepte denen Janets nachbildete, „bis die Wege der beiden sich trennten",[172] fallen zwei Dinge auf: Erstens gab es laut Freud weder durch ihn noch durch Breuer Kontakt zu den Ideen Janets. Zweitens suggeriert die Formulierung „bis der beiden Wege sich trennten", dass es zwischen Freud und Janet irgendeine Art von Beziehung gegeben hatte. Auch die Behauptung von Maria Dorer: „Charcot, Janet und Bernheim waren die bedeutendsten Persönlichkeiten, denen Freud auf französischem Boden begegnete", legt eine persönliche Bekanntschaft zwischen Janet und Freud nahe.[173]

Freuds Angaben nach gab es nie persönlichen Kontakt zwischen ihm und Janet. Dies belegt er im Alter von 74 Jahren in einem Brief an den britischen Psychiater und analytischen Psychologen Edward Armstrong Bennet (1888-1977):

> *„Ich habe mitgeteilt, dass die Beobachtungen von Breuer auf die ich weiter baute unabhängig von denen Janet's waren, ja um Jahre früher gemacht wurden wenngleich sie erst später an die Öffentlichkeit kamen. Persönliche Beziehungen zu Janet habe ich nie gehabt. Ich bin älter als er. Als ich 1885/6 bei Charcot studierte, habe ich seinen Namen niemals gehört, ihn auch seither weder gesehen noch gesprochen. Er hat sich von Anfang an feindlich gegen meine Psychoanalyse gestellt und einige Argumente gegen sie vorgebracht die ich als „unschön" bezeichnen möchte".*[174]

Zusammenfassung: Anhand von Freuds Validierungen gab es von seiner und von Breuers Seite keinen Kontakt zu Janets Ideen. Parallele Ideenverläufe zwischen Janet und Freud bzw. Breuer sind daher anhand dieser Angaben zu verzeichnen.

---

170 A.a.O.: 56.
171 Freud 1940a; 1938 [G.W. XVII: 407f.].
172 Regis & Hesnard 1922, zit. nach Ellenberger 1970 [2005: 750].
173 Dorer 1932: 155.
174 Brief von Freud an Bennet vom 9.11.1930 (Bennet 1965: 52-53).

10. Freud und Schopenhauer: Parallele Ideenverläufe

Die folgende Textstelle aus Freuds „Zur Geschichte der psychoanalytischen Bewegung" (1914d) dokumentiert einen parallelen Ideenverlauf. Diesmal handelt es sich um eine Parallele zwischen Freuds Idee der Verdrängung und Schopenhauers Erklärung des Wahnsinns als Sträuben gegen ein peinliches Stück der Wirklichkeit. Otto Rank machte Freud auf diese Parallele aufmerksam, der diesen Fund validiert. Der diesbezügliche Artikel Ranks mit dem Titel „Schopenhauer über den Wahnsinn" erschien im „Zentralblatt für Psychoanalyse", Bd. 1 (1911), S. 69-71. Der Fund Ranks ist deswegen als paralleler Ideenverlauf zwischen Schopenhauer (1788-1860) und Freud einzuordnen, da kein von Freud validierter Kontakt von Freud zu Schopenhauers Idee des Wahnsinnes („Die Welt als Wille und Vorstellung", 1819) bestand.

„In der Lehre von der Verdrängung war ich sicherlich selbständig, ich weiß von keiner Beeinflussung, die mich in ihre Nähe gebracht hätte, und ich hielt diese Idee auch lange Zeit für eine originelle, bis uns O. Rank die Stelle in Schopenhauers ‚Welt als Wille und Vorstellung' zeigte, in welcher sich der Philosoph um eine Erklärung des Wahnsinnes bemüht. Was dort über das Sträuben gegen die Annahme eines peinlichen Stückes der Wirklichkeit gesagt ist, deckt sich so vollkommen mit dem Inhalt meines Verdrängungsbegriffes, daß ich wieder einmal meiner Unbelesenheit für die Ermöglichung einer Entdeckung verpflichtet sein durfte. Indes haben andere diese Stelle gelesen und über sie hinweggelesen, ohne diese Entdeckung zu machen, und vielleicht wäre es mir ähnlich ergangen, wenn ich in früheren Jahren mehr Geschmack an der Lektüre philosophischer Autoren gefunden hätte".[175]

Der zweite Beleg für einen parallelen Ideenverlauf zu Schopenhauer stammt aus Freuds „Selbstdarstellung" (1925d), in der die vorhin erwähnte Übereinstimmung Schopenhauers und Freuds bezüglich der Verdrängung und gleichzeitig Ideeneinflüsse von Gustav Theodor Fechner (1801-1887) und Friedrich Wilhelm Nietzsche (1844-1900) erwähnt werden. Bei Fechner (Kat. II) kam es zu einer Übernahme von Ideen durch Freud, bei Nietzsche (Kat. II) und Schopenhauer (Kat. II) suchte Freud seinen eigenen Angaben nach deren Ideeneinflüsse zu vermeiden, um seine Unbefangenheit zu bewahren:

„Auch wo ich mich von der Beobachtung entfernte, habe ich die Annäherung an die eigentliche Philosophie sorgfältig vermieden. Konstitutionelle Unfähigkeit hat mir solche Enthaltung sehr erleichtert. Ich war immer für die Ideen G. Th. Fechners zugänglich und habe mich auch in wichtigen Punkten an diesen Denker angelehnt. Die weitgehenden Übereinstimmungen der Psychoanalyse mit der Philosophie Schopenhauers – er hat nicht nur den Primat der Affektivität und die überragende Bedeutung der Sexualität vertreten, sondern selbst den Mechanismus

---

175 Freud 1914d [G.W., X: 43].

der Verdrängung gekannt – lassen sich nicht auf meine Bekanntschaft mit seiner Lehre zurückführen. Ich habe Schopenhauer sehr spät im Leben gelesen“.[176]

Das dritte Zitat stammt aus der XXXII. Vorlesung („Angst und Triebleben“) aus der Reihe der „Neuen Vorlesungen zur Einführung in die Psychoanalyse“ (1933a):

> *„Sie werden vielleicht achselzuckend sagen: Das ist nicht Naturwissenschaft, das ist Schopenhauersche Philosophie. Aber warum, meine Damen und Herren, sollte nicht ein kühner Denker erraten haben, was dann nüchterne und mühselige Detailforschung bestätigt? Und dann, alles ist schon einmal gesagt worden und vor Schopenhauer haben viele Ähnliches gesagt. Und weiter, was wir sagen, ist nicht einmal richtiger Schopenhauer. Wir behaupten nicht, der Tod sei das einzige Ziel des Lebens; wir übersehen nicht neben dem Tod das Leben. Wir anerkennen zwei Grundtriebe und lassen jedem sein eigenes Ziel. Wie sich die beiden im Lebensprozeß vermengen, wie der Todestrieb den Absichten des Eros dienstbar gemacht wird, zumal in seiner Wendung nach außen als Aggression, das sind Aufgaben, die der Forschung der Zukunft überlassen bleiben. Wir kommen nicht weiter als bis zur Stelle, wo sich eine solche Aussicht vor uns auftut. Auch die Frage, ob der konservative Charakter nicht allen Trieben ausnahmslos eignet, ob nicht auch die erotischen Triebe einen früheren Zustand wiederbringen wollen, wenn sie die Synthese des Lebenden zu größeren Einheiten anstreben, auch diese Frage werden wir unbeantwortet lassen müssen“.*[177]

Für die Forschungsfrage ist diese Passage aus mehreren Gründen von Interesse, denn erstens sind die Aussagen durch Freud seine eigenen, damit direkt durch ihn validiert und basieren nicht auf möglichen Attributionen anderer Autoren. Zweitens antizipiert Freud mögliche Einwände betreffend der Annahme, dass die Psychoanalyse keine Naturwissenschaft, sondern Schopenhauersche Philosophie ist.

Drittens räumt Freud die Möglichkeit ein, dass Denker (Philosophen, Literaten, Wissenschaftler etc.) und Psychoanalytiker sich zwar in unterschiedlichen Gebieten bewegen und unterschiedliche Methoden anwenden, aber dennoch durchaus zu ähnlichen Schlüssen kommen können.

Viertens wirft Freuds Gedanke: „… alles ist schon einmal gesagt worden und vor Schopenhauer haben viele Ähnliches gesagt“ weitere Fragen auf: Ist es so einfach festzustellen, ob jemand eine bestimmte philosophische Idee zum ersten Mal gedacht hat? Weiters: Wie wichtig ist Freud die Priorität einer Idee in diesem Kontext? Wird der im ersten Beispiel erwähnte Gedanken Freuds aus der „Selbstdarstellung“ als Antwort in Betracht gezogen, dann dürfte es für Freud weniger wichtig gewesen zu sein, wer als Erster welche Idee hatte. „An der Priorität lag mir ja weniger als an der Erhaltung meiner Unbefangenheit“.[178]

---

176 Freud 1925d [G.W., XIV: 86].
177 Freud 1933a [G.W., XV: 114f.].
178 Freud 1925d [G.W., XIV: 86].

Fünftens zeigt Freud einen grundlegenden Unterschied zur Schopenhauerschen Philosophie auf, der bei einer oberflächlichen Beurteilung übersehen worden wäre, wodurch zwar eine Antwort („Das ist ja genauso bei Freud wie bei Schopenhauer") gewonnen, dadurch aber eine wesentliche Erkenntnis einer Differenz verloren gegangen wäre: Der Unterschied besteht darin, dass Schopenhauer (aus der Sicht Freuds) den Tod als das Ziel des Lebens sieht, die Psychoanalyse aber zwei Grundtriebe anerkennt (den Lebens- bzw. Todestrieb), von denen jeder sein eigenes Ziel verfolgt. Freud meint also etwas Ähnliches, gleichzeitig aber auch etwas Anderes als Schopenhauer („Ähnlich aber anders"). Ein weiterer Unterschied wird, wie im dritten Punkt erwähnt, durch die verschiedenen kontextualen Bezüge beider deutlich.

Sechstens bleibt Freud offen für die Ergebnisse zukünftiger Forschungen in Bezug auf die Entwicklung seiner Annahmen bezüglich sowohl der Mischungsformen aus Lebens- und Todestrieb als auch bezüglich der Frage, ob nicht beide Triebe – also nicht nur der Todestrieb alleine – konservativer Natur sind, in dem er einräumt, dass man im Moment nicht weiter als bis zur Stelle kommt, „wo sich eine solche Aussicht vor uns auftut".

Siebtens gibt Freud zu, dass die Antworten darauf im Moment nicht zu wissen sind und deutet, verstärkt durch die räumlich-visuelle Metapher „wo sich eine Aussicht auftut", auf einen noch unbekannten Forschungsraum hin.

11. Freuds Opposition zur Lokalisationstheorie

Neben der Frage, ob bzw. wie Freud Ideen anderer Personen in seinem Denken (Kat. IV) verarbeitet hatte ist auch zu differenzieren, ob Freud Ideen aus den Kategorien I, II, III und V übernahm, um sie beizubehalten, sie zu modifizieren oder um sich zu ihnen in Opposition zu stellen bzw. sie aufzugeben. Um in die Nähe einer adäquaten Beurteilung dieser Differenzierungen zu kommen, ist es wiederum von großer Bedeutung, welche Quellen (die wiederum mit verschiedenen individuellen Attributionen jeweiliger Autoren verbunden sind) für einen Versuch der Beantwortung herangezogen werden.

Am Beispiel einiger Behauptungen von Ellenberger in Bezug auf die Lokalisationstheorie (von ihm auch „Hirnmythologie" genannt) soll dies demonstriert werden. Seiner Ansicht nach bildete der Einfluss von Brücke, Meynert und Exner den Ursprung von Freuds 1895 datiertem „Seelenmodell".[179] Streng naturwissenschaftlich und positivistisch auf dem Gebiet der Neurophysiologie und der Neuropsychiatrie eingestellt, waren sie allerdings – „offenbar ohne daß sie es selbst wußten" – Anhänger einer spekulativen „Hirnmythologie", deren spekulative Konstruktionen „nichts weiter waren als eine späte Wiederauferstehung der Naturphilosophie".[180] Unter dem Begriff „Hirnmythologie" versteht Ellenberger die psychiatristische

---

179 Ellenberger 1970 [2005: 743].
180 Ebd.

Tendenz, psychisches Geschehen mit aus der Gehirnanatomie[181] entlehnten Begriffen zu erklären.[182] Demnach war Freuds Konzept der Regression „nach dem gleichen Muster" konstruiert wie drei Grundannahmen Meynerts:[183]

1. Der phylogenetisch jüngere Cortex, der Ort der Ich-bildenden Funktionen, kontrolliert die phylogenetisch älteren Teile des Gehirns, das Zentrum der unwillkürlichen Bewegungen.

2. Abhängig von der Aktivität sogenannter „Assoziationsbündel" existieren zwei Ich-bildende Funktionen: ein vom Cortex gesteuertes „primäres Ich" und ein „sekundäres Ich".

3. Bei Störungen der cortikalen Aktivität gewinnen die phylogenetisch älteren Schichten des Gehirns die Oberhand, in denen z. B. Wahnideen, ihrerseits wiederum Manifestationen der Angriff- und Abwehrtriebe, ihren Ursprung bilden.

Wären nur diese Informationen zur Beantwortung der Forschungsfrage herangezogen worden, hätte hier mit Berufung auf Ellenberger z. B. festgehalten werden können, dass Meynert Freud die Ideen für seinen Begriff der Regression gegeben hatte oder Brückes, Exners und Meynerts unbewusst gebliebene „Hirnmythologie" Freud die Ideen gab, sein „Seelenmodell" zu entwickeln. Ein ableitbarer Schluss daraus wäre dann gewesen: „Freuds Psychoanalyse wurzelte in der Hirnmythologie, der Lokalisationstheorie psychischer Geschehnisse an bestimmten Regionen im Gehirn".

Dies wäre aber ein Fehlschluss, da ein wesentlicher, von Ellenberger nicht näher erwähnter Punkt in der Argumentationsreihe fehlt: Freud hatte die Lokalisationstheorie bereits in seiner kritischen Studie „Zur Auffassung der Aphasien" (1891b) verlassen. Ziel dieses Kapitels ist, erstens anhand Freuds Aphasiestudie darzustellen, wie Freud sich von den lokalisationstheoretischen Ideen in seiner Aphasiestudie entfernte, und zweitens zu zeigen, wie Freud zwar auf die Ideen anderer (z. B. auf die Meynerts, Kat. II) Bezug nimmt, sie dann aber mithilfe argumentatorischer Unterstützung anderer Personen, wie z. B. John Hughlings Jackson und Stuart Mill (Kat. II), aufgibt.

Bevor diese Studie durchgearbeitet wird, soll auf einen Kommentar von Ernst Kris Bezug genommen werden, der auf den Eindruck aufmerksam macht, dass einige Anschauungen der Psychoanalyse deswegen veraltet wirken, da manche ihrer Termini der wissenschaftlichen Sprache des ausgehenden 19. Jahrhunderts entstammten. Als Beispiel dafür nennt Kris die „veraltete Hirnphysiologie", die neben der „mechanistischen Psychologie" Herbarts Freud „vielfach als Ausgangspunkt ge-

---

181 So zum Beispiel durch die Erklärung, dass psychotische Störungen ausschließlich auf Erkrankungen des Vorderhirns basieren. Vgl. in diesem Zusammenhang auch den Titel von Meynerts Lehrbuch aus dem Jahr 1884: „Psychiatrie. Klinik der Erkrankungen des Vorderhirns; begründet auf dessen Bau, Leistungen und Ernährung".

182 Vgl. a.a.O.: 393.

183 Vgl. a.a.O.: 743f.

dient hatte"[184]. Der wesentliche Unterschied lag in der neuen Bedeutung, die die der wissenschaftlichen Tradition entlehnten Begriffe durch Freud erhalten haben, denn Freud löste sich allmählich von den Vorstellungen, von denen er ausgegangen war, ab und versuchte, das Verständnis der Mechanismen menschlicher Konflikte „aus dem Bereich von Dichtung und Intuition in den der Naturwissenschaft zu führen"[185].

Beim Vergleich der eben vorgestellten Argumentationen fällt auf, dass Ellenberger sich in dem oben zitierten Beispiel mehr auf die Ursprünge der Ideen Freuds bezieht und Kris sich mehr auf Freuds Modifikationen derselben. Um diesen neuen Entwicklungen bei Freud gerecht zu werden, möchte ich in diesem Buch Wert darauf legen, Freuds individuelle Synthese und Entwicklung (Einfluss aus Kat. IV) von Ideen mindestens ebenso zu betonen, wie den Ursprüngen seiner Ideen in den Ideen anderer Personen, d.h. den Einflüssen aus den anderen Kategorien nachzuforschen.

Wie bereits im Kapitel „Ideen aus Notwendigkeit" (S. 66-71) erläutert wurde, gab Freud zu seiner Zeit gebräuchliche Methoden wie die Elektrotherapie, die Hypnose und das kathartische Verfahren schrittweise auf, um sie durch Weiterentwicklungen zu ersetzen. Ähnlich dazu möchte ich nun versuchen zu rekonstruieren, wie sich die einzelnen Schritte bei Freud in seinem Verlassen der Lokalisationstheorie als Grundlage für die Psychoanalyse vollzogen und welche Einflüsse dabei eine Rolle gespielt hatten.

Angeregt durch die Arbeiten seiner Kollegen (Kat. II) Exner und Paneth, veröffentlichte Freud im Alter von 35 Jahren die Josef Breuer gewidmete, kritische Studie „Zur Auffassung der Aphasien" (1891b), in der er sich zu einigen Annahmen von Vertretern der Lokalisationstheorie in Opposition stellt.[186] „Ich bin darin sehr frech, messe meine Klinge mit Ihrem Freund Wernicke[187], mit Lichtheim[188], Grashey[189] und kratze selbst den hochthronenden Götzen Meynert", schrieb Freud an Fließ.[190] Jones bezeichnete diese Studie als radikale und umstürzende Kritik der zu jener Zeit fast allgemein anerkannten Theorie über die Aphasie von Wernicke und Lichtheim.[191]

Der hier erwähnte Inhalt dieser Studie wird komprimiert wiedergegeben und soll sich vor allem auf die lokalisationstheoretischen Inhalte konzentrieren. Gleich zu Beginn zählt Freud die „besten Köpfe" (1891b: 1) der internationalen Neuropathologie auf, die sich bereits mit demselben Thema beschäftigt hatten: u. a. Carl

---

184 Kris in: Sigmund Freud. Briefe an Wilhelm Fließ [1999: 561].
185 Ebd.
186 Vgl. Freud 1891b: 68 Fn 14.
187 Carl Wernicke (1848-1905), deutscher Professor für Psychiatrie und Neurologie.
188 Ludwig Lichtheim (1845-1928), deutscher Mediziner, Internist und Neurologe.
189 Hubert von Grashey (1839-1914), deutscher Psychiater.
190 Freud an Fließ: Brief 9/ 2. 5. 1891 [1999: 14].
191 Vgl. Jones, 1953 [Bd. I, 1984: 255].

Wernicke (1848-1905)[192], Adolf Kussmaul (1822-1902), Ludwig Lichtheim (1845-1928), Hubert von Grashey (1839-1914), John Hughlings Jackson (1835-1911), Henry Charlton Bastian (1837-1915), James Ross (1837-1892) und Charcot (1825-1893).

Der erste Schritt besteht aus Freuds genereller Kritik an Broca und Wernicke. Paul Broca (1824-1880) und Wernicke lokalisierten im Gehirn zwei Arten der cerebralen Sprachstörung, der Aphasie: eine motorische und eine sensorische Aphasie.[193] Neben dieser topischen Fixierung der Störung in bestimmten Gehirnzentren lokalisierten die Autoren auch die feinere Symptomatik der Aphasie in bestimmten Gehirnleitungen. Freud setzt hier anstelle der Lokalisationstheorie – der Annahme, dass psychisches Geschehen an klar abgrenzbaren Orten im Gehirn stattfindet – eine andere Erklärung ein. Anstelle topischer Momente (z. B. subkortikal lokalisierbare Läsionen) zieht Freud funktionelle Momente (d. h. Zustände verminderter Leistungsfähigkeit) in den Sprachapparaten zur Erklärung der Aphasiesymptomatik heran.

Im zweiten Schritt bringt Freud die lokalisationstheoretischen Lehren Meynerts durch seine Vorstellung neuer Funde anderer Forscher aus dem Bereich der Gehirnanatomie ins Wanken:

„Ich darf nun darauf aufmerksam machen, daß die neueren Erwerbungen der Gehirnanatomie die Meynertsche Auffassung des Gehirnbaues in wesentlichen Stücken berichtigt, und damit die von ihm der Hirnrinde zugewiesene Rolle in Frage gestellt haben".[194]

Freud stellt Meynerts Begriff der „Projektion" definitorisch als eine Punkt – für Punkt – Abbildung des Körpers in der Hirnrinde bzw. als „Idee einer vollständigen und topographisch ähnlichen Abbildung des Körpers in der Großhirnrinde" vor.[195] Danach werden Meynerts Argumente systematisch dekonstruiert.

Neue Theoriebausteine der Gehirnanatomie von Charcot, Wernicke und dem Psychiater und Hirnforscher Paul Flechsig (1847-1929) werden dafür als einzelne Argumente vorgebracht, die Freud unterstützen, sowohl Meynerts Auffassung von einer Dominanz der Großhirnrinde als auch dessen gehirnanatomische Idee einer „Projektion" zurückzuweisen:

„Erscheint so die dominierende Stellung der Großhirnrinde erschüttert, und entsteht die Nötigung, manche früher für subkortikal gehaltene Vorgänge in die Hirnrinde selbst zu verlegen, so stellt sich des Weiteren die Frage zur Beantwortung, in

---

192 Die jeweiligen Vornamen bzw. Geburts- und Sterbejahre wurden hier ergänzt.
193 Motorische Aphasie = „Broca-Aphasie". „Broca-Areal" = Gehirnregion, die auf die Fähigkeit, Sprache zu produzieren spezialisiert ist. Sensorische Aphasie = „Wernicke-Aphasie". „Wernicke-Areal" = Gehirnregion, die auf die Fähigkeit, Sprache zu verstehen spezialisiert ist (vgl. Solms & Turnbull 2002 [2007: 74]).
194 Freud 1891b: 50.
195 A.a.O.: 49.

welcher Art der Körper in der Großhirnrinde abgebildet ist. Ich glaube, es läßt sich zeigen, daß die Annahme einer Projektion des Körpers auf die Hirnrinde im eigentlichen Sinne des Wortes, worunter dann eine vollständige und topographisch ähnliche Abbildung zu verstehen wäre, zurückgewiesen werden kann".[196]

Danach werden zusätzliche Argumente vorgebracht, die Meynerts Theorie weiter entkräften. Die Annahme eines Zusammenwirkens komplexer Umwandlungs- und Verknüpfungsmechanismen zwischen sensorischen und motorischen Erregungen führen Freud zur Annahme, dass die Körperperipherie in den höheren Hirnteilen, wie auch in der Hirnrinde, gar nicht topisch (d. h. örtlich lokalisiert bzw. lokalisierbar), sondern bloß funktionsgemäß enthalten ist.[197] Im nächsten Zug nimmt Freud nun wieder konkreten Bezug zur Auffassung der Aphasie, und zwar u. a. zu der Idee Meynerts, dass Vorstellungen (z. B. Wortvorstellungen) in Zellen speicherbar und somit in ihnen enthalten sind. Auch dies verneint er klar:

„Wir kehren nach dieser Abschweifung zur Auffassung der Aphasie zurück und erinnern uns, daß auf dem Boden Meynert'scher Lehren die Annahme erwachsen ist, der Sprachapparat bestünde aus distinkten Rindenzentren, in deren Zellen die Wortvorstellungen enthalten sind, welche Zentren durch funktionsfreies Rindengebiet getrennt und durch weiße Fasern (Assoziationsbündel) verknüpft werden. Man kann nun zunächst in Frage ziehen, ob eine Annahme dieser Art, welche Vorstellungen in Zellen bannt, überhaupt korrekt und zulässig ist. Ich glaube: nicht".[198]

Die darauf folgenden Gedanken Freuds beziehen sich auf frühere Epochen der Medizin und den Sprachgebrauch der Psychologie (bzw. der Philosophie), in denen versucht wurde, ganze „Seelenvermögen" bestimmten Gehirnregionen zuzuordnen. Mit dieser einzigen Nennung des Wortes „Seelenvermögen" in dieser Studie – beim Lesen daher potentiell leicht zu übersehen – berührt Freud ein weites Thema, mit dem sich eine Vielzahl von Personen mit verschiedenen Erklärungsmodellen medizinischer (z. B. Gehirnanatomie), philosophischer und psychologischer Richtungen zum Thema „Seele" i. w. S. im Laufe der Geschichte auseinandergesetzt hatten, z. B. die Pythagoreer, Plato (428/427-348/347 v. Chr.), Aristoteles (384-322 v. Chr.), Meister Eckhart (1260-1328), Immanuel Kant (1724-1804), Carl Gustav Carus (1789-1869), Georg Wilhelm Friedrich Hegel (1770-1831), Hermann Lotze (1817-1881), Wilhelm Wundt (1832-1920), Franz Brentano (1838-1917), Theodor Lipps (1851-1914) und Wilhelm Weygandt (1870-1939).

Nachdem all diese Erklärungsmodelle so schnell von Freud wieder verlassen werden, wie er sie mit dem Begriff „Seelenvermögen" berührt hatte, wird ein Argument von Wernicke in die Diskussion eingebracht: Nur die einfachsten psychischen Elemente, die einzelnen Sinnesvorstellungen, sind lokalisierbar. Der Ort

---

196 A.a.O.: 51.
197 Vgl. a.a.O.: 55.
198 A.a.O.: 56.

der Lokalisation befindet sich am zentralen Nervenende des peripherischen, den Sinneseindruck empfangenden Nerven:

„Gegenüber der Neigung früherer medizinischer Epochen, ganze Seelenvermögen, wie sie der Sprachgebrauch der Psychologie abgrenzt, an bestimmte Bezirke des Gehirns zu lokalisieren, mußte es als großer Fortschritt erscheinen, wenn Wernicke erklärte, daß man nur die einfachsten psychischen Elemente, die einzelnen Sinnesvorstellungen lokalisieren dürfe, und zwar an die zentrale Endigung des peripherischen Nerven, der den Eindruck empfangen hat".[199]

Damit aber hat keine Lösung des Problems, sondern nur eine Verschiebung von einer Lokalisation zu einer anderen, zu einem Ort eines psychischen Elementes am Ende einer Nervenfaser, stattgefunden. Freud stellt nun die kritische Frage, ob ein Ende einer Nervenfaser eine „Vorstellung", ein „Erinnerungsbild" trägt. Das Problem des Versuches der Lokalisation des Psychischen besteht dadurch aber weiterhin. Ebenso auch das Problem des Physiologischen im Zusammenwirken mit dem Psychischen, das sich z. B. in der Verbindung zwischen „psychologischen Kunstworten", wie „Wille", „Intelligenz", „einfacher Sinnesvorstellung", mit den ihnen zugrunde liegenden physiologischen Mechanismen zeigt:

„Im Grunde aber begeht man nicht denselben prinzipiellen Fehler, ob man nun einen komplizierten Begriff, eine ganze Seelentätigkeit oder ob man ein psychisches Element zu lokalisieren versucht? Ist es gerechtfertigt, eine Nervenfaser, die über die ganze Strecke ihres Verlaufes bloß ein physiologisches Gebilde und physiologischen Modifikationen unterworfen war, mit ihrem Ende ins Psychische einzutauchen und dieses Ende mit einer Vorstellung oder einem Erinnerungsbild auszustatten? Wenn der ‚Wille' die ‚Intelligenz' u. dgl. als psychologische Kunstworte erkannt sind, denen in der physiologischen Welt sehr komplizierte Verhältnisse entsprechen, weiß man von der ‚einfachen Sinnesvorstellung' denn mit größerer Bestimmtheit, daß sie etwas Anderes als ein solches Kunstwort ist?".[200]

Anstelle dieser noch immer an den Lokalisationsgedanken fixierten Hypothesen – selbst wenn die Erklärungsmodelle, das psychische Geschehen zu lokalisieren, nicht mehr großflächig, d. h. ganze Zentren betreffend, sondern immer kleiner, d. h. an Nervenenden sitzend, geworden sind –, nimmt Freud physiologische und psychische Arten der Vorgänge an, die in folgender, durch eine Analogie ausgedrückter Beziehung zueinander stehen: Die physiologischen Vorgänge sind wie eine permanent laufende Kette. Von den einzelnen Gliedern dieser Kette gibt es Entsprechungen zu parallel verlaufenden psychischen Phänomenen:

„Die Kette der physiologischen Vorgänge im Nervensystem steht ja wahrscheinlich nicht im Verhältnis der Kausalität zu den psychischen Vorgängen. Die phy-

---

199 Ebd.
200 Ebd.

siologischen Vorgänge hören nicht auf, sobald die psychischen begonnen haben, vielmehr geht die physiologische Kette weiter, nur daß jedem Glied derselben (oder einzelnen Gliedern) von einem gewissen Moment an ein psychisches Phänomen entspricht. Das Psychische ist somit ein Parallelvorgang des Physiologischen (,a dependent concomitant')".[201]

Die Annahme, dass in der Nervenzelle eine Vorstellung lokalisiert ist, ist damit nicht mehr gültig. In einer Fußnote[202] warnt Freud mit dem englischen Neurologen John Hughlings Jackson (1835-1911) vor einer Verwechslung des Physischen mit dem Psychischen, wie etwa der irrtümlichen Annahme, dass physische Zustände „niederer Zentren" in psychische Zustände „höherer Zentren" übergehen, z. B. dass Schwingungen von Sinnesnerven (physisch) zu Empfindungen (psychisch) werden oder eine Idee (psychisch) irgendwie eine Bewegung (physisch) produziert.[203]

Nun sucht Freud nach dem physiologischen Korrelat einer einfachen oder wiederkehrenden Vorstellung. Das Korrelat ist „nichts Ruhendes", sondern besteht in einer Bewegung, einem Vorgang, der einen Ausgangspunkt in der Hirnrinde hat und sich über die Hirnrinde oder „längs besonderer Wege" verbreitet. Diese Bewegungsbahn ist allerdings lokalisierbar:

„Was ist nun das physiologische Korrelat der einfachen oder der für sie wiederkehrenden Vorstellung? Offenbar nichts Ruhendes, sondern etwas von der Natur eines Vorganges. Dieser Vorgang verträgt die Lokalisation, er geht von einer besonderen Stelle der Hirnrinde aus und verbreitet sich von ihr über die ganze Hirnrinde oder längs besonderer Wege".[204]

Dieser Vorgang modifiziert wiederum die Hirnrinde und schafft die Möglichkeit einer Erinnerung, z. B. durch ein Erinnerungsbild.[205] Immer wenn derselbe Zustand der Hirnrinde wieder angeregt wird, bildet sich die Erinnerung erneut:

„Ist dieser Vorgang abgelaufen, so hinterläßt er in der von ihm affizierten Hirnrinde eine Modifikation, die Möglichkeit der Erinnerung. Es ist durchaus zweifelhaft, ob dieser Modifikation gleichfalls etwas Psychisches entspricht; unser Bewußtsein weist nichts dergleichen auf, was den Namen ‚latentes Erinnerungsbild' von der psychischen Seite rechtfertigen würde. So oft aber derselbe Zustand der

---

201 A.a.O.: 56f.
202 A.a.O.: 57 Fn 12.
203 Jacksons Warnung in der englischen Originalversion: „… we must be on our guard against the fallacy, that what are physical states in lower centres fine away into psychical states in higher centres; that for example, vibrations of sensory nerves become sensations, or that somehow or another an idea produces a movement" (Jackson 1878: 306).
204 Freud 1891b: 58.
205 Vgl. dazu auch den von Freud verwendeten Begriff der „Erinnerungsspur".

Rinde wieder angeregt wird, entsteht das Psychische als Erinnerungsbild von Neuem".[206]

Freud kommt zum Schluss, dass die Begriffe „Assoziation" und „Empfindung" zwei Namen für verschiedene Ansichten desselben einheitlichen und unteilbaren Prozesses bedeuten, der von der Hirnrinde seinen Ausgang nimmt und sich über die ganze Hirnrinde ausbreitet. Es gibt daher keine Assoziation ohne Empfindung und keine Empfindung ohne Assoziation. Die Lokalisation ist kein „statischer Ort", sondern ein „dynamischer Verlauf von Bewegungsbahnen" des psychischen Korrelates. Diese Art der Lokalisierbarkeit ist für Vorstellung und Assoziation dieselbe, denn beide gehen von einem Punkt aus und ruhen an keinem Punkt. Dagegen wird Meynerts Idee, dass Vorstellungen an einem Punkt der Hirnrinde und Assoziationen an einem anderen Punkt zu lokalisieren sind, abgelehnt:

> *„Läßt sich nun am physiologischen Korrelat der Empfindung der Anteil der ‚Empfindung' von dem der ‚Assoziation' unterscheiden? Offenbar nicht. ‚Empfindung' und ‚Assoziation' sind zwei Namen, mit denen wir verschiedene Ansichten desselben Prozesses belegen. Wir wissen aber, daß beide Namen von einem einheitlichen und unteilbaren Prozeß abstrahiert sind. Wir können keine Empfindung haben, ohne sie sofort zu assoziieren; mögen wir die beiden begrifflich noch so scharf trennen, in Wirklichkeit hängen sie an einem einzigen Vorgang, der, von einer Rindenstelle beginnend, über die gesamte Rinde diffundiert. Die Lokalisation des physiologischen Korrelats ist also für Vorstellung und Assoziation dieselbe, und da Lokalisation einer Vorstellung nichts Anderes bedeutet, als Lokalisation ihres Korrelates, so müssen wir es ablehnen, die Vorstellung an den einen Punkt der Hirnrinde zu verlegen, die Assoziation an einen anderen. Beides geht vielmehr von einem Punkte aus, und befindet sich an keinem Punkte ruhend".*[207]

Argumentatorische Unterstützung für die umfassende Kritik Freuds an der Lokalisationstheorie bildeten direkte, von Freud validierte Einflüsse von John Hughlings Jackson und John Stuart Mill (beide Kat. II). Wie bereits auf S. 85 erwähnt, warnte Jackson vor der irrtümlichen Verwechslung des Psychischen mit dem Physischen. Freud weiß diesen Einfluss des späteren „Father of English Neurology"[208] auf seine Arbeit mit den Worten: „Dieser Forscher, auf dessen Anschauungen ich in fast allen vorstehenden Bemerkungen zurückgegangen bin, um mit ihrer Hilfe die lokalisatorische Theorie der Sprachstörungen zu bestreiten, …" zu schätzen.[209]

Der Terminus „Dis-involution" ist eine weitere, von Freud in der Diskussion über die Funktion des Sprachapparates vorangestellte Idee von Jackson. „Dis-involution" lässt an Freuds später formuliertes Konzept der „Regression" in folgendem Zusammenhang denken. Das Verhältnis zwischen Stufen der Entwick-

---

206 Ebd.
207 A.a.O.: 58f.
208 Critchley & Critchley 1998.
209 Freud 1891b: 63.

lung und Graden der Organisation eines Apparates bzw. einer lebenden Form ist so zu verstehen, dass sich die Entwicklungsrichtung proportional zur Komplexität des Organismus verhält: Je früher die Entwicklungsstufe ist, desto niedriger ist ihr Niveau und desto einfacher die Organisation der lebenden Form. Je später die Entwicklungsstufe der lebenden Form ist, desto höher ist ihr Niveau und desto komplexer ist deren Organisation. Die Richtung der Entwicklung – von Freud zu jener Zeit noch im Stil des 19. Jahrhunderts geschrieben („Entwickelung") – kann sich je nach Bedingung verändern:

> *„Wir stellen für die Beurteilung der Funktion des Sprachapparates unter pathologischen Verhältnissen den Satz von Hughlings Jackson voran, daß alle diese Reaktionsweisen Fälle von funktioneller Rückbildung (Dis-involution) des hochorganisierten Apparates darstellen, und somit früheren Zuständen in dessen funktioneller Entwickelung entsprechen. Es wird also unter allen Bedingungen eine spät entwickelte, höher stehende Assoziationsanordnung verloren gehen, eine früh gewonnene, einfachere erhalten bleiben".*[210]

Lucille B. Ritvo bezeichnet Freuds Konzept der Regression als „highly sophisticated" und bestätigt, dass es nach Hughlings Jacksons Hierarchie neuronaler Funktionsebenen („hierarchy of neural levels") gestaltet war, d. h. das Gehirn arbeitet dynamisch mit unterschiedlichen Funktionszuständen neuronaler Aktivität. Und dies zu einer Zeit, als Jacksons, wiederum von Herbert Spencer beeinflusstes evolutionäres Denken von den meisten noch unbeachtet war.[211]

Auch Ideen von John Stuart Mill bezüglich der Möglichkeit, dass Objektvorstellungen neben den Sinneseindrücken durch eine große Reihe an Elementen derselben Assoziationskette erweiterbar sind, lieferten für Freuds „Psychologisches Modell der Wortvorstellung"[212] eine wertvolle theoretische Basis: Mit einem Wort ist ein komplexer visueller, akustischer und kinästhetische Assoziationsvorgang verbunden (Lesebild, Schriftbild, Klangbild, Bewegungsbild). Über das Klangbild sind die mit dem Wort verbundenen Assoziationen (Wortvorstellung) mit einem weiteren Assoziationskomplex, der Objektvorstellung, verbunden. Durch die Verknüpfung mit der „Objektvorstellung" erlangt das Wort seine Bedeutung. Die Objektvorstellungen setzen sich aus den Sinneseindrücken plus einer Assoziationskette zusammen. Die Objektvorstellung ist nach oben hin offen, da die Assoziationskette eine beliebige Länge – je nach Assoziationen – erreichen kann.

Mit Freuds Zusammenfassung, dass die Bedeutung der Lokalisation für die Aphasie von Wernicke überschätzt worden ist, und seinem Vorschlag, die Funktionsbedingungen des Sprachapparates in den Mittelpunkt der Betrachtungen zu rücken,[213] soll diese kurze Untersuchung seiner Studie, die wesentlich umfangreicher und

---

210 A.a.O.: 89.
211 Ritvo 1990: 195.
212 Vgl. Freud 1891b: 79f.
213 Vgl. a.a.O.: 106f.

komplexer ist, als diese vereinfachte Übersicht es zum Ausdruck bringen konnte, schließen.

Zusammenfassung der Kritikpunkte Freuds zur Lokalisationstheorie

1. Keine Dominanz der Großhirnrinde.

2. Keine vollständige und topografisch ähnliche Punkt – für Punkt – Abbildung des Körpers in der Großhirnrinde (so, wie beim gehirnanatomischen, von Meynert verwendeten Begriff der „Projektion").

3. Keine Lokalisation von Zellen in der Gehirnrinde, die Vorstellungen enthalten.

4. Vorstellungen und deren Assoziationen haben nicht ihre verschiedenen Zentren im Gehirn.

5. Daher existieren keine spezifischen Zentren und Leitungsbahnen der Sprache.

6. Es ist nicht nötig anzunehmen, dass weisse Fasermassen die Assoziation der in der Rinde befindlichen Vorstellungen übermitteln. Anatomische „Assoziationsbündel" existieren nicht.[214]

In weiterer Folge blieb Freud bei seiner Distanzierung von der gehirnanatomisch orientierten Lokalisationstheorie. Folgende Beispiele belegen dies:

Beispiel 1 aus „Die Traumdeutung" (1900a)

In dieser Textstelle bezieht sich Freud auf Fechners Annahme, dass der Schauplatz der Träume ein anderer ist als der des wachen Vorstellungslebens und stellt die Frage, was jener mit seinem Begriff „Übersiedlung der Seelentätigkeit" meint. Eine lokalisationstheoretische Deutung schließt Freud aus:

> *„Eine anatomische Deutung im Sinne der physiologischen Gehirnlokalisation oder selbst mit Bezug auf die histologische Schichtung der Hirnrinde wird man wohl auszuschließen haben".*[215]

Beispiel 2 aus „Die Traumdeutung" (1900a)

Freuds Ablehnung der Lokalisationstheorie bleibt weiterhin aufrecht:

> *„Wir wollen ganz beiseite lassen, daß der seelische Apparat, um den es sich hier handelt, uns auch als anatomisches Präparat bekannt ist, und wollen der Versu-*

---

214 Vgl. a.a.O.: 59.
215 Freud 1900a [G.W., II-III: 51].

chung sorgfältig aus dem Wege gehen, die psychische Lokalität etwa anatomisch zu bestimmen".[216]

Beispiel 3 aus „Die Traumdeutung" (1900a)

Auch hier wendet sich Freud gegen die Vorstellung, psychisches Geschehen in organischen Elementen des Nervensystems lokalisieren zu wollen:

> *„Wir weichen jedem Mißbrauch dieser Darstellungsweise aus, wenn wir uns erinnern, daß Vorstellungen, Gedanken, psychische Gebilde im allgemeinen überhaupt nicht in organischen Elementen des Nervensystems lokalisiert werden dürfen, sondern sozusagen zwischen ihnen, wo Widerstände und Bahnungen das ihnen entsprechende Korrelat bilden".*[217]

Beispiel 4 aus „Das Interesse an der Psychoanalyse" (1913j)

Wiederum weist Freud eine Beziehung zwischen psychischer Topik und der Lokalisationstheorie zurück:

> *„Eine Beziehung dieser psychischen Topik auf anatomische Lagerung oder histologische Schichtung wird von der Psychoanalyse derzeit zurückgewiesen".*[218]

Beispiel 5 aus „Das Unbewußte" (1915e)

Gerade an diesem Beispiel ist ersichtlich, wie sehr Freud das gründliche Scheitern der Lokalisationstheorie betont. Die psychische Topik hat nichts mit lokalisationstheoretischen Überlegungen zu tun. Freud erkennt gleichzeitig eine wissenschaftliche Lücke an, die – aus der Sicht des Jahres 1915 – noch nicht gefüllt ist:

> *„Aber alle Versuche, von da aus eine Lokalisation der seelischen Vorgänge zu erraten, alle Bemühungen, die Vorstellungen in Nervenzellen aufgespeichert zu denken und die Erregungen auf Nervenfasern wandern zu lassen, sind gründlich gescheitert. Dasselbe Schicksal würde einer Lehre bevorstehen, die etwa den anatomischen Ort des Systems Bw, der bewußten Seelentätigkeit, in der Hirnrinde erkennen und die unbewußten Vorgänge in die subkortikalen Hirnpartien versetzen wollte. Es klafft hier eine Lücke, deren Ausfüllung derzeit nicht möglich ist, auch nicht zu den Aufgaben der Psychologie gehört. Unsere psychische Topik hat vorläufig nichts mit der Anatomie zu tun; sie bezieht sich auf Regionen des seeli-*

---

216 A.a.O.: 541.
217 A.a.O.: 615f.
218 Freud 1913j [G.W., VIII: 398 Fn 4].

schen Apparats, wo immer sie im Körper gelegen sein mögen, und nicht auf anatomische Örtlichkeiten".[219]

Zum Hinweis, dass „die psychische Topik vorläufig nichts mit der Anatomie zu tun hat" soll ergänzt werden, dass für das Verständnis des hier gemeinten ersten topischen Modells (System Ubw – Vbw – Bw) und auch des späteren, in „Das Ich und das Es" (1923b) zusätzlich entwickelten zweiten topischen Modells der psychischen Instanzen Es, Ich und Über-Ich es von Bedeutung ist, sich diese Instanzen nicht „lokalisationstheoretisch", z. B. vergleichbar mit zusammensteckbaren und wieder voneinander ablösbaren Teilen eines Gehirnmodells aus Kunststoff, bei dem jeder Instanz einem Gehirnteil entspricht, vorzustellen, sondern vielmehr als zusammenhängende Systeme mit dynamisch zusammenwirkenden Funktionen, komplexen Übergängen und – je nach Umständen und Befindlichkeiten – unterschiedlichen Grenzen zwischen den einzelnen Systemen.

Beispiel 6 aus der „IX. Vorlesung: „Die Traumzensur" (1916-17a)

Anhand der Metaphern, wie der „Traumzensor" nicht vorzustellen ist, bleibt Freuds Ablehnung der Lokalisationstheorie („Gehirnkämmerlein", „Gehirnzentrum") aufrecht. Wesentlich ist Freuds Betonung auf die dynamische Beziehung des Traumzensors (der Verdrängung) zum System Ubw – Vbw – Bw:

> *„Ich hoffe, Sie nehmen den Ausdruck nicht allzu anthropomorph und stellen sich unter dem Traumzensor nicht ein kleines gestrenges Männlein oder einen Geist vor, der in einem Gehirnkämmerlein wohnt und dort seines Amtes waltet, aber auch nicht allzu lokalisatorisch, so daß Sie an ein ‚Gehirnzentrum' denken, von dem ein solcher zensurierender Einfluß ausgeht, welcher mit der Beschädigung oder Entfernung dieses Zentrums aufgehoben wäre. Es ist vorläufig nichts weiter als ein gut brauchbarer Terminus für eine dynamische Beziehung".*[220]

Diese Beispiele über eine Publikationsperiode von ca. 25 Jahren nach seiner kritischen Studie „Zur Auffassung der Aphasien" (1891b) zeigen Freuds konstant bleibende Distanzierung von der Lokalisationstheorie. Die Behauptungen Ellenbergers bezüglich des Einflusses der „Hirnmythologie" Meynerts auf Freud mitsamt der Annahme, dass „Freuds Konzept der Regression nach demselben Muster konstruiert" war wie die drei Grundannahmen Meynerts,[221] können anhand der untersuchten Originalwerke nicht bestätigt werden. Wie anhand der Originalquellen zu rekonstruieren versucht wurde, orientierten sich Freuds Vorstellungen von der Funktionsweise des psychischen Apparates seit seiner Studie „Zur Auffassung der Aphasien" (1891b) an gänzlich anderen Prämissen als an den, u. a. von Wernicke,

---

219 Freud 1915e [G.W., X: 273].
220 Freud 1916-17a [G.W., XI: 141f.].
221 Vgl. Ellenberger 1970 [2005: 393].

Broca und Meynert vertretenen gehirnanatomischen, lokalisationstheoretischen Erklärungen („Anders"). So wie Ideen von Meynert (Kat. II) in jener Studie von Freud aufgegeben wurden, so wurden von ihm wiederum aus der Kat. II Einflüsse anderer Personen (John Hughlings Jackson, John Stuart Mill) aufgenommen, um seine oppositionelle Position, deren Ziel es war, psychisches Geschehen anhand seiner Funktionsweise und nicht anhand einer Lokalisation im Gehirn zu erforschen, argumentatorisch zu unterstützen.

Mit der von Freud an Fließ eingangs vermittelten Metapher vom „thronenden Goetzen Meynert" gesprochen, trägt Freud in seiner Kritik Meynerts Thron Stück für Stück (Lokalisationsargument für Lokalisationsargument) ab (Dekonstruktion) und baut neue Stücke durch seine Argumente und Überlegungen, unterstützt von Argumenten anderer Personen aus Kat. II, in die Kritik ein. Auffallend ist der sachliche, affektneutrale Stil dieser Kritik.

Freuds Affekte kamen an anderen Stellen stärker zum Ausdruck. Bezüglich Freuds Veränderungen seines persönlichen Verhältnisses zu Meynert, „dessen Werk und Persönlichkeit" Freud anfänglich fasziniert hatten,[222] geben nicht nur sein Traum vom toten Vater,[223] sondern auch z. B. seine Briefe an Martha Bernays („Mit Meynert ist nicht auszukommen, er hört einen nicht und versteht einen nicht")[224] und Fließ „Die letzte Woche brachte mir einen seltenen menschlichen Genuss – die Gelegenheit, aus Meynerts Bibliothek Passendes für mich herauszusuchen, etwa wie wenn ein Wilder aus dem Schädel des Feindes Met trinkt") Aufschluss.[225]

Das erste Zitat erzählt von Spannungen in der Beziehung zu Meynert, von dem sich Freud unverstanden fühlt. Das zweite Zitat, mit Freuds Vergleich der Buchentnahme aus Meynerts Bibliothek mit der totemistisch anmutenden Phantasie, aus dem Totenkopf des getöteten Feindes Met zu trinken (Ingestion) und sich ein Stück des toten, ambivalent besetzten wissenschaftlichen Vaters/ Götzen/ Unterdrückers symbolisch über dessen Schatz an Büchern einzuverleiben, erinnert an den Begriff „ingestion of the opressor" (Kubik 1994: 33, zit. in Kubik 2003: 69).

---

222 Vgl. Freud 1925d [G.W., XIV: 35].

223 Freuds Deutung: Es war „ … niemand geringerer als der große Meynert, dessen Spuren ich mit so hoher Verehrung gefolgt bin, und dessen Benehmen gegen mich nach einer kurzen Periode der Bevorzugung in unverhüllte Feindseligkeit umschlug" (Freud 1900a [G.W., II-III: 439].

224 Freud an Bernays, Wien am 12.5.1885 in: Briefe [1980: 148]).

225 Freud an Fließ: Brief 14/12.7.1892 [1999: 19].

12. Rekonstruktion eines dialogischen Ideenverlaufes mit Abraham

Das nächste Beispiel eignet sich speziell zum Nachweis eines klaren Ideeneinflusses aus Kat. II auf Freud, da es dafür wesentliche Kriterien erfüllt: Das Datenmaterial besteht aus einer Korrespondenz zwischen Freud und Karl Abraham (1877-1925), in der die schriftlichen Äußerungen beider Teilnehmer erhalten geblieben sind. Durch die Mitteilung Freuds, welche Ideen er von Abraham verwendete, ist klar erkennbar, dass er jenen Einfluss validierte und in welchem Werk er sie auf welche Weise verarbeitete. Die Ideen Abrahams wurden in Freuds fünfter metapsychologischer Schrift „Trauer und Melancholie" (1916-17g) verwendet. Der dialogische Ideenverlauf beider wird nun in drei Schritten nachvollzogen.

Abrahams Ideen zur oralen Phase der Libido in Verbindung mit der Melancholie

Abraham bezieht sich auf den freudschen Mechanismus der Identifizierung und dessen infantilen Grundlagen. Er knüpft seine eigenen Ideen daran an, die die orale Phase der Libido mit der Melancholie in Beziehung bringen:

> *„Das Kind möchte ein Liebesobjekt sich einverleiben, kürzer gesagt: es fressen. Mir scheinen nun starke Gründe für eine solche kannibalistische Tendenz in der melancholischen Identifizierung zu sprechen. Daß diese Identifizierung eine ambivalente Bedeutung hat: Liebesbeweis und Vernichtung, darf wohl als sicher gelten. Ich führe als erstes Argument die Angst der Melancholiker vor dem Verhungern an. Das Essen ist hier an die Stelle der Liebe getreten. Ich möchte vermuten: die Rolle, welche in der Zwangsneurose der Analzone zukommt, hätte in der Melancholie die Mundzone. Speziell bei den klimakterischen Depressionen spielt die Angst vor dem Verhungern eine Hauptrolle. Ein weiteres Hauptsymptom ist die Nahrungsverweigerung; in anderen, ruhiger und mehr chronisch verlaufenden Fällen, nimmt das Essen im positiven Sinne eine übermäßige Bedeutung an".*[226]

Freuds unverzügliche Antwort bestätigt die Übernahme von Abrahams Ideen:

> *„Ihre Bemerkungen über die Melancholie waren mir sehr wertvoll, ich habe unbedenklich davon in meinem Aufsatz eingetragen, was ich brauchen konnte. Am wertvollsten war mir der Hinweis auf die orale Phase der Libido, auch Ihre Anknüpfung an die Trauer ist erwähnt".*[227]

Erwähnung von Abrahams Ideen in Freuds „Trauer und Melancholie"

„Trauer und Melancholie" wurde am 4.5.1915, am selben Tag, als Freud Abraham geschrieben hatte, vollendet. Freud erwähnt bestätigend den von Abraham erwähn-

---

226 Abraham an Freud, Brief vom 31.3.1915 in: Briefe [1965: 208].
227 Freud an Abraham, Brief vom 4.5.1915 in: Briefe [1965: 211].

ten Zusammenhang zwischen oral-kannibalistischer Phase der Libidoentwicklung und Nahrungsverweigerung bei schweren melancholischen Zuständen:

> *„Wir haben an anderer Stelle ausgeführt, daß die Identifizierung die Vorstufe der Objektwahl ist und die erste, in ihrem Ausdruck ambivalente, Art, wie das Ich ein Objekt auszeichnet. Es möchte sich dieses Objekt einverleiben, und zwar der oralen oder kannibalischen Phase der Libidoentwicklung entsprechend auf dem Wege des Fressens. Auf diesen Zusammenhang führt Abraham wohl mit Recht die Ablehnung der Nahrungsaufnahme zurück, welche sich bei schwerer Ausbildung des melancholischen Zustandes kundgibt".*[228]

Im selben Text streicht Freud Abraham noch zusätzlich in einer Fußnote mitsamt dessen Publikation als „bedeutsamste unter den wenigen analytischen Studien über den Gegenstand" hervor:[229]

> *„Auch Abraham, dem wir die bedeutsamste unter den wenigen analytischen Studien über den Gegenstand verdanken, ist von dieser Vergleichung ausgegangen (Zentralblatt für Psychoanalyse, II, 6, 1912)".*[230]

Dialogische Ideenverläufe wie dieser brachten einen Gewinn für beide Seiten ein. Freud konnte die Ideen von Abraham (Input) in seiner Schrift verwerten und sie mit eigenen Ideen (Kat. IV) vernetzen (Output). Abraham bekam von Freud wissenschaftlichen „credit" und Werbung für seine Publikation.

13. Input/Outputrelationen und Raumerweiterungen der Psychoanalyse

Die Idee, das Thema „Raumerweiterung" bei Freud zu untersuchen, ergab sich durch dieses Zitat aus seinen Aufzeichnungen aus dem Nachlass („Ergebnisse, Ideen, Probleme"):

> *„Räumlichkeit mag die Projektion der Ausdehnung des psychischen Apparats sein. Keine andere Ableitung wahrscheinlich. Anstatt Kants a priori Bedingungen unseres psychischen Apparats. Psyche ist ausgedehnt, weiss nichts davon".*[231]

Die Formulierung „Ausdehnung der Psyche" führte mich im Forschungsprozess assoziativ zur Frage nach der Ausdehnung von Freuds Denken und Arbeitsweise bei der Generierung von Ideen (Kategorie IV) und damit zu folgenden Annahmen: Freuds integrative Dynamik aus induktiven und deduktiven Methoden (S. 61-66)

---

228 Freud 1916-17g [G.W., X: 436].
229 Der Titel der Publikation Abrahams, „Ansätze zur psychoanalytischen Erforschung und Behandlung des manisch-depressiven Irreseins und verwandter Zustände" (1912) wird von Freud an dieser Stelle nicht erwähnt.
230 A.a.O.: 428.
231 Freud 1938 [1941f, G.W., XVII: 152].

inklusive der Dualität aus Spekulation (Phantasie) und kritischer Prüfung (Realkritik) oder seine „Ideen aus Notwendigkeit" (S. 66-71) wären lediglich theoretische Konstrukte geblieben, wenn für sie keine Räume vorhanden gewesen wären, in denen sie gedacht und angewendet werden konnten. Diese Räume waren entweder bereits vorhanden oder wurden von Freud neu geschaffen.

Die daraus folgende Annahme ist die, dass die Qualitäten „räumliche Expansion" und „Interdisziplinarität" bei Freud eine wesentliche Rolle eingenommen hatten, denn er wurde interdisziplinär beeinflusst (Input) und entwickelte Ideen interdisziplinär (Output). Daraus folgend ergab sich ein räumlich-expansiver Charakter seiner Arbeitsweise in Richtung der Einflüsse (Input) und in Richtung der Ergebnisse (Output). In Anlehnung an das eingangs erwähnte Zitat bedeutet dies: Die „Grenzen der Ausdehnung des psychischen Apparates" bilden die Grenzen der gedachten und denkbaren Räume. Im Folgenden werden die damit in Zusammenhang stehenden und hier vorgeschlagenen Begriffe „Input" und „Output" der Kat. IV (Freuds Denken und wissenschaftliche Arbeitsweise) näher betrachtet.

Die Inputseite

Die Inputseite umfasst grundsätzlich alle Einflüsse aus den Kategorien I-V. Dadurch, dass Freud von frühester Jugend an vielseitig interessiert und bestrebt war, diese Interessen durch Fragestellungen und Erwerb von Wissen und Erfahrungen aktiv zu verfolgen, war es für ihn möglich, aus verschiedenen Wissensgebieten zu schöpfen und diese mit der Entwicklung der Psychoanalyse zu verbinden. In diesem Denk- und Arbeitssystem wurden sowohl die Ideen anderer Personen als auch seine eigenen mit verarbeitet, moduliert und gegebenenfalls, wie am Beispiel seines Verlassens der Lokalisationstheorie (S. 79-91) gezeigt wurde, kritisiert bzw. aufgegeben.

Durch die expansive Tendenz von Freuds Denken wurden Kreisläufe von Ideen, die Daten aus anderen Wissensgebieten als denen der Psychoanalyse enthielten, generiert und in seinen Forschungs- und Erkenntnisprozess mit einbezogen. Dies führte zur Entwicklung eines komplexen, Ideen generierenden Systems, in das Informationen aus Geistes- und Naturwissenschaften, biographisches Material, Geschichte, Kunst, Archäologie, Völkerkunde, Mythologie etc. miteinbezogen wurden, wodurch sich der zu Beginn des 20. Jahrhunderts noch „eng begrenzte Boden der Psychoanalyse über die Jahre räumlich weit ausdehnen konnte".[232]

---

232 „Die Psychoanalyse ist auf einem engbegrenzten Boden erwachsen" (Freud 1924f [G.W., XIII: 405]).

Die Outputseite

Die Outputseite beinhaltet grundsätzlich alles, was von Freud und der Psychoanalyse als Ertrag generiert wurde. Der räumlich-expansive Charakter freudschen Denkens, hier vereinfacht dargestellt, zeigt sich u. a. im Wachstum der psychoanalytischen Theoriebildung (von einer Behandlungsmethode und Krankheitslehre bis hin zu einer Kulturtheorie und Wissenschaft), der steigenden Zahl von Mitarbeitern und Mitarbeiterinnen (über die „Psychologische Mittwoch-Gesellschaft", regionale Ortsgruppen bis hin zu einer internationalen Expansion durch Vereinigungen in der ganzen Welt), der wachsenden Popularität und der damit verbundenen Einflüsse auf andere Wissensgebiete.[233]

Zwar soll die Forschungsfrage ausschließlich die Einflussseite von Freuds Ideenbildung (Input) beleuchten, dennoch lohnt sich auch eine Berücksichtigung der Ertragseite (Output), da dadurch erkennbar wird, wie sich aus der Outputseite wiederum Ideen entwickelt hatten, die für die Inputseite – und damit für die Genese neuer Ideen – fruchtbar sein konnten. Diese zirkuläre Wechselbeziehung schafft die Voraussetzung für eine räumlich expansive, interdisziplinäre Dynamik. Anhand eines Beispiels (Ideeneinfluss aus Kat. II) soll nun exemplarisch nachvollzogen werden, wie Freud versuchte, Input und Output zu synchronisieren, indem er Allianzen suchte, die sowohl vom Ertrag (Output) der Psychoanalyse profitieren konnten, während sich für diese wiederum der Raum für wissenschaftlich verwertbare Einflüsse (Input) erweitern konnte.

14. Freuds Allianz mit Friedrich Salomo Krauss

Der Privatgelehrte, Folklorist, Ethnograph und Sexualforscher Friedrich Salomo Krauss (1859-1938) war der Herausgeber des zwischen 1904 und 1913 insgesamt zehnmal erschienenen Jahrbuches „Anthropophytheia. Jährlich erscheinende Jahrbücher für folkloristische Erhebungen und Forschungen zur Entwicklungsgeschichte der geschlechtlichen Moral", in dem u. a. Franz Boas, Iwan Bloch, Giuseppe Pitré, Albert Eulenburg und ab 1910 auch Freud publizierten (vgl. Reichmayr 1994: 36). Die Anthropophytheia enthielt u. a. erotisches Material aus der Folklore,

---

233 Die Raumerweiterung der Psychoanalyse fand zum Teil unter schwierigsten Bedingungen statt, wenn man mit Reichmayr bedenkt, dass sie in Wien nie heimisch geworden ist. Sie erlebte mit dem Niedergang und Zusammenbruch der Monarchie ihren wissenschaftlichen Aufstieg und bekam vom „Roten Wien" zwar Platz, aber wenig Unterstützung angeboten. Ihre „schärfste Gegnerin" war die katholische Kirche, die 1934 gemeinsam mit dem Austrofaschismus triumphierte, bevor die endgültige Kulturzerstörung und „Vertreibung der aufklärerischen psychoanalytischen Intelligenz" 1938 durch die Nationalsozialisten „erledigt" wurde (vgl. Reichmayr 1994: 215). Der Behauptung, dass die Psychoanalyse geradezu in einer Stadt wie Wien entstehen musste, widerspricht Freud zwar, allerdings hat die Stadt Wien „aber auch alles dazugetan, um ihren Anteil an der Entstehung der Psychoanalyse zu verleugnen. An keinem anderen Orte ist die feindselige Indifferenz der gelehrten und gebildeten Kreise dem Analytiker so deutlich verspürbar wie gerade in Wien" (Freud 1914d [G.W., X: 81]).

dem „Volksmund" i. w. S. (Kat. V). Sie wurde nicht über den Buchhandel vertrieben und war nur einem erlesenen Kreis aus Gelehrten als Privatdruck zugänglich. Das Verhältnis zwischen Psychoanalyse und Anthropophytheia war ein „Geben und Nehmen".[234]

Freud konnte über Krauss (Einfluss aus Kat. II) bzw. seine Autoren (weitere Einflüsse aus Kat. II) Ideenquellen erschließen, die breit gefächertes Material aus den nationalen und internationalen „Volksseelen" enthielten. Dies bedeutete Einflüsse aus Kat. V „via" Kat. II (Krauss und seine Mitarbeiter). Für Krauss wiederum war die Psychoanalyse ein „kongeniales Unternehmen zur ethnologischen Sexualforschung".[235] Wie sich diese Synergien in einem brieflichen Dialog zwischen Freud und Krauss abbildeten, soll nun vorgestellt werden.

Beispiele aus dem Briefwechsel zwischen Freud und Krauss

Für Freud war es in seiner sexualpsychologischen Erforschung des Unbewussten wesentlich, zu vermitteln, dass z. B. die Analregion betreffende sexuelle Phantasien von früher Kindheit an allgemeine, „normale" Phänomene der Entwicklung der Sexualfunktionen sind , und nicht nur – einem Vorurteil der Psychoanalyse gegenüber entsprechend – von der eigenen „Normalität" abgrenzbaren Personengruppen wie z. B. „psychisch Kranken", „Perversen", „Neurotikern" etc. vorbehalten ist.[236]

Freud formulierte den Nutzen, den die Anthropophyteia der Psychoanalyse diesbezüglich, z. B. durch Datenmaterial aus der Folklore (Kat. V), bringen kann, in einem Brief an Krauss. Dieser Brief wurde zuerst in „Anthropophyteia" Nr. VII im Jahr 1910, später auch in Freuds „Gesammelten Werken" Bd. VIII („Gedenkworte, veröffentlichte Briefe und Vorreden 1893-1939") veröffentlicht, aus denen auch der folgende gekürzte Textausschnitt entnommen wurde, in dem Freud sein Interesse an einer Zusammenarbeit mit Krauss bekundet:

„Die Anthropophyteia kommt hier der Psychoanalyse zu Hilfe, indem sie zeigt, wie ganz allgemein die Menschen mit Lustbetonung bei dieser Körperregion, ihren Verrichtungen, ja dem Produkt ihrer Funktion verweilen. Wäre es anders, so müßten alle diese Geschichten bei denen, die sie anhören, Ekel erregen, oder das Volk müßte in seiner ganzen Masse ‚pervers' sein im Sinne einer moralisierenden Psychopathia sexualis. Es würde nicht schwer fallen, auch an anderen Beispielen zu zeigen, wie wertvoll das von den Autoren der Anthropophyteia gesammelte Material für die sexualpsychologische Erkenntnis ist [...],daß die erotischen und anderen Witze, die im Volke umlaufen, vortreffliche Hilfsmittel zur Erforschung des unbewußten Seelenlebens der Menschen darstellen, ganz ähnlich wie die Träume und die Mythen und Sagen, mit deren Verwertung sich die Psychoanalyse schon jetzt beschäftigt. [...] So darf man sich also der Hoffnung hingeben, daß der Wert des

---

234 Reichmayr 1994: 40.
235 A.a.O.: 41.
236 Erkennbar ist dies z. B. an „Witzen, die im Volke umlaufen" (Freud 1910f [G.W., VIII: 225].

Folklore für die Psyche immer deutlicher erkannt und die Beziehungen zwischen dieser Forschung und der Psychoanalyse sich bald inniger gestalten werden".[237]

Im Gegenzug drückte Krauss seine Wertschätzung für Freuds Qualitäten, u. a. mit folgenden Worten, die ebenfalls in der Anthropophyteia VIII im Jahr 1911 veröffentlicht wurden, aus. Mit der räumlichen Metapher „baut er seine Methode aus" spricht Krauss einen Aspekt des Raumgewinns der Psychoanalyse an:

„Professor Freud lehrt nicht, sondern arbeitet kritisch mit den anderen mit, um die Wahrheit festzustellen. So baut er seine Methode aus und läßt sich willig belehren, indem er nicht einmal seine eigene Autorität anerkennen mag.[..] Freuds eigene Diktion ist ein Muster von durchsichtiger Klarheit, Bündigkeit des Ausdruckes und Schönheit".[238]

Ein Jahr später notierte Krauss in der Ausgabe IX der „Anthropophyteia": „Die Psychoanalytiker, mögen es Ärzte, Juristen oder Kulturforscher sein, erweisen sich als die zuverlässigsten Freunde unserer ethnologischen Sexualforschung".[239] Freud war für ihn „der eigentliche Typus eines Revolutionärs in der Wissenschaft".[240] Mit der Ideen generierenden Verbindung aus Freuds Psychoanalyse und Krauss' Anthropophyteia standen u. a. folgende Namen (alle Kat. II) in Zusammenhang: Magnus Hirschfeld, Alfred Adler, Karl Abraham, Wilhelm Stekel, Isidor Sadger, Iwan Bloch, Alfred Kind, Arthur Muthmann, Franz Ricklin, Eduard Hitschmann, C. G. Jung, Friedrich J. Bieber und David Ernst Oppenheim.[241]

15. Input/ Outputrelationen zweier Schriften Freuds

Zwei Schriften Freuds sollen nun anhand ihrer Relationen aus wissenschaftlichem Input und Output vergleichend untersucht werden. Die erste Schrift („Nachwort zur Frage der Laienanalyse", 1927a) wird der Inputseite zugeordnet, die zweite („Das Interesse an der Psychoanalyse", 1913j) der Outputseite.

Input („Nachwort zur „Frage der Laienanalyse", 1927a)

Freud beschreibt hier seine Vorstellungen, wie der Input, der Wissenseinfluss auf die auszubildenden Psychoanalytiker, für deren Ausbildung zu gestalten ist:

---

237 Ebd.
238 Krauss 1911b: 487, zit. n. Reichmayr 1994: 39.
239 Krauss 1912a: 570, zit. n. Reichmayr 1994: 44.
240 Krauss 1912b: 573, zit. n. Reichmayr 1994: 50.
241 Vgl. Reichmayr 1994: 44-51.

„Der Unterrichtsplan für den Analytiker ist erst zu schaffen, er muß geisteswissen-
schaftlichen Stoff, psychologischen, kulturhistorischen, soziologischen ebenso um-
fassen wie anatomischen, biologischen und entwicklungsgeschichtlichen".[242]

Daraus lassen sich folgende Wissensgebiete extrahieren: 1) Geisteswissenschaften,
2) Psychologie, 3) Kulturgeschichte, 4) Soziologie, 5) Anatomie, 6) Biologie und
7) Evolutionsgeschichte.

Output („Das Interesse an der Psychoanalyse", 1913j)

Wie die Psychoanalyse Verbindungen zu anderen Wissensgebieten schaffen kann
und auf welche Weise ihr Output (ihr Ertrag, ihre Wissenseinflüsse der Psychoanalyse auf andere Disziplinen) für andere Wissensgebiete attraktiv ist, formulierte
Freud in seiner Schrift „Das Interesse an der Psychoanalyse" (1913j). Allen voran
steht das „psychologische Interesse", dem der komplette erste Abschnitt gewidmet
ist, gefolgt von einem zweiten Abschnitt, in dem das Interesse an der Psychoanalyse aus folgenden Wissensgebieten beschrieben wird:
    A) Das sprachwissenschaftliche Interesse, B) Das philosophische Interesse, C)
Das biologische Interesse, D) Das entwicklungsgeschichtliche Interesse E) Das
kulturhistorische Interesse, F) Das kunstwissenschaftliche Interesse, E) Das kulturhistorische Interesse, G) Das soziologische Interesse, H) Das pädagogische Interesse.[243]
Im nächsten Schritt werden die Auflistungen der Wissensgebiete aus beiden Schriften tabellarisch in ihrer Originalreihenfolge gegenübergestellt. Die linke Spalte
(Input anderer Wissensgebiete auf die Psychoanalyse) enthält sieben Begriffe, die
rechte Spalte (Output der Psychoanalyse auf andere Wissensgebiete) neun:

---

242 Freud 1927a [G.W., XIV: 288]. Unmittelbar an diesen Gedanken knüpft eine visionäre Idee
    Freuds an, die 78 Jahre später, im Jahr 2005, mit der Akkreditierung der Sigmund Freud Pri-
    vatuniversität (SFU) in Wien realisiert wurde: „Es gibt dabei soviel zu lehren, daß man ge-
    rechtfertigt ist, aus dem Unterricht wegzulassen, was keine direkte Beziehung zur analytischen
    Tätigkeit hat und nur indirekt wie jedes andere Studium zur Schulung des Intellekts und der
    sinnlichen Beobachtung beitragen kann. Es ist bequem, gegen diesen Vorschlag einzuwenden,
    solche analytische Hochschulen gebe es nicht, das sei eine Idealforderung. Jawohl, ein Ideal,
    aber eines, das realisiert werden kann und realisiert werden muß" (a.a.O.: 289).
243 Diese Art der alphabetischen Gliederung (A-H) wurde vom Originaltext übernommen.

Input	Output
Nachwort zur Frage der Laienanalyse (1927a)	Das Interesse an der Psychoanalyse (1913j)
Geisteswissenschaften	Psychologie*
Psychologie*	Sprachwissenschaft
Kulturgeschichte*	Philosophie
Soziologie*	Biologie*
Anatomie	Entwicklungsgeschichte
Biologie*	Kulturgeschichte*
Evolutionsgeschichte	Kunstwissenschaften
-	Soziologie*
-	Pädagogik
Legende: * = direkte Übereinstimmungen	

Direkte, wörtliche Übereinstimmungen der Wissensgebiete beider Tabellenspalten sind in den vier Wissensgebieten Psychologie, Biologie, Kulturgeschichte und Soziologie zu finden. In der Outputspalte bleiben danach noch fünf von neun Gebieten ohne Bezug zur Inputspalte: Sprachwissenschaft, Philosophie, Entwicklungsgeschichte, Kunstwissenschaften und Pädagogik. In der Inputspalte sind noch drei von sieben Wissensgebieten ohne Bezug zur Outputspalte: Geisteswissenschaften, Anatomie und Evolutionsgeschichte.

Nach der Zuordnung der direkten Übereinstimmungen wird im nächsten Schritt die Frage gestellt, ob sich noch weitere sinngemäße Zusammenhänge zwischen der Inputseite und der Outputseite finden lassen können. Die Wissensgebiete Sprachwissenschaft, Philosophie und Kunstwissenschaften der Outputspalte können dem Überbegriff der Geisteswissenschaften der Inputspalte zugeordnet werden. Ebenso entspricht der Begriff „Entwicklungsgeschichte" (Outputspalte) dem der „Evolutionsgeschichte" (Inputspalte). Eine gemeinsame Verbindung aus Entwicklungsgeschichte des Menschen und Evolutionsgeschichte bildet die Idee eines allgemein gültigen biogenetischen Grundgesetzes (Ideeneinfluss Haeckel, Kat. II).[244]

Weitere Zuordnungen: Da in der Outputspalte die Entwicklungsgeschichte des Menschen intern mit dem Interesse der Pädagogik an der Psychoanalyse verknüpft ist, lässt sich auch zwischen „Pädagogik" und dem Begriff der „Evolutionsge-

---

244 Haeckels Idee der Rekapitulation taucht auch in Freuds Beschreibung des „soziologischen Interesses" auf (Freud 1913j [G.W., VIII: 418f.]).

schichte" in der Inputspalte ein wechselseitiger Bezug herstellen. Dies bedeutet, dass das psychoanalytische Wissen der Pädagogen über die Entwicklung des kindlichen Seelenlebens (z. B. den Entwicklungsprozess der Libido) Einfluss auf die ontogenetische Entwicklung des Individuums und als Art hat und umgekehrt.

Die Outputspalte ist durch diese sinngemäßen Zuordnungen nun vollständig in der Inputspalte abgebildet. Bei der Inputspalte bleibt nur mehr der naturwissenschaftliche Begriff der Anatomie offen. Warum hob ihn Freud extra hervor? Warum wurde er nicht der Biologie in der Inputspalte untergeordnet? Dieser Begriff umfasst den Aufbau der Organismen und kann damit, z. B. in der Wissenschaft der „vergleichenden Anatomie", als ein Teilgebiet der Entwicklungsgeschichte (Outputspalte) zugeordnet werden. Durch die geplante Ausdehnung auf die oben genannten Wissensgebiete der Outputseite sollte die Psychoanalyse auf breiteren wissenschaftlichen Fundamenten ruhen und ihren Einfluss- und Ertragsbereich unabhängig von z. B. Vereinnahmungstendenzen durch die Medizin ausüben können, die sowohl bei der Inputspalte als auch bei der Outputspalte fehlt.[245] Woraus sollten diese Fundamente Freuds Vorstellungen nach bestehen?

Freud nimmt in der folgenden Stelle darauf Bezug, indem er – wiederum eine Raummetapher verwendend – die Psychoanalyse mit einem „Überbau" vergleicht, der auf ein – in den Jahren 1916/17 noch unbekanntes – organisches Fundament gestellt werden sollte.

Während Freud das „organische Fundament" im nächsten Textbeispiel aus seiner XXIV. Vorlesung: „Die gemeine Nervosität" (1916-17a) noch offen lässt, hatte er aus der Sicht der Jahre 1916/17 im Überbau der Psychoanalyse bereits einige Raumerweiterungen in verschiedene Richtungen vollzogen. Wesentliche Erweiterungen bedeuteten z. B. die Schriften „Zwangshandlungen und Religionsübungen" (1907b) oder „Totem und Tabu" (1912-13a). Zur Neurosenlehre kamen Kulturgeschichte, Religionswissenschaft und Mythologie als Wissensgebiete hinzu, in denen die Psychoanalyse ihren wesentlichsten Auftrag, bestehend aus der Erforschung und „Aufdeckung des Unbewussten" erfüllte:

> „Das Lehrgebäude der Psychoanalyse, das wir geschaffen haben, ist in Wirklichkeit ein Überbau, der irgend einmal auf sein organisches Fundament aufgesetzt werden soll; aber wir kennen dieses noch nicht. Die Psychoanalyse wird als Wissenschaft nicht durch den Stoff, den sie behandelt, sondern durch die Technik, mit der sie arbeitet, charakterisiert. Man kann sie auf Kulturgeschichte, Religionswissenschaft und Mythologie ebensowohl anwenden wie auf die Neurosenlehre, ohne ihrem Wesen Gewalt anzutun. Sie beabsichtigt und leistet nichts anderes als die Aufdeckung des Unbewußten im Seelenleben".[246]

---

245 Der Versuch, sich der Medizin gegenüber autonom zu behaupten, war eines der Hauptmotive Freuds für die beiden Schriften „Zur Frage der Laienanalyse" (1926e) und dem Nachwort zur „Frage der Laienanalyse" (1927a).
246 Freud 1916-17a [G.W., XI: 403f.].

Das Ergebnis dieser Untersuchung ist eine vollständige Übereinstimmung der In-put- und Outputseiten der Psychoanalyse. Die Einflüsse (die Erkenntnisse aus an-deren Wissensgebieten, die Freuds Vorstellung nach auf künftige AnalytikerInnen wirken sollten) und der Ertrag (der Nutzen der Psychoanalyse für andere Wissens-bereiche) entsprechen einander vollständig. Dass diese beiden Texte zeitlich 14 Jahre auseinanderliegen, spricht für Freuds kontinuierliche Beurteilung der Wich-tigkeit der mit der Psychoanalyse verknüpften Wissensgebiete.

Es ergibt sich, dass die Verbindung der Psychoanalyse mit anderen Disziplinen auf der Ertragsseite (Output) wiederum ihre eigene Einflussseite (Input) beeinflusst hatte. Daraus bildeten sich zirkuläre Informationsflüsse, die weitere Entwicklungen von Ideen und Raumerweiterungen zur Folge hatten.

Daraus ableitbare weitere Zusammenhänge betreffen nicht nur die Betonung von geisteswissenschaftlichen, kulturhistorischen und soziologischen Wissensein-flüssen auf die Psychoanalyse (Input) bzw. den reziproken Nutzen der Psychoana-lyse für eben jene Wissenschaften (Output), sondern auch den vergleichsmäßig hohen Anteil der Bereiche Evolutionsgeschichte, Entwicklungsgeschichte, Anato-mie und Biologie als Wissensgebiete, die mit der Psychoanalyse sowohl inputseitig als auch outputseitig in direkter, wechselseitig beeinflussender Verbindung stehen. Dabei fällt Freuds zweimalige Betonung von Haeckels biogenetischem Grundge-setz in den Bereichen „Soziologie" und „Entwicklungsgeschichte" auf.

V. Unschärfen bei der Bestimmung von Ideeneinflüssen

Untersuchungen von Freuds Ideeneinflüssen sind mit Unschärfen verbunden. Insgesamt 16 miteinander in Zusammenhang stehende Arten von Unschärfen wurden während der Forschungsarbeiten ermittelt.

1. Der polymorphe Charakter von Ideeneinflüssen

Die Forschungsfrage beschäftigt sich grundsätzlich mit einer Vielfalt von Ideeneinflüssen, die über verschiedene Kontakte in verschiedener Art und Weise verlaufen. Wie z. B. im Kapitel über seine biographischen Stationen (S. 37-40) gezeigt wurde, ergaben sich für Freud verschiedene Gelegenheiten, um mit Ideen anderer Personen in Berührung zu treten. Dadurch sind Einflüsse über verschiedene Übermittler zu verschiedenen Zeitpunkten zu beobachten. Freud konnte genauso durch eine Person (z. B. Fließ) mit vielen ähnlichen bzw. unterschiedlichen Ideen in Kontakt treten, so wie er einander ähnliche Ideen durch Einflüsse mehrerer Personen (wie im Fall von Breuer, Charcot und Chrobak im vierten Kapitel auf S. 44-48 beschrieben) vorbewusst verarbeitete, und sich daraus seine weiteren Ideen formten. Diese Arbeit muss sich darauf beschränken, dass nur ein Bruchteil an Möglichkeiten von Ideeneinflüssen auf Freud mehr oder weniger genau rekonstruiert werden kann.

2. Implizite Ideeneinflüsse und kryptomnestische Phänomene

Weitere Unschärfen ergeben sich dadurch, dass nicht bei jeder Idee einer anderen Person, durch die Freud Ideeneinflüsse erhalten hatte, dies explizit von ihm ausgewiesen wurde, bzw. bestehen sie darin, dass er Ideeneinflüsse anderer Personen über wiederum andere Personen, die diese implizit tradieren, erhalten hatte. Weiters konnte jemand, der eine Idee an Freud kommunizierte, der „Urheber" jener Idee sein, er musste es aber nicht sein, da generell auch Ideen kommuniziert werden, deren Urheber man nicht ist. Durch all diese möglichen Szenarios kommt es zu einer unüberschaubaren Fülle möglicher impliziter Ideeneinflüsse, deren Auftreten und Verlauf nur schwierig eindeutig bestimmbar sind. Beispiele dafür bilden Darwins „unsichtbarer"[247] Einfluss oder Freuds Übernehmen darwinscher Ideen über andere Autoren ohne explizite Zitation.[248] Zunehmende Unschärfen entstehen durch ein Ansteigen von Komplexität und dadurch potentieller Unüberschaubarkeit möglicher Ideeneinflüsse – z. B. bei Suchen nach Ursprüngen von Ideen in der Vergangenheit oder bei kryptomnestischen Phänomenen (z. B. am Beispiel Empedokles bzw. Börne, siehe viertes Kapitel, S. 48-54).

---

247 Vgl. Sulloway 1979 [1992: 239].

248 „Freud not only read Darwin firsthand, but also encountered his ideas in innumerable secondary sources, very often without explicit citation" (Kitcher 1992: 25).

3. Parallele Ideenverläufe

Einen weiteren Faktor für Unschärfen bilden – wie bereits an den Beispielen von Janet (S. 71-76) oder Schopenhauer (S. 77-79) besprochen – parallele Ideenverläufe. Aber auch selbst wenn es keinen von Freud validierten Kontakt zu Ideen einer anderen Person gegeben hatte, kann nicht ausgeschlossen werden, dass er, z. B. über Dritte, in Kontakt zu Ideen anderer Personen getreten ist, zu denen er sonst keine Berührungspunkte gehabt hätte. So könnte etwa angenommen werden, dass Freud über seine Freundschaft mit Lou Andreas – Salomé ein persönlicher Zugang zu Mitteilungen bezüglich Friedrich Nietzsche, zu dem sie in Jugendjahren eine intensive freundschaftliche Beziehung hatte, eröffnet wurde. Gemessen an folgender Mitteilung von Freud an Arnold Zweig war dies aber nicht der Fall:

> *„Man kann doch nicht wissen, was so ein Narr erraten hat. Unsere Freundin Lou ist über 70 Jahre alt, und soviel ich aus der Ferne errate, nicht gut bei Kräften. Sie schreibt nie von sich in ihren Briefen und jammert nie, sie dürfte einige der wenigen Lebenden sein, die etwas Intimes von ihm wissen. Und sie teilt es nicht gern mit. Gewiß nicht anders als mündlich. Mir wollte sie nie von ihm erzählen“.*[249]

Dass Lou Andreas-Salomé Freud nicht von Nietzsche erzählte, schließt aber noch nicht aus, dass sie dies z. B. ihrer Freundin Anna Freud gegenüber tat, die davon eventuell wiederum ihrem Vater erzählen hätte können, usw.

4. Ideen, die „ihre eigenen Wege gehen"

Eine Kombination aus Unschärfen der Bestimmbarkeit von Ideeneinflüssen verbunden mit Verletzungen von Prioritätsansprüchen und daraus resultierenden persönlichen Kränkungen war mitverantwortlich für das Ende der Freundschaft zwischen Freud und Fließ. Fließ fühlte sich betrogen, da er seine eigenen, Freud mitgeteilten Ideen bezüglich einer „dauernden und notwendigen Bisexualität aller Lebewesen"[250] bzw. der „Bisexualität in der Psyche"[251] von Freud an dessen Patienten Hermann Swoboda (1873-1963) verraten sah. Swoboda kommunizierte Fließ' Ideen zur Bisexualität wiederum seinem Freund Otto Weininger (1880-1903) weiter, der sie später in seinem populären Buch „Geschlecht und Charakter" (1903) als seine eigenen, neuen veröffentlichte:

> *„Man achte wohl: hier ist nicht bloß von bisexueller Anlage die Rede, sondern von dauernder Doppelgeschlechtlichkeit. Und auch nicht bloß von den sexuellen Mittelstufen, (körperlichen oder psychischen) Zwittern, auf die bis heute aus nahelie-*

---

249 Freud an A. Zweig, Brief vom 11.5.1934 in: Briefwechsel [1968: 87].
250 Fließ an Freud: Brief 286/ 26.7.1904 [1999: 510].
251 A.a.O.: 511.

genden Gründen alle ähnlichen Betrachtungen beschränkt sind. In dieser Form ist also der Gedanke durchaus neu".[252]

Freud rechtfertigte sich Fließ gegenüber u. a. mit den Worten:

„... auch lassen sich Ideen nicht patentieren. Man kann sie zurückhalten – und tut sehr gut daran, wenn man auf seine Priorität Wert legt. Hat man sie von sich gelassen, so gehen sie ihren eigenen Weg".[253]

Dazu veröffentlichte Richard Pfennig im Jahr 1906 auf Bitte von Fließ das Buch „Wilhelm Fließ und seine Nachentdecker: O. Weininger und H. Swoboda", in dem er Fließ' Priorität bezüglich der Idee im Urheberstreit bestätigt:

„Alles, was wir bei Weininger für Fliess in Anspruch genommen haben: die männliche und weibliche Substanz, und zwar in jeder Zelle, gemäss der Bisexualität alles Lebendigen, die Störungen und Verschiebungen des normalen Mischungsverhältnisses bei einzelnen Individuen, die Charakterisierung der weibischen Männer und männischen Weiber an sich und in ihren gegenseitigen sexuellen Beziehungen – über alle diese Einsichten verfügte Fliess längst und hat sie in der Zeit von 1897 bis 1900 alljährlich eingehend mit Freud durchgesprochen".[254]

Weininger wird von Pfennig als Plagiator und Swoboda als aktiv Beteiligter am „Ehrendiebstahl seines Freundes" überführt. Freud schien sich dem Urteil des Autors nach in der Affäre zwar „mit der passiven Rolle des Geschehenlassens" begnügt zu haben, trägt aber Mitschuld als Begünstiger des Plagiates.[255]

   Wie ein Kommentar aus der Vergangenheit zu dieser Affäre mutet dieses Zitat Goethes zum Begriff der „Antizipation" aus seinem Aufsatz „Meteore des literarischen Himmels" an:

„Weil aber von Mitlebenden, besonders von denen, die in einem Fach arbeiten, schwer auszumitteln ist, ob nicht etwa einer von dem andern schon gewußt und ihm also vorsätzlich vorgegriffen habe: so tritt jenes ideelle Mißbehagen ins gemeine Leben, und eine höhere Gabe wird, wie ein anderer irdischer Besitz, zum Gegenstand von Streit und Hader. Nicht allein das betroffene Individuum selbst, sondern auch seine Freunde und Landsleute stehen auf und nehmen Anteil am Streit. Unheilbarer Zwiespalt entspringt, und keine Zeit vermag das Leidenschaftliche von dem Ereignis zu trennen".[256]

---

252 Weininger 1903 [1909: 10].
253 Freud an Fließ: Brief 287/ 27.7.1904 [1999: 512].
254 Pfennig 1906: 23.
255 Vgl. a.a.O.: 52.
256 Goethe 1817/20 [1833: 116].

5. Ideen, die „in der Luft liegen"

Goethe verwendet im selben Aufsatz u. a. auch die Metapher, dass manchmal gewisse Gesinnungen und Gedanken schon in der Luft umherziehen,

> „ ... so daß mehrere sie erfassen können. [...] gewisse Vorstellungen werden reif durch eine Zeitreihe. Auch in verschiedenen Gärten fallen Früchte zu gleicher Zeit vom Baume".[257]

In diesem Zitat wird die Möglichkeit beschrieben, dass sich Ideen zu bestimmten Zeiten an verschiedenen Orten formieren und von mehreren Menschen unabhängig voneinander gleichzeitig gedacht werden können. So veröffentlichte, den Angaben Haeckels nach der Großvater von Charles Darwin, Erasmus Darwin (1731-1802) unter dem Titel „Zoonomia" (1794) ein naturphilosophisches Werk, „in welchem er ganz ähnliche Ansichten wie Goethe und Lamarck ausspricht, ohne jedoch von diesen Männern damals irgendetwas gewusst zu haben. Die Deszendenztheorie lag schon damals gleichsam in der Luft".[258]

6. Ideen als Allgemeingut einer Zeit

Wenn Ideen zu einer Art von Allgemeingut einer Zeit geworden sind, erhöht dies den Grad der Unschärfe der Bestimmung, auf wen genau die Abstammung einer bestimmten Idee zurückzuverfolgen ist. Sinnverwandt zu Goethes bzw. Haeckels Arten atmosphärischer Ideenbildung beschreibenden Metaphern, dass Gedanken „in der Luft umherziehen" bzw. „in der Luft liegen", die dann, wenn jene Ideen wie Früchte gereift sind, von mehreren Personen gleichzeitig an verschiedenen Orten gedacht werden können, beschreibt Fritz Wittels, dass Ideen – hier im speziellen Fall Ideen von Nietzsche – „durch die Luft fliegen" und zu einem „Gemeingut" einer bestimmten Zeit werden können. Wittels argumentiert im folgenden Textbeispiel, dass es für Freud trotz all seiner Vermeidungsversuche unmöglich war, sich jenem Einfluss zu entziehen:

> „Was Nietzsche geschrieben hat, ist heute so sehr Gemeingut, daß seine Gedanken auf der Straße, in Kaffeehäusern, im Gespräche zwischen Analytiker und Patient durch die Luft fliegen. Was Freud durch Vermeidung eines unmittelbaren Verkehrs mit Nietzsche erreichen kann, ist nur eine Verballhornung der Gedanken dieses Großen. Nimmermehr kann er sich gegen die Gedankenwelt Nietzsches luftdicht abschließen. Er ist wohl auch schon von seiner Meinung abgekommen und packt in seinen Reisekoffer neben Schopenhauer auch einige Bände Nietzsche".[259]

---

257 A.a.O.: 115.
258 Haeckel 1868 [1911: 105].
259 Wittels 1924: 53.

Freuds Replik an Wittels drückte seine Abwehr gegenüber Unterstellungen dieser Art aus. Mit der Formulierung „zu diesem Werk" bezog sich Freud direkt auf dessen Freud-Biographie. Die Lösung, sich gleichzeitig eines Einflusses von Wittels und Nietzsche dennoch zu entziehen, bestand offenbar in der vorsätzlichen Vermeidung von Kontakt zu den Werken beider:

> „Sie kennen meine Einstellung zu diesem Werk, sie ist nicht freundlicher geworden. Ich bleibe dabei, daß jemand, der so wenig von einem weiß wie Sie von mir, kein Recht hat, eine Biographie über den Betreffenden zu schreiben. Man wartet, bis er gestorben ist, dann muss er alles über sich ergehen lassen, und es ist ihm zum Glück auch gleichgültig. Ich kann die englische Ausgabe nicht mit der deutschen vergleichen, die ich ja nicht in die Ferien mitgenommen habe (ebensowenig wie den Nietzsche)".[260]

Für einen unabhängig konzipierten Forschungsstil Freuds spricht folgende, an Wittels gerichtete Bemerkung:

> „Andererseits gestehe ich gerne zu, daß Ihr Scharfsinn manches an mir, was mir wohl bekannt ist, sehr richtig erraten hat, z. B. daß ich genötigt bin, meinen eigenen Weg, oft Umweg, zu gehen und nichts mit fremden Gedanken anzufangen weiß, die mir zur Unzeit zugerufen werden".[261]

Freud legte in seiner „Selbstdarstellung" dar, dass er den Einfluss Nietzsches deshalb gemieden hatte, um seine eigene Unbefangenheit, die ihm wichtiger als eigene Prioritätsansprüche war, zu erhalten:[262]

> „Nietzsche, den anderen Philosophen, dessen Ahnungen und Einsichten sich oft in der erstaunlichsten Weise mit den mühsamen Ergebnissen der Psychoanalyse decken, habe ich gerade darum lange gemieden; an der Priorität lag mir ja weniger als an der Erhaltung meiner Unbefangenheit".[263]

Jones bemerkt, dass, wenn eine Idee „allgemein bekannt" ist, es „relativ unwichtig" ist, welcher Lehrer sie einem vermittelt hat. So gehörten Freuds Ideen zum „Allgemeingut" der gebildeten, besonders der wissenschaftlichen Kreise des 19. Jahrhunderts. Dazu zählten etwa dualistische Auffassungen von der Seele, die es „zu allen Zeiten" gegeben hatte, Ideen über das Unbewusste, die unter den romantischen Philosophen des 18. und 19. Jahrhunderts bereits weit verbreitet waren, die Assoziationspsychologie, die durch Freuds „zielgerichtete Vorstellungen" im Unbewussten und den „dynamischen Wunscherfüllungen" ein völlig neues Gesicht

---

260 Freud an Wittels, 15.8.1924 in: Briefe 1873-1939, S 368f.
261 Freud an Wittels, 18.12.1923 [G.W. NB: 755].
262 Ähnlich wie bei Schopenhauer (vgl. viertes Kapitel, S. 75-77).
263 Freud 1925d [G.W., XIV: 86f.].

erhielt und die hedonistische Psychologie, die durch Freuds „Realitätsprinzip" eine erhöhte Bedeutung bekam.[264]

Sowohl die Annahmen einer infantilen Sexualität als auch die des haeckelschen Biogenetischen Grundgesetzes waren unter den Zeitgenossen Freuds weit verbreitet und wurden u. a. vom Biographen Haeckels und Darwins Wilhelm Bölsche (1861-1939), Wilhelm Stekel, dem amerikanischen Psychologen und Gründungspräsidenten der Clark University, dem Psychologen Stanley Hall (1844-1924), dem Schweizer Psychiater Auguste-Henri Forel (1848-1931), dem Psychiater und Soziologen Franz Müller-Lyer (1857-1916), dem Neurologen und Psychoanalytiker Bruno Saaler und dessen Lehrer Wilhelm Fließ, dem deutschen Psychiater und Sexualwissenschaftler Albert Moll (1862-1939), dem britischen Sexualforscher und Sozialreformer Havelock Ellis (1859-1939) und dem deutschen Philosophen und Psychologen Karl Groos (1861-1946) vertreten.[265] Durch die weite Verbreitung ähnlich gedachter Ideen und ihrer selbstverständlichen Annahme steigt die Wahrscheinlichkeit, dass sie von Freud implizit verwendet wurden, d. h. dass, wenn er sich in seinen Texten z. B. auf Haeckels biogenetisches Grundgesetz bezogen hatte, er nicht den Namen „Haeckel" dazu explizit anführte.

7. Wiederholt gedachte Ideen

Weitere Unschärfen bei der Bestimmung von Ideeneinflüssen liefern ähnliche Ideen zu einem Thema, die entweder bereits zu verschiedenen Zeiten oder zur gleichen Zeit von Anderen gedacht wurden bzw. werden, wobei es entweder Kontakt zwischen diesen Personen gab oder nicht.

Im folgenden Beispiel aus seinem Vorwort der zweiten Auflage zu „The Descent of Man, and Selection in Relation to Sex" (1871 [1875]) beschreibt Darwin, dass die Idee einer älteren, mittlerweile ausgestorbenen Art als Vorfahren des Menschen keineswegs eine neue ist, sondern beginnend mit Lamarck auch später von Alfred Russel Wallace, Charles Lyell (1797-1875), Karl Vogt (1817-1895), Sir John Lubbock (1834-1913), Ludwig Büchner (1824-1899), Friedrich Rolle (1827-1887) und speziell Haeckel angenommen wurde:

> „The conclusion that man is the co-descendant with other species of some ancient, lower, and extinct form, is not in any degree new. Lamarck long ago came to this conclusion, which has lately been maintained by several eminent naturalists and philosophers; for instance, by Wallace, Huxley, Lyell, Vogt, Lubbock, Büchner, Rolle and especially by Hackel".[266]

Ähnlich dazu haben auch die Lamarck zugeschriebene Idee der Vererbung erworbener Eigenschaften bzw. Haeckels biogenetisches Grundgesetz (vgl. sechstes Ka-

---

264 Vgl. Jones, 1953 [Bd. I, 1984: 436].
265 Vgl. Sulloway 1979 [1992: 263].
266 Darwin 1871 [1875: 2f.].

pitel, S. 140 bzw. S. 148) miteinander gemeinsam, dass zu ihnen ähnliche Ideen von anderen Personen in jeweils anderen kontextualen Zusammenhängen gedacht wurden.

So lässt sich für jede Person dieselbe Forschungsfrage wie in dieser Arbeit stellen: Wer gab Lamarck, Darwin, Goethe bzw. Haeckel Ideen? Durch diese Art von Fragen eröffnen sich wie in einem kaleidoskopischen Blick in die Vergangenheit Perspektiven, die komplex strukturierte Verbindungen zu ganzen Ahnenreihen von Ideen erahnen und zuweilen auch erkennen lassen. Mit dieser Fülle an Möglichkeiten kommt es aber gleichzeitig zu einer unüberschaubaren Zunahme von Unschärfen bei der Bestimmung von Ideeneinflüssen, da hinter vermeintlichen Ursprüngen von Ideen wiederum Ideen ähnlicher bzw. anderer Art liegen.

Eine daraus ableitbare Folgerung wäre die, dass Ideen in ähnlicher bzw. anderer Erscheinungsform durchaus wiederkehren können. Diese stehen wiederum in Beziehung zu Ideen, die mit ihnen z. B. durch Attributionen in Verbindung gebracht werden (z. B. durch Vergleiche von Ideen untereinander). Eine weitere Folgerung wäre die, dass Ausgangspunkte von Ideeneinflüssen willkürlich gesetzt werden können. Dieses willkürliche Bestimmen von Ausgangspunkten bedeutet aber noch nicht, dass ein „Ausgangspunkt" einer Idee mit deren „Urheber" (falls dies wiederum eindeutig bestimmt werden kann) tatsächlich übereinstimmen muss.

Diese Gedankengänge knüpfen an mittlerweile bald 200 Jahre alte, dennoch zeitlose Vorstellungen Goethes, wiederum zum Begriff der „Antizipation" an:

> „Sich auf eine Entdeckung etwas zugute tun, ist ein edles rechtmäßiges Gefühl. Es wird jedoch sehr bald gekränkt; denn wie schnell erfährt ein junger Mann, daß die Altvordern ihm zuvor gekommen sind. Diesen erregten Verdruß nennen die Engländer sehr schicklich Mortifikation: denn es ist eine wahre Ertötung des alten Adams, wenn wir unser besonderes Verdienst aufgeben, uns zwar in der ganzen Menschheit selbst hochschätzen, unsere Eigentümlichkeit jedoch als Opfer hinliefern sollen. Man sieht sich unwillig doppelt, man findet sich mit der Menschheit und also mit sich selbst in Rivalität. Indessen läßt sich nicht widerstreben. Wir werden auf die Geschichte hingewiesen, da erscheint uns ein neues Licht. Nach und nach lernen wir den großen Vorteil kennen, der uns dadurch zuwächst, daß wir bedeutende Vorgänger hatten, welche auf die Folgezeit bis zu uns heran wirkten. Uns wird ja dadurch die Sicherheit, daß wir, insofern wir etwas leisten, auch auf die Zukunft wirken müssen, und so beruhigen wir uns in einem heitern Ergeben"[267].

In der Ausarbeitung der Forschungsfrage wird daher versucht, jeweils nächstliegende, wahrscheinliche Einflüsse auf Freud anhand von Ideen und Personen zu orten, eingedenk dessen, dass dies nicht die einzig mögliche Antwort bedeuten muss, da es noch weitere, möglicherweise unaufspürbare bzw. unvalidierbare Einflussmöglichkeiten geben kann. In Zusammenhang mit diesen Überlegungen ist ein

---

267 Goethe 1817/20 [1833: 114f.].

Zitat Ellenbergers erwähnenswert, das, wenn verallgemeinert, eine bedeutsame Relation beschreibt. Je weniger die Vorgeschichte erinnert wird, umso mehr wird geglaubt, daß das Gegenwärtige etwas Neues darstellt:

„Da die Frühgeschichte des Hypnotismus und Magnetismus vergessen war, glaubte Charcot – noch mehr als Bernheim – , alles, was er bei seinen hypnotisierten Patienten fand, seien neue Entdeckungen".[268]

Zwei weitere Gedanken, die sich auf die Idee des „Neuen" beziehen, sollen dieser Überlegung hinzugefügt werden. Der erste betrifft das individuelle narzisstische Begehren, der Erste und Beste auf einem bestimmten Gebiet zu sein. Je nach Charakter, Reflexionsfähigkeit und situativen Umständen ergibt sich dadurch ein mehr oder weniger stark wirkender Einfluß auf die Grundhaltung und Arbeitsweise eines Wissenschaftlers, Autors etc.

Der zweite Gedanke bezieht sich auf ein, durch historische, kulturelle und ökonomische Faktoren mit beeinflusstes kollektives Phantasma des Neuen. Auch das „Neue" lässt sich mit Hoffnungen und Erwartungen, es sei das Bessere, Fortschrittlichere etc. narzisstisch besetzen. In jeder Generation sind Strömungen vorhanden, sich gegen das „Alte" abzugrenzen, neue Entdeckungen zu machen und die Welt neu zu formen, oft zum Preis einer generalisierenden Entwertung und Eliminierung des „Alten". Zu bedenken ist hier, dass dies – trotz aller fortschrittlichen Errungenschaften – oft zum Preis einer Nichtbeachtung und Verdrängung von Wurzeln und über lange Strecken gewachsenen Zusammenhängen geschieht. Metaphorisch: Der Mai mag vielleicht „alles neu" erscheinen lassen, gleichzeitig aber stellen die Blüten des Mais aber auch einen Ausdruck von Entwicklungsverläufen der Knospen des Aprils und der jeweiligen Formen davor dar.

8. Anders gedachte Ideen zu Ähnlichem

Wie Unschärfen bei der Bestimmung von Ideeneinflüssen durch anders gedachte Ideen zu Ähnlichem auftreten können, soll anhand des Beispiels vom Begriff des „dynamischen Unbewussten" nun erläutert werden.

Dem österreichischen Psychoanalytiker Heinz Hartmann (1894-1970) zufolge lag in der romantischen Philosophie der Ausgangspunkt für Konzepte eines dynamischen Unbewussten. Der Begriff der „dynamischen unbewußten Prozesse" stammt seiner Ansicht nach von Schopenhauer und Nietzsche (Hartmann 1956: 266, zit. n. Nitzschke 1998: 134). Bernd Nitzschke ergänzt dazu, dass dieser Begriff auch aus der romantischen Medizin stammen hätte können und nennt als Vertreter den deutschen Arzt, Naturphilosophen und Freund Goethes, Carl Gustav Carus, der sein 1846 erschienenes Werk „Psyche" mit den Worten: „Der Schlüssel zur Erkenntnis vom Wesen des bewußten Seelenlebens liegt in der Region des Unbe-

---

268 Ellenberger 1970 [2005: 156].

wußtseins" beginnen lässt.[269] Mögliche, noch weiter zurück liegende Einflüsse könnten aber auch Immanuel Kant zugeschrieben werden, der in seiner „Anthropologie in pragmatischer Hinsicht" u. a. in einem eigenen Kapitel „Vorstellungen die wir haben, ohne uns ihrer bewusst zu sein" thematisierte.[270]

Nun würden Diskussionen um Ausgangspunkte von Ideen, damit verbundenen exklusiven Ansprüchen auf den Begriff des Unbewussten bzw. über eventuelle Prioritäten zu dessen Verwendung und den Einfluss all dessen auf Freud die Beantwortung der Forschungsfrage eher in die Breite ziehen als zielführend sein, denn über das Unbewusste (Ähnliches) wurde in verschiedenen ideengeschichtlichen und erkenntnistheoretischen Kontexten (anders) gedacht, sodass eine Vielfalt an Möglichkeiten besteht, dass Freud Kenntnis von bereits bestehenden Konzepten des Unbewussten hatte. Die Bezeichnung „Es", die Freud direkt von Groddeck und indirekt von Nietzsche entlehnte, bildet eine dieser Möglichkeiten, so wie z. B. in Freuds XXXI. Vorlesung („Die Zerlegung der psychischen Persönlichkeit") dokumentiert, ab:

> *„Gut, so wollen wir ‚unbewußt' nicht mehr im systematischen Sinn gebrauchen und dem bisher so Bezeichneten einen besseren, nicht mehr mißverständlichen Namen geben. In Anlehnung an den Sprachgebrauch bei Nietzsche und infolge einer Anregung von G. Groddeck heißen wir es fortan das Es".*[271]

Ellenberger fasst drei Gruppen der Erforschung des Unbewussten zusammen: die spekulative Denkweise, die experimentellen Methoden und die klinischen Methoden. Die spekulativen Denkweisen waren die der pantheistischen Philosophen, der indischen und griechischen Mystiker der Antike, der Mystiker des Mittelalters und die der Naturphilosophen. Dazu zählen u. a. Plotin, der philosophische Theologe Dionysos Aeropagita, der deutsche Mystiker und Theosoph Jakob Boehme (1575-1624), Friedrich Wilhelm Joseph Schelling, Schopenhauer, Carus und der deutsche Philosoph Eduard von Hartmann (1842-1906). Im Laufe der Zeit bekamen die philosophischen Argumente immer mehr psychologischen Charakter, wobei Gottfried Wilhelm Leibniz (1646-1716) der Erste war, der mit seinen Schriften „Nouveaux Essais sur l'lentendement humain" (1704) und der Monadologie (1714) eine rein auf psychologischen Argumenten fundierte Theorie des Unbewussten formulierte. Der deutsche Philosoph, Psychologe und Pädagoge Johann Friedrich Herbart (1776-1841) orientierte sich an Leibniz und erweiterte innerhalb seines Systems das Unbewusste um eine dynamische Komponente, deren „Verhältnis zwischen den Kräften der Wahrnehmungen" er mithilfe mathematischer Formeln berechnete. Herbarts Konzepte übten einen großen Einfluss auf die deutsche Psychologie aus,

---

269 Carus 1846 [1926: 1].
270 Kant (1798 [1800: 15- 20]).
271 Freud 1933a [G.W., XV: 78f.].

u. a. auf den deutschen Psychiater Wilhelm Griesinger (1817-1868),[272] Gustav Theodor Fechner, Gustav Adolph Lindner,[273] Theodor Meynert[274] und Freud.[275]

Vertreter der experimentellen Methoden zur Erforschung des Unbewussten waren u. a. Fechner und seine „Psychophysik", Michel-Eugène Chevreul, Francis Galton, Charles Richet und Théodore Flournoy.

Unterschiedliche klinische Methoden zur Erforschung des Unbewussten wurden, beginnend mit der Arbeit der Magnetiseure und Hypnotiseure, wie Franz Anton Mesmer (1734-1815), von Richet, Charcot, Bernheim, Liébeault, Héricourt, Janet, Flournoy u. a. entwickelt.[276]

Mit diesen drei Gruppen, die hier nur stark verkürzt wiedergegeben wurden, schafft es Ellenberger, einen weiten Bogen zu spannen, der es erlaubt, verschiedenste Konzepte zur Bestimmung und Erforschung des Unbewussten zu integrieren. Auch sind die Gruppen untereinander nicht abgeschlossen, sondern durchlässig. Dies bedeutet, dass auch polymorphe Kombinationen aus spekulativen, experimentellen und klinischen Methoden möglich sind, aus denen sich Einflüsse auf Freud entwickelten. In Bezug auf die Forschungsfrage bedeutet dies auch, dass es aufgrund dieser Komplexität aus gleichzeitig nebeneinander bestehenden möglichen Einflussquellen auf Freud schwieriger wird zu behaupten, dass zum Beispiel jeweils nur eine Einflussquelle bezüglich der Erforschung des Unbewussten auf Freud ausschlaggebend war.

Es gibt sowohl Verbindungen von Freud (IV) via Meynert (II) zu Herbart (III) zu Leibniz (III), von Freud (IV) über Lindner (II) zu Herbart (III) zu Leibniz (III). Weiere Verbindungen können von Freud (IV) direkt zu Fechner (II) gezogen werden,[277] aber auch von Freud (IV) zu seinem Lehrer Brücke (II), der seinerseits wiederum von Fechner (II) stark beeinflusst war (vgl. Jones, 1953 [Bd. I, 1984: 432]). Es gibt auch direkte Linien von Freud (IV) zu Charcot (II) sowie von Freud (IV) zu Bernheim (II) bezüglich der Erforschung unbewusster Prozesse, usw. Durch diese Diversität der Möglichkeiten wird die Bestimmung von Ideeneinflüssen komplexer und komplizierter, dafür aber vermutlich realitätsnäher.

Ein zur Diversität entgegengesetzter Zugang wäre ein reduktionistischer Ansatz. Durch diesen lassen sich simplere Antworten generieren. So könnte beispielsweise die Idee eines dynamischen Unbewussten auf Einflussquellen wie Schopenhauer oder Nietzsche reduziert werden, und es könnte dann versucht wer-

---

272 Vgl. Ellenberger 1970 [2005: 434f.].
273 Jones, 1953 [Bd. I, 1984: 432].
274 Dorer 1932: 17.
275 Vgl. Ellenberger 1970 [2005: 435].
276 Vgl. Ellenberger 1970 [2005: 435-444].
277 Freud erwähnt mit der Formulierung „ein in für meine Auffassung bedeutsam gewordener Ausdruck von G. Th. Fechner" dessen Begriff des „psychischen Schauplatzes" (vgl. 1905c [G.W., VI: 200]). Weitere direkt validierbare Einflüsse auf Freud gingen von Fechners „Tendenz zur Stabilität" aus (1920g [G.W., XIII: 4]), (1924c [G.W., XIII: 371f.]).

den nachzuweisen, ob dies auf Freud nun einen Einfluss hatte oder nicht. Dies würde dann zu Validierungsdebatten („Was verschleierte Freud nun oder nicht?") führen und andere mögliche Einflussquellen auf Freud, vor allem aber die wesentlichste Einflussquelle, nämlich die seiner eigenen Ideenprozesse (Kat. IV), in den Hintergrund drängen.

Neben Diversität und Reduktionismus der Ideeneinflussquellen lässt sich noch ein drittes Element bestimmen, das zur Verzerrung von Daten bei deren Bestimmung führt: die vorschnelle Gleichsetzung aus „Ideeneinfluss" mit „Ideenübernahme". Dies tritt dann auf, wenn individuell veränderte Repräsentanzen von Ideen durch Kontakt mit ihnen sowie Modifikationen von Ideen in deren Entwicklung nicht in Betracht gezogen werden. Die Gleichsetzung aus „Ideeneinfluss" mit „Ideenübernahme" führt dann zu vorschnellen Interpretationen, denn von einer Idee beeinflusst worden zu sein, heißt noch nicht, sie vollinhaltlich übernommen zu haben. Der Verlauf einer Idee ist grundsätzlich variabel. Sie kann von einer Person entweder bei Kontakt mit ihr sogleich modifiziert werden, sich je nach Person mit bereits bestehenden Ideen verbinden, neue auslösen oder nicht bzw. nicht mehr beachtet werden. So durchläuft sie im Laufe von Denkprozessen Entwicklungen, die wiederum mit weiteren Entwicklungen verbunden sind.

Beispiel: Eine Ideeneinflussreihe Freud (IV) – Meynert (II) – Herbart (III) zu Leibniz (III) kann so interpretiert werden, dass die Aussage „Freud nahm sich von Leibniz Ideen, die er über Herbart und Meynert aufnahm" entsteht.[278] Dies würde wiederum zu weiteren Verzerrungen führen, da nicht bedacht wurde, dass sich durch den Kontakt mit einer Idee durch eine Person bereits deren individuelle Repräsentation verändert, eine Idee sich folglich dadurch moduliert. Der Fehler der Interpretation der Gedankenreihe würde darin bestehen, „Einfluss" mit „unmodulierter Ideenübernahme" gleichzusetzen. Die Glieder in der modellhaften Ideenreihe sind demnach in ihrer Beziehung zueinander nicht zu verstehen wie eine russische Matroschka-Puppe, die ein System aus ineinander verschachtelbaren Puppen verschiedener Größe darstellt. Die große Puppe Freud enthält also nicht den „ganzen" Meynert, dieser enthält wiederum den „ganzen" Herbart, der wiederum den „ganzen" Leibniz enthält. Dass dann Freud auch den „ganzen" Leibniz enthalten würde, wäre ein weiterer Trugschluss, der Eindeutigkeit zum Preis von groben Verzerrungen suggeriert. Gleichzeitig ist diese Matroschka-Puppe aber auch nicht leer, denn sie enthält etwas, das grundsätzlich präsent ist: Ideen von Personen aus allen möglichen Kategorien, die in diesem speziellen System „Freud" auf eine einzigartige Weise repräsentiert sind. Wie kann dies berücksichtigt werden und nun näher untersucht werden, ohne einerseits das Gewordene und andererseits das Neue aus den Augen zu verlieren?

Als Schutz vor einer vorschnellen Gleichsetzung aus „Einfluss" und „unmodulierter Ideenübernahme" kann der Filter „Ähnlich aber anders" dazwischengeschaltet

---

278 Streng genommen bedeutet bereits die isolierte Betrachtung einer einzelnen Ideeneinflussreihe eine weitere Verzerrung, wenn dadurch andere Einflussmöglichkeiten ausgeblendet werden.

werden. Es ergibt sich daraus eine ausgewogenere Sichtweise, wenn gleichzeitig gefragt wird: „Was ist ähnlich?" und „Was ist anders?"

Der Wirkfaktor „ähnlich" gewährleistet ein Erkennen von Gemeinsamkeiten von Theorieelementen innerhalb gegenwärtiger und historischer Bezüge. Wird der Wirkfaktor des „Ähnlichen" aus der Betrachtungsweise wegreduziert, droht der Bezug zu historisch gewachsenen Entwicklungen zu verschwinden. Es ergeben sich isolierte Fragmente, die nicht mehr miteinander in Verbindung stehen, da sowohl der historische Kontext als auch der Kontext der Ideenentwicklung auseinandergerissen wurde. Alles wäre „ganz anders". Das Neue würde dann isoliert im Raum stehen. Eine Reduktion auf „Nichts ist schon da gewesen". Dies ist der ideengeschichtliche Aspekt, der Entwicklungen und Verbindungen von Ideen in Vergangenheit und Gegenwart unter der Annahme einschließt, denn kein Mensch und keine Idee ist eine Creatio ex nihilo, außer man glaubt daran.

Der Wirkfaktor „anders" gewährleistet ein Erkennen von Unterschieden zum Gewesenen, ein Erkennen des Neuen und ein Erkennen von Entwicklungsvorgängen. Wird der Wirkfaktor des „Anders" wegreduziert, ergäbe sich kein Raum zu neuen, individuellen Entwicklungen. Alles wäre „ganz ähnlich (gleich)". Das Neue wäre dann nur mehr eine Art Museum für das Alte. Eine Reduktion auf „Alles ist schon da gewesen". Dies ist der individuelle Aspekt, der die einzigartigen Möglichkeiten zur Weiterentwicklung betrifft.

Zusammenfassend: Steigende Unschärfen bei der Bestimmung von Ideeneinflüssen ergeben sich durch eine Zunahme der Diversität, die Ideeneinflüsse betreffen. Da steigende Diversitäten Sachverhalte tendenziell verkomplizieren, steigt die Verführung, dass in der subjektiven Beurteilung von Ideeneinflussquellen auf Freud diese Vielfalt an Möglichkeiten reduktionistisch behandelt wird. Dadurch ergeben sich wiederum Unschärfen. Zwar kann durch diesen Reduktionismus eine Art von Klarheit erzeugt werden, da innerhalb des reduktionistischen Rahmens Ergebnisse bezüglich Ideeneinflüsse auf Freud durchaus intersubjektiv nachvollziehbar sein können, dennoch liefert dieser Reduktionismus aber nur eine relative Sicherheit der Bestimmung von Ideeneinflüssen, wenn bedacht wird, dass dafür andere mögliche Einflussquellen ausgeblendet werden. Neben Diversität und Reduktionismus ist die vorschnelle Gleichsetzung von „Einfluss" mit „unmodulierter Ideenübernahme" ein dritter Faktor, der – ebenfalls aus einer subjektiven Attribution heraus – Unschärfen generiert.

9. Interpretatorische Missverständnisse

Weitere Unschärfen bei der Bestimmung von Ideeneinflüssen entstehen zwischen dem, was einer Person oder ihrem Werk von anderen zugeschrieben wird, und dem, was jene Person durch ihre Arbeit ursprünglich im Sinn hatte. Meinungsverschiedenheiten, Parteibildungen und Missverständnisse können zu erheblichen Bedeutungsveränderungen einer wissenschaftlichen Idee oder Theorie führen.

Ellenberger gibt diesbezüglich zu bedenken, dass die historische Bedeutung einer Theorie nicht auf das beschränkt ist, was diese Theorie im Geiste des Urhebers war, denn zu dieser Theorie kommen Erweiterungen, Zusätze, Interpretationen und Entstellungen, denen sie unterworfen ist, hinzu, ebenso wie die Reaktionen, die jene Theorie und ihre Entstellungen hervorrufen.[279] Diese potentiell Modifikationen und Verzerrungen schaffenden Wechselbeziehungen zu berücksichtigen, bedeutet ein wesentliches Qualitätskriterium für die Bestimmung von Ideeneinflüssen und steigert die Wichtigkeit, die Primärquellen Freuds zu betonen und seine eigenen Validierungen möglichst urteilsfrei zu berücksichtigen, selbst dann, wenn, wie in diesem Buch, aus der historischen Distanz des Jahres 2013 versucht wird, diese Ideeneinflüsse über eine Spanne von über einhundert Jahren zu rekonstruieren.

Freud hatte sowohl mit Attributionen anderer Personen bezüglich eventueller Ideeneinflüsse anderer Personen auf seine Ideen als auch mit interpretatorischen Missverständnissen seiner eigenen Ideen zu kämpfen. Sein Ausspruch „Das Wahrscheinliche ist nicht immer das Wahre" (G.W. NB: 758) war nicht nur gegen biographische Konstruktionen Anderer wie jenen von Fritz Wittels gerichtet. 16 Jahre später taucht dieser Gedanke in Freuds Spätwerk „Der Mann Moses und die monotheistische Religion" wieder auf:

> *„Keine noch so verführerische Wahrscheinlichkeit schütze vor Irrtum; selbst wenn alle Teile eines Problems sich einzuordnen scheinen wie die Stücke eines Zusammenlegspieles, müßte man daran denken, daß das Wahrscheinliche nicht notwendig das Wahre sei und die Wahrheit nicht immer wahrscheinlich".*[280]

Interpretatorische Missverständnisse, die zu Vorwürfen gegen Freud und die Psychoanalyse führten, wurden in der zweiten Auflage seiner „Selbstdarstellung" erwähnt, die Freud als 80-Jähriger publizierte. Die drei Punkte umfassen die Unvollständigkeit des wissenschaftlichen Systems der Psychoanalyse,[281] den Vorwurf des Pansexualismus und den Vorwurf einer angeblichen Verleugnung konstitutioneller und hereditärer Faktoren bei der Entstehung von Neurosen:[282]

> *„Ich habe es immer als grobe Ungerechtigkeit empfunden, daß man die Psychoanalyse nicht behandeln wollte wie jede andere Naturwissenschaft. Diese Verweigerung kam in den hartnäckigsten Einwendungen zum Ausdruck. Man macht der Psychoanalyse jede ihrer Unvollständigkeiten und Unvollkommenheiten zum Vor-*

---

279 Vgl. Ellenberger 1970 [2005: 329].

280 Freud 1939a [G.W. XVI: 114f.].

281 Die von Freud angestrebte Anerkennung der Psychoanalyse als Wissenschaft bleibt ihr von einigen Seiten bis heute noch beharrlich verwehrt. So kommt Hemecker in seiner philosophiegeschichtlichen Neuinterpretation der Quellen der Psychoanalyse Freuds zum Ergebnis, dass Psychoanalyse im Wesentlichen Philosophie ist (vgl. Hemecker 1991: 7).

282 Wäre Freuds Modell der Ergänzungsreihen hier berücksichtigt worden, dann hätte dieser Vorwurf gar nicht erst entstehen können, da Freud Kombinationen aus konstitutionellen und zufälligen bzw. ererbten und erworbenen Faktoren in Betracht gezogen hatte.

wurf, während eine auf Beobachtung gegründete Wissenschaft doch nicht anders kann, als ihre Ergebnisse stückweise herauszuarbeiten und ihre Probleme schrittweise zu lösen, Noch mehr, wenn wir bemüht waren, der Sexualfunktion die Anerkennung zu verschaffen, die ihr so lange versagt worden war, so wurde die psychoanalytische Theorie als ,Pansexualismus' gebrandmarkt, wenn wir die bisher übersehene Rolle akzidenteller Eindrücke der frühen Jugendzeit betonten, mußten wir hören, daß die Psychoanalyse die Faktoren der Konstitution und der Heredität verleugne, was uns niemals eingefallen war. Es war Widerspruch um jeden Preis und mit allen Mitteln".[283]

Die Möglichkeiten der interpretatorischen Missverständnisse ergänzend, sollen noch Unschärfen bezüglich des Sprachverständnisses sowohl die deutsche Sprache als auch Übersetzungen betreffend erwähnt werden. Aus der Vielfalt an Varianten sollen nur zwei hier erwähnt werden: Missverständnisse bezüglich des lamarckschen Begriffes „besoin" (siehe sechstes Kapitel, S. 140) sowie der darwinschen Formulierung „struggle for existence" bzw. „struggle for life" (siehe sechstes Kapitel, S. 154).

10. Attributionen anderer Autoren

Dieser Punkt ist eng mit dem vorhergehenden verknüpft. Hier ist ein breites Spektrum möglicher Attributionen anderer Autoren auf Freud vorzufinden.

Freuds Mahnungen wie „Das Wahrscheinliche ist nicht immer das Wahre",[284] sein Wunsch „Die Biographen aber sollen sich plagen, wir wollen's ihnen nicht zu leicht machen. Jeder soll mit seinen Ansichten über die ,Entwicklung des Helden' recht behalten, ich freue mich schon, wie die sich irren werden ..."[285] oder seine Verwendung des Mephisto-Zitates „Das Beste, was du wissen kannst, darfst du den Buben doch nicht sagen" suggerieren Vieldeutiges, Geheimnisvolles und Verschleiertes.[286] Sie evozieren zusammen mit dem potentiell Abwehr erregenden Gegenstand der Psychoanalyse zusätzlich phantasmatische Attributionen auf Freud und stimulieren das Interesse, das „Phänomen Freud" zu ergründen bzw. das „Rätsel Freud" lösen zu wollen. Durch die Dynamik aus Freuds eigenen Angaben und den Attributionen anderer Autoren aus dem Bereich der Sekundärliteratur eröffnen sich weitere Diskurse. Diese können einerseits zu Klärungen beitragen, andererseits aber durch Verzerrungen theoretischer Bezüge und biographischer Ereignisse sowie durch polemische Argumentationen neue Probleme schaffen.

---

283 Freud 1925d [1936: 9].

284 Dieser Satz entstammt einer Korrekturliste zum Brief von Freud an Wittels vom 18.12.1923 (G.W. NB: 758), aus der seine Aversion gegen dessen Freud-Biographie hervorgeht.

285 Freud an Martha Bernays, Brief vom 28.4.1885 in: Briefe [1980: 145]).

286 Dieses Zitat wurde von Freud öfter verwendet, z. B. in der „Traumdeutung": „Ich denke an die Überwindung, die es mich kostet, auch nur die Arbeit über den Traum, in der ich soviel vom eigenen intimen Wesen preisgeben muß, in die Öffentlichkeit zu schicken. „Das Beste, was du wissen kannst, darfst du den Buben doch nicht sagen." (1900a [G.W., II-III: 456]).

Durch multifaktorielle Dynamiken aus dem polymorphen Charakter von Ideeneinflüssen, impliziten Ideen, parallelen Ideenverläufen, Attributionen anderer Autoren etc. ergibt sich folgende Relation: Je weniger klar ein Ideenverlauf bei Freud erkennbar ist (z. B. durch implizite oder parallele Ideenverläufe), umso mehr steigt der Bereich der Unklarheit, des Nicht-Wissens. Daraus ergeben sich mögliche Verführungen, durch eventuell unreflektierte eigene Attributionen Klarheit zu erzeugen.

Vieles kann auf Freud und sein Werk projiziert werden, da Freud als Person positiv und negativ stark attrahiert, das Gebiet der Psychoanalyse sowohl Faszination als auch Angst auslösen kann und dadurch sowohl starke Anziehung als auch Abwehr hervorruft. Eine Art der Abwehr besteht darin, Freud post mortem zum Objekt der Analyse zu machen. Oft „endet dann die psychoanalytische Theorie mit ihrem Urheber auf der Couch und es ist dann so, als ob man Freud mit seinem eigenen Instrument erschlagen wollte" (vgl. Kubik 2004: 96). Auch sind Tendenzen kritischer Bewunderer zu beobachten, die Freud vor den Freudianern – so wie Christus vor den Christen – retten möchten.[287]

Ilse Grubrich-Simitis bemängelt einen in der „mittlerweile ausufernden" Sekundärliteratur zu Freud zuhauf vorkommenden, durch das Begehren des jeweiligen Autors, sich an Freud als Person anzunähern, dominierten „Biographismus", dessen Wesen sie „furor biographicus" nennt.[288] Dieser fetischistisch bzw. totemistisch anmutende Stil ist wiederum eine „Randerscheinung eines umfassenderen Phänomens, nämlich einer allgemeinen, geradezu stürmischen Historisierung bzw. Selbsthistorisierung der Psychoanalyse".[289] Es hat den Anschein, dass Freud all jene Tendenzen ahnen konnte, als er Fritz Wittels mitteilte: „Aber man ist ja ein ‚großer Mann', also ein wehrloses Objekt".[290]

11. Die Anwendung der „bernfeldschen Deutungsweise"

Peter Gay beschreibt mit seinem Begriff „bernfeldsche Deutungsweise", deren Technik hier in verallgemeinernder Form wiedergegeben werden soll, eine „fruchtbare, aber riskante Methode", die mit der psychoanalytischen Methode des Grabens nach latentem Material unter manifesten Oberflächen vergleichbar ist. Das auftauchende Material wird aus der alleinigen Position des Autors her bearbeitet. Gay nennt diese Methode „bernfeldsche Deutungsweise", da Siegfried Bernfeld, als er

---

287 „As believers have sometimes felt it necessary to try to save ‚Christ from the Christians' – that is, from Christians other than themselves – as a critical admirer of Freud's, I wish to try to save at least some of Freud from the Freudians" (Kitcher & Wilkes: 1998: 101).

288 „In manchen derartigen Veröffentlichungen wird, in einem wahren furor biographicus, Annäherung an Freud als Person gesucht, und zwar bis in die Intimität der Körperlichkeit; der Leser soll sich dann allen Ernstes für die Länge seiner Fußnägel oder die Position seiner Zahnbrücken interessieren" (vgl. Grubrich-Simitis 1993: 19).

289 A.a.O.: 19f.

290 Freud an Wittels, 15.8.1924 in: Briefe 1873-1939, S 370f.

beabsichtigte, eine Biographie über Freud zu schreiben, eine Unmenge Material sammelte und Freuds Texte als verkleidete autobiographische Enthüllungen interpretierte.

Durch diese Technik ist es dann Gays Ansicht nach möglich, eine Fülle von Einzelinformationen zusammenzustellen und zu gewichten, bis ein zusammenhängendes Konstrukt entsteht, das dasjenige über eine Person erzählt, was der Autor ihr zuschreiben möchte. Wenn eine Feststellung, die Freud über jemand anderen macht, gut auch auf Freud selbst zutreffen könnte, wird dies als autobiographische Enthüllung Freuds gedeutet. Trifft die Feststellung aber nicht zu, dann wird Freud beschuldigt, „das Material zu verschleiern" oder die Welt „schamlos zu täuschen". In der Anwendung der wirksamsten Technik kluger Geschichtenerzähler, die aus der Vermischung von Wahrheit und Dichtung besteht, wird dann geschrieben, dass „es so gewesen sein *könnte*".[291]

Interessanterweise beschrieb bereits Freud in der „Traumdeutung" (1900a) eine durchaus damit vergleichbare Deutungstechnik, die bereits beim antiken Traumdeuter Artemidoros von Daldis[292] Anwendung fand. Dabei übernimmt der Deuter die Assoziationsarbeit – im Unterschied zum freudschen psychoanalytischen Verfahren, bei dem die Assoziationen des Analysanden und nicht unmittelbar die des Analytikers im Vordergrund stehen:

> *„Ein Traumding bedeutet das, woran es erinnert. Wohlverstanden, woran es den Traumdeuter erinnert! Eine nicht zu beherrschende Quelle der Willkür und Unsicherheit ergibt sich dann aus dem Umstand, daß das Traumelement den Deuter an verschiedene Dinge und jeden an etwas anderes erinnern kann".*[293]

12. Angebliche Verhüllungen Freuds

Eine weitere Variante von Unschärfen bei der Bestimmung von Ideeneinflüssen ergibt sich durch das Dilemma der Validierung durch Freuds eigene Angaben bei gleichzeitigen, deren Vertrauenswürdigkeit betreffenden Zweifeln.

Wie bereits erwähnt, wird in der hier verwendeten Methodik die Validierung von Ideeneinflüssen durch Freuds eigene Angaben als wichtigstes Qualitätskriterium für die Bestimmung von Ideeneinflüssen anderer Personen in seinem Werk definiert. Diese Validierungen wurden direkt aus seinen schriftlichen Überlieferungen extrahiert. Was wäre aber, wenn sich herausstellte, dass diese Art der Validie-

---

291 Im Original kursiv, vgl. Gay 1988 [2006: 838].
292 Ideen des Artemidoros (Kat. III) gelangten einerseits via Theodor Gomperz (Kat. II) (vgl. Freud 1900a [G.W., II-III: 102 Fn 3]) und andererseits, wie aus dem Literaturverzeichnis der „Traumdeutung" (A.a.O.: 627]) hervorgeht, über Friedrich Salomo Krauss, der das Buch „Symbolik der Träume" von Artemidoros übersetzt hatte, zu Freud. Eine weitere Schrift von Artemidoros namens „Erotische Träume und ihre Symbolik" erschien in „Anthropophyteia", Bd. IX, S. 316-328.
293 A.a.O.: 102 Fn 3.

rung durch Freud unsicher und unzuverlässig ist, da er z. B. Informationen vorenthielt oder verzerrte? Anknüpfungspunkte, um Freuds eigene Manipulationen zudecken, könnten z. B. in den Hintergründen für Freuds Vernichtung seiner Schriften, erstmals 1885, letztmals 1938 vor seiner Emigration (vgl. Grubrich-Simitis 1993: 116), in seiner Rolle in der Causa Fließ-Swoboda-Weininger oder in biographischen Ereignissen, die zu Freuds Verführungstheorie führten (vgl. Krüll 1979), gefunden werden.

Freuds Leibarzt Max Schur macht auf Diskrepanzen zwischen Freuds „Familienroman" und „aktenkundiger Geschichte" aufmerksam, die durch Verzerrung oder vollständige Auslöschung bestimmter Fakten entstehen (vgl. Schur 1972 [1982: 162]). Hemecker zufolge verweigerte sich Freud als Führer durch seine eigene Vergangenheit (vgl. Hemecker 1991: 10). Wie Hemecker mit Johannes Cremerius, der Freuds autobiographische Schrift als „ein Meisterwerk des Verbergens" beurteilte (Cremerius 1971: 188) und Grubrich-Simitis (1971) argumentiert, ist Freuds „Selbstdarstellung" (1925d) eine „Selbstverhüllung" (vgl. Hemecker 1991: 23). Diese erstreckte sich vom Biographischen bis hin zu seinem Zugeständnis des Einflusses der klassischen Dichter und der antiken Philosophie, wie Empedokles und Plato. Der Autor kommt zum Schluss, dass Freud ihre Namen strategisch verwendete. Die Strategie bestand darin, den Libidobegriff mitsamt dem damit einhergehenden Verdacht des Pansexualismus durch seinen Hinweis auf die Ähnlichkeit seines eigenen Konzeptes zu dem eines in höchstem Masse anerkannten Philosophen zu entschärfen, wodurch Philosophie hier „beinahe die Funktion von Dekor" erhält (a.a.O.: 44). Für seine eigenen Entdeckungen spielten Philosophen, wie Empedokles oder Plato, ebenso wie die klassischen Dichter nicht die Rolle seiner Lehrmeister, sondern die Rolle seiner „Kronzeugen" (a.a.O.: 46). Auch wurde Freud „nie müde, oft auch manchmal gleichsam prophylaktisch, die Psychoanalyse von jedem Verdacht auf Entlehnungen aus der Philosophie freizuhalten, ganz besonders aber, wenn es um einen möglichen Einfluß Nietzsches oder Schopenhauers geht" (a.a.O.: 1991: 34).

Nehmen die Sicherheiten bei der Bestimmung von Freuds Ideeneinflüssen ab, steigt die Wahrscheinlichkeit, dass Attributionen anderer Autoren mit damit verbundenen Spekulationen über Freuds Motive und Strategien diesbezüglich zunehmen. Daraus ergibt sich die Frage, wo und aus wessen Sichtweise hier das Wahrscheinliche und wo das Wahre zu suchen bzw. zu finden ist.

Aus all diesen Unsicherheiten bezüglich der Zuverlässigkeit der Angaben Freuds heraus entsteht ein mögliches Validierungsdilemma, vergleichbar mit dem Versuch, eine mathematische Gleichung mit zu vielen Unbekannten lösen zu müssen. Gegen dieses Dilemma und für eine Methodik der Validierung durch Freuds eigene Angaben spricht, dass es innerhalb seines umfangreichen Werkes dennoch genügend Material gibt, aus dem sich relativ zuverlässige Validierungen durch Freud ergeben können, da Freud generell Ideeneinflüsse anderer Personen durchaus bekannt gab. „Alles" wurde also aller Wahrscheinlichkeit nach nicht „immer" von Freud verhüllt oder sonst wie manipuliert. Was nun etwaige Gründe für etwaige angebliche Manipulationen Freuds gewesen sein könnten, liegt außerhalb des Forschungsbereiches. Diese Arbeit erhebt weder Anspruch darauf, Freuds geheime Gedanken erraten zu können, noch etwaige daraus entstehende Motive und Strategien seinerseits entschlüsseln zu können.

Wichtig für die Qualität des hier angewendeten Forschungsstils ist, sich hier nicht in extreme Positionen der wahrheitsbeanspruchenden Beurteilung, die wiederum Spaltungen erzeugen würden, zu begeben bzw. sich in als wissenschaftlicher Diskurs getarnte Grabenkriege bezüglich Freuds angeblicher „Redlichkeit" oder „Unredlichkeit" zu verstricken. Diese Extreme können zu paranoiden Positionen und selbstgerechten Allmachtsphantasien führen, die wiederum weitere Projektionen auf das Forschungssubjekt fördern und weitere Kreisläufe aus Unschärfen bzw. Spaltungen generieren.

Eine alternative Arbeitsweise könnte darin bestehen, dass bezüglich der Ideeneinflüsse auf Freud systematisch Freuds eigene Validierungen mit Attributionen anderer Autoren verglichen werden. Dies ist aber erstens anhand der Fülle an Sekundärliteratur ökonomisch unverhältnismäßig aufwandsintensiv und zweitens, wie vorhin in der Beschreibung der „bernfeldschen Deutungsweise" versucht wurde zu zeigen, immer noch kein Garant für sicherere, zuverlässigere Ergebnisse, da dadurch neue Unschärfen bei der Beantwortung der Forschungsfrage generiert werden würden. Das ursprüngliche Problem der Validierung würde sich also nur auf eine andere Ebene verlagern.

Als unter diesen Verhältnissen praktikabelste Lösung wurde unter Berücksichtigung der soeben diskutierten Unschärfen der Modus gewählt, bei der Methodik der Validierungen durch Freud selbst zu bleiben und sich dabei auf möglichst deskriptive Darstellungen sowie ein Mindestmaß an Interpretation zu beschränken. Anhand dieser wenigen Richtlinien soll ein Stück Validierungsarbeit zur Bestimmung von Ideeneinflüssen in Freuds Werk als Basis für etwaige weitere Arbeiten, in denen z. B. alternierende Möglichkeiten der Bestimmung von Ideeneinflüssen berücksichtigt werden, geleistet werden.

Freuds psychoanalytische Ideen sind, ebenso wie die Psyche, deren vielfältige Wirkmechanismen er damit erforschte, kompliziert und komplex. Sie lösen dadurch Tendenzen aus, sie entweder gar nicht zu verstehen, sie misszuverstehen, sie zu übersimplifizieren bzw. sie zu veralbern, zu verleugnen oder zu verwerfen. Person und Werk eignen sich als Projektionsflächen und rufen verschiedene emotional aufgeladene Übertragungsphänomene und Betrachtungsperspektiven, die sich in Attributionen widerspiegeln, hervor.

Eine Analogie: Ein Kristall mit komplexer Struktur reflektiert unter verschiedenen Blickwinkeln und Lichteinflüssen das Licht jeweils auf eine andere Art und Weise. Wäre der zu untersuchende Gegenstand z. B. ein Alexandrit (ein grün-roter Chrysoberyll), würde er je nach Lichtqualität seine Farbe ändern. Dadurch kann nicht eindeutig festgestellt werden, ob der Stein jetzt entweder grünlich (Tageslicht) oder rötlich wäre (künstliche Lichtquelle). In diesem Fall sind die beobachtbaren Phänomene abhängig von Art und Qualität des Lichtes, das die jeweils komplementären Farben grün und rot zum Vorschein bringt, und der Fähigkeit des Betrachters, diese Unterschiede wahrzunehmen. Innerhalb dieses metaphorischen

Kristalles, der Summe aller möglichen „Freud-Bilder" können z. B. nur reduktionistische Teilaspekte gesehen werden, durch die partielle, fragmentierte Bilder zum Vorschein kommen.[294]

Jones nannte Freud einen „Darwin of the mind" (Jones 1913: xii). Für Harold Bloom war Freud derjenige, der die Ideen Shakespeares – des eigentlichen Erfinders der Psychoanalyse – kodifizierte und abstrahierte.[295]

Ein weiterer Aspekt wird von Agnes Heller mit den Worten „Aber bei Freud paarte sich die rationalistisch-aufklärende Attitüde mit einem anthropologischen Pessimismus, der aus dem Erlebnis der Verzweiflung entstanden und psychologisch durchaus begründet war" beschrieben (Heller 1977 [1978: 164]). Aus Reduktionismen ergeben sich Entweder/ Oder- Attributionen und umgekehrt. Aus Sichtweisen, in denen Freuds Junktim zwischen Heilen und Forschen ignoriert werden, könnten sich dann Fragestellungen ergeben, wie: „War Freud nun ein Wissenschaftler oder war Freud ein Psychotherapeut?"[296] Aus Sichtweisen, in denen Freuds Interdisziplinarität außer Acht gelassen werden, könnten weitere Attributionen lauten: Freud, der Philosoph; Freud, der Literat; Freud, der Biologe.[297] Aus Sichtweisen, in denen das dynamische Zusammenwirken von induktiven und deduktiven bzw. kritisch-empirischen und spekulativen Aspekten in Freuds Arbeit ausgeblendet werden, würden sich Attributionen wie: Freud, der „Orthodoxe", der „wilde Experimentator", der „Positivist", der „Scharlatan" ergeben, usw.[298]

---

294 Die Frage, welche Qualität von „rot" bzw. „grün" jeder Betrachter individuell erlebt und kommuniziert, eröffnet zusätzliche Aspekte.

295 „My interest in Freud comes from the increasing realization that Freud is a kind of codifier or abstractor of William Shakespeare. In fact, it is Shakespeare who gives us the map of the mind. It is Shakespeare who invents Freudian Psychology. Freud finds ways of translating it into supposedly analytical vocabulary ..." (Bloom in Saluzinsky 1986: 69-88).

296 Der Zusammenhang zwischen Therapiemethode und Wissenschaft wurde von Freud im „Nachwort zur Frage der Laienanalyse 1927 formuliert: „In der Psychoanalyse bestand von Anfang ein Junktim zwischen Heilen und Forschen, die Erkenntnis brachte den Erfolg, man konnte nicht behandeln, ohne etwas Neues zu erfahren, man gewann keine Aufklärung, ohne ihre wohltätige Wirkung zu erleben. Unser analytisches Verfahren ist das einzige, bei dem dies kostbare Zusammentreffen gewahrt bleibt" (Freud 1927a [G.W., XIV: 293f.]).

297 Sulloway verstärkt die Tendenz, Freud mit Beinamen zu versehen, zusätzlich durch Titulierungen wie „the hero legend" (Sulloway 1979 [1992: 446]) oder „Crypto-biologist" (a.a.O.: 503). An einer anderen Stelle wirkt dies nicht weniger stigmatisierend: „Freud's archempiricist self-image, his staunch identification with minority causes, his increasingly revolutionary identity as a ‚pure psychologist', and his failure to appreciate his extensive debt to evolutionary biology all combined forces between 1890 and 1905 and effectively turned psychoanalytic theory into a crypto-biological doctrine" (a.a.O.: 425). Ein weiteres Beispiel für Attributionen auf Freud bietet der folgende Satz: „Thus, Sigmund Freud, the ruthless critic of Victorian myth and ideology, is now the subject (and, in part, the victim) of his own powerful and equally obscurantist ideology" (a.a.O.: 8). Mit dem Wort „obscurantist" wird ein düster-mystizistisches, fern des Geistes der Aufklärung stehendes Freud-Bild entworfen.

298 Das Buch des britischen Kulturhistorikers Peter Watson „Ideas: A History of Thought and Invention, from Fire to Freud" bietet eine Fülle von Beispielen negativer Attributionen: „Anthony Clare, the British psychiatrist and broadcaster, has described Freud as a ‚ruthless,

Im folgenden Modell eines vereinfachten Freud-Diskurses wird der Fall abgebildet, dass ein Leser drei Bücher über Freud, geschrieben von drei verschiedenen Autoren, liest. Die gekrümmten Pfeile stellen den Blick des Lesers auf das Forschungssubjekt Freud durch die Perspektive eines jeweiligen Autors (Autor A, Autor B und Autor C) dar. Der direkte Pfeil vom Leser zu Freud ist durch die Attributionen der anderen Autoren potentiell mitbeeinflusst. Ebenso beeinflussen die Qualität und der Grad des Vorwissens des Lesers über Freud bzw. eventuelle diesbezügliche Vorurteile, wie derselbe Leser die Beschreibungen und Attributionen der anderen Autoren sowohl auf Freud als auch untereinander wahrnimmt. Je mehr verschiedene sekundäre Quellen erschlossen werden, umso mehr Perspektiven über Freud und umso mehr Meinungen von Autoren über ihn ergeben sich:

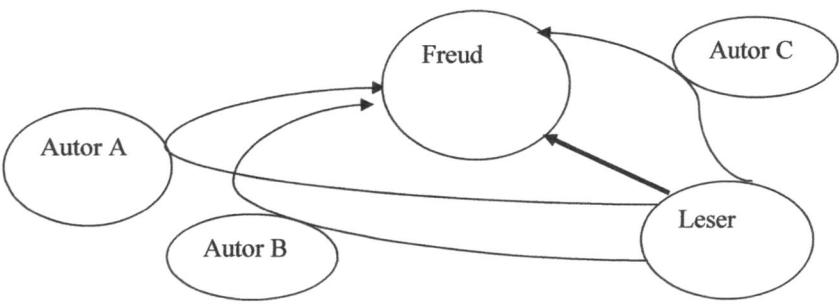

Abb. 3: Perspektiven auf Freud

Interferenzen innerhalb der Sekundärliteratur werden umso komplexer, je mehr Bezüge und Diskurse eingewoben werden. Durch die Zunahme an Heterogenität und Komplexität in diesem System ergeben sich in der Forschungsfrage, wer Freud Ideen gab zusätzliche Unschärfen bei der Bestimmung von Ideeneinflüssen, da jeder Autor zwar über dasselbe Forschungssubjekt schreibt, aber unter verschiedenen Fragestellungen und mit unterschiedlichem Bias verschiedene Konstruktionen entwickelt. So bildet sich Ähnliches wie auch partiell grundlegend Verschiedenes aus der Sicht der jeweiligen Autoren ab („Ähnlich aber anders").

---

devious charlatan' and concluded that ,many of the foundation stones of psychoanalysis are phoney'. It is hard not to agree. Given Freud's ,pressure' technique, his ,persuading' and ,guessing', we are entitled to doubt whether the unconscious exists. Essentially, he made the whole thing up" (Watson 2005: 727).

Dies kann zu Spaltungen der Freud-Biographik in zwei Lager führen. Das eine Lager bilden die Freud-Anhänger, innerhalb derer die Palette von der Hagiographie bis zur ernsthaften biographischen Forschung reicht. Das andere Lager bilden die Mythenstürmer und Ankläger, diejenigen, die die Lügen des Helden aufdecken (vgl. Tögel 2000).[299]

Attributionen auf Freud bleiben haften, wenn Attributionen und Attribuierende miteinander in Resonanz stehen und sich über Vorurteile gegenseitig hartnäckig verstärkend perpetuieren. Gerade aber das Erkennen der Vielfalt der Aspekte, die in Freuds Werk zusammenwirken, ihre feinen Differenzierungen, Schattierungen und Übergänge würden verloren gehen, wenn durch unreflektierte Urteile in Kombination mit Abwehrmechanismen Spaltungen hervorgerufen und interdisziplinäre wissenschaftliche Diskurse durch lagerbildende Polemik zwischen Anhängern oder Gegnern beeinflusst werden. In diesen Fällen würde nicht wissenschaftliches Arbeiten, sondern auf rigide Glaubenssätze basierende Polemik, getrieben von einer Art Jagdfieber, Freud als Person und die Psychoanalyse als Wissenschaft post mortem zur Strecke bringen zu wollen, dominieren.

Beispiele von konstruierten Unschärfen durch Attributionen von Autoren

Konstruierte Unschärfen entstehen durch Attributionen eines Autors, die anhand einer Überprüfung der Originalquellen nicht belegt werden können.

Beispiel 1: Eine Aussage, dass Freud einen Autor „kein einziges Mal" erwähnt hatte, ist dann widerlegbar, wenn nachgewiesen werden kann, dass er dies doch tat. Ellenberger schreibt, dass Freud Johann Jakob Bachofen „nicht ein einziges Mal" erwähnt.[300] Eine Recherche dazu in Freuds Gesamtwerk brachte das Ergebnis, dass Freud Bachofen erwähnt hatte, und zwar in „Totem und Tabu" (1912-13a) im Zusammenhang mit Freuds Mutmaßungen bezüglich einer möglichen Entwicklung des Mutterrechtes aus Verzicht der Brüder auf die begehrten Frauen des vormals getöteten Urvaters (Inzestverbot-Exogamie):

„Somit blieb den Brüdern, wenn sie miteinander leben wollten, nichts übrig, als – vielleicht nach Überwindung schwerer Zwischenfälle – das Inzestverbot aufzurichten, mit welchem sie alle zugleich auf die von ihnen begehrten Frauen ver-

---

299 Die folgenden Sätze von Peter Watson lesen sich wie eine Anleitung zur gezielten Verfolgung Freuds, die drastische Mittel legitimiert. Formulierungen aus der Sprache der Justiz, wie „give the main charges against him" suggerieren Anklage und Schnellverfahren durch die Instanz „critical scholarship": „The best format to convey the new view of Freud is first to give the orthodox view of the ways in which he conceived his theories, and their reception, and then to give the main charges against him, showing how the orthodox view now has to be altered (this alteration, it should be said one more time, is drastic – we are talking here about critical scholarship over the last forty years but, in the main, the last fifteen years (Watson 2005: 722).
300 Ellenberger 1970 [2005: 754].

zichteten, um deren wegen sie doch in erster Linie den Vater beseitigt hatten. Sie retteten so die Organisation, welche sie stark gemacht hatte, und die auf homosexuellen Gefühlen und Betätigungen ruhen konnte, welche sich in der Zeit der Vertreibung bei ihnen eingestellt haben mochten. Vielleicht war es auch diese Situation, welche den Keim zu den von Bachofen erkannten Institutionen des Mutterrechts legte, bis dieses von der patriarchalischen Familienordnung abgelöst wurde".[301]

Beispiel 2: Der folgende wörtlich wiedergegebene Satz von Eli Zaretsky bringt gravierende Probleme zum Verständnis des Ödipuskomplexes mit sich: „Jedes Kind durchlebt den nicht zu sühnenden Urmord im Ödipuskomplex, denn, so Freud, alle Kinder wollen Inzest begehen und die Eltern umbringen" (Zaretsky 2004 [2009: 151]).[302] Zaretsky schreibt an dieser Stelle wörtlich „so Freud", aber ohne Zitatquelle.

In den Recherchen zu dieser Arbeit konnte keine Textstelle Freuds gefunden werden, die, dieser Behauptung – weder wörtlich, noch paraphrasiert genommen – entspricht. Außerdem könnte der Satz Zaretskys, wortgetreu weitergedacht, unterschiedliche Szenarien bedeuten: Wollen alle Kinder mit den Eltern Inzest begehen, bevor sie diese umbringen? Oder wollen alle Kinder untereinander Inzest begehen und dann die Eltern umbringen? Freuds Idee des Ödipuskomplexes wird von Zaretsky, sich auf Freud berufend, an dieser Stelle entstellt wiedergegeben, da Differenzierungen zwischen „gleichgeschlechtlich" und „gegengeschlechtlich", zwischen ambivalenten Triebströmungen aus Liebe und Hass zur gleichgeschlechtlichen Person und dem Konflikt aus Inzestwunsch und -verbot zur gegengeschlechtlichen Person, die eine ödipale Dynamik erst ausdrücken, vom Autor nicht erwähnt wurden. Auch fehlen wesentliche Elemente des Ödipuskomplexes wie Verdrängung, Eifersucht, Rivalität, Schuldgefühle und Kastrationsangst sowie der von Freud in Betracht gezogene Aspekt, daß phylogenetische Anlagen eben keine schicksalshafte Determinierung des Individuums darstellen, sondern eine Disposition, ein Niederschlag früheren Erlebens einer Art, „zu welchem das neuere Erleben des Einzelwesens als Summe der akzidentellen Momente hinzukommt" (Vorwort Freuds zur dritten Auflage der „Drei Abhandlungen zur Sexualtheorie", 1905d [G.W., V: 29f.]).

Diese zwei Beispiele weisen Gemeinsamkeiten auf. Erstens stammen die Annahmen von renommierten Autoren. Diese zu zitieren heißt auch, sich auf grund-

---

301 Freud 1912-13a [G.W., IX: 155].

302 Die englische Originalversion bezieht sich auf „jedes einzelne Kind" und nicht auf „alle Kinder", wie in der deutschen Übersetzung. Jedes Kind würde daher, wörtlich genommen, Inzest begehen und beide Elternteile umbringen wollen. Das Wort „wanted" ist in der englischen Originalversion kursiv geschrieben: „Lacking a fuller explanation of how that dimension had been transmitted from its prehistorical origins, Freud pointed to the dynamics of the family. Every child relived the unrecoverable primal murder in the Oedipus complex, because every child *wanted* to commit incest and to murder the parents" (Zaretsky 2004: 102).

sätzlich qualitativ hochwertige Arbeiten wissenschaftlicher Autoritäten zu berufen. Zweitens: Klare Feststellungen, dass Freud etwas nicht getan, nicht erwähnt bzw. etwas behauptet hat. Dieses „etwas" war im ersten Beispiel Freuds angebliche Nichtnennung eines Autors, im zweiten Beispiel Freuds Aussagen bezüglich eines psychoanalytischen Theorems (Ödipuskomplex). Drittens: In beiden Beispielen fehlt eine mit der jeweiligen Behauptung verknüpfte Quellenangabe in Bezug auf Freuds Originaltexte. Viertens: Alle behaupteten Sachverhalte lassen sich durch Recherche falsifizieren. Fünftens: Beide Annahmen könnten, da sie die wissenschaftliche Autorität von Ellenberger und Zaretsky mitrepräsentieren, durch Zitation dazu verwendet werden, Vorurteile über Freud, wie z. B. „Freud war unseriös und stellte absurde Behauptungen auf" zu unterstützen. In einer Untersuchung des Ideeneinflusses von Bachofen auf Freud würde daher die Aussage, Ellenberger zitierend, lauten, dass Freud Bachofen nicht erwähnte. Sich auf Zaretsky berufend, wäre zitierfähig, dass Freud nach alle Kinder Inzest begehen und ihre Eltern umbringen wollen. Diese aus welchen Gründen auch immer generierten Unschärfen könnten dann über Zitationen in weiteren Arbeiten verbreitet werden. Das, was Freud aber zum Ausdruck bringen wollte, wird dadurch überlagert und verzerrt.

13. Zusätzliche Diskurse

Zusätzliche Diskurse betreffen Personen, die für Einflüsse auf Freud infrage kommen. In der Forschungsfrage „Wer Freud Ideen gab" ist die Frage nach dem „Wer" (Personen) von ebensolcher Wichtigkeit wie der Bezug auf Freud. Der vorhin skizzierte Freud-Diskurs gewinnt dadurch zusätzlich an Komplexität, da sich für jedes „Wer" weitere Diskurse eröffnen. Für detailliertere Untersuchungen des Einflusses von z. B. Schopenhauer oder Nietzsche auf Freud würden dann sowohl Freud-Diskurse als auch Schopenhauer- bzw. Nietzsche-Diskurse, mit einer zusätzlichen Fülle jeweils spezifischer Literatur und der damit verbundenen Zunahme von Komplexitäten bzw. Unschärfen relevant werden, denn die Frage lautet dann, in welchem Diskurs man sich dann gerade befindet: im Freud-Diskurs, im Schopenhauer-Diskurs, im Nietzsche-Diskurs bzw. in deren Zwischenbereichen.

14. Kontextverschiebungen

Eine weitere, Unschärfen bei der Bestimmung von Ideeneinflüssen generierende Schwierigkeit, Freud im historischen Kontext auf Entsprechungen oder Verwandtschaften zu anderen Autoren und deren Ideen zu untersuchen, liegt in den spezifischen kontextualen Zusammenhängen und Bedeutungen des Denkens der jeweiligen Personen, von denen Freud Ideen bezogen hätte haben können. Als eine der Möglichkeiten, diese Sensibilitäten zu berücksichtigen, wurde die methodische Perspektive „Ähnlich aber anders" vorgeschlagen.

Obwohl es durch Ähnlichkeiten von Ideen, die aus unterschiedlichen Perspektiven unterschiedlicher Autoren als Ideeneinflüsse auf Freud attribuiert worden sind, so aussehen könnte, als ob Freud von jenen Ideen anderer Personen beeinflusst worden war, muss dies noch nicht heißen, dass jene Ideeneinflüsse in Bezug auf Freud für ihn tatsächlich eine Rolle gespielt hatten. Wiederum gilt, Freud paraphrasierend, dass das Wahrscheinliche nicht vorschnell mit dem Wahren gleichzusetzen ist. Da Freud tot ist, ist es unmöglich geworden, ihn diesbezüglich noch zu befragen. Wäre er noch am Leben, wäre dies alleine allerdings auch keine Garantie dafür, dass dadurch alle Ideeneinflüsse auf ihn direkt und zuverlässig validiert werden könnten, da es – je nach Kontext – ebenso durch Phänomene, wie z. B. dem der Kryptomnesie oder den sowohl beim Befrager als auch beim Befragten möglichen Einfluss von Abwehrmechanismen, zu einer Verzerrung der Reliabilität und Validität der Daten kommen könnte.

Und selbst wenn Freud noch am Leben wäre und nach bestem Wissen und Gewissen geantwortet hätte, könnte die Zuverlässigkeit seiner eigenen Angaben wiederum durch kritische Stimmen infrage gestellt werden. Aus diesen Umständen heraus bekommt Freuds Satz „Man wartet, bis er gestorben ist, dann muss er alles über sich ergehen lassen, und es ist ihm zum Glück auch gleichgültig" insofern eine zusätzliche Bedeutungsebene, als dass – so wie bei allen Menschen, die im Blickpunkt der Öffentlichkeit stehen – Freud weder zu Lebzeiten noch posthum vor Verzerrungen seiner Ideen und Ideeneinflüsse durch Attributionen Anderer sicher war.[303] Verzerrungen seiner Ideen sowie etwaiger Einflüsse seiner Ideenquellen setzten sich fort und beeinflussten die Entwicklung der Psychoanalyse sowie deren Verständnis in weiteren Generationen bis in die Gegenwart.

Das nächste Beispiel drückt die Wahrscheinlichkeit eines Ideeneinflusses aus der attribuierenden Perspektive eines anderen Autors aus: Ernest Jones sieht in Freuds „Jenseits des Lustprinzips" (1920g) Möglichkeiten des Einflusses von Nietzsches Lehre von der „ewigen Wiederkehr des Gleichen" oder auch dem fließschen „Gesetz einer unvermeidlichen Periodizität" auf Freuds Konzept des Wiederholungszwanges.[304]

Aus Jones' Attribution entsteht bezüglich Freuds diesbezüglicher Ideeneinflüsse folgende Relation: Kategorie IV (Freuds Denken) – Nietzsche bzw. Fließ (Kat. II). Eine Suche nach dem Suchbegriff „Nietzsche" im Text von „Jenseits des Lustprinzips" (1920g) brachte keine Ergebnisse. Ein etwaiger Einfluss Nietzsches wurde daher nicht direkt durch Freud in dieser Schrift validiert. Die nächste Suche nach „Fließ" in derselben Schrift brachte folgendes Ergebnis:

---

303 Brief von Freud an Wittels, 15.8.1924 in: Briefe 1873-1939, S 368f.
304 Jones, 1957 [Bd. III, 1984: 321].

„Nach der großartigen Konzeption von W. Fließ sind alle Lebenserscheinungen – und gewiß auch der Tod – der Organismen an die Erfüllung bestimmter Termine gebunden, in denen die Abhängigkeit zweier lebenden Substanzen, einer männlichen und einer weiblichen, vom Sonnenjahr zum Ausdruck kommt. Allein die Beobachtungen, wie leicht und bis zu welchem Ausmaß es dem Einflusse äußerer Kräfte möglich ist, die Lebensäußerungen insbesondere der Pflanzenwelt in ihrem zeitlichen Auftreten zu verändern, sie zu verfrühen oder hintanzuhalten, sträuben sich gegen die Starrheit der Fließschen Formeln und lassen zum mindesten an der Alleinherrschaft der von ihm aufgestellten Gesetze zweifeln".[305]

Ein Einfluss von Fließ auf „Jenseits des Lustprinzips" (1920g) wurde direkt von Freud validiert. In diesem bezeichnet Freud die fließsche Konzeption der Periodizität mit dem Wort „großartig". Nun kann das Wort „großartig" auf verschiedene Weisen gelesen und interpretiert werden: Entweder „großartig" im Sinne von Anerkennung zollend oder „großartig" im wörtlichen Sinne von „in einer großen Art" bis zu ironisierend im Sinne einer fließschen Größenphantasie.[306]

Im nächsten Gedanken kommt Freuds Skepsis zum Ausdruck, denn es lässt ihn „zum mindesten zweifeln", dass sich die Vielfalt der Wirkmechanismen der Natur der Starrheit der fließschen Formen fügt.[307] Aus diesem Beispiel geht hervor, dass Einflüsse zwar (durch Jones) attribuiert, aber nicht von Freud direkt validiert werden können (Nietzsche) und wenn sie durch Freud validiert werden dies noch nicht heißt, dass er ihnen vorbehaltlos zustimmt (Fließ). Ein weiterer Aspekt, der bei diesem Beispiel zum Ausdruck kommt, ist die Leseart des Betrachters (am Beispiel des Wortes „großartig"), die je nach Interpretation sinnverändernd wirkt. Wäre nur Jones' Attribution und nicht der Originaltext Freuds in Betracht gezogen worden, wäre Jones' Aussage bezüglich eines Ideeneinflusses, obwohl nur eine Möglichkeit und nicht seine Gewissheit der Attribution von ihm angenommen wurde, vielleicht eindeutiger und klarer verständlich geblieben. Dennoch hätte dies einen Einfluss suggerieren können (Nietzsche), der entweder von Freud, darauf angesprochen, bestätigt oder nicht bestätigt worden wäre bzw. Ideeneinflüsse Anderer (Fließ) angenommen, die Freud zwar im Text direkt validierte, um sie gleich darauf inhaltlich anzuzweifeln.

Ein von Freud validierter Ideeneinfluss bedeutet also nicht automatisch, dass Freud mit einer bestimmten Idee in Übereinstimmung war, sondern lediglich, dass er sich mit ihr diskursiv beschäftigte. Weiters: Wenn ein Autor Ähnlichkeiten zwischen einem Gedanken eines Anderen und denen Freuds erkennt, heißt das noch nicht, dass diesbezüglich ein Ideeneinfluss auf Freud stattgefunden hatte. Es heißt

---

305 Freud 1920g [G.W., XIII: 47f.].
306 In „Beyond the Pleasure Principle" (1922), der nach der zweiten Auflage von „Jenseits des Lustprinzips" (1920g) übersetzten englischen Ausgabe, wählte die Übersetzerin C. J. M. Hubback für „großartig" das Wort „granidose", was die Richtung von „fließscher Größenphantasie" indiziert.
307 Paraphrasiert von Freud 1920g [G.W., XIII: 48].

lediglich, dass etwas erkannt worden ist, das für jenen Autor eine Ähnlichkeit bedeutet. Von dort aus stellt sich die Frage, ob es eine Einflussmöglichkeit hätte geben können, etwa über einen nachweisbaren Kontakt Freuds zu den jeweiligen Ideen eines Anderen. Werden all diese Möglichkeiten in Betracht gezogen, kommt es zu einer weiteren Zunahme an Unschärfen der eindeutigen Bestimmbarkeit und Beurteilung von Ideeneinflüssen.

16. Subjektive Verzerrungen

Die eigene Perspektive bildet einen der maßgeblichsten Verzerrungsfaktoren. Freuds Satz „das Wahrscheinliche ist nicht immer das Wahre"[308] soll auch für diese Arbeit, die, ungeachtet ihres möglichen Forschungsertrages, nichts mehr als ein subjektiv gefärbtes Konstrukt bleiben wird, als Richtlinie dienen. Die Reflexion der eigenen Subjektivität schützt vor eigenen vorschnellen Zuschreibungen und Schlüssen. Zu dieser Art der Reflexion gehört die Erkenntnis einer Zunahme von Unschärfen bei der Bestimmung von Ideeneinflüssen. Je mehr Indikatoren für Unschärfen gesucht wurden, umso mehr wurden gefunden, umso mehr relativierte sich der eigene Standpunkt und umso mehr stieg die eigene Skepsis gegenüber Attributionen anderer Autoren und gegenüber den eigenen.

Ein großer Teil der Unschärfen stammt aus der eigenen Auswahl und Gewichtung der Schwerpunkte, denn durch die Vielzahl an mögliche Einflussquellen und den begrenzten Rahmen dieses Buches konnten nicht alle Einflussquellen in einer einzigen Arbeit berücksichtigt werden. Der inhaltliche Schwerpunkt liegt, neben den Versuchen, mittels eines eigens entwickelten Instrumentes zur Bestimmung von Ideeneinflüssen einige Ideeneinflüsse auf Freud zu rekonstruieren, auf einer systematischen und chronologischen Bestimmung der Ideeneinflüsse von vor allem Lamarck und Haeckel in Freuds Werk. Diese Untersuchung liefert umfangreiche Ergebnisse. Dadurch entstehen aber zusätzliche Unschärfen und Verzerrungen, da andere mögliche Einflussquellen, wie z. B. aus der Psychologie[309] (Herbart, Griesinger, Lindner, Fechner[310], Lipps u. a.), der Psychiatrie (u. a. Heinroth, Reil, Bleuler, Forel, Charcot, Bernheim, Liébeault), der antiken Philosophie[311] (z. B. Aristoteles), der Philosophie des 19. Jahrhunderts[312] (z. B. Feuerbach, Schopenhauer, Nietzsche, Hartmann) sowie Einflüsse von u. a. Brücke, Benedikt, Exner, Fleischl von Marxow und Fließ auf Freuds „Entwurf einer Psychologie" (1950a [1895]) oder Kants[313] Einfluss auf Freuds Modell der Psyche weniger berücksichtigt wurden. Untersuchungen von Einflussquellen aus der „Wiener psychoana-

308 Freud G.W. NB: 758.
309 Vgl. dazu u. a. die Arbeiten von Karpinska (1914), Dorer (1932), Jones (1953 [Bd. I, 1984]), Andersson (1962), Ellenberger (1970 [2005]) und Hemecker (1991).
310 Vgl. z. B. Nitzschke (1989: 80-96).
311 Literatur dazu (Auswahl): Le Rider (2002), Traverso (2003), Benthien et al (2010).
312 Z. B. Nitzschke (1998), Hemecker (1991).
313 So stellt z. B. Andrew Brook in „Kant and Freud" (2003) diese Zusammenhänge her.

lytischen Vereinigung",[314] der Mittwoch-Gesellschaft[315] oder den internationalen psychoanalytischen Vereinigungen, die sich im Laufe der Zeit gebildet hatten, wurden nicht durchgeführt. Die biographischen Einflüsse Freuds werden nur in komprimierter Form bis 1891 bedacht. Auch sind aus der Kat. I (Familie) weitere Einflüsse, insbesondere von Freuds Geschwistern und seiner eigenen Kinder, allen voran von Anna Freud, die mit ihrem Buch „Das Ich und die Abwehrmechanismen" (1936) und ihren gemeinsam in London mit Dorothy Burlingham und Helen Ross durchgeführten Arbeiten Maßgebliches zur Weiterentwicklung der Psychoanalyse geleistet hatte, nicht vertreten, ebenso wie Untersuchungen des Briefwechsels zwischen Freud und Martha Bernays.[316] Aus all diesen Quellen könnten sich weitere Spuren zu Ideeneinflüssen ergeben.

Bezüglich der hier verwendeten Literatur wird aufgrund der Validierungspriorität durch Freud seinen Originalschriften der Vorzug gegeben. An zweiter Stelle stehen Originalschriften aus Kat. II und Kat. III, die wiederum ihn beeinflusst hatten. An letzter Stelle stehen Arbeiten aus Fachzeitschriften, deren ausgiebige Untersuchung für die Beantwortung der Forschungsfrage zugunsten der Untersuchung der Primärliteratur Freuds vernachlässigt wurde. Dies hatte zwei Gründe: Erstens die Unüberblickbarkeit der stetig zunehmenden Sekundärliteratur zu Freud und zweitens, dass das Verhältnis von Attributionen von Autoren aus der Sekundärliteratur und direkten Validierungen durch Freud zuungunsten der in diesem Buch bevorzugten Methode der direkten Validierungen durch Freud selbst überproportional hoch ausgefallen wäre.

---

314 Hermann Nunberg, Ernst Federn (Hrsg.): Protokolle der Wiener Psychoanalytischen Vereinigung. Bd. I-IV. Fischer Verlag, Frankfurt a. M., 1976-1981.
315 Z. B. Mühlleitner & Reichmayr (1992).
316 Sigm. Freud/ Martha Bernays: Sei mein, wie ich mir's denke. Die Brautbriefe, Bd. 1 (2011).

VI. Lamarck, Haeckel, Freud: Entwicklungsgeschichtliche Ideen

1. Vorbemerkungen

Die Idee zur folgenden Untersuchung hatte ihre Vorläufer im „Leseseminar Ethnopsychoanalyse" meines späteren Doktorvaters Prof. Gerhard Kubik im Sommersemester 2009 an der SFU. Eine der Aufgaben der schriftlichen Seminararbeit bestand in der Untersuchung des vierten Kapitels von „Totem und Tabu" (1912-13a). Im Text sollten vier Bereiche von Ideen identifiziert werden: Freuds Verwendung psychoanalytischer Theoreme, Freuds Anknüpfung an Lamarcks Idee von der Vererbung erworbener Eigenschaften, Freuds von Haeckels biogenetischem Grundgesetz (Rekapitulationstheorie) beeinflusste Ideen sowie Freuds Anspielungen auf Ideen, die Ausdruck der Geisteshaltung eines unilinearen Evolutionismus sind.

Aufbauend auf der Erfahrung dieser Seminararbeit, dass diese phylogenetisch relevanten Ideen im Werk „Totem und Tabu" zu finden sind, wird in diesem Buch der Versuch unternommen, eine chronologisch strukturierte „Sequenz entwicklungsgeschichtlicher Ideen" in einer möglichst umfassenden Anzahl an Werken aus Freuds Gesamtwerk zu rekonstruieren. Die zu rekonstruierende Struktur der Sequenz basiert auf Kriterien der eben erwähnten vier Ideenbereichen. Weiters werden in dieser Sequenz u. a. auch Ideeneinflüsse von Charles Darwin („Urhorde"), James Jasper Atkinson („Tötung des Urvaters"), William Robertson Smith („Totemmahlzeit") und (mögliche) Einflüsse durch Goethes morphologische Ideen (Dämon, Tychê, Ananke) sowie Ideen, die Freud in Verbindung mit seinen Zeitgenossen (Kat. II), wie z. B. Fließ, Abraham, Ferenczi u. a., entwickelt hatte, erfasst.

Als Einführung werden einige Beispiele aus der Sekundärliteratur, die den Ideenfluss von Lamarck bzw. Haeckel thematisieren, in einer Art Rundblick wiedergegeben. Danach werden die Ideen Lamarcks und Haeckels anhand ihrer Originalquellen vorgestellt und untersucht.

2. Überblick aus sekundären Quellen

Ernest Jones berichtet, dass Freud trotz unzähliger Kritiken bis zum Ende seines Lebens „eigensinnig" am Lamarckismus festhielt.[317] In einem persönlichen Gespräch hatte Jones Freud gebeten, eine Stelle im „Mann Moses und die monotheistische Religion" (1939a),[318] in der Freud die lamarcksche Auffassung als allgemein gültig hinstellte, abzuändern, da seiner Meinung nach „jeder vertrauenswürdige Biologe sie heutzutage[319] als unhaltbar betrachte".[320]

---

317 Jones 1957 [Bd. III, 1984: 365].
318 Diese Stelle wird im achten Kapitel als Punkt 58. 6 auf S. 291 behandelt.
319 In diesem Kontext bedeutet „heutzutage" die späten 30er Jahre des 20. Jahrhunderts.
320 A.a.O.: 367.

Freud bemerkte dazu bloß, „sie hätten alle Unrecht" und bestand darauf, die Stelle unverändert zu lassen (ebd.). Jones mutmaßt, dass Freuds eigene „Allmacht der Gedanken", die ihn bei Lamarck so beeindruckte, für ihn selbst zur Selbsttäuschung bezüglich des Lamarckismus wurde.[321] Die Theorie der unbewussten Übertragung historischer Geschehnisse in Form der Vererbung traumatischer Eindrücke im Sinne Lamarcks ist nach Jones' Meinung die „schwächste" der freudschen Theorien.[322] Ebenso gab auch Kris an, dass er, so wie viele andere auch, Freuds Neigung zum Lamarckismus bedauerte.[323]

Weitere kritische Stimmen zum Ideeneinfluss Lamarcks (Kat. III) auf Freud bilden Anthony Storrs Erwähnung von Freuds „hartnäckigem Glauben" an die „schon damals in Verruf geratene lamarckschen Hypothese der Vererbung erworbener Eigenschaften"[324] und Peter Gays erneute scharfe Kritik an Freuds Lamarckismus, wie sie in seiner Rezension von Louis Bregers im Jahr 2000 erschienenen Buch „Freud: Darkness in the midst of vision" zum Ausdruck kommt.[325] Gays kritisches Urteil kam bereits in seinem Werk „Freud. Biographie für unsere Zeit" zum Ausdruck, in der er Freuds an Lamarck anknüpfende Idee einer Vererbung von Erinnerungen, wie z. B. der Kastrationsangst oder Kindheitsverführung, als eine seiner „exzentrischsten und am wenigsten vertretbaren intellektuellen Überzeugungen" beurteilt.[326] Weiters erkennt Gay biographische Gemeinsamkeiten zwischen Freuds Glauben an die Vererbung erworbener Eigenschaften, seiner Leidenschaft für Antiquitäten und seiner Sehnsucht nach dem Rätsel seiner jüdischen Identität als Teil seines phylogenetischen Erbes.[327]

Zaretzky spricht in Zusammenhang mit der Ablehnung der Psychoanalyse durch die Psychiater in den 1960er Jahren davon, dass Freud manchen Psychoanalytiker in Verlegenheit gebracht habe, indem er die Genetik ignorierte und sich an Lamarcks Begriff der „Vererbung erworbener Eigenschaften" hielt. Wie viele seiner Zeitgenossen sah Freud in diesem Begriff die Verbindung zwischen Biologie und Geschichte.[328]

Dass Freuds eigene Geschichte, insbesondere verdrängte Kindheitserlebnisse aus der „eigenen prähistorischen Zeit" seiner ersten drei Lebensjahre in Freiberg sein Interesse an einer Vererbung erworbener Eigenschaften beeinflusst hatte, wird von Max Schur vermutet. Obwohl Freuds Annahmen über die Vererbung komplizierter psychischer Prozesse (Urphantasien wie Ödipuskomplex, Wissen über Ge-

---

321 A.a.O.: 368.
322 A.a.O.: 430.
323 Vgl. Ritvo 1965: 499.
324 Vgl. Storr 2006: 105.
325 In Gays Worten: „Apparently my severe critiques of Freud's Lamarckianism, his anti-Americanism, his views on women, his death instinct seem not to have had any effect on Breger" (Gay 2001: 1073).
326 Vgl. Gay 1988 [2006: 328].
327 Vgl. a.a.O.: 675f.
328 Vgl. Zaretsky 2004 [2009: 476].

schlechtsverkehr, Schuldgefühle über den Vatermord, Urhorde etc.) widersprüch-
lich zu den Festellungen der „modernen Genetik" sind, hält dieser es nicht für
unmöglich, dass Freud „eines Tages mit seiner Meinung über die Weitergabe erworbener Eigenschaften, die natürliche Mutationen nicht einschliessen, Recht behalten wird".[329]

Lohmann erkennt einen Zusammenhang zwischen Freuds Beschäftigung mit
der „schon damals überholten Lehre" von Lamarck, den Themen Aggression und
Tod und Freuds Angst, dass durch die Geschehnisse des Ersten Weltkrieges seine
„originelle Schöpfung" [Anm.: gemeint ist die Psychoanalyse], die er bis dahin
gegen Anfeindungen schützen konnte, durch den Krieg in Mitleidenschaft gezogen
werden würde.[330]

Wie Anna Freud das Verhältnis ihres Vaters zu den Ideen Lamarcks beschreibt,
wird aus ihrem Brief vom 1. März 1964 an Lucille B. Ritvo, abgedruckt auf einer
unnummerierten Buchseite zu Beginn von Ritvos Buch „Darwins Influence on
Freud: A Tale of Two Sciences" (1990), ersichtlich. Sie konnte sich sehr gut erinnern, dass ihr Vater konsequent an den Ideen Lamarcks festhielt und wie gelassen
er gegenüber diesbezüglicher Kritik war. In den Worten Anna Freuds: „Personally,
I remember very well how impertubed my father was by everybody's criticism to
his neo-Lamarckism. He was quite sure that he was on safe ground".

Stephen Jay Gould spricht Freuds Argumentationen zwar eine konsequente argumentatorische Logik anerkennend zu, allerdings baute Freud seine Folgerungen
auf Auffassungen wie die der haeckelschen Rekapitulation und Lamarcks Ideen
von der Vererbung erworbener Eigenschaften auf, die seit damals diskreditiert
wurden.[331] Bernd Nitzschke nach gilt Freud, der sowohl vom naturwissen-
schaftlich-biophysikalischen Diskurs als auch vom romantisch-naturphiloso-
phischen Diskurs beeinflusst war, wegen seiner Annahme der Vererbung erworbener Eigenschaften gemeinhin als „Lamarckianer". Nitzschke erwähnt auch die zu
Freuds Zeiten aktuelle „Darwinismus-Debatte", zu der neben Darwins Pangenesis-
theorie auch Haeckels Perigenesistheorie Erklärungen zur Vererbung erworbener
Eigenschaften angeboten hatten.[332]

Ellenberger erwähnt den Namen Lamarck genau einmal in Zusammenhang mit
dessen Ideen des Artenwandels durch die Wirkungen der Anpassung, des lange
andauernden Gebrauches und Nicht-Gebrauches von Organen und der Vererbung
erworbener Eigenschaften. Haeckel wird als einer der typischen Vertreter des
„Szientismus", einer Wissenschaftsgläubigkeit vorgestellt sowie als Begründer des
biogenetischen Grundgesetzes und eines breiten philosophischen Systems, das er

---

329 Vgl. Schur 1972 [1982: 162, bzw. 560]). „Moderne Genetik" ist aus Schurs Perspektive des
Jahres 1972 zu verstehen.
330 Vgl. Lohmann 2006: 68f.
331 Vgl. Gould 2003: 155.
332 Vgl. Nitzschke 1998: 292f.

„Monismus" nannte.[333] Über den in Deutschland außerordentlich erfolgreichen Haeckel, der „nie verstanden hatte", dass sein System nur ein spätes Wiederaufleben der Naturphilosophie war, lernten die meisten jungen Männer der Generation Freuds den Darwinismus kennen.[334] Der Autor stellt fest, dass Freud „von dieser Art des philosophischen Denkens ganz durchdrungen war".[335]

Die Beurteilung, welcher Ideeneinfluss zu welcher Zeit auf Freud wirksam war, wechselt je nach den subjektiven Gewichtungen und Attributionen der Personen, die diesbezüglich als Informationsquelle berücksichtigt werden. Eine Kontaktmöglichkeit Freuds zu Ideeneinflüssen Lamarcks (Kat. III) über Josef Breuers (Kat. II) wissenschaftlichen Mentor Ewald Hering (1834-1918, Kat. II) erachtet Sulloway als möglich. Herings berühmter Vortrag an der Kaiserlichen Akademie der Wissenschaften in Wien aus dem Jahr 1870 mit dem Titel „Über das Gedächtnis als eine allgemeine Function der organisirten Materie" betonte die enge Verbindung zwischen Vererbung und Gedächtnis und gab so Lamarcks Prinzip der Vererbung erworbener Merkmale eine zum Teil psychologische Grundlage.[336] Weiters streicht der Autor auch hervor, dass nahezu alle Biologen, inklusive der Universitätsprofessoren zu Freuds Studienzeit, Lamarckisten waren. Freud wird von Sulloway auch inhaltliche Nähe zu Psycholamarckisten wie August Pauly und, „eine psycholamarckistische Position am extremen Flügel der neolamarckistischen Phalanx in post-darwinistischer Theorie" zugewiesen.[337] Einer der Universitätsprofessoren, die maßgeblich für den Kontakt Freuds zu den Ideen Lamarcks und Haeckels verantwortlich waren, war Carl Claus (vgl. ebd.)

Der Einfluss bezüglich der Ideen Lamarcks und Haeckels auf Freud durch Carl Claus (Kat. II) wird auch von Peter Swales bestätigt, der in einem persönlichem Gespräch während der Recherchen zu dieser Arbeit erwähnte, dass Haeckels romantische, biologische und morphologische Ansichten längerfristig einen größeren Einfluss auf Freud ausgeübt hatten als die Theorien Darwins (Swales, pers. Mitteilung 2010).[338] Auch Gerhard Fichtner bestätigt die Affinität von Claus zu Haeckel

---

333 Ellenberger 1970 [2005: 331].
334 A.a.O.: 332.
335 A.a.O.: 751.
336 „Freud's psycho-Lamarckian propensities may owe something to the influence of Ewald Hering (1834-1918), Josef Breuer's principal scientific mentor. Hering's views on this subject were expressed in the famous lecture delivered at the Viennese Imperial Academy of Sciences in 1870. Entitled ‚Über das Gedächtnis als eine allgemeine Function der organisirten Materie', Hering's lecture had emphasized the close connection between heredity and memory, thus giving the inheritance of acquired characteristics a partly psychological foundation" (Sulloway 1979 [1992: 274 Fn 30]).
337 Im Original: „Freud, as a zealous psycho-Lamarckian, occupied an extreme wing of the Neo-Lamarckian phalanx in post-Darwinian theory" (Sulloway 1979 [1992: 274]).
338 Der Kontakt zwischen Claus und Freud, damit auch der Einfluss der Ideen Haeckels und Lamarcks über Claus auf Freud, begann ab dem Frühjahr 1876, als Freud 20 Jahre alt war. Freud nahm damals am Institut für vergleichende Anatomie an der Universität Wien seine Arbeit bei Claus auf. Der rekonstruierbare Ideeneinfluss lautet: IV-II (Haeckel) bzw. IV-II (Lamarck) „via" Freuds Kontakt zu Claus (IV-II).

sowie Freuds bis in die Studienzeit zurückreichende intensive Haeckel-Rezeption (Fichtner, pers. Mitteilung 2011), ebenso Max Schur, der Claus als einen „Anhänger Haeckels" und einen der „ersten und begeistertsten Verfechter der darwinschen Entwicklungslehre" beschreibt. Haeckels biogenetisches Grundgesetz spielte später „in Freuds genetischem Denken eine grosse Rolle".[339]

Einen weiteren Anhaltspunkt für haeckelsche Einflüsse auf Freud im Jahr 1873, kurz vor dessen vollendetem 17. Lebensjahr, bietet Hemecker. Wie bereits im dritten Kapitel auf S. 37 erwähnt, hatte Freud über einen Vortrag des Zoologen Carl Brühl, in der der Goethe zugeschriebene,[340] naturphilosophische Aufsatz „Die Natur" wahrscheinlich am 8. März 1873 vorgetragen wurde, Kontakt zu Haeckels Ideen. „Die Natur" war ab der zweiten Auflage aus dem Jahr 1870 in Haeckels Werk „Natürliche Schöpfungsgeschichte" (1868) abgedruckt.[341] Ein weiterer rekonstruierbarer Ideeneinfluss lautet daher: IV-II (Haeckel) bzw. IV-II (Lamarck) „via" Freuds Kontakt zu Brühls Vortrag (IV-II). Haeckels „Natürliche Schöpfungsgeschichte" wiederum weist, so wie sein Gesamtwerk, starke Einflüsse von Darwin, Goethe und Lamarck auf, deren evolutionstheoretische Ideen zu etwa gleichen Teilen in Haeckels evolutionsbiologischem Gesamtsystem untrennbar miteinander verwoben waren.[342]

Siegfried Bernfeld erwähnt zwar Freuds Studienzeit bei seinem Universitätslehrer Carl Claus, der so wie Brücke Darwinist war, jedoch werden von ihm etwaige Einflüsse von Ideen Lamarcks oder Haeckels auf Freud nicht genannt.[343] Ritvo wiederum betont die Popularität Haeckels, über die auch Darwins Werke in

---

339 Vgl. Schur 1972 [1982: 41].

340 Kryptomnestische Phänomene könnten zuweilen nicht nur bei Freud (wie im vierten Kapitel, S. 48-54 beschrieben), sondern auch bei Goethe bezüglich der Urheberschaft des Fragments „Die Natur" (1783) eine Rolle gespielt haben. Freud ging davon aus, dass der Urheber dieses Aufsatzes, den er, von Carl Brühl am 8. März 1873 vorgetragen, gehört hatte und der einen entscheidenden Einfluss auf seinen Entschluss, Medizin zu studieren auf ihn ausgeübt hatte, Goethe war (vgl. 1925d [G.W., XIV: 34]). Auch im von Haeckel gekürzten Abdruck von „Die Natur" in Haeckels „Natürlicher Schöpfungsgeschichte", dem Buch, das Carl Brühl in seinem Vortrag verwendet hatte, wird Goethe als Urheber angegeben (Haeckel 1868 [1911: LXX]). Wie auch Ellenberger (1970 [2005: 584, Fn 52], Ritvo (1990: 24) oder Hemecker (1991: 95) bestätigen, war der Schweizer Christoph Tobler (1757-1812) der Urheber dieses Aufsatzes. Auch in der elften, korrigierten Auflage der Freud-Studienausgabe wird Tobler von den Herausgebern als Autor genannt. Zusätzlich wird auf einen Artikel von R. Pestalozzi in der „Neuen Züricher Zeitung" vom 1.7.1956 hingewiesen, dem zufolge Goethe infolge einer Erinnerungstäuschung das Werk Toblers unter seine eigenen Werke eingereiht hatte (vgl. 1900a [Studienausgabe Bd. II: 426, Fn 1]).

341 Vgl. Hemecker 1991: 15.

342 Gould attribuiert mit dem Wort „curious" Haeckels evolutionsbiologischem System eine Eigentümlichkeit, die – je nach Leseart – auch in Richtung von „kurios", „seltsam" bzw. „sonderbar" interpretiert werden kann: „Though Haeckel acclaimed Darwin, he ranked Goethe and Lamarck as his equals in the origination of evolutionary theory [...]. Haeckel's own view of evolution is a curious and inseparable mixture of all three, each in about the same proportion" (Gould 1977: 80).

343 Vgl. Bernfeld & Bernfeld-Cassirer 1962 [1988: 115-120].

den Jahren 1866-1873 – zeitgleich mit Freuds Gymnasialjahren – Einzug in den deutschen Sprachraum fanden.[344] Auch Roudinesco & Plon berichten, dass Freud über Haeckels mehrfach neu aufgelegte Werke und Vorträge auch mit dem Denken Darwins Bekanntschaft machte: „Bei deren Lektüre lernte er die so genannte Deszendenztheorie kennen (die Ontogenese ist eine Wiederholung der Phylogenese)".[345] Diese Theorie gehörte zu jenen, auf die sich Freud stets bezog. Er war von der Gültigkeit dieser Theorie überzeugt und hielt hartnäckig an ihr fest, „um sich dann von ihr zu distanzieren".[346]

Begriffe wie „Ökologie", „Ontogenie" und „Phylogenie" wurden von Haeckel erfunden.[347] Patrick Mahony verwendet die Begriffe „Ontogenese" und „Phylogenese" im Zusammenhang mit Freuds „Drei Abhandlungen zur Sexualtheorie" und schreibt wörtlich, sich auf Freud beziehend: „Vor diesem chronologischen Hintergrund betonte er die Ontogenese gegenüber der Phylogenese.[348] Mahony erwähnt aber den Namen Haeckels nicht. Ebenso wenig wurde bei den Literaturrecherchen zu dieser Arbeit der Name Haeckels in Gays „Freud. Eine Biographie für unsere Zeit" (1988 [2006]) gefunden. Auch in Octave Mannonis Freud-Biographie (Mannoni 1967 [1974]) wurde vergeblich nach den Namen Haeckel (und auch Lamarck) gesucht. Annette Meyhöfer erwähnt den Zusammenhang zwischen den „Erinnerungsspuren der ungeheuerlichen Tat" aus Totem und Tabu (1912-13a) und Lamarcks Theorie der Vererbung erworbener Eigenschaften. Haeckel wird von ihr zwar namentlich genannt, allerdings nicht im Zusammenhang mit seiner wissenschaftlichen Tätigkeit, sondern als einer von insgesamt 93 Mitunterzeichnern des chauvinistisch-propagandistischen Manifestes „An die Kulturwelt!" vom 4.10.1914, ein gegen England gerichteter Protest deutscher Vertreter aus den Bereichen Wissenschaft und Kultur während des Ersten Weltkrieges.[349]

Auch bezüglich der Abhängigkeit bzw. Unabhängigkeit von Freuds Theorien zu den Theorien Lamarcks und Haeckels sind verschiedene Positionen zu beobachten. So kommt Lucille B. Ritvo in ihrem 1974 erschienenen Artikel „The Impact of Darwin on Freud" zum Schluss, dass Freuds Verwendung dieser „nun diskreditierten" Ideen der Rekapitulation und der Vererbung erworbener Eigenschaften „glücklicherweise" für seine wissenschaftliche Theorie nicht entscheidend waren und fast ausschließlich in seinen Spekulationen im Bereich der angewandten Psy-

---

344 Vgl. Ritvo 1974: 178.

345 Genau genommen gehört dieser Satz zu Haeckels biogenetischem Grundgesetz, das einen Teilbereich der gesamten Deszendenztheorie in Haeckels System bildet. Die Deszendenztheorie bedeutet mehr als es dieser eine Satz ausdrückt.

346 Vgl. Roudinesco & Plon 1997 [2004: 387f.].

347 „Haeckel was an inveterate coiner of terms; many words, common to scientists and laymen alike, were his invention: ecology, ontogeny, phylogeny" (Gould 1977: 76).

348 Mahony 1982 [1989: 162].

349 Vgl. Meyhöfer 2006: 447.

choanalyse Verwendung fanden.[350] Im Gegensatz dazu argumentiert Patricia Kitcher, dass Freuds Theorien abhängig vom Lamarckismus und Haeckels Rekapitulationstheorie waren.[351]

Robert Holt zufolge bildete Freuds Metapsychologie einen Verknüpfungspunkt zu den Ideen Lamarcks und Haeckels, da sie für ihn einen Weg darstellte, seine frühen Ambitionen, „ein großartiger Naturwissenschaftler nach dem nomologischen Wissenschaftsideal der – fälschlich genannten – Helmholtzschen „Schule" mit Freuds zeitgenössischem Vorbild Ernst von Brücke zu sein", zu verwirklichen. Gleichzeitig aber „frustrierte sie ihn", da sie ihn von seinen klinischen Beobachtungen „in vage Abstraktionen führte". Eine weitere Schwierigkeit lag darin, die „fremdartigen Ideen" Lamarcks und Haeckels, die sich als moderne Evolutionsbiologie verkleideten, aber – was seiner Meinung nach Freud unbekannt war – regressive Wiedererweckungen einer Naturphilosophie waren, in die Metapsychologie zu integrieren.[352]

Weniger urteilend hebt Hemecker den Einfluss Haeckels auf Freud hervor, durch dessen Popularisierung der Evolutionstheorie gemeinsam mit der strengen positivistischen Naturwissenschaft Brückes der Kontext entstand, innerhalb dessen die wissenschaftsgeschichtliche Entwicklung der Psychoanalyse stattgefunden hatte. Auch Goethes Verdienst als selbstständiger Mitbegründer der Evolutionstheorie wird Rechnung getragen:

> „Wenn also Freud in seiner Selbstdarstellung neben der ausdrücklichen Erwähnung des zu seiner Zeit noch Goethe zugeschriebenen Textes „die Natur" auch seine Faszination von der Lehre Darwins betont, wenn der Zootom Carl Brühl, der „die Natur" in einer seiner Vorlesungen zum Vortrag gebracht haben soll, zu dieser Zeit über Darwin populäre Vorlesungen gehalten hat, wenn die Auffassung, Goethe sei in seiner Naturanschauung als in unmittelbarer Vorläufer Darwins, ja als selbstständiger Mitbegründer der Evolutionstheorie anzusehen, vor allem durch Ernst Haeckel gerade in jenen Tagen ungemein verbreitet und wissenschaftlich auf der Höhe der Zeit gewesen ist, dann kann an den wissenschaftsgeschichtlichen Zusammenhängen, in denen sich Freuds erster, entscheidender Schritt in Richtung der späteren Begründung der Psychoanalyse vollzogen hat, kein berechtigter Zweifel mehr bestehen: erfolgte, so lässt sich auch hier wieder resümieren, in einer Situation des Übergangs von der pantheistischen Naturphilosophie, deren letzter großer Repräsentant – wenigstens in einigen seiner zentralen Anschauungen – Ernst Haeckel war, zu strengen positivistischen Naturwissenschaft, wie sie in Wien zu dieser Zeit vor allem durch ein Ernst Brücke vertreten wurde. In

---

350 „Fortunately Freud's use of the now discredited ideas of recapitulation and the inheritance of acquired characteristics were not crucial to his scientific theory. They were used almost exclusively in connection with his speculations in applied psychoanalysis" (Ritvo 1974: 186f.).

351 Kitcher, 1992 [1995: 27].

352 Wörtlich: „... the difficulty of integrating into it the alien ideas of Lamarck and Haeckel, which – unknown to Freud – were regressive revivals of Nature-philosophy masquerading as modern evolutionary biology" (Holt 1982: 251).

diesem Kontext hat Freud unter Hinzunahme von Philosophie seine zoologischen und medizinische Studien betrieben, und dieser größere Kontext wird auch bei jedem zukünftigen Versuch, den wissenschaftsgeschichtlichen Ort der Psychoanalyse zu bestimmen, mit zu berücksichtigen bleiben".[353]

Es fällt auf, dass der Versuch Freuds, Ideen der Psychoanalyse mit denen Lamarcks und Haeckels in Verbindung zu bringen, nicht nur bereits zu Freuds Lebzeiten, sondern auch bis in 21. Jahrhundert in unterschiedlichster Weise beurteilt wurde. Zu einem erheblichen Teil wurde dies erst gar nicht erwähnt, missverständlich interpretiert oder abfällig kommentiert. Bei den in der Literaturrecherche berücksichtigten sekundären Quellen fällt weiters auf, dass Lamarcks Einfluss auf Freud nur auf dessen Idee der „Vererbung erworbener Eigenschaften" bzw. Haeckels Einfluss auf Freud auf den Satz „die Ontogenese ist eine Wiederholung der Phylogenese" reduziert werden, wodurch mögliche wertvolle Zusammenhänge verloren gehen.

Aus all diesen Informationen ergibt sich ein Bedarf, der gerade darin besteht, dass zwar unterschiedliche Meinungen zur Verbindung zwischen Freud, Lamarck und Haeckel vorzufinden sind, nicht aber eine deskriptive Untersuchung dieser Ideeneinflüsse in Freuds gesamten Werk. Um diese Einflüsse (Kat. II, Kat. III) auf Freuds Denken (Kat. IV) möglichst authentisch erfassen zu können und um einem eventuellen Bias vorzubeugen, der dadurch entstehen könnte, dass bereits die Ideeneinflussquellen auf Freud verzerrt wahrgenommen werden, soll in den nächsten Kapiteln einigen wesentlichen Ideen von Lamarck (Kat. III) bzw. Haeckel (Kat. II) anhand ihrer originalen Formulierungen aus den jeweiligen Ursprungskontexten, die auch Freud zur Verfügung gestanden hatten und in seinen Denkprozessen (Kat. IV) verarbeitet wurden, entsprechend Raum gegeben werden.

Danach werden in einer chronologischen „Sequenz entwicklungsgeschichtlicher Ideen" diese Ideeneinflüsse anhand einer Auswahl von Freuds Werken und Korrespondenz erfasst und deren Verbindungspunkte zur psychoanalytischen Theorie markiert. Es wird weiters untersucht, an welchen Stellen in Freuds Werk diese Einflüsse zu orten und auf welche Art und Weise sie dort mit der psychoanalytischen Theorie Freuds zusammenwirken. Durch diese Art der Untersuchung soll ein operatives Fundament geschaffen werden, anhand dessen die Einflüsse Lamarcks und Haeckels auf Freud erneut überdacht werden können.

---

353 Hemecker 1991: 94.

3. Kernideen von Jean Lamarck

Wechselwirkungen zwischen Umwelt und Individuum:

In seiner 1809 erschienenen „Philosophie zoologique" versteht Jean-Baptiste Pierre Antoine de Monet, Chevalier de Lamarck (1744-1829) unter dem Begriff „Natur" die verschiedenen bewohnbaren Teile der Erdoberfläche, in denen verschiedene „Verhältnisse in allen möglichen Graden" auf ein Individuum einwirken. Diese unterschiedlichen Umweltbedingungen erfordern unterschiedliche Arten der Anpassungen sowohl innerhalb der jeweiligen Rassen als auch unter den Gewohnheiten, welche die Individuen jeder Rasse an diesen Orten annehmen müssen. Es bestehen ständig wechselnde Verhältnisse der Umweltbedingungen und demnach auch der Notwendigkeiten der Individuen, sich an diese permanenten Veränderungen der Umwelt kontinuierlich anpassen zu müssen. Daraus leitete Lamarck drei Folgerungen ab:

1. „daß jede ein wenig beträchtliche und anhaltende Veränderung in den Verhältnissen, in denen sich eine Tierrasse befindet, eine wirkliche Veränderung der Bedürfnisse desselben bewirkt" (Lamarck 1809 [1909: 73]).

2. „daß jede Veränderung in den Bedürfnissen der Tiere andere Tätigkeiten nötig macht, um diese neuen Bedürfnisse zu befriedigen, und folglich andere Gewohnheiten" (ebd.).

3. „daß jedes neue Bedürfnis, indem es neue Tätigkeiten seiner Befriedigung nötig macht, von dem betreffenden Tiere entweder den größeren Gebrauch eines Organs erfordert, von dem es vorher geringeren Gebrauch gemacht hatte, wodurch dasselbe entwickelt und beträchtlich vergrößert wird, oder den Gebrauch neuer Organe, welche die Bedürfnisse in ihm unmerklich durch Anstrengungen seines inneren Gefühls entstehen lassen" (ebd.).

Aus diesen Folgerungen formulierte Lamarck zwei Gesetze: das Gesetz vom Gebrauch und Nichtgebrauch von Organen und das Gesetz der Vererbung erworbener Eigenschaften.

Erstes Gesetz: „Gesetz vom Gebrauch und Nichtgebrauch von Organen"

In der deutschen Übersetzung aus dem Jahr 1909 lautet dieses „Erste Gesetz":[354]

„Bei jedem Tiere, welches den Höhepunkt seiner Entwickelung noch nicht überschritten hat, stärkt der häufigere und dauernde Gebrauch eines Organs dasselbe allmählich, entwickelt, vergrößert und kräftigt es proportional der Dauer dieses

---

354 Ein Exemplar dieses Buches in Heinrich Schmidts deutscher Übersetzung mit einem Vorwort von Ernst Haeckel aus dem Jahr 1909 ist in Freuds Bibliothek als Nr. 2112 katalogisiert (Davies & Fichtner 2006, S. 311 des pdf-Dokumentes des Kataloges).

Gebrauches; der konstante Nichtgebrauch eines Organs macht dasselbe unmerkbar schwächer, verschlechtert es, vermindert fortschreitend seine Fähigkeiten und lässt es endlich verschwinden".[355]

Zweites Gesetz: „Gesetz der Vererbung erworbener Eigenschaften":

„Alles, was die Individuen durch den Einfluß der Verhältnisse, denen ihre Rasse lange Zeit hindurch ausgesetzt ist, und folglich durch den Einfluss des vorherrschenden Gebrauchs oder konstanten Nichtgebrauchs eines Organs erwerben oder verlieren, wird durch die Fortpflanzung auf die Nachkommen vererbt, vorausgesetzt, daß die erworbenen Veränderungen beiden Geschlechtern oder den Erzeugern dieser Individuen gemein sind".[356]

Im Zentrum der Abstammungslehre oder sogenannten „Deszendenztheorie" Lamarcks steht die Annahme, dass „alle Tier- und Pflanzenarten von gemeinsamen, einfachsten, spontan entstandenen Urformen abstammten".[357] „Die Entwicklung des Menschengeschlechtes aus anderen, zunächst affenartigen Säugetieren" vollzog sich durch Umbildungen, die aus Gewohnheiten entstanden waren, wie die Entwicklung des aufrechten Ganges, des Gehirns und der artikulierten Sprache.[358]

Aus der Perspektive des deutsch-amerikanischen Biologen Ernst Mayr (1904-2005) bestand der entscheidende Unterschied der Evolutionsmechanismen Darwins und Lamarcks darin, dass Darwins Ansicht nach an erster Stelle eine zufällige Variation der Organismen stand, das von einer „natürlichen Auslese", einer ordnenden Tätigkeit der Umwelt gefolgt war.[359] Variationen der Organismen wurden aber weder direkt noch indirekt von der Umwelt verursacht. Bei Lamarck standen die Umwelt und ihre Veränderungen an erster Stelle. Veränderungen der Umwelt riefen in den Organismen Bedürfnisse und Verrichtungen hervor, die wiederum Ursachen für deren adaptive Variation bzw. evolutive Anpassung an eben diese Veränderungen waren.[360] Lamarck beobachtete, dass Arten in einer sich andauernd, aber langsam verändernden Welt leben, und dass diese Arten außergewöhnlich gut an ihren Lebensraum angepasst sind.[361] Zwei Ursachen sind für den evolutiven Wandel der Organismen verantwortlich:

Die erste Ursache besteht in der Fähigkeit zum Erwerb immer größerer Komplexität (Perfektion) innerhalb einer graduellen Organisation der Natur. Alle Tierarten wurden von der Natur nacheinander hervorgebracht. Die Entwicklungen verlaufen von den unvollkommensten zu den vollkommensten Organismen.

---

355 Ebd.
356 Ebd.
357 Haeckel 1868 [1911: 107].
358 Vgl.a.a.O.: 103.
359 Mayr 1984 [2002: 282].
360 Vgl.a.a.O.: 283.
361 Vgl.a.a.O.: 324.

Die zweite Ursache für den evolutiven Wandel war eine Fähigkeit, auf spezielle Bedingungen in der Umwelt zu reagieren, was zu besonderen Anpassungen bei Arten und Gattungen führte.[362] Diese Anpassungen sind der Tatsache zu verdanken, dass sich die Tiere stets in völliger Harmonie mit der Umwelt befinden müssen. Wird diese Harmonie z. B. durch Veränderungen der Umweltbedingungen gestört, besteht die Notwendigkeit, dass sie durch Veränderungen des Verhaltens der Tiere wiederhergestellt wird.[363] Die Notwendigkeit, auf besondere Umstände in der Umgebung zu reagieren, löst eine Kette von Ereignissen aus:

1. Jede erhebliche und fortgesetzte Veränderung in den Umständen einer Tierrasse hat eine wirkliche Veränderung ihrer Bedürfnisse („besoins") zur Folge.

2. Jede Veränderung in den Bedürfnissen der Tiere macht eine Anpassung ihres Verhaltens durch z. B. andere Handlungen erforderlich, damit die neuen Bedürfnisse befriedigt werden. Dadurch entstehen wiederum andere Gewohnheiten.

3. Jedes neue Bedürfnis, das zu seiner Befriedigung neue Handlungen erfordert, führt dazu, dass das Tier einige Körperteile häufiger gebraucht als zuvor. Dadurch werden diese entweder mehr entwickelt und vergrößert, oder es führt zum Gebrauch neuer Körperteile, die diese Bedürfnisse „durch ihre Triebhaftigkeit unbemerkt in ihnen erzeugen" („par des efforts de sentiments intérieures").[364]

Für Lamarck war die Natur ein dynamisches System, „in dem nicht nur die Arten, sondern die gesamte Stufenleiter von Lebewesen und das gesamte Gleichgewicht der Natur beständig in Fluss waren".[365] Er war weder Vitalist noch Dualist, da er ausschließlich mechanistische Erklärungen akzeptierte und keine Dualität von Körper und Geist vertrat. Auch war er kein Teleologe, da er „keinerlei von einem höheren Wesen vorherbestimmte Ausrichtung der Evolution auf ein Ziel hin" anerkannte.[366] Die Ideen des Franzosen wurden häufig missverstanden, verzerrt und belächelt. Als der Lamarckismus gegen Ende des 19. Jahrhunderts wieder auflebte, nahmen „die meisten, die Lamarck niemals im Original gelesen hatten, an, dass der Lamarckismus lediglich den Glauben an die Vererbung erworbener Merkmale bedeutet" (vgl. a.a.O.: 283).[367]

Zwei irrtümlich Lamarck zugeschriebene Vorstellungen waren gar nicht in seinen evolutionsbiologischen Überlegungen enthalten. Die erste betrifft die Überzeu-

---

362 Vgl. a.a.O.: 282.
363 Vgl. a.a.O.: 283.
364 Vgl. a.a.O.: 282.
365 Vgl. a.a.O.: 280.
366 Vgl. a.a.O.: 284.
367 Diese Aussage Mayrs spiegelt sich auch in der im vorigen Kapitel auf S. 136 erwähnten Tendenz aus der Sekundärliteratur Freuds wider, Lamarck bloß auf die Idee der Vererbung erworbener Eigenschaften zu reduzieren.

gung, dass die Umwelt direkt neue Merkmale erzeugt.[368] Lamarck meinte aber, dass nicht durch die Umwelt, sondern durch die inneren Tätigkeiten des Organismus in Verbindung mit dessen Reaktion auf die Umwelt in aktiver Weise strukturelle Veränderungen stattfinden.[369]

Die zweite irrtümliche Vorstellung, die zu verzerrenden Interpretationen lamarckscher Ideen führte, betrifft den Effekt des „Willens". Mayr führt diesen Irrtum zum einen auf die schlechte Übersetzung des französischen Wortes „besoin" mit „Wille" statt „Bedürfnis" zurück und zum anderen darauf, dass Lamarcks sorgfältig entwickelten, komplexen Kausalketten – von den Bedürfnissen der Organismen über deren Anstrengungen, physiologischen Reizen, Anregungen des Wachstums bis hin zur Produktion von Strukturen – keine Aufmerksamkeit geschenkt wurde (vgl. a.a.O.: 284). Mayrs Ansicht nach waren relativ wenige von Lamarcks Ideen vollständig neu, da er auf bereits existierenden Ideen aufbaute, wie auf der zu seiner Zeit bereits weitverbreiteten Überzeugung, dass Organe durch Gebrauch gestärkt und durch Nichtgebrauch geschwächt werden.

Ebenso war der Gedanke, dass Anstrengungen zur Befriedigung von Bedürfnissen bei der Veränderung eines Individuums eine wichtige Rolle spielen, keine Erfindung Lamarcks, sondern wurde bereits von Denkern, wie Étienne Bonnot de Condillac (1715-1780) oder Denis Diderot (1713-1784) formuliert[370] (vgl. a.a.O.: 282). Die Lamarck zugeschriebene Vorstellung von der Vererbung erworbener Eigenschaften bestand bereits seit dem Altertum und war bis in das 19. Jahrhundert hinein weit verbreitet,[371] sodass „für Lamarck keine Notwendigkeit bestanden hat, sich darüber auszulassen" (vgl. a.a.O.: 283). Neu an Lamarck war aber, dass er Ideen wie diese in neue kausale Abfolgen ordnete, ihnen eine strengere physiologische Auslegung gab und sie „in den Dienst der Evolution" stellte (ebd.).

---

368 „Wenn man diese Feststellung buchstäblich nehmen wollte, so würde man mich sicherlich eines Irrtums zeihen; denn welcher Art auch die Umwelt sein mag, direkt bewirkt sie in der Organisation der Tiere durchaus keine Abänderung" (Lamarck 1809 [1909: 69]).

369 „Mit anderen Worten, die Veränderungen in der Struktur werden von den inneren Tätigkeiten der Pflanzen in Verbindung mit ihrer Reaktion auf die Umwelt hervorgebracht, wie bei einer Pflanze, die zum Licht wächst" (Mayr 1984 [2002: 284]).

370 Mayr zitiert in diesem Zusammenhang (a.a.O.: 282) Diderot aus dessen 1769 erschienenem Werk „Le rêve de d'Alembert": „Die Organe produzieren die Bedürfnisse, und umgekehrt bringen die Bedürfnisse die Organe hervor" (Diderot 1769 [1923: 180]).

371 Mayr beruft sich hier auf Conway Zirkles Schrift „The Early History of the Idea of the Inheritance of Acquired Characters and Pangenesis" (1946), in der u. a. Hippokrates (ca. 460-370 v. Chr.), Aristoteles (384-322 v. Chr.), Erasmus Darwin (1731-1802) und Johann Friedrich Blumenbach (1752-1840) als Vertreter der Idee der Vererbung erworbener Eigenschaften genannt werden (vgl. Mayr 1984 [2002: 283]).

4. Kernideen von Ernst Haeckel

Im Jahr 1906 erschien das Buch „Prinzipien der Generellen Morphologie der Organismen" von Ernst Heinrich Philipp August Haeckel (1834-1919), das den wörtlichen Abdruck eines Teiles seines 1865 publizierten Buches „Generellen Morphologie" enthält. Die Morphologie ist für Haeckel die „Formenlehre der Organismen" und umfasst „die gesamte Wissenschaft der inneren und äußeren Formenverhältnisse der belebten Naturkörper" (vgl. Haeckel 1906: 3).[372]

Die Aufgabe der organischen Morphologie liegt nicht in der bloßen Beschreibung dieser Formverhältnisse, sondern darin, sie zu erkennen und zu erklären, indem nach den gesetzmäßigen Zusammenhängen gesucht wird, nach denen sie gebildet sind (vgl. Haeckel 1906: 5).[373]

Zur methodischen Untersuchung der Gesetzmäßigkeiten der Formverhältnisse nennt Haeckel drei Begriffspaare, die einander „gegenseitig notwendig ergänzen müssen": Empirie und Philosophie (Erfahrung und Erkenntnis), Analyse und Synthese sowie Induktion und Deduktion.

Kontrastierend dazu nennt Haeckel drei Begriffspaare, „welche sich gegenseitig notwendig ausschließen müssen": Dogmatik und Kritik, Teleologie (Vitalismus) und Kausalität sowie Dualismus[374] und Monismus.[375]

Daraus lassen sich bereits wesentliche Grundzüge von Haeckels wissenschaftlicher Grundhaltung erkennen: ein einander ergänzendes Zusammenwirken in Form einer „gegenseitigen Durchdringung" aus Empirie und Philosophie, Analyse und Synthese sowie aus Induktion und Deduktion.[376] Weiters ein kritischer, kausaler (mechanistischer) und monistischer (nicht dualistischer) Erkenntnisweg. Ausgeschlossen sind „künstliche Gegensätze", die aus Spaltungen von Empirie und Philosophie, Analyse und Synthese bzw. Induktion und Deduktion resultieren sowie dogmatische, teleologische (vitalistische) und dualistische Positionen.

Haeckels „Monismus" vertrat eine methodische Integration der Naturwissenschaften und der Naturphilosophie, mit dem Ziel, den „höchst künstlichen und schädlichen Zwiespalt" zwischen Naturforschern und Philosophen aufzuheben. Naturwissenschaft und Naturphilosophie sollten zu „dem großen Ganzen einer einzigen allumfassenden Wissenschaft verschmelzen".[377]

---

372 Im Vergleich dazu definiert Goethe den Begriff „Morphologie" in seiner Schrift „Betrachtung über die Morphologie überhaupt", in der er im Jahr 1795 die Morphologie als neue, auf der Naturgeschichte basierende Wissenschaft vorstellt: „Die Morphologie soll die Lehre von der Gestalt, der Bildung und Umbildung der organischen Körper enthalten; sie gehört daher zu den Naturwissenschaften" (vgl. Goethe 1795 [2002: 124]).

373 Laut Darwin ist die Morphologie „the law of form and structure independent of function" (vgl. Ritvo: 1990: 236).

374 Haeckel versteht unter „Dualismus" eine Weltsicht, die Geist und Natur, Inhalt und Form sowie Wesen und Erscheinung voneinander trennt (vgl. Haeckel 1906: 43).

375 A.a.O.: 10-46.

376 A.a.O.: 46.

377 Ebd.

Der Blick auf dieses „große Ganze" und die gleichzeitige Untersuchung der Beziehungen aller Elemente zum Ganzen war bei Haeckel nach dem Vorbild Goethes orientiert. Haeckel erweist Goethe an vielen Stellen seiner Werke seine Referenz, wie z. B. im Vorwort zur vierten Auflage (1891) seines 1874 erstmals erschienenen Werkes „Anthropogenie oder Entwickelungsgeschichte des Menschen":

> *„Wenn meine Anthropogenie überhaupt ein Verdienst besitzt, so ist es das, ihre grosse historische Aufgabe stets als ein einziges einheitliches Ganzes im Auge behalten und die Beziehungen aller Theile zum Ganzen verfolgt zu haben. Denn auch hier gilt Goethe's Wort: ‚Auf die Beziehungen kommt Alles an'!"*[378]

Goethe wurde von Haeckel als „einer der ersten Begründer der Descendenz-Theorie neben Lamarck und als einer der bedeutendsten Vorläufer Darwin's" hervorgehoben.[379] Haeckel setzt Goethes Begriffe „Urbild" und „Typus" dem Begriff der „Stammform" aus der Deszendenztheorie gleich.[380]

Von ihm übernahm Haeckel u. a. auch das Prinzip der „Steigerung", das Wirken des geistigen Momentes zunehmender Ausdifferenzierung und Höherentwicklung in der Natur. Die „genetische Methode" und Haeckels entwicklungsgeschichtliche Betrachtungsweise waren daran orientiert.[381] Ein weiteres beeinflussendes Moment war das goethesche Prinzip der „Polarität", das sich im Kräftespiel zwischen Anziehung und Abstoßung in den Naturphänomenen zeigte und Goethe zufolge das materielle Prinzip der Natur im dynamischen Zusammenwirken mit dem geistigen Prinzip der Natur, der Steigerung, bildete. Diese beiden Prinzipien waren für Goethe die „zwei großen Triebräder aller Natur", wie er am 24.5.1828 in seiner Erläuterung zum aphoristischen Aufsatz „Die Natur" (1783) an den Kanzler von Müller schrieb. Eingangs vermerkt Goethe kritisch, dass im Aufsatz „Die Natur" die Wirkweisen von Polarität und Steigerung nicht behandelt wurden:

> *„Die Erfüllung aber, die ihm fehlt, ist die Anschauung der zwei großen Triebräder der Natur: der Begriff von Polarität und von Steigerung, jene der Materie, insofern wir sie materiell, diese ihr dagegen, insofern wir sie geistig denken, angehörig; jene ist in immerwährendem Anziehen und Abstoßen, diese in immerstrebendem Aufsteigen. Weil aber die Materie nie ohne Geist, der Geist nie ohne Materie existiert und wirksam sein kann, so vermag auch die Materie sich zu steigern, so wie sichs der Geist nicht nehmen läßt, anzuziehen und abzustoßen; wie derjenige nur allein zu denken vermag, der genugsam getrennt hat, um zu verbinden, genugsam verbunden hat, um wieder trennen zu mögen".*[382]

---

378 Haeckel 1874 [1891: XXII].
379 Haeckel 1868 [1872: XXXIII].
380 Vgl. a.a.O.: XXXIV.
381 Vgl. Hemecker 1991: 84.
382 Goethe (1828 [2002: 48]).

Im Prinzip der Polarität lag auch bereits der Kern des späteren Physikalismus der Schüler des bedeutenden Physiologen und vergleichenden Anatoms Johannes Müller (1801-1858). Haeckel war wie u. a. auch Brücke, Helmholtz oder Du Bois-Reymond einer von Müllers Schülern.[383] Durch die Überlieferung der goetheschen Idee der Polarität wirkte dieser Einfluss (Kat. III) auf die damaligen Wissenschaftler der nächsten Generation ein, wie z. B. auf Freuds Lehrer Brücke (Kat. II), der wiederum – neben einigen anderen Personen auch – eine der Personen war, über die Freud diesen Einfluss aufnahm. Brücke inspirierte nicht nur Freuds naturwissenschaftliche Orientierung (vgl. viertes Kapitel, S. 57-59), sondern auch Haeckel, der während seines Wienaufenthaltes im Jahr 1857 zu einem „begeisterten Anhänger der Physiologie Brückes" wurde.[384]

Ein Schlüsselbegriff bei Haeckel ist das Wort „Entwicklung".[385] Die mit der Untersuchung von Entwicklungen verbundene, historische bzw. genetische Zugangsweise Haeckels wurde u. a. auch von Ritvo kommentiert. So wurde die Morphologie bei Haeckel zur Morphogenie, die die Entwicklung einer Form aus einer anderen untersucht. Die Physiologie wurde bei ihm zur Physiogenie, innerhalb derer er die Geschichte der Entwicklung von Funktionen erforschte. Aus der Anthropologie formte Haeckel die Anthropogenie, deren Aufgabe es war, die Geschichte des Ursprungs der Menschen aus einer Reihe tierischer Vorfahren zu rekonstruieren (vgl. Ritvo 1990: 18f.). Dieser genetische Aspekt bei Haeckel ergibt eine strukturelle Verwandtschaft zu Freud, dessen genetisch-darwinscher Aspekt der Metapsychologie wiederum von John Rapaport beschrieben wurde (vgl. a.a.O.: 19).[386]

Zusammenfassend bilden bei Haeckel dynamische, einander wechselseitig ergänzende Verbindungen von Dualitäten, der gleichzeitige Blick auf das Ganze und auf die Beziehungen der Elemente zueinander und die genetisch-historische Erforschung von Entwicklungsvorgängen wesentliche theoriebildende Momente, die sowohl einerseits von Goethe beeinflusst waren, als auch strukturelle Ähnlichkeiten zu Freud aufweisen.

---

383 Vgl. Hemecker 1991: 84.

384 Vgl. Michler 1999: 60.

385 Bzw. „Entwickelung", geschrieben im Stil des 19. Jahrhunderts, wie z. B.: „Der ganze Entwickelungsgang der Erde und ihrer Bewohner ist coutinuirlich, zusammenhängend" (Haeckel 1874 [1891: 73]).

386 Rapaport komprimiert Freuds genetische Ausrichtung der Metapsychologie im Abstract seiner Schrift „The structure of psychoanalytic theory" (1960): „All behavior is part of a genetic series. The crucial determinants of behavior are unconscious. The ultimate determinants of all behavior are the drives. All behavior disposes of and is regulated by psychological energy; and has structural, social, and reality determinants" (Rapaport 1960).

4.1 Haeckels System aus Vererbungs- und Anpassungsgesetzen

Wie sehr Darwin Haeckels naturwissenschaftliche Beiträge schätzte, geht aus seinem Vorwort zur zweiten Auflage von „The Descent of Man, and Selection in Relation to Sex" hervor.[387] Darwin findet in diesem „letzten Naturalisten", dessen Kenntnisse er in vielen Punkten über seine eigenen stellt, eine Bestätigung für fast alle seiner eigenen Folgerungen:

> „This last naturalist, besides his great work, „Generelle Morphologie" (1866), has recently (1868, with a second edit, in 1870), published his „Natürliche Schöpfungsgeschichte", in which he fully discusses the genealogy of man. If this work had appeared before my essay had been written, I should probably never have completed it. Almost all the conclusions at which I have arrived I find confirmed by this naturalist, whose knowledge on many points is much fuller than mine".[388]

Haeckel baute auf den Ideen Lamarcks, Goethes und Darwins auf, die er alle drei als Begründer der Deszendenztheorie (Abstammungslehre) bezeichnete.[389] Unter diesen Mitbegründern nennt Haeckel Lamarck als denjenigen, der als Erster die Deszendenztheorie als wissenschaftlich formulierte Theorie („Lamarckismus") in die Biologie eingeführt hatte.[390] Darwins Beitrag zur Deszendenztheorie ist seine Lehre von der natürlichen Züchtung („natural selection"), die auch die alternativen Bezeichnungen „Erhaltung der vervollkommneten Rassen im Kampfe um das Dasein", „Zuchtwahllehre" bzw. „Selektionstheorie" oder „Darwinismus" trägt.[391] In diesem Zusammenhang macht Haeckel auf eine Verwechslungsgefahr aufmerksam, die darin besteht, die Selektionstheorie (den Darwinismus) mit der Deszendenztheorie gleichzusetzen:

> „Diese Selektionstheorie ist es, welche man mit vollem Rechte, ihrem alleinigen Urheber zu Ehren, als Darwinismus bezeichnen kann, während es nicht richtig ist, mit diesem Namen, wie es neuerdings häufig geschieht, die gesamte Deszendenztheorie zu belegen, die bereits von Lamarck als eine wissenschaftlich formulierte Theorie in die Biologie eingeführt worden ist, und die man daher entsprechend als Lamarckismus bezeichnen könnte".[392]

Die Kernidee der Deszendenztheorie besteht in der Hervorbringung der „höchsten und vollkommensten Organismen" aus den „einfachsten und unvollkommensten Urwesen" durch divergente Entwicklung.[393] Die Deszendenztheorie ist das „kausal

---

387 Der Titel der deutschen, vom Leipziger Zoologen Victor Carus (1823-1903) übersetzten Fassung lautet: „Die Abstammung des Menschen und die geschlechtliche Zuchtwahl" (1871).
388 Darwin 1871 [1875: 3].
389 Vgl. Haeckel 1906: 84f.
390 A.a.a.O.: 232.
391 Vgl. a.a.O.: 231.
392 A.a.O.: 84f.
393 Ebd.

erklärende Fundament der Entwicklungsgeschichte",[394] indem sie eine „physiologische Erklärung der morphologischen Erscheinungen" gibt.[395] Sie fasst die

> *„gesamten allgemeinen (morphologischen und physiologischen) Erscheinungsreihen in ein einziges großes harmonisches Bild zusammen und zeigt, wie sich uns alle Züge desselben aus einem einzigen physiologischen Naturprozesse, aus der Transmutation der Spezies, harmonisch und vollständig erklären".[396]*

Die Selektionstheorie, also Darwins Anteil an der Deszendenztheorie, liefert die „mechanischen Ursachen", die „Causae efficientes" für den Prozess der Transmutation der Arten. Der Grundgedanke von Darwins Selektionstheorie ist die Wechselwirkung zwischen Vererbung und Anpassung.[397]

Haeckels „Natürliche Schöpfungsgeschichte" enthält nicht nur ab ihrer zweiten Auflage den für Freuds Entwicklung maßgeblichen Aufsatz „Die Natur" (vgl. dieses Kapitel, S. 133 bzw. drittes Kapitel, S. 37), sondern auch – bereits ab der ersten Auflage – ein die Ideen Lamarcks, Goethes und Darwins[398] integrierendes, komplex zusammenwirkendes entwicklungsgeschichtliches System aus Vererbungs- und Anpassungsgesetzen, das nun vorgestellt wird.

Die folgende Grafik wurde anhand der Textangaben der elften Auflage von Haeckels Werk „Natürliche Schöpfungsgeschichte" erstellt.[399] Haeckels entwicklungsgeschichtliches System umfasst insgesamt 21 Gesetze, die zehn Vererbungsgesetze und elf Anpassungsgesetze bilden. Die Vererbungsgesetze gliedern sich in fünf Gesetze der konservativen Vererbung („Ererbtes") und fünf Gesetze der progressiven Vererbung („Erworbenes").[400] Die Anpassungsgesetze unterteilen sich in drei Gesetze der indirekten Anpassung („Ererbtes") und acht Gesetze der direkten Anpassung („Erworbenes"). Das in der Abbildung fett hervorgehobene biogenetische Grundgesetz bildet das Gesetz Nr. 5 rechts oben in der Gruppe der konservativen Gesetze der Vererbung.[401]

---

394 A.a.O.: 186.
395 A.a.O.: 170.
396 A.a.O.: 232.
397 Ebd.
398 Unschärfen bei der Übernahme darwinscher Ideen durch Haeckel können dabei nicht ausgeschlossen werden. So weist der deutsche Kunsthistoriker Horst Bredekamp auf einen gravierenden Unterschied zwischen Darwins Vorstellungen von der Evolution der Arten und dem, was Haeckel später daraus machte, hin: Darwin verwendete die Koralle u.a. als Metapher für eine unhierarchische Organisation aller Lebewesen. Dies kam seiner Idee einer zufälligen Metamorphose der Arten weitaus näher als Haeckels Baumstruktur einer hierarchisch organisierten, nach oben hin bis zur Krone Mensch wachsenden Natur (Bredekamp 2005).
399 Dieselbe Systematisierung der Gesetze lag bereits ab der ersten Auflage (1868) vor.
400 Die Begriffe „Ererbtes" und „Erworbenes" wurden von mir für dieses Schrma dazuergänzt.
401 Vgl. Haeckel 1868 [1911: 189].

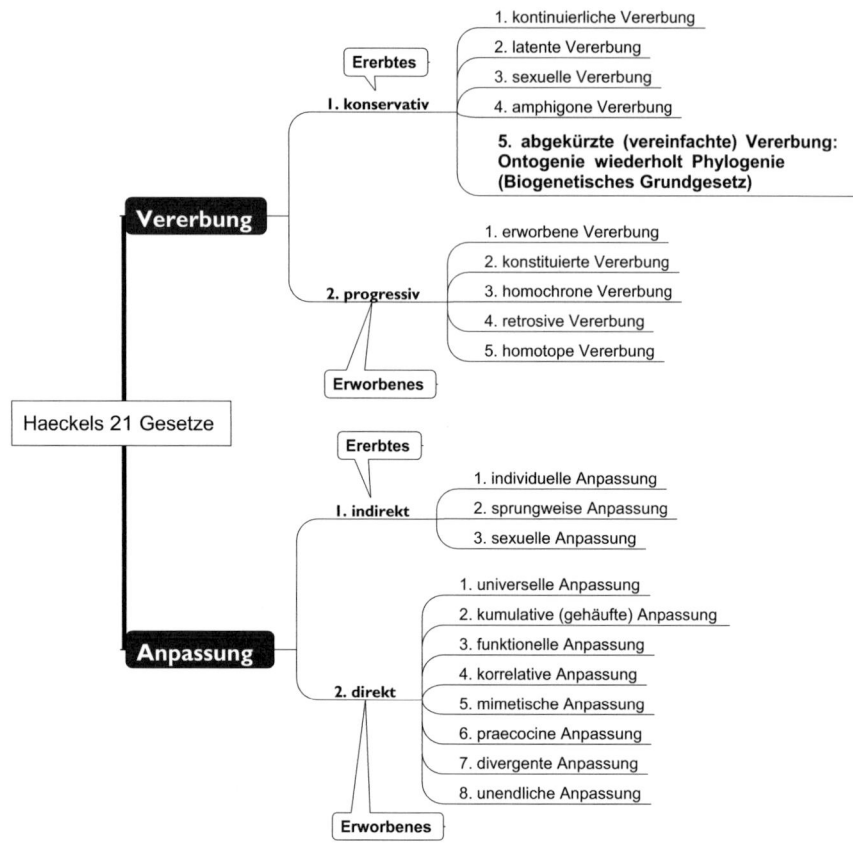

Abb. 4: Haeckels Gesetze der Vererbung und Anpassung

Haeckels Vererbungsgesetze

Die Vererbungsgesetze wurden von Haeckel im 19. Kapitel seines Werkes „Generelle Morphologie" (1866) aufgestellt. Sie wirken „in der mannigfaltigsten Weise miteinander und durcheinander" (vgl. Haeckel 1868 [1911: 196]) und sind alle auf die Fortpflanzung zurückführbar. Die Fortpflanzung ist zur Gänze auf „chemische und physikalische Prozesse", „mechanische Ursachen", „wahre Kausalität" und nicht auf „mystische und übernatürliche Kräfte", auf „bewußte Zielstrebigkeit oder Finalität, wie sie der alte und neue Vitalismus annimmt", zurückführbar (a.a.O.: 236). Die fünf Gesetze der konservativen oder erhaltenden Vererbung betreffen die „Vererbung solcher Eigenschaften, welche der betreffende Organismus von seinen Eltern oder Vorfahren schon erhalten hat" (a.a.O.: 183). Die weiteren fünf Gesetze der progressiven oder fortschreitenden Vererbung beruhen hingegen auf der Vererbung von „individuellen Eigentümlichkeiten, welche ein Organismus nicht ererbt, sondern „erst während seines Lebens erworben hat". Haeckel betont, dass sich hier die Anpassung bereits mit der Vererbung verbindet und mit ihr zusammenwirkt. Da hier sowohl Fortschritte als auch oft Rückschritte in der Organisation des Organismus stattfinden können, schlägt er auch die Bezeichnung „umbildende oder transformative" Vererbung vor (vgl. a.a.O.: 190).

Haeckels Anpassungsgesetze

Unter Anpassung (adaptio) bzw. Abänderung (variatio) versteht Haeckel, dass ein Organismus „infolge von Einwirkungen der umgebenden Außenwelt gewisse neue Eigentümlichkeiten in seiner Lebenstätigkeit, Mischung und Form annimmt, welche er nicht von seinen Eltern geerbt hat". Demnach bedeutet die Anpassungsfähigkeit (Adaptabilitas) oder Veränderlichkeit (Variabilitas) „die physiologische, allen Organismen innewohnende Fähigkeit, derartige neue Eigenschaften unter dem Einflusse der Außenwelt zu erwerben" (vgl. a.a.O.: 207f.).

Alle elf Gesetze der Anpassung basieren auf der Ernährung, die ihrerseits wiederum „auf mechanische Ursachen, auf wahre Kausalität" zurückzuführen ist (vgl. a.a.O.: 236). Der Begriff der „Ernährung" ist weit gefasst und enthält „nicht nur die Aufnahme der wirklich ernährenden Stoffe und der Einfluß der verschiedenartigen Nahrung", sondern auch alle klimatischen Einflüsse, Standortbedingungen sowie den „äußerst wichtigen und vielseitigen Einfluß der umgebenden Organismen" auf jedes Lebewesen (vgl. a.a.O.: 209).

Drei dieser Gesetze bilden die auf Vererbung basierenden Gesetze der mittelbaren, indirekten (potentiellen) Anpassung, wobei Haeckel Darwins Verdienst erwähnt, auf sie aufmerksam gemacht zu haben (vgl. a.a.O.: 211). Haeckel räumt ein, dass diese Anpassungsmechanismen zwar „noch sehr dunkel in ihrem Wesen und sehr wenig erforscht in ihren elementaren Ursachen" sind, jedoch steht für ihn fest,

> „daß alle organischen Individuen Umbildungen erleiden und neue Formen annehmen können infolge von Ernährungsveränderungen, welche nicht sie selbst, sondern ihren elterlichen Organismus betrafen. Der umgestaltende Einfluss der äußeren Existenzbedingungen, des Klimas, der Nahrung usw. äußert hier seine Wirkung nicht direkt, in der Umbildung des Organismus selbst, sondern indirekt, in derjenigen seiner Nachkommen".[402]

Acht weitere Anpassungsgesetze sind in der letzten Gruppe der unmittelbaren, direkten (aktuellen) Anpassung zusammengefasst. Sie betreffen „alle diejenigen Abänderungen der Organismen, welche man als die Folgen der Übung, Gewohnheit, Dressur, Erziehung usw. betrachtet, ebenso diejenigen Umbildung der organischen Formen, welche unmittelbar durch den Einfluss der Nahrung, des Klimas und anderer äußerer Existenzbedingungen bewirkt werden" (a.a.O.: 217). Im Unterschied zu

---

402 Haeckel 1868 [1911: 213].

den indirekten Anpassungsgesetzen, bei denen organische Form- und Strukturver-
änderungen nicht bei der von den Einflüssen der Umwelt betroffenen Elterngenera-
tion, sondern erst bei den Nachkommen wirksam werden, bildet sich bei der direkten Anpassung die individuelle Form und Struktur des betroffenen Organismus
durch eigene Anpassung an die Einflüsse der äußeren Ursachen um.

Da nicht Haeckel, sondern Freud im Fokus der Forschungsfrage steht, muss
sich dieser Überblick beschränken. Weder kann einer genaueren Beschreibung aller
Gesetze Haeckels, noch den vielfältigen Möglichkeiten, die sich aus ihren Wechselwirkungen ergeben können, nachgekommen werden.

Ziel dieser knappen Übersicht war, erstens zu zeigen, dass der wissenschaftliche Beitrag Haeckels nicht auf ein einziges Gesetz, sein biogenetisches Grundgesetz, reduziert werden kann, ohne dabei sein komplex organisiertes entwicklungsgeschichtliches System von insgesamt 21 dynamisch zusammenwirkenden
Gesetzen der Vererbung und Anpassung zu ignorieren. Zweitens wurde versucht,
den originären Kontext dieses Systems zu rekonstruieren, innerhalb dessen Haeckel
dem biogenetischen Grundgesetz eine bedeutende Funktion eingeräumt hatte.

4.2 Haeckels Biogenetisches Grundgesetz

Ähnlich wie die Idee einer Vererbung erworbener Eigenschaften bereits vor Lamarck von anderen Personen gedacht wurde, wurde auch das biogenetische Grundgesetz mehrmals entdeckt. Stephen Jay Gould nennt als historischen Vorläufer an
erster Stelle Aristoteles, der sich für eine Analogie zwischen der menschlichen
Entwicklung und der Geschichte des organischen Lebens eingesetzt hatte (vgl.
Gould 1977: 7), wobei die Entwicklung der Lebensformen graduell in Richtung
einer zunehmenden Vollkommenheit der Organismen verläuft.[403] Das Gesetz der
Rekapitulation wurde vom einflussreichen deutschen Biologen und Naturforscher
Fritz Müller (1822-1897) in seiner Schrift „Für Darwin" im Jahre 1864 angewendet.[404] Die beiden amerikanischen Zoologen und Vertreter der Ideen Lamarcks,
Edward Drinker Cope (1840-1897) und Alpheus Hyatt (1838-1902), publizierten
ihre Arbeiten über die Rekapitulation unabhängig voneinander im Jahr 1866, im
selben Jahr, als Haeckel seine „Thesen von dem Causalnexus der biontischen und
der phyletischen Entwickelung" in seinem Werk „Generelle Morphologie der Organismen" formulierte.[405] Eine Beschreibung des biogenetischen Grundgesetzes
durch einen Zeitgenossen Freuds findet sich in Eislers „Wörterbuch der philo-

---

403 Vgl. Gould 1977: 16.
404 Carl Claus, in dessen Institut für vergleichende Anatomie Freud ab dem Frühjahr 1876 gear-
   beitet hatte, nannte in seinem „Lehrbuch der Zoologie I" (1884) die Rekapitulation Fritz Müllers „fundamentales Prinzip", das bei Haeckel zum „fundamentalen biogenetischen Gesetz"
   wurde (vgl. Ritvo 1990: 159).
405 Vgl. Gould 1977: 76.

sophischen Begriffe" (1899), in dem die fünf Namen Ernst Haeckel, Erasmus Darwin, Lorenz Oken, Fritz Müller und James Sully mit dem Begriff verknüpft sind:[406]

> *„Biogenetisches Grundgesetz: Die Ontogenese (Entwicklung des Individuums) ist eine (abgekürzte und modificierte) Wiederholung der Phylogenese (Entwicklung des Stammes, der Gattung): E. HAECKEL (Gen. Morphol. 1866). Vorher schon angedeutet bei ERASMUS DARWIN, dann bei L. OKEN: ‚Es ist ... kein Zweifel, daß hier eine auffallende Ähnlichkeit besteht, welche die Idee rechtfertigt, daß die Entwicklungsgeschichte im Ei nichts anderes sei als eine Wiederholung der Schöpfungsgeschichte der Tierklassen' (Allg. Naturgesch. S. 468f.). Auch bei FRITZ MÜLLER (Für Darwin 1864). Von verschiedenen Philosophen wird die Geltung des biogenetischen Grundgesetzes auch in der Psychologie angenommen (z. B. SULLY, Handb. d. Psychol. S. 49)".*[407]

Haeckel publizierte dieses Gesetz zum ersten Mal in seinem zweibändigen Werk „Generelle Morphologie der Organismen" im Jahr 1866.[408] Im 20. Kapitel „Ontogenetische Thesen" aus dem fünften Buch des zweiten Bandes, der den Titel „Allgemeine Entwickelungsgeschichte der Organismen" trägt, verfasste Haeckel insgesamt 44 ontogenetische Thesen. Die letzten vier dieser Thesen bilden die im sechsten Unterkapitel zusammengefassten „Thesen von dem Causalnexus der biontischen und der phyletischen Entwickelung":[409]

> *„40. Die Ontogenesis oder die Entwickelung der organischen Individuen, als die Reihe von Formveränderungen, welche jeder individuelle Organismus während der gesammten Zeit seiner individuellen Existenz durchläuft, ist unmittelbar bedingt durch die Phylogenesis oder die Entwickelung des organischen Stammes (Phylon), zu welchem derselbe gehört.*
>
> *41. Die Ontogenesis ist die kurze und schnelle Recapitulation der Phylogenesis, bedingt durch die physiologischen Functionen der Vererbung (Fortpflanzung) und Anpassung (Ernährung).*
>
> *42. Das organische Individuum (als morphologisches Individuum erster bis sechster Ordnung) wiederholt während des raschen und kurzen Laufes seiner individuellen Entwickelung die wichtigsten von denjenigen Formveränderungen, welche seine Voreltern während des langsamen und langen Laufes ihrer paläontologi-*

---

406 Rudolf Eisler (1873-1926) war u. a. auch der Übersetzer von Le Bons „Psychologie der Massen" (1919), auf das sich Freud in „Massenpsychologie und Ich-Analyse" (1921c) bezieht.

407 Eisler 1899 [1904: 156].

408 Der Untertitel dieses Werkes lautet „Allgemeine Grundzüge der organischen Formen-Wissenschaft, mechanisch begründet durch die von Charles Darwin reformierte Descendenz-Theorie".

409 Unter „Causalnexus" ist die Verknüpfung zwischen Ursache und Wirkung zu verstehen. Mit „Bion" meint Haeckel das physiologische Individuum. Mit dem Begriff „Phylon" bezeichnet er den organischen Stamm, dem das Individuum zugehörig ist (vgl. Haeckel 1866: 299f).

schen Entwickelung nach den Gesetzen der Vererbung und Anpassung durchlaufen haben.

43. Die vollständige und getreue Wiederholung der phyletischen durch die biontische Entwickelung wird verwischt und abgekürzt durch secundäre Zusammenziehung, indem die Ontogenese einen immer geraderen Weg einschlägt; daher ist die Wiederholung um so vollständiger, je länger die Reihe der successiv durchlaufenen Jugendzustände ist.

44. Die vollständige und getreue Wiederholung der phyletischen durch die biontische Entwickelung wird gefälscht und abgeändert durch secundäre Anpassung, indem sich das Bion während seiner individuellen Entwickelung neuen Verhältnissen anpasst; daher ist die Wiederholung um so getreuer, je gleichartiger die Existenzbedingungen sind, unter denen sich das Bion und seine Vorfahren entwickelt haben".[410]

In Haeckels These Nr. 41 ist das biogenetische Grundgesetz in komprimierter Weise formuliert. Vererbung (Fortpflanzung) und Anpassung (Ernährung) bilden, ebenso wie in der zwei Jahre später erstmals publizierten „Natürlichen Schöpfungsgeschichte" (1868), die selben zwei essenziellen physiologischen Faktoren in der Entwicklung der Lebewesen. These Nr. 44 ist insofern von besonderer Bedeutung, da hier Abweichungen in der Wiederholung der Phylogenese durch die Ontogenese erwähnt werden, die durch neue Anpassungen des Individuums an sich verändernde Lebensbedingungen bedingt sind.

Haeckel stellt folgende Relation her: Je mehr die Existenzbedingungen des Individuums im Vergleich zu den Vorfahren differieren, umso größer ist der Grad der sekundären Anpassung des Individuums an diese Veränderungen. Dadurch ist auch der Grad der Abweichung in der Entwicklung des Individuums (Ontogenese) höher im Vergleich zu der bisherigen Entwicklung der Art (Phylogenese). Anders formuliert: Veränderte Existenzbedingungen üben einen modulierenden Einfluss auf das Einzelwesen aus, das sich durch individuelle Anpassungsmechanismen vom bisherigen Verlauf der Stammesentwicklung entfernt. Der Grad bzw. die Genauigkeit der Rekapitulation ist daher abhängig von der Konstanz bzw. Variabilität der Existenzbedingungen und der damit verbundenen Anpassungsleistung des Lebewesens. Haeckel blieb über die Jahre konsequent in seiner Formulierung dieser Verhältnisse. Ein kurzer Vergleich zweier seiner Werke mit zwei verschiedenen Auflagejahren soll dies verdeutlichen: In der 11. Auflage der „Natürlichen Schöpfungsgeschichte" aus dem Jahr 1911 stellt Haeckel das biogenetische Grundgesetz als „wichtigstes allgemeines Gesetz der organischen Entwicklung" vor. Inhaltlich sehr ähnlich zur vorhin erwähnten 41. These aus der ersten Auflage seiner „Generellen Morphologie" aus dem Jahr 1866 legt er dar, dass „die Ontogenesis, oder die Entwicklung des Individuums, eine kurze und schnelle, durch die Gesetze der Verer-

---

410 Haeckel 1866: 300.

bung und Anpassung bedingte Wiederholung (Rekapitulation) der Phylogenesis oder der Entwicklung des zugehörigen Stammes, d.h. der Vorfahren, welche die Ahnenskette des betreffenden Individuums bilden" ist.[411]

Gemessen an ihren Publikationsdaten (1866 bzw. 1911) liegen 45 Jahre zwischen diesen beiden Formulierungen. Auch ein Parallelismus aus drei Entwicklungsreihen, die innerhalb dieses Gesetzes verlaufen, wurde von Haeckel bereits im Jahr 1866 in denThesen Nr. 32-38 von insgesamt 38 phylogenetischen Thesen postuliert.[412] Dieser komplexe „Parallelismus der individuellen, der paläontologischen und der systematischen Entwicklung, des betreffenden Fortschrittes und der betreffenden Differenzierung"[413] lässt sich schematisch wie folgt darstellen:

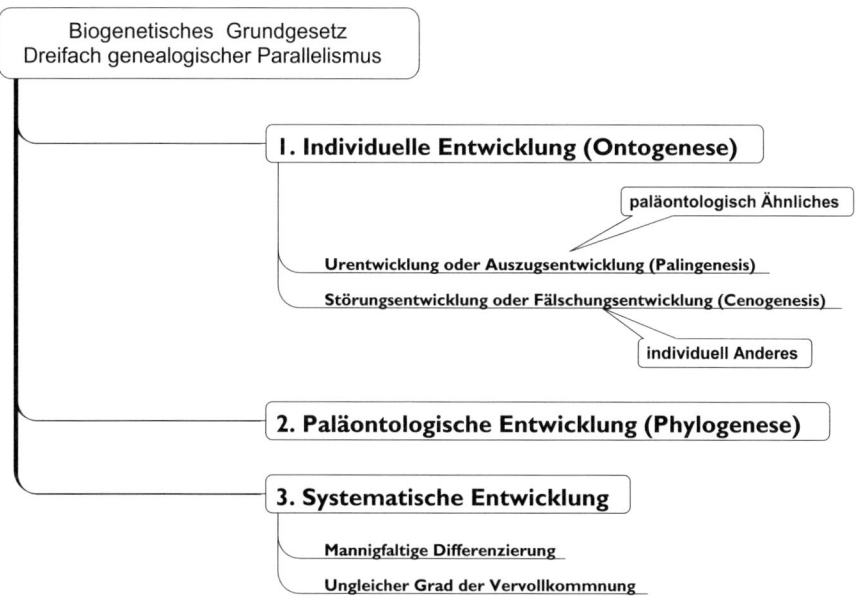

Abb. 5: Der dreifache Parallelismus im biogenetischen Grundgesetz

411 Vgl. Haeckel 1868 [1911: 309].
412 Vgl. Haeckel 1866: 421f. Zusammen mit den erwähnten 44 ontogenetischen Thesen formulierte er insgesamt 82 Thesen.
413 Vgl. a.a.O.: 314.

Die ontogenetische (individuelle) Entwicklungsreihe der Keimesgeschichte und die phylogenetische (paläontologische) der Stammesgeschichte stehen in einem innigen Zusammenhang, der für Haeckel „einen der wichtigsten und unwiderleglichsten Beweise der Deszendenztheorie" darstellt.[414]

Die embryonale (ontogenetische) Entwicklung bildet sich in der paläontologischen (phylogenetischen) Entwicklung ab, indem der menschliche Embryo innerhalb seiner fortschreitenden Umbildung fischartige, amphibienartige und säugetierartige Entwicklungsstadien durchläuft, die der Reihenfolge des Auftretens jener Arten in der Erdgeschichte entsprechen. Erneut betont Haeckel die Wechselwirkungen der Vererbungs- und Anpassungsgesetze als singuläre Ursache für dieses Zusammenwirken:

> *„In derselben Reihenfolge sehen wir aber auch die Vorfahren des Menschen und der höheren Säugetiere in der Erdgeschichte nacheinander auftreten: zuerst Fische, dann Amphibien, später niedere und zuletzt erst höhere Säugetiere. So läuft die embryonale Entwicklung des Individuums durchaus parallel der paläontologischen Entwicklung des ganzen zugehörigen Stammes; und diese äußerst interessante und wichtige Erscheinung ist einzig und allein durch die Wechselwirkung der Vererbungs-und Anpassungsgesetze vernunftgemäß zu erklären".*[415]

Durch das Zusammenwirken von Vererbung und Anpassung entstehen zwei verschiedene Varianten ontogenetischer Entwicklungsverläufe, die „Palingenesis" bzw. „Cenogenesis" genannt werden:

> *„Die erste Gruppe umfasst die Urentwicklung oder Auszugsentwicklung (Palingenese) und führt uns noch heute jene uralten Bildungsverhältnisse vor Augen, welche durch Vererbung von dem ursprünglichen Stammformen übertragen worden sind".*[416]

Während in der palingenetischen Entwicklungsvariante das „paläontologisch Ähnliche", der ursprüngliche phylogenetische Anteil, das „Alte" i. w. S., über Vererbung in den Vordergrund tritt, dominiert bei der zweiten Variante, der Cenogenesis, das „individuell Andere", bei der Neues in der individuellen, ontogenetischen Entwicklung durch Anpassung entsteht:[417]

> *„Die zweite Gruppe hingegen enthält die Störungsentwicklung oder Fälschungsentwicklung (Cenogenesis) und trübt das ursprüngliche Bild des Entwicklungsganges durch Einführung neuer fremder Bildungen, welche den Stammformen*

---

414 Vgl. a.a.O.: 310.
415 Vgl. a.a.O.: 310f.
416 Vgl. a.a.O.: 311.
417 Die Formulierungen „paläontologisch Ähnliche" bzw. „individuell Andere" stammen nicht von Haeckel, sondern sind eigene Beifügungen.

*fehlten und erst durch Anpassung an die besonderen Bedingungen ihrer individu-
ellen Entwicklung von den Keimformen erworben wurden".*[418]

Daraus leiten sich folgende Verhältnisse ab: Je höher die Palingenie – der vererbte
Anteil in der ontogenetischen Entwicklung eines Organismus – ist, „desto treuer ist
das Bild, welches uns dieselbe [Anm.: die Palingenie] von der Stammesgeschichte
desselben entwirft".[419] Je höher die Cenogenie – der, durch Anpassung erworbene
Anteil in der ontogenetischen Entwicklung eines Organismus – ist, „desto mehr
wird jenes Bild [Anm.: von der Stammesgeschichte] verwischt oder entstellt".

Die dritte Entwicklungsreihe in der Genealogie der Organismen, die „systematische Entwicklung", bedeutet eine fortschreitende Entwicklung in Richtung Vervollkommnung und Differenzierung. Sie steht zu den ontogenetischen und phylogenetischen Entwicklungsreihen „in den innigsten Beziehungen".[420] Alle drei
Reihen sind „von gleich hohem Werte".[421] Das Prinzip der fortschreitenden Differenzierung und Vervollkommnung bildet sich sowohl in der Ontogenese als auch in
der Phylogenese ab:

> *„Indem sich ein so hochstehender und verwickelter Organismus wie der des Men-
> schen oder eines anderen Säugetieres, von jener einfachen Zellenstufe an aufwärts
> erhebt, indem er fortschreitet in seiner Differenzierung und Vervollkommnung,
> durchläuft er dieselbe Reihe von Umbildungen, welche seine tierischen Ahnen vor
> undenklichen Zeiten, während ungeheurer Zeiträume durchlaufen haben".*[422]

Die systematische Entwicklung ist „diejenige Stufenleiter von Formen, welche das
Untersuchungsobjekt der vergleichenden Anatomie bildet" und beinhaltet „ver-
schiedenartige, aber doch verwandte und zusammenhängende Formen, welche   zu
irgendeiner Zeit der Erdgeschichte, also zum Beispiel in der Gegenwart, nebeneinander existieren".[423]

Aufgabe der vergleichenden Anatomie ist es, diese verschiedenen Formen der
entwickelten Organismen miteinander zu vergleichen und das „gemeinsame Urbild
zu erkennen, welche den mannigfaltigen Formen der verwandten Arten, Gattungen,
Klassen usw. zugrunde liegt und welches durch deren Differenzierung nur mehr
oder weniger versteckt wird". Sie sucht die „Stufenleiter des Fortschritts" festzustellen, welche durch den verschiedenen Vervollkommnungsgrade der divergieren-
den Zweige des Stammes bedingt ist".[424] Durch die mannigfaltige Differenzierung
und die ungleichen Grade der Vervollkommnung der Organismen ergibt sich, dass

---

418 Ebd.
419 Vgl. a.a.O.: 312.
420 Ebd.
421 Vgl.a.O.: 315.
422 Vgl. a.a.O.: 310.
423 A.a.O.: 312.
424 Ebd.

Organismen in verschiedenen Entwicklungsstadien zur selben Zeit existieren.[425] Zwei Faktoren sind dabei wirksam: Erstens eine „zunehmende Mannigfaltigkeit der Existenzbedingungen, die verschiedene Anpassungen erfordern" und zweitens „verschiedene Grade von Schnelligkeit und Vollständigkeit der Anpassung" der Lebensformen an diese vielfältigen Existenzbedingungen.

Haeckel unterscheidet zwischen zwei Arten von Gruppen"[426] im Verhältnis zur Schnelligkeit und Vollständigkeit ihrer Fähigkeiten zur Anpassung und im daraus resultierenden Fortschritt ihrer Entwicklung in ihrem „Kampf um das Dasein":[427] Die konservativen, „niederen" Gruppen, die an ihren „ererbten Eigentümlichkeiten" am „zähesten festhielten", stagnierten auf der tiefsten Entwicklungsstufe. Umgekehrt erreichten die „progressiven", „höheren", „am schnellsten und vielseitigsten fortschreitenden" Gruppen mit der höchsten Bereitwilligkeit zur Anpassung „den höchsten Vervollkommnungsgrad". Die Divergenzen zwischen beiden Gruppen wurden im „Laufe der Erdgeschichte" immer größer, „je weiter sich die organische Welt im Laufe der Erdgeschichte entwickelte".[428]

---

425 Ähnliche Gedanken formulierte ein Jahr, bevor Haeckel das biogenetische Grundgesetz in seiner Generelle Morphologie (1866) erstmals publizierte, u. a. auch Spencer mit seinem „law of organic progress", dem er universelle Gültigkeit einräumte: „Now, we propose in the first place to show, that this law of organic progress is the law of all progress. […] From the earliest traceable cosmical changes down to the latest results of civilization, we shall find that the transformation of the homogeneous into the heterogeneous, is that in which progress essentially consists" (Spencer 1865: 3). Ebenso kann auch interpretiert werden, dass sich z. B. Goethes Prinzip der Steigerung (siehe dieses Buch, S. 142) in Haeckels biogenetischem Grundgesetz ausdrückt, da Haeckel zu den Ideen beider nachweislichen Kontakt hatte.

426 Bezüglich der Anwendung entwicklungstheoretischer Ideen, wie z. B. der Annahme progredienter, stufenförmiger Entwicklungen auf dem Gebiet der Psychologie, hebt Haeckel Herbert Spencer hervor: „Derselbe hat zugleich das große Verdienst, die Entwicklungstheorie auf die Psychologie angewandt und gezeigt zu haben, dass auch die Seelentätigkeiten und die Geisteskräfte nur stufenweise erworben und allmählich entwickelt werden konnte" (vgl. Haeckel 1868 [1911: 106]).

427 Julia Voss, die Herausgeberin des Buches „Charles Darwin. Das Lesebuch", macht auf den wichtigen, mit schwerwiegenden Folgen verbundenen Umstand aufmerksam, dass durch eine unglückliche Übersetzung von Victor Carus aus dem Begriff „struggle for existence" aus Darwins Buch „The Origin of Species by Means of Natural Selection or the Preservation of Favoured Races in the Struggle for Life" (1859) der deutsche Begriff „Kampf ums Dasein" geschaffen wurde. Dies führte im deutschen Sprachraum entgegen dem, was Darwin als ein „Sich-Durchschlagen" gemeint hatte, zu dem Vorurteil, dass sich in der Natur der „Größte, Stärkste, mit den gefährlichsten Waffen" durch siegreichen Kampf mit Gegnern durchsetzt. Voss ersetzte diese Übersetzung durch die sinngemäß entsprechendere Formulierung „Ringen ums Überleben" (vgl. Darwin 2008: 18). Auch Haeckel bezweifelte diesen missverständlichen Begriff: „Der ‚Kampf ums Dasein' ist rasch ein Stichwort des Tages geworden. Trotzdem ist diese Bezeichnung vielleicht in mancher Beziehung nicht ganz glücklich gewählt, und würde wohl schärfer gefasst werden können als ‚Mitbewerbung um die notwendigen Existenzbedürfnisse'. Man hat nämlich unter dem ‚Kampf ums Dasein' manche Verhältnisse begriffen, die eigentlich im strengen Sinne nicht hierher gehören" (Haeckel 1868 [1911: 142]).

428 Vgl. a.a.O.: 313.

Den Blick auf Haeckels Biogenetisches Grundgesetz abschließend soll betont werden, dass Haeckel selber drei Aspekte nannte, die die Rekapitulation der phylogenetischen durch die ontogenetische Entwicklung im Zusammenwirken mit den verschiedenen Mechanismen der Anpassung und Vererbung relativieren:

> *„Um übrigens das Biogenetische Grundgesetz richtig zu verstehen und anzuwenden, muss man verstehen, dass die erbliche Wiederholung der ursprünglichen Stammformenkette durch die entsprechende und parallele Keimformenkette nur selten (oder streng genommen niemals!) ganz vollständig ist, denn die wechselnden Existenzbedingungen üben ihre Wirkung auf jede einzelne Keimform ebenso aus, wie auf den entwickelten Organismus. Außerdem wirkt das Gesetz der abgekürzten Vererbung beständig auf eine Vereinfachung des ursprünglichen Entwicklungsganges hin. Andererseits kann aber der Keim durch Anpassung an neue Lebensverhältnisse (z. B. Bildung schützender Hüllen) neue Formen gewinnen, welche dem ursprünglichen, durch Vererbung übertragenen bildet der Stammform fehlten. So muss denn notwendig das Bild der Keimform (besonders der späteren Keimungsstufen) mehr oder weniger von dem ursprünglichen Bilde der entsprechenden Stammform abweichen, und zwar umso mehr, je höher der Organismus entwickelt ist".*[429]

Aus Haeckels drittem Argument ergeben sich interessante Relationen, denn je weiter und differenzierter ein Organismus in seiner Ontogenese durch geglückte Anpassungen an wechselnde Existenzbedingungen entwickelt ist, umso stärker sind seine Abweichungen von den Formen seiner phylogenetischen Herkunft. Umgekehrt gilt, dass, je weniger, undifferenzierter ein Organismus in seiner Ontogenese durch mangelnde Anpassungen an die Existenzbedingungen in seiner Entwicklung fortschreitet, umso „primitivere", „archaischere" Ähnlichkeiten weist seine ontogenetische, individuelle Entwicklung im Vergleich zu der seiner phylogenetischen Ahnen auf.

Aus der methodischen Perspektive des „Ähnlich aber anders" betrachtet: Je differenzierter sich ein Organismus entwickelt, desto „andersartiger" verläuft seine aktuelle ontogenetische im Vergleich zur bisherigen phylogenetischen Entwicklung ab. Analog dazu: Je undifferenzierter die ontogenetische Entwicklung verläuft, desto „ähnlicher" zueinander ist der Verlauf der ontogenetischen zur phylogenetischen Entwicklungsreihe. Die aktuelle Entwicklung entspricht dem Grad des Fortschrittes des Individuums im Vergleich zur Art.

Auf den vergangenen Seiten wurden einige Aspekte der haeckelschen Ideen genauer betrachtet, nicht nur, um sie an späterer Stelle in der „Sequenz entwicklungsgeschichtlicher Ideen" in Freuds Gesamtwerk erfassen zu können, sondern auch, um einen Einblick in das Wesen der vergleichenden Anatomie, einer Wissensdisziplin, deren Verständnis für Freud für die Schulung von Psychoanalytikern und Psychoanalytikerinnen von großer Bedeutung war, gewinnen zu können. Die-

---

429 A.a.O.: 311.

ser Raum wurde auch dazu verwendet, um erstens zu zeigen, dass Haeckels biogenetisches Grundgesetz nicht sein einziges Gesetz war, sondern eines, das im Ver-
bund von insgesamt 21, systemisch interagierenden Gesetzen der Vererbung und
Anpassung zu verstehen ist.

Zweitens wurde innerhalb dieses Gesetzes auf die Dynamik der drei Entwicklungsreihen – der ontogenetischen, phylogenetischen und systematischen – verwie-
sen, durch die sich, wie Haeckel aufmerksam gemacht hatte, Abänderungen der
ontogenetischen Entwicklung im Vergleich zur phylogenetischen Entwicklung ergeben können. Dadurch sollte auch nachvollziehbar werden, dass eine blosse Reduktion seines wissenschaftlichen Beitrags auf die Formel „die Ontogenese wiederholt die Phylogenese" eine übersimplifizierende Verzerrung komplexer
Zusammenhänge und Vorgänge, die er in seinem entwicklungsgeschichtlichen System zum Ausdruck bringen wollte, bedeuten würde. Im nächsten Schritt wird untersucht,wie sich Lamarcks Ideen bei Haeckel abbilden.

4.3 Lamarcks Ideen in Haeckels System

Haeckels System aus 21 Vererbungs- und Anpassungsgesetzen enthält sowohl Lamarcks erstes „Gesetz vom Gebrauch und Nichtgebrauch von Organen" als auch
Lamarcks zweites „Gesetz der Vererbung erworbener Eigenschaften". Lamarcks
erstes Gesetz ist in der Gruppe der haeckelschen Gesetze der „direkten Anpassung"
enthalten („Lamarck 1"), Lamarcks zweites Gesetz in der Gruppe der seiner Gesetze der „progressiven Vererbung" („Lamarck 2"). In der folgenden Grafik werden
diese Zusammenhänge illustriert. Der Darstellung von Haeckels Gesetzen der Vererbung und Anpassung (Abb. 4, S. 146) wurden die beiden lamarckschen Bezüge
(schwarz unterlegt) hinzugefügt.

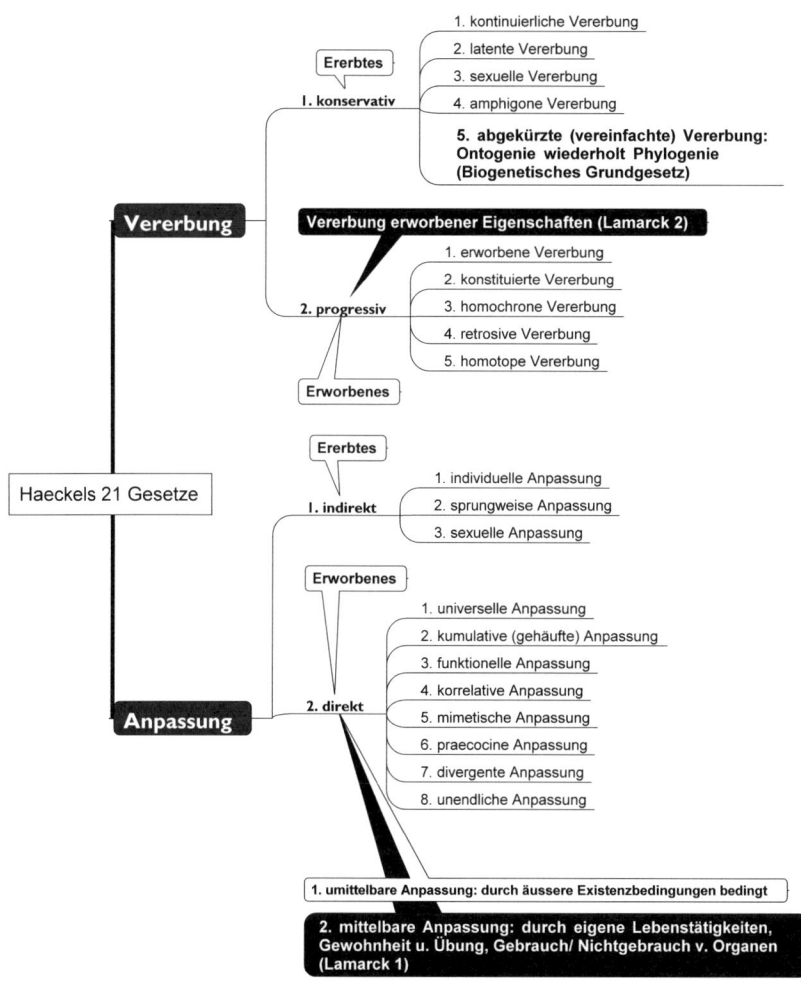

Abb. 6: Lamarcks Ideen in Haeckels System

Unter den Vererbungsgesetzen betont Haeckel die Bedeutung des Prinzips der Vererbung erworbener Eigenschaften, wobei neben Lamarck auch Darwins Großvater, Erasmus Darwin, als weiterer Vertreter dieser Idee genannt wird:

> *„Die grundlegende Bedeutung welche die Vererbung erworbener Eigenschaften für die Abstammungslehre besitzt, ist schon im Anfange des 19. Jahrhunderts von Lamarck und von Darwins Großvater Erasmus klar erkannt worden. Sowohl die neuen Eigenschaften, welchen im Organismus durch den Einfluss der äußeren Existenzbedingungen, als auch diejenigen, welche durch seine eigenen Lebenstätigkeiten (Gebrauch oder Nichtgebrauch der Organe) entstehen, können durch Vererbung auf die Nachkommen übertragen werden, und somit die ursprüngliche Gestaltung mehr oder weniger verändern".*[430]

Für das Verständnis des Zusammenwirkens zwischen Vererbungs- und Anpassungsmechanismen als lamarcksche bzw. haeckelsche Einflüsse in der Untersuchung der nachfolgenden „Sequenz entwicklungsgeschichtlicher Ideen" in Freuds Werk ist auch die nächste Bemerkung Haeckels bemerkenswert, denn sie bezieht sich direkt auf die Vererbbarkeit neuer Anpassungen im Sinne von psychischen Gewohnheiten:

> *„Nach meiner eigenen Überzeugung, wie nach derjenigen vieler anderer Transformisten, besitzt hingegen die direkte Vererbung von neuen Anpassungen, im Sinne von Lamarck, die größte Bedeutung, und Tausende von Beweisen dafür liefert die vergleichende Anatomie, Ontogenie, Physiologie und Pathologie. Für Tausende von speziellen Einrichtungen bleibt ohne jene Annahme die Entstehung rein unbegreiflich; so zum Beispiel für die funktionelle und mimetische Anpassung, für die Instinkte (erbliche psychische Gewohnheiten) usw".*[431]

Bei den direkten Anpassungsgesetzen unterscheidet Haeckel zwischen zwei Arten der Anpassung: einer unmittelbaren, durch den anhaltenden Einfluss äußerer Bedingungen (z. B. Nahrung, Klima, Umgebung) und einer mittelbaren Anpassung, die „durch Gewohnheit und Übung", d. h. über „Eingewöhnung an bestimmte Lebensbedingungen bzw. durch „Gebrauch oder Nichtgebrauch der Organe" erfolgt. Dies bedeutet keine „scharfe Unterscheidung zwischen den beiden Gruppen", sondern „nur unterschiedliche Betrachtungsweisen, auf welche der beiden Aspekte das Schwergewicht gelegt wird".[432] Haeckel beschreibt mit diesen Anpassungsarten zwei Aspekte eines einzigen Vorganges, wobei hier wesentlich ist,

> *„dass die Veränderung des Organismus, welche zunächst in seiner Funktion und weiterhin in seiner Formbildung sich äußert, entweder durch lange andauernde oder doch oft wiederholte Einwirkungen einer äußeren Ursache veranlasst wird.*

---

430 Haeckel 1868 [1911: 190f.].
431 A.a.O.: 191.
432 Vgl. a.a.O.: 219f.

Die kleinste Ursache kann durch Häufung oder Kumulation ihrer Wirkung die größten Erfolge erzielen".[433]

Der gesamte Anpassungsvorgang besteht daraus, dass lang andauernde bzw. wiederholte Einwirkungen von Umwelteinflüssen die Ursache für Veränderungen, die ein Organismus aktiv vollzieht, bilden:

> *„Die Veränderung der Form, die Umbildung, welche dadurch bewirkt wird, ist niemals bloß die unmittelbare Folge des äußeren Einflusses, sondern muss immer zurückgeführt werden auf die entsprechende Gegenwirkung, auf die Selbsttätigkeit des Organismus, die man als an Gewöhnung, Übung, Gebrauch oder Nichtgebrauch der Organe bezeichnet".*[434]

Soweit eine kurze Betrachtung der Ideen Lamarcks, die sich in Haeckels entwicklungsgeschichtlichem System abbilden. Wenn in der nachfolgenden Untersuchung der „Sequenz entwicklungsgeschichtlicher Ideen" in Freuds Werk von Ideen Lamarcks bzw. Haeckels die Rede sein wird, bedeutet dies daher nicht, dass diese grundsätzlich voneinander isoliert zu verstehen sind, sondern dass die beiden Gesetze Lamarcks gleichzeitig auch wesentliche Wirkmechanismen in Haeckels Gesamtsystem von Vererbungs- und Anpassungsgesetzen darstellen.

5. „Vererbung" und „Anpassung" bei Haeckel und Freud

Bezüge Freuds zu Haeckels biogenetischem Grundgesetz waren bereits im Vorfeld zu dieser Arbeit bekannt. Auch jeweils starke Bezüge von Freud und Haeckel zu Goethe, speziell über das ihm zugeschriebene Fragment „Die Natur", wurden bereits auf in diesem Buch erwähnt (S. 135).

Die Rekonstruktion einer weiteren Ähnlichkeit der Ideen Freuds zu jenen Haeckels stellt einen der Forschungserträge dieser Arbeit dar: Innerhalb desselben Systems der 21 Vererbungs- und Anpassungsgesetze Haeckels bilden sich die beiden Grundpfeiler ab, auf die Freud seine erste Triebtheorie errichtet hatte. Freuds Sexualtriebe entsprechen den Vererbungsgesetzen Haeckels, Freuds Selbsterhaltungstriebe (Ichtriebe) den haeckelschen Anpassungsgesetzen. Diese Bezüge von Freud zu Haeckel wurden der vorigen Grafik (Abb. 6, S. 157) hinzugefügt.

---

433 A.a.O.: 191.
434 A.a.O.: 221.

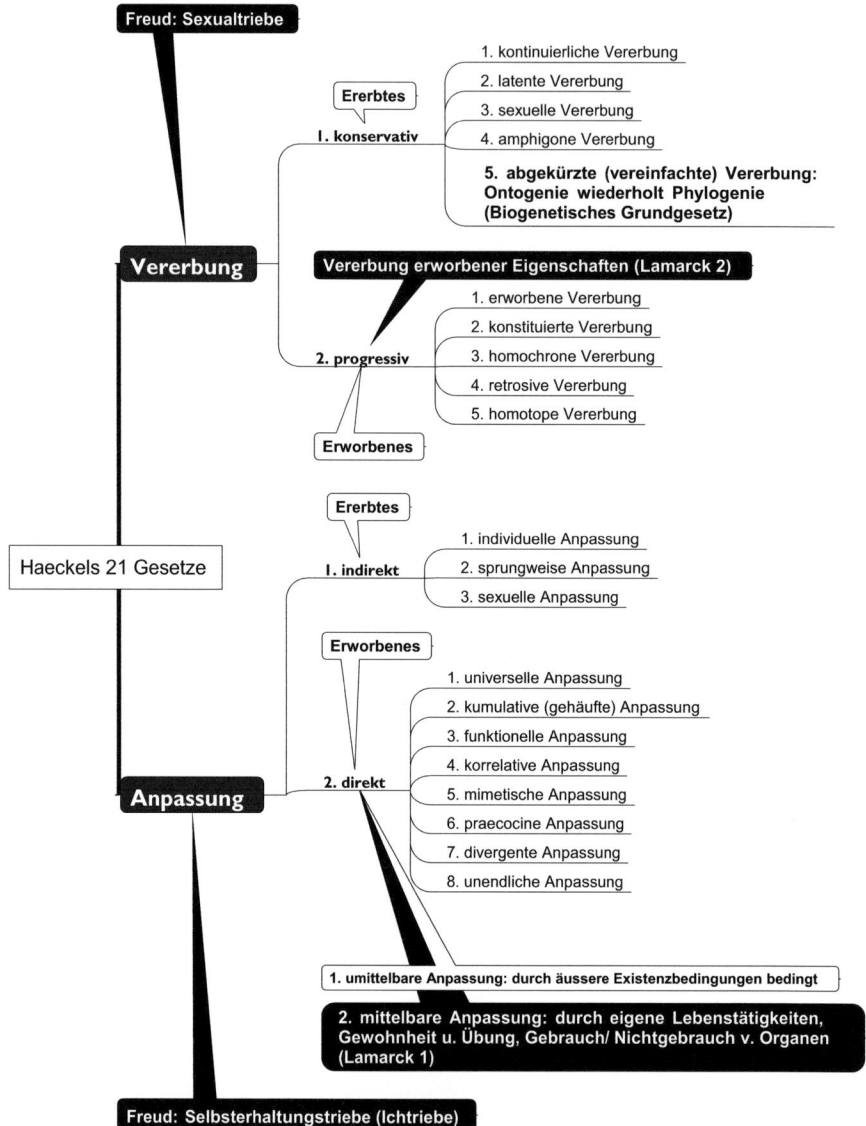

Abb. 7: Vererbung und Anpassung als Basis für Freuds erste Triebtheorie

Somit ist Haeckels biogenetisches Grundgesetz genauso wie Lamarcks zweites Gesetz der Vererbung erworbener Eigenschaften gleichzeitig auch ein Bestandteil im Kontext der haeckelschen Vererbungsgesetze als auch im Kontext der freudschen Sexualtriebe. Weiters bildet sich Lamarcks erstes Gesetz vom Gebrauch bzw. Nichtgebrauch von Organen sowohl im Kontext der Anpassungsgesetze Haeckels als auch im Kontext der freudschen Selbsterhaltungstriebe (Ichtriebe) ab.

6. Gemeinsame Bezüge zwischen Schiller, Darwin, Haeckel und Freud

Gemeinsame metaphorische Bezüge Freuds und Haeckels zu Schillers Gedicht „Die Weltweisen" (1795) stellen eine Brücke zwischen Freuds erstem Triebdualismus der Grundtriebe, der Selbsterhaltungstriebe (der sogenannten „Ichtriebe") und der Sexualtriebe, und den Anpassungs- und Vererbungsgesetzen Haeckels dar. Wie auf S. 145 in diesem Buch erwähnt, waren die beiden Faktoren der Anpassung und Vererbung auch die beiden Triebfedern der Selektionstheorie Darwins (vgl. Haeckel 1906: 338), die Haeckel übernommen hatte. In der Tabelle sind diese vier gemeinsamen Bezüge zusammengefasst:

Schiller	Darwin	Haeckel	Freud
„Hunger"	Anpassung	Erhaltungstrieb des Individuums (Ernährungstrieb) Anpassung (Ontogenese)	Selbsterhaltungstriebe (Ichtriebe)
„Liebe"	Vererbung	Erhaltungstrieb der Art (Fortpflanzungstrieb) Vererbung (Phylogenese)	Sexualtriebe

Haeckel stellte diesen Bezug zu Schiller bereits ab der ersten Auflage seiner „Natürlichen Schöpfungsgeschichte" (1868) her. Freud war damals in seinem 13. Lebensjahr:

„In letzter Instanz sind die Triebfedern, welche den Kampf bedingen, und welche den Kampf an allen verschiedenen Stellen verschieden gestalten und modificiren, die Triebfedern der Selbsterhaltung, und zwar sowohl der Erhaltungstrieb der Individuen (Ernährungstrieb), als der Erhaltungstrieb der Arten (Fortpflanzungstrieb). Diese beiden Grundtriebe der organischen Selbsterhaltung sind es, von denen der Dichter sagt: ‚So lange bis den Bau der Welt Philosophie zusammenhält, erhält sich ihr Getriebe durch Hunger und durch Liebe'.

Diese beiden mächtigen Grundtriebe sind es, welche durch ihre verschiedene Ausbildung in den verschiedenen Arten den Kampf um's Dasein so ungemein mannichfaltig gestalten, und welche den Erscheinungen der Vererbung und Anpassung zu Grunde liegen. Wir konnten alle Vererbung auf die Fortpflanzung, alle Anpassung auf die Ernährung als die materielle Grundursache zurückführen".[435]

---

435 Haeckel 1868: 210, weiters auch u.a. in der 11. Auflage (Haeckel 1868 [1911: 245f.]).

Bezüge auf Schillers „Hunger und Liebe" in Freuds Werken

Nachfolgend werden zehn Textstellen aus Freuds Werken angeführt, die die Verbindung zwischen Freuds „erstem Triebdualismus"[436] der Selbsterhaltungstriebe (Ichtriebe) und der Sexualtriebe und dem schillerschen Gedicht „Die Weltweisen" (1795) über die Metapher „Hunger und Liebe" aufzeigen. Freuds Anspielungen auf Schiller (1759-1805) umspannen, gemessen an den Publikationsjahren, einen Zeitraum von 33 Jahren (Ideeneinfluss IV-III).

Da Schiller in Freuds Schrift „Das Unbehagen in der Kultur" in diesem Zusammenhang namentlich erwähnt wird (vgl. 1930a [G.W., XIV: 476]), kann konkret von einem expliziten Ideeneinfluss Schillers auf Freud gesprochen werden. In all diesen Stellen konnte kein expliziter Hinweis Freuds auf Haeckel gefunden werden, daher liegt kein expliziter Ideeneinfluss Haeckels vor. Da Freud Haeckels „Natürliche Schöpfungsgeschichte" bekannt war und er zu diesem Werk z. B. über Carl Brühls öffentlichen Vortrag ab dem Jahr 1873 Kontakt hatte (vgl. Hemecker 1991: 1), kann auch kein paralleler Ideenverlauf festgestellt werden. Folglich wird der Einfluss Haeckels als impliziter Ideeneinfluss beurteilt.

Werk	Zitat	Quelle
Die Traumdeutung	„An der Frauenbrust treffen sich Liebe und Hunger".	(1900a [G.W., II-III: 211])
Brief an Jung, 27.8.1907	„Ich halte vorläufig niemand für berechtigt zu sagen, die Sexualität sei die Mutter aller Gefühle. Zwei Triebquellen kennen wir doch mit dem Dichter. Die Sexualität ist die eine ...".	Freud an Jung, Brief 40 F vom 27.8.1907 in: Briefwechsel [1984: 34]
Eine Kindheitserinnerung des Leonardo	„Das gilt natürlich für beide Urtriebe, für Hunger und Liebe".	(1910c [G. W., VIII: 138])
Zur Einführung des Narzissmus	„ … entspricht erstens der populär so geläufigen Trennung von Hunger und Liebe".	(1914c [G.W., X: 143])
Eine Schwierigkeit der Psychoanalyse	„Die populäre Auffassung trennt Hunger und Liebe als Vertreter der Triebe, welche das Einzelwesen zu erhalten, und jener, die es fortzupflanzen streben".	(1917a [G.W. XII: 4])
Jenseits d. Lustprinzips	„Die Psychoanalyse, die irgend einer Annahme über die Triebe nicht entraten konnte, hielt sich vorerst an die populäre Triebunterscheidung, für die das Wort von ‚Hunger und Liebe' vorbildlich ist".	(1920g [G.W., XIII: 55])

---

436 Laplanche & Pontalis 1967 [1973: 234].

„Psychoanalyse" und „Libidotheorie"	„ … und befand sich dann in Übereinstimmung mit der populär gewordenen Aussage des Dichters, der das Weltgetriebe ‚durch Hunger und durch Liebe' erhalten werden läßt".	(1923a [G.W., XIII: 230])
Die Frage der Laienanalyse	„Sie erinnern sich an das Wort unseres Dichterphilosophen: Hunger und Liebe".	(1926e [G.W., XIV: 227])
Das Unbehagen in der Kultur	„In der vollen Ratlosigkeit der Anfänge gab mir der Satz des Dichterphilosophen Schiller den ersten Anhalt, dass ‚Hunger und Liebe' das Getriebe der Welt zusammenhalten."	(1930a [G.W., XIV: 476])
XXXII. Vorlesung „Angst und Triebleben"	„Wir sagten uns, man gehe wahrscheinlich nicht irre, wenn man zunächst zwei Haupttriebe, Triebarten oder Triebgruppen unterscheide, nach den zwei großen Bedürfnissen: Hunger und Liebe."	(1933a [G.W., XV: 102])

Freud weist in diesen Textstellen insgesamt viermal auf die zur damaligen Zeit bestehende Popularität der Unterscheidung in zwei Haupttriebe bzw. Triebgruppen hin, die nicht nur die Ausgangsbasis für Haeckels System aus Vererbungs- und Anpassungsgesetzen bzw. für Darwins vorher formulierte Selektionstheorie, sondern auch für die erste Triebtheorie der Psychoanalyse bildete.[437]

Weitere Ähnlichkeiten zwischen Freud und Haeckel bestehen in einer wissenschaftlichen Grundhaltung, die streng nach kausalen und nicht nach finalen bzw. vitalistischen Kriterien orientiert war. Beide waren keine Dualisten, indem sie etwa eine Trennung aus Leib und Seele angenommen hätten, sondern Materialisten und grenzten sich von mystischen Weltanschauungen bzw. Religionen ab.[438]

Zusammenfassend: Die beiden Grundtriebe der ersten Triebtheorie Freuds finden sich bei Haeckel wieder. Sowohl Freud als auch Haeckel bezogen sich auf dasselbe Gedicht von Schiller und damit auf dieselben Grundtriebe „Vererbung" und „Anpassung", die auch die Basis für Darwins Selektionstheorie gebildet hatten. Diese beiden Grundtriebe bilden wiederum die „kausale Begründung der, von Goethe und Lamarck aufgestellten Deszendenztheorie".[439]

---

437 Quellen: Freud 1914c [G.W., X: 143], 1917a [G.W. XII: 4], 1920g [G.W., XIII: 55] und 1923a [G.W., XIII: 230].

438 Z. B. Haeckel: „Wo der mystische Glaube anfängt, hört die echte Wissenschaft auf. Beide Tätigkeiten des menschlichen Geistes sind scharf voneinanderzuhalten. Der Glaube an übernatürliche Vorgänge hat seinen Ursprung in der dichtenden Einbildungskraft, das klare Wissen dagegen in dem erkennenden Verstande des Menschen" (Haeckel 1868 [1911: 8]). Ähnlich dazu Freud: „Von den drei Mächten, die der Wissenschaft Grund und Boden bestreiten können, ist die Religion allein der ernsthafte Feind" (XXXV. VO „Über eine Weltanschauung", 1933a [G.W., XV: 173]).

439 Vgl. Haeckel 1906: 338.

7. Die beiden Grundprinzipien des Empedokles bei Haeckel und Freud

Nicht nur diese beiden Grundpfeiler der ersten Triebtheorie Freuds, sondern auch die beiden Antagonisten aus Freuds zweiter Triebtheorie, das gegensätzliche Wirken der Lebens- und Todestriebe, finden sich bei Haeckel. Ebenso wie Freud (vgl. viertes Kapitel, S. 48) bezieht sich Haeckel auf Empedokles (vgl. Haeckel 1868 [1911: 257]). Sich auf die Argumentation des Dresdner Philosophen Fritz Schultze (1846-1908) stützend, der im ersten Band seines zweibändigen Werkes „Philosophie der Naturwissenschaft" (1882) schrieb, dass die beiden Grundprinzipien des Empedokles, Liebe und Hass, die „Keimformen zu den modernen Grundkräften der Anziehung und Abstoßung sind" (Schultze 1881, zit. n. Haeckel 1868 [1911: 257]), bezeichnet Haeckel Empedokles als den „ältesten Vorläufer" Darwins (ebd.).

8. Die „Kopernikus-Metapher" bei Haeckel und Freud

Eine weitere Ähnlichkeit zwischen Haeckel und Freud besteht in der jeweiligen Verwendung einer Metapher, die die Errungenschaften großer Männer wie Kopernikus oder Darwin hervorhebt, die die Zerstörung von Illusionen der Menschen bedeuteten.

Freud verwendete diese Metapher in seiner Schrift „Eine Schwierigkeit der Psychoanalyse" (1917a). Die erste schwere Kränkung, die die Menschheit erlitten hatte, bezeichnet Freud als die „kosmologische Kränkung" des menschlichen Narzissmus durch Kopernikus. Kopernikus zerstörte die Illusion, dass die Erde den Mittelpunkt des Weltalls bildet, um den herum sich Sonne, Mond und Planeten bewegen. Die zweite Kränkung, die „biologische Kränkung" des Narzissmus der Menschheit, bereitete Darwin, der der Illusion der Vorherrschaft des Menschen über seine tierischen Mitgeschöpfe ein Ende bereitet hatte. Freud hebt hervor, dass drei Gruppen eine Ausnahme von der „Überhebung des Menschen" bilden: Kinder, Primitive und Urmenschen (vgl. Freud 1917a [G.W. XII: 8]). Die dritte und empfindlichste Kränkung der Eigenliebe des Menschen bedeutet die „psychologische Kränkung" durch die Psychoanalyse. Durch sie wurde erkannt, dass das Ich nicht Herr in seinem eigenen Haus ist (vgl. a.a.O.: 11]).[440]

Was Freud im Jahr 1917 „kosmologische Kränkung" bzw. „biologische Kränkung" der Menschheit nannte, bezeichnete Haeckel bereits 49 Jahre vorher mit den Begriffen „Irrtümer" bzw. „Dogmata", die durch Kopernikus und andere widerlegt wurden.[441] Bereits in der ersten Auflage der „Natürlichen Schöpfungsgeschichte"

---

440 Die drei Bereiche der Psychoanalyse mit der höchsten Angst erregenden Wirkung sind die den Glauben an die „Willensfreiheit" zerstörende durchgehende Determinierung des Psychischen, die Rolle der infantilen Sexualität sowie die Analysen religiöser Praktiken (vgl. Kubik 2004: 101-103).

441 Werner Michler kommentiert Freuds impliziten Bezug auf Haeckel mit den Worten: „Daß Freud sich auch hier auf die Darwin-Rezeption als Paradigma verläßt, zeigt schon der Um-

(1868) erwähnt Haeckel, Bezug nehmend auf die Schöpfungsgeschichte des Moses, zwei zwischenzeitlich widerlegte Irrtümer: Den durch Kopernikus widerlegten „geozentrischen Irrtum" und den durch Lamarcks Abstammungslehre widerlegten „anthropozentrischen Irrtum": „Der erstere Irrtum wurde durch Copernicus' Weltsystem im Beginn des sechzehnten, der Letztere durch Lamarcks Abstammungslehre im Beginn des neunzehnten Jahrhunderts vernichtet".[442]

Auch 43 Jahre später, in der elften Auflage desselben Buches aus dem Jahr 1911, findet sich bei Haeckel dieselbe wörtliche Formulierung wie in der ersten Auflage wieder.[443] An späterer Stelle der „Natürlichen Schöpfungsgeschichte" fügt Haeckel noch die Namen Newtons bzw. Darwins als für eine der anthropozentrischen Weltanschauung entgegentretende Ansicht hinzu: „Nach unserer entgegengesetzten Ansicht ist die geozentrische Irrlehre durch Copernicus und Newton ebenso bestimmt für alle Zukunft widerlegt, wie der anthropozentrische Irrtum durch Lamarck und Darwin".[444]

In Haeckels Festrede zur hundertjährigen Geburtstagfeier von Charles Darwin, gehalten am 12.2.1909 und aufgezeichnet in „Das Weltbild von Darwin und Lamarck" (1909), tritt derselbe Vergleich – hier mit denselben Personen, auf die sich Freud bezogen hatte (Kopernikus und Darwin) – wieder auf:

> *„Kopernikus hatte den geozentrischen Irrtum widerlegt, daß die Erde der feststehende Mittelpunkt der Welt sei. Darwin zerstörte das anthropozentrische Dogma, daß der Mensch der vorausbestimmte Mittelpunkt des Erdenlebens und die übrige Natur nur zu seinem Dienste erschaffen sei".*[445]

Selbst wenn Kopernikus, Lamarck, Newton, Darwin, Haeckel, Freud und viele andere davor oder danach ähnliche Glaubenssätze angegriffen und als Irrtümer bzw. Kränkungen der Menschheit aufgedeckt hatten, bedeutet Haeckels Formulierung des Wortes „widerlegt" noch lange nicht, dass als widerlegt geglaubte Vorstellungen nicht doch über Generationen hinweg bis in die Gegenwart überdauern können. Wie veränderungsresistent anthropozentrische und geozentrische Ideen bis in das zweite Jahrzehnt des 21. Jahrhunderts und vermutlich auch darüber hinaus überdauern können, soll das nächste Beispiel zeigen. In seiner Ansprache in der Nacht zum Ostersonntag, gehalten am 23.4.2011, verkündete Papst Benedikt XVI.:

> *„Es ist nicht so, daß, in dem sich ausdehnenden Universum am Ende in irgendeinem kleinen Winkel des Alls zufällig auch eine Art von Lebewesen entstand, die denken kann und versuchen kann, Vernunft in der Schöpfung zu finden, oder in sie hineinzubringen. Wäre der Mensch nur ein solches Zufallsprodukt der Evolution*

---

stand, daß die berühmte Stelle ein Kryptozitat aus Haeckels ‚Natürlicher Schöpfungsgeschichte' ist" (Michler 1999: 101f.).

442 Haeckel 1868: 30.

443 Haeckel 1868 [1911: 35].

444 A.a.O.: 783f.

445 Haeckel 1909: 39.

irgendwo am Rand des Alls, dann wäre sein Leben sinnlos oder gar eine Störung der Natur".[446]

Dieses Zitat bildet einen zeitgemässen Beleg für den von Freud geprägten Begriff der „Allmacht der Gedanken" in Verbindung mit religiösen Vorstellungen. In dieser Textstelle ist u. a. bemerkenswert, wie eine Spaltung zwischen „Mensch" und „Natur", eine scheinbare Trennung der ursprünglichen Einheit und Evolutionszusammenhänge zwischen beiden, durch den Gebrauch der Sprache hergestellt wird. Die Spaltung wird durch die Formulierung der Scheinkorrelation „Wenn der Mensch nur ein Zufallsprodukt der Evolution sein sollte, dann ist sein Leben sinnlos oder gar eine Störung der Natur" erzeugt. Diese Spaltung ist eine doppelte, da durch diese Argumentation nicht nur der Mensch von der Natur, sondern auch der Mensch vom Sinn seiner Existenz abgespalten wird. Weiters deuten die räumlichen Metaphern („in einem kleinen Winkel des Alls", „irgendwo am Rande des Alls") darauf hin, dass die naturwissenschaftliche Erkenntnis, dass sich die Erde eben nicht an einer „besseren" Position im Universum (z. B. in einem geglaubten Zentrum) befindet, etwas im Menschen so unangenehm berühren kann, dass sie abgestritten werden muss („Es ist nicht so").

Der Gedanke einer Evolution des Menschen innerhalb eines Systems von Naturgesetzen kränkt also weiterhin und erregt Ängste. Aus psychoanalytisch-ökonomischer Perspektive wird ersichtlich, wie sehr diese kosmologischen, biologischen bzw. psychologischen Kränkungen weiterhin unverändert den Narzissmus des Menschen erschüttern. Dementsprechend hoch ist der benötigte Aufwand der Abwehrmechanismen (z. B. Verleugnung, Spaltung, Projektion, Verdrängung).

---

446 http://www.vatican.va/holy_father/benedict_xvi/homilies/2011/documents/hf_ben-xvi_hom_20110423_veglia-pasquale_ge.html

VII. Zur „Sequenz entwicklungsgeschichtlicher Ideen"

1. Methodisches

Eines der Ziele dieses Buches besteht in einer repräsentativen Erfassung von Einflüssen von Lamarck bzw. Haeckel in Freuds Gesamtwerk. Die dafür verwendete Methodik soll hier kurz dargestellt werden. Im ersten Schritt wurde nach dem Vorkommen der Namen „Lamarck" bzw. „Haeckel" in Freuds Gesamtwerk mittels der CD-ROM „Freud im Kontext" (2010) gesucht. Dabei kam es beim Suchlauf mit dem Suchbegriff „Lamarck*"[447] zu einem einzigen Fund mit dem für das Untersuchungsziel irrelevanten Ergebnis, dass die Cocapflanze von Lamarck als „Erythroxylon coca" in dessen Encyclopädie Méthodique Botanique im Jahr 1786 aufgenommen wurde (vgl. „Über Coca" [1884e: 293]).

Auch bei der Namenssuche „Haeckel*" waren außer Freuds Erwähnungen von Haeckels 1856 erstellter Dissertation über die Gewebe des Flusskrebses (vgl. „Über den Bau der Nervenfasern und Nervenzellen beim Flusskrebs" [1882a: 11 f.] sowie „Struktur der Elemente des Nervensystems", [1884f: 223]) keine weiteren Treffer zu verzeichnen. Die Suchen nach den Namen „Lamarck*" bzw. „Haeckel*" hätten außer Bezügen zu Coca und Flusskrebsen demnach keine weitere Ernte erbracht. Hier zeigte sich gleichzeitig ein Nachteil einer rein computergestützten Textuntersuchung, denn wenn in einem Text der jeweilige Suchbegriff nicht explizit vorkommt, wird er nicht gefunden. Handelt es sich um eine implizite Nennung eines Namens oder einer Idee, müssen daher passende Suchbegriffe gefunden werden, die mit dem jeweiligen Namen (z. B. Haeckel) oder Begriffsvarianten einer damit verknüpften Idee (z. B. „biogenetisches Grundgesetz", „Rekapitulationstheorie") in Verbindung stehen.

Aber auch eine Suche nach Haeckels Begriff „biogenetisch" bzw. dem Wort „Rekapitulationstheorie" brachte keine Treffer, ebenso wenig der Suchbegriff „rekapitul*" (außer zwei Vorkommnissen des Wortes „rekapitulieren", die von Freud in anderen Sinnzusammenhängen verwendet wurden). Um zu brauchbaren Ergebnissen zu kommen, mussten die Suchbegriffe weiter variiert werden. Eine Art der Formulierung des biogenetischen Grundgesetzes lautet, dass sich die Phylogenese in der Ontogenese in abgekürzter Form wiederholt. Daraus ergaben sich zwei weitere mögliche Suchbegriffe: „phylogen*" und „ontogen*". Die Verläufe und Ergebnisse dieser und anderer Suchvorgänge wurden dokumentiert und werden nun vorgestellt.

---

447 Der Asterisk (*) steht jeweils als Platzhalter für Variationen eines Suchbegriffes („Lamarcks", „Lamarckismus" etc.).

Erste Suche: Spuren des Begriffes „Phylogenese" in Freuds Werk

Die CD-ROM „Freud im Kontext" (2010) wurde nach Vorkommen des Such-begriffes „phylogen*" untersucht. Ziel der Untersuchung war das Aufspüren von Werken und Fundstellen, in denen dieser Begriff, inklusive Variationen, von Freud verwendet wurde.[448]

Begriffsvariationen: Phylogenese (9), Phylogenie (1), phylogenetisch (14), phylo-genetische (13), phylogenetischen (18), phylogenetischer (5), phylogenetisches (3). Gesamt (x): 63.[449]

Suchergebnisse „phylogen*" (unkomprimiert):

Werk/ Fundstelle	G.W.	Seite	x	Jahr
Die Traumdeutung, B. Die Regression	II/III	554	1	1900a
Drei Abhandlungen zur Sexualtheorie, Zusammenfassung	V	143	1	1905d
Drei Abhandlungen zur Sexualtheorie, Vorwort zur dritten Aufl. (1915)	V	29	4	1905d
Totem und Tabu, Einleitungspassage der Vorfassung (1912i)	NB	745	2	1912-13a
Psychoanalytische Bemerkungen über einen autobio-graphisch beschriebenen Fall von Paranoia (Dementia Paranoides), Nachtrag	VIII	320	1	1912a
Das Interesse an der Psychoanalyse, zweiter Teil	VIII	413	1	1913j
Triebe und Triebschicksale	X	214	1	1915c
VO zur Einführung in die Psychoanalyse, XIII. Archaische Züge und Infantilismus des Traumes	XI	203, 204	3	1916-17a
VO zur Einführung in die Psychoanalyse, XXII. Gesichtspunkte d. Entwicklung und Regression. Ätiologie	XI	367, 368	2	1916-17a
VO zur Einführung in die Psychoanalyse, XXIII. Die Wege der Symptombildung	XI	381, 386	2	1916-17a

---

448 Freuds Entwurf der zwölften metapsychologischen Abhandlung von 1915, die „Übersicht der Übertragungsneurosen" (1985 [1915]), war von dieser Suche ausgenommen, da das Vorkom-men des Wortes „phylogen*" in jener Schrift bereits bekannt war.
449 Die Variable „x" steht für die Anzahl der Treffer.

VO zur Einführung in die Psychoanalyse, XXIV. Die gemeine Nervosität	XI	393	1	1916-17a
VO zur Einführung in die Psychoanalyse, XXV. Die Angst	XI	426	1	1916-17a
Aus der Geschichte einer infantilen Neurose, VIII. Nachträge aus der Urzeit – Lösung	VIII	130, 131, 137	7	1918b
Aus der Geschichte einer infantilen Neurose, IX. Zusammenfassungen und Probleme	VIII	155, 156	2	1918b
Aus der Geschichte einer infantilen Neurose, VII. Analerotik und Kastrationskomplex	VIII	119	1	1918b
Aus der Geschichte einer infantilen Neurose, IV. Der Traum und die Urszene	XII	68	1	1918b
Massenpsychologie und Ich-Analyse, XII. Nachträge	XII	160	1	1921c
„Psychoanalyse" und „Libidotheorie"	XIII	228	1	1923a
Das Ich und das Es, II. Das Ich und das Es	XIII	248	1	1923b
Das Ich und das Es, III. Das Ich und das Über-Ich (Ichideal)	XIII	265, 266	4	1923b
Das Ich und das Es, V. Die Abhängigkeiten des Ichs	XIII	278	1	1923b
Neurose und Psychose	XIII	390	1	1924b
Der Untergang des Ödipuskomplexes	XIII	396	1	1924d
Hemmung, Symptom und Angst, IX	XIV	178	1	1926d
Hemmung, Symptom und Angst, X	XIV	183, 186, 187	3	1926d
Die Zukunft einer Illusion, III	XIV	339	1	1927c
Das Unbehagen in der Kultur, IV	XIV	462	1	1930a
Das Unbehagen in der Kultur, VII	XIV	490	2	1930a
Neue Folge der VO zur Einf. i. d. Psychoanalyse XXX. Traum und Okkultismus	XV	59	1	1933a
Neue Folge der VO zur Einf. i. d. Psychoanalyse XXXI. Die Zerlegung der psychischen Persönlichkeit	XV	86	1	1933a
Neue Folge der VO zur Einf. i. d. Psychoanalyse XXXII. Angst und Triebleben	XV	93	1	1933a

Der Mann Moses und die monotheistische Religion, Zweiter Teil. Zusammenfassung und Wiederholung	XVI	24	1	1939a
Der Mann Moses und die monotheistische Religion, E. Schwierigkeiten	XVI	204, 206, 207	4	1939a
Abriß der Psychoanalyse, 5. Kapitel. Erläuterung an der Traumdeutung	XVII	89	1	1938 [1940a]
Abriß der Psychoanalyse, 7. Kapitel. Eine Probe psychoanalytischer Arbeit	XVII	115, 117	2	1938 [1940a]
Abriß der Psychoanalyse, 8. Kapitel. Der psychische Apparat und die Außenwelt	XVII	131	2	1938 [1940a]
Abriß der Psychoanalyse, 9. Kapitel. Die Innenwelt	XVII	138	1	1938 [1940a]
Summe „phylogen*" (unkomprimiert):			**63**	

Dieser Suchlauf brachte insgesamt 63 Treffer, die zum Teil mehrere Fundstellen in bestimmten Werken beinhalteten. Im nächsten Schritt wurden die Fundstellen komprimiert, d. h. mehrmals genannte Werke und Fundstellen wurden mit dem Ziel, dass jedes Werk (bzw. jede Vorlesung) nur einmal genannt werden sollte, zusammengefasst. Komprimiert wurden die Fundstellen in den Werken „Drei Abhandlungen zur Sexualtheorie", „Aus der Geschichte einer infantilen Neurose", „Das Ich und das Es", „Hemmung, Symptom, Angst", „Das Unbehagen in der Kultur", „Der Mann Moses und die monotheistische Religion" und „Abriß der Psychoanalyse". Die Anzahl der Treffer (x) blieb dadurch unverändert.

Suchergebnisse „phylogen*" (komprimiert):

Werk/ Fundstelle	**G.W.**	**Seite**	**x**	**Jahr**
Die Traumdeutung	II/III	554	1	1900a
Drei Abhandlungen zur Sexualtheorie, Vorwort zur dritten Aufl. (1915)	V	29, 143	5	1905d
Totem und Tabu, Einleitungspassage der Vorfassung (1912i)	NB	745	2	1912-13a
Psychoanalytische Bemerkungen über einen autobiographisch beschriebenen Fall von Paranoia (Dementia Paranoides) (1911c), Nachtrag (1912a)	VIII	320	1	1912a
Das Interesse an der Psychoanalyse	VIII	413	1	1913j
Triebe und Triebschicksale	X	214	1	1915c

VO zur Einführung in die Psychoanalyse, XIII. Archaische Züge und Infantilismus des Traumes	XI	203, 204	3	1916-17a
VO zur Einführung in die Psychoanalyse, XXII. Gesichtspunkte d. Entwicklung und Regression. Ätiologie	XI	367, 368	2	1916-17a
VO zur Einführung in die Psychoanalyse, XXIII. Die Wege der Symptombildung	XI	381, 386	2	1916-17a
VO zur Einführung in die Psychoanalyse, XXIV. Die gemeine Nervosität	XI	393	1	1916-17a
VO zur Einführung in die Psychoanalyse, XXV. Die Angst	XI	426	1	1916-17a
Aus der Geschichte einer infantilen Neurose	VIII	68, 119, 130, 131, 137, 155f.	11	1918b
Massenpsychologie und Ich-Analyse	XII	160	1	1921c
„Psychoanalyse" und „Libidotheorie"	XIII	228	1	1923a
Das Ich und das Es	XIII	248, 265, 266, 278	6	1923b
Neurose und Psychose	XIII	390	1	1924b
Der Untergang des Ödipuskomplexes	XIII	396	1	1924d
Hemmung, Symptom und Angst	XIV	178, 183, 186, 187	4	1926d
Die Zukunft einer Illusion, III	XIV	339	1	1927c
Das Unbehagen in der Kultur	XIV	462, 490	3	1930a
Neue Folge der VO zur Einf. i. d. Psychoanalyse, XXX. Traum und Okkultismus	XV	59	1	1933a
Neue Folge der VO zur Einf. i. d. Psychoanalyse, XXXI. Die Zerlegung der psychischen Persönlichkeit	XV	86	1	1933a
Neue Folge der VO zur Einf. i. d. Psychoanalyse, XXXII. Angst und Triebleben	XV	93	1	1933a
Der Mann Moses und die monotheistische Religion	XVI	24, 204, 206, 207	5	1939a
Abriß der Psychoanalyse	XVII	89, 115, 117, 131, 138	6	1938 [1940a]
Summe „phylogen* "(komprimiert):			**63**	

Zweite Suche: Spuren des Begriffes „Ontogenese"

Begriffsvariationen: Ontogenese (2), Ontogenie (1), ontogenetisch (2), ontogenetische (2), ontogenetischen (2), ontogenetischer (1). Gesamt (x): 10.

Nachdem die erste Suche nach „phylogen*" bereits eine Reihe von Fundstellen
eingebracht hatte, führte die zweite Suche nach „ontogen*" zu Überschneidungen
bzw. weiteren Fundstellen.

Suchergebnisse „ontogen*" (komprimiert):

Werk/ Fundstelle	G.W.	Seite	x	Jahr
Drei Abhandlungen zur Sexualtheorie, Abweichungen in Bezug auf das Sexualziel	V	58	1	1905d
Drei Abhandlungen zur Sexualtheorie, Vorwort zur dritten Aufl. (1915)	V	29	3	1905d
Totem und Tabu, Einleitungspassage der Vorfassung (1912i)	NB	745	2	1912-13a
Psychoanalytische Bemerkungen über einen autobio- graphisch beschriebenen Fall von Paranoia (Dementia Paranoides) (1911c), Nachtrag (1912a)	VIII	320	1	1911c
Das Interesse an der Psychoanalyse	VIII	413	1	1913j
Aus der Geschichte einer infantilen Neurose, VIII. Nachträge aus der Urzeit – Lösung	VIII	130	1	1918b
Der Untergang des Ödipuskomplexes	XIII	396	1	1924d
Summe „ontogen*" (komprimiert):			**10**	

Dritte Suche: Spuren des Begriffes „archaische Erbschaft"

In der folgenden Liste wurden Fundorte und Häufigkeiten des Vorkommens des mit Lamarcks Idee der Vererbung erworbener Eigenschaften in Verbindung stehenden Begriffes „archaische Erbschaft" in Freuds Gesamtwerk verzeichnet. Die Suche ergab Überschneidungen zu den vorigen Suchvorgängen bzw. zusätzliche Werke und Fundstellen.

Begriffsvariationen: archaische Erbschaft (8), archaischen Erbschaft (10), archaischer Erbschaft (3), archaischen Erbe (1), archaisches Erbteil (1). Gesamt (x): 23.

Suchergebnisse „archaisch* Erb*" (komprimiert):

Werk/ Fundstelle	G.W.	Seite	x	Jahr
Die Traumdeutung	II/III	554	1	1900a
Triebe und Triebschicksale	X	224 (neue Fundstelle)	1	1915c
Ein Kind wird geschlagen	VIII	214, 225f. (neues Werk)	2	1919e
Massenpsychologie und Ich-Analyse	XII	79, 142 (neue Fundstelle)	2	1921c
Das Ich und das Es	XIII	265	1	1923b
Selbstdarstellung	XIV	94f. (neues Werk)	1	1925d
Hemmung, Symptom und Angst	XIV	201 (neue Fundstelle)	1	1926d
Die endliche und die unendliche Analyse	XVI	86 (neues Werk)	2	1937c
Der Mann Moses und die monotheistische Religion	XVI	204-208, S. 208 als neue Fundstelle	11	1939a
Abriß der Psychoanalyse	XVII	89	1	1938 [1940a]
Summe „archaisch* Erb*" (komprimiert):			**23**	

2. Struktur und Themen der Sequenz

Nach dieser dritten Suche wurden die hier generierten Ergebnisse mit den bereits in den beiden vorigen Teiluntersuchungen (phylogen*, ontogen*) generierten Daten zu einer gesamten Reihe kombiniert. Dadurch entstand eine Struktur einer chronologischen Sequenz entwicklungsgeschichtlicher Ideen, die sich wie ein Nervengeflecht durch Freuds Werk zieht und mit anderen psychoanalytischen Theorieelementen in Verbindung steht. Zusätzlich wurde diese Sequenz in drei Bereichen weiter ausgearbeitet:

1. Weitere, mit den bisherigen Suchbegriffen in Beziehung stehende Begriffe, wie z. B. „Erbspur*", „Erinnerungsspur*", „Niederschläge", „Urvater" etc. konnten weitere Werke bzw. Fundstellen erschließen.

2. Das Untersuchungsmaterial wurde erweitert. Freuds Korrespondenzen mit z. B. Fließ, Jung, Ferenczi, Groddeck und Abraham wurden in die Sequenz aufgenommen, um Ideenverläufe zu untersuchen, die mit entwicklungsgeschichtlichen Ideen in Verbindung stehen.

3. Verbindungen der entwicklungsgeschichtlichen Ideen zu Theorieelementen der Psychoanalyse (z. B. Neurosenlehre, Ödipuskomplex, Religion, Kulturtheorie) wurden markiert.

Damit ist die Methodik, die das Zustandekommen der Sequenz entwicklungsgeschichtlicher Ideen in Freuds Werk intersubjektiv nachvollziehbar machen sollte, abgeschlossen. Das nach der anschließenden Übersicht folgende achte Kapitel ist zur Gänze dieser Sequenz gewidmet, die insgesamt 60 Werke bzw. Fundstellen mit insgesamt 170 ausgewählten Textstellen umfasst und sich von 1893 bis 1938 chronologisch über 45 Jahre aus Freuds Leben erstreckt.

3. Übersicht der verwendeten Werke und Textstellen

Werke und Textstellen	Seite
1.Freuds Nachruf „Charcot" (1893f) 1.1 Überschätzung des Einflusses der Heredität	180
2. Freuds Korrespondenz mit Wilhelm Fließ zwischen 1893 und 1899 2.1 Der Begriff „Metapsychologie" 2.2 Historische Perioden 2.3 Belege für die Urgeschichte der Hysterie aus dem Volksglauben 2.4 Weitere Belege für die Urgeschichte der Hysterie 2.5 Kein Realitätszeichen im Unbewussten 2.6 Freuds Entdeckung des Ödipuskomplexes 2.7 Phylogenetische und ontogenetische Auflassungen ehemaliger Sexualzonen 2.8 Der Begriff „Endopsychische Mythen" 2.9 Freuds „Vorliebe für das Prähistorische"	181-187
3. Studien über Hysterie (1893-95d) 3.1 Symbolischer Ausdruck und Hysterie	187-188
4. Zur Kritik der „Angstneurose" (1895f) 4.1 Die ätiologische Gleichung	188
5. Die Sexualität in der Ätiologie der Neurosen (1898a) 5.1 Morphologie und Ätiologie der Neurosen	189
6. Die Traumdeutung (1900a) 6.1 Manifeste und latente Trauminhalte 6.2 Dreiteiligkeit der Regression 6.3 Ontogenetische und phylogenetische Kindheit 6.4 Urzeit und Symbolbildung (Urworte) 6.5 Ödipale Konflikte in Mythen und der Gegenwart	189-192
7. Zur Psychopathologie des Alltagslebens (1901b) 7.1 Der Begriff „Endopsychische Wahrnehmung"	192
8. Drei Abhandlungen zur Sexualtheorie (1905d) 8.1 Inversion und archaische Konstitution 8.2 Historischer Niederschlag dreier Mächte: Ekel, Scham, Moralität 8.3 Hereditäre Fixierung von Hemmungen in der Latenzperiode 8.4 Einzigartigkeit der Latenzperiode beim Menschen 8.5 Phylogenetische Festlegung der Triebreihenfolge 8.6 Akzidentelles/ Dispositionelles und Ontogenese/ Phylogenese (3. Aufl., 1915) 8.7 Erweiternde entwicklungsgeschichtliche Forschungen (6. Aufl., 1925)	192-196
9. Zwangshandlungen und Religionsübungen (1907b) 9.1 Zusammenhänge zwischen Religion und Zwangsneurose	196
10. Freuds Korrespondenz mit Jung zwischen 1908 und 1911 10.1 Der Ödipuskomplex als gemeinsames Element von Neurosen und Mythen 10.2 Das phylogenetische Gedächtnis des Individuums	197-199
11. Eine Kindheitserinnerung des Leonardo da Vinci (1910c) 11.1 Wiederholung der Phylogenese in der seelischen Entwicklung des Menschen	199

VIII. Eine Sequenz entwicklungsgeschichtlicher Ideen bei Freud

1. Freuds Nachruf „Charcot" (1893f)

1.1 Überschätzung des Einflusses der Heredität

Gegen Ende seines Nachrufes merkt Freud an, dass Charcot den Einfluss der Heredität (Vererbbarkeit) als Ursache für die Hysterie überschätzte, wodurch kein Raum für deren Erwerbung mehr übrig blieb. Freud bezieht sich dadurch implizit auf die beiden entwicklungsgeschichtlichen Faktoren „Ererbtes" und „Erworbenes":[450]

> *„Auch an den ätiologischen Theorien, die Charcot in seiner Lehre von der famille névropathique vertrat, und die er zur Grundlage seiner gesamten Auffassung der Nervenkrankheiten gemacht hatte, wird wohl bald zu rütteln und zu korrigieren sein. Charcot überschätzte die Heredität als Ursache so sehr, daß kein Raum für die Erwerbung von Neuropathien übrig blieb[...]".*[451]

Dieser Raum, in dem die beiden Faktoren „Ererbtes" bzw. „Erworbenes" in der Ätiologie der Neurosen dynamisch zusammenwirken, wurde von Freud mit seinen späteren Konzepten der „ätiologischen Gleichung" bzw. der „Ergänzungsreihen" erschlossen.

Ideeneinflüsse (u. a.): IV-II (Charcot), IV-II (Haeckel)
Verbindung zu psa. Theorieelementen (u. a.): Ätiologie der Neurosen

2. Freuds Korrespondenz mit Wilhelm Fließ zwischen 1893 und 1899

2.1 Der Begriff „Metapsychologie"

Dieser Begriff, der in Freuds weiterer Theorieentwicklung in seinen dynamischen, ökonomischen und topischen Aspekten ausgearbeitet und 19 Jahre später in seiner Schrift „Das Unbewußte" (1915e [G.W., X: 280f.]) publiziert wurde, beginnt sich im Februar des Jahres 1896 zu formen. Die Metapsychologie verstand Freud als eine „hinter das Bewußtsein führende Psychologie". Freud nennt in diesem Zusammenhang auch das Buch „De l'intelligence" (1870) des französischen Historikers und Philosophen Hippolyte Taine (1828-1893).

> *„Die Psychologie – Metapsychologie eigentlich – beschäftigt mich unausgesetzt, das Buch von Taine ‚L'Intelligence' paßt mir außerordentlich. Ich hoffe, es wird*

---

450 Vgl. Haeckels System der Anpassungs- und Vererbungsgesetze.
451 Freud 1893f [G.W., I: 34f.].

doch etwas daraus. Die ältesten Ideen sind gerade die brauchbarsten, wie ich nachträglich finde".[452]

Am 10. März 1896 bittet Freud Fließ um Zustimmung bezüglich seiner Verwendung des Begriffes „Metapsychologie": „Ich werde Dich übrigens ernsthaft fragen, ob ich für meine hinter das Bewußtsein führende Psychologie den Namen Metapsychologie gebrauchen darf".[453]

2.2 Historische Perioden

Offenbar brachte Fließ den Einfall bezüglich der Existenz historischer Perioden Freud gegenüber zum Ausdruck, denn Freud versicherte ihm im Oktober 1896, dass er diese Idee ernst nimmt. Die Formulierung „symbolische Vorahnung unbekannter Realitäten" deutet auf Freuds später genauer ausformulierte entwicklungsgeschichtliche Ideen hin:

> *„Du weißt, ich lache nicht über Phantasien wie die der historischen Perioden und zwar, weil ich keinen Grund dazu sehe. An diesen Einfällen ist etwas, es ist die symbolische Vorahnung unbekannter Realitäten, mit denen sie etwas gemein haben".*[454]

2.3 Belege für die Urgeschichte der Hysterie aus dem Volksglauben

Am 17. Januar des Jahres 1897 berichtete Freud Fließ von einer Fülle an historisch-mythologischem Material aus dem Mittelalter, das die Annahmen der Bedeutung der Rolle traumatischer Ereignisse in der Ätiologie der Hysterien bekräftigt.

> *„Was sagst Du übrigens zu der Bemerkung, daß meine ganze neue Hysterie-Urgeschichte bereits bekannt und hundertfach publiziert ist, allerdings vor mehreren Jahrhunderten? Erinnerst du dich, daß ich immer gesagt, die Theorie des Mittelalters und der geistlichen Gerichte von der Besessenheit sei identisch mit unserer Fremdkörpertheorie und Spaltung des Bewusstseins? warum aber hat der Teufel, der die Armen in Besitz genommen, regelmäßig Unzucht mit ihnen getrieben und auf ekelhafte Weise?".*[455]

Der Begriff der „Fremdkörpertheorie" bezeichnet die Idee, dass ein psychisches Trauma beziehungsweise die Erinnerung daran, wie ein Fremdkörper wirkt, der noch lange Zeit nach seinem Eindringen als Agens, das in der Gegenwart wirkt, gilt.[456] In diesem Brief deuten sich bereits zwei später bedeutsame Richtungen in

---

452 Freud an Fließ: Brief 87/ 13.2.1896 [1999: 181].
453 Freud an Fließ: Brief 160/ 10.3.1896 [1999: 329].
454 Freud an Fließ: Brief 107/ 9.10.1896 [1999: 211].
455 Freud an Fließ: Brief 118/ 17.1.1897 [1999: 237].
456 Vgl. die editorische Bemerkung von Grubrich-Simitis, ebd.

Freuds Arbeiten an: die Ausdehnungen des Beobachtungsmaterials in Richtung Völkerkunde und Anthropologie.[457]

2.4 Weitere Belege für die Urgeschichte der Hysterie

In einem weiteren Brief vom 24. Januar 1897 dehnte Freud das Beweismaterial durch Gedanken zum symbolischen Bezug zwischen Geld und Kot und weiteren Überlegungen zu den mit der Forschung der Ätiologie der Hysterie verbundenen Assoziationen zu Hexen und Teufel aus dem Volksglauben weiter aus. Freud schrieb Fließ von seiner Bestellung des von den Dominikanern Heinrich Institoris und Jakob Sprenger verfassten „Malleus maleficarum" (des „Hexenhammers" aus dem Jahr 1487) und seinen Plänen, dieses Handbuch der Inquisition, von den Dominikanern Heinrich Institoris und Jakob Sprenger verfasst, ausgiebig zu studieren.

„Die Geschichte des Teufels, das Schimpflexikon des Volkes, die Gesänge und Gebräuche der Kinderstube, alles gewinnt nun Bedeutung für mich".[458]

In der nächsten Stelle findet sich zum ersten Mal der Gedanke Freuds, dass die Hysterie das Negativ der Perversionen ist. Freud vermutet in den Perversionen Verbindungen zu Überbleibseln archaischer Religionen:

„Ich bin einer Idee nahe, als hätte man in den Perversionen, deren Negativ die Hysterie ist, einen Rest eines uralten Sexualkults vor sich, der einmal vielleicht noch im semitischen Orient (Moloch, Astarte) Religion war".[459]

Diese Briefstelle kommentierte Jones mit den Worten: „Hier sehen wir, daß Freud schon früh ein Anhänger der lamarckschen Theorie war, der er sein Leben lang treu blieb".[460] Die Idee, dass Perversionen mit unbewussten Erinnerungen an archaische religiöse Handlungen zusammenhängen, lässt auf Lamarcks Einfluss auf Freud schließen. Dieser Ideeneinfluss von Lamarck auf Freud ist an dieser Stelle nicht als explizit (da er von Freud nicht direkt validiert wurde), sondern als implizit zu beurteilen.

---

457 Vgl. Kommentar von Ernst Kris, ebd.
458 Freud an Fließ: Brief 119/ 24.1.1897 [1999: 239].
459 Ebd.
460 Jones 1953 [Bd. I, 1984: 403].

2.5 Kein Realitätszeichen im Unbewussten

In seinem Brief vom 21.9.1897 teilt Freud Fließ seine sichere Einsicht über den rein phantasmatischen, affektbesetzten Charakter des Unbewussten mit:

„Die sichere Einsicht, daß es im Unbewußten ein Realitätszeichen nicht gibt, so daß man die Wahrheit und die mit Affekt besetzte Fiktion nicht unterscheiden kann".[461]

2.6 Freuds Entdeckung des Ödipuskomplexes

Am 15.10.1897 teilt Freud Fließ seine Entdeckung des Ödipuskomplexes mit. Die Reflexion seiner eigenen Phantasien im Bezug auf biographische Einflüsse (Kat. I: Freuds Familie) in Verbindung mit Kat. IV (Freuds Denken) brachte diese für die Theoriebildung der Psychoanalyse zentrale Idee hervor. Wichtig ist hier auch der Hinweis, dass es sich beim Ödipuskomplex nicht um ein spezielles, sondern um ein allgemeines Phänomen der frühkindlichen Entwicklung handelt:

„Ein einziger Gedanke von allgemeinem Wert ist mir aufgegangen. Ich habe die Verliebtheit in die Mutter und die Eifersucht gegen den Vater auch bei mir gefunden und halte sie jetzt für ein allgemeines Ereignis früher Kindheit, wenn auch nicht immer so früher wie bei hysterisch gemachten Kindern".[462]

Unmittelbar an diesen Gedanken anschließend, assoziiert Freud Shakespeares Hamlet (Einfluss aus Kat. III):

„Flüchtig ist mir durch den Kopf gegangen, ob dasselbe nicht auch dem Hamlet zugrunde liegen möchte. Ich denke nicht an Shakespeares bewußte Absicht, sondern glaube lieber, daß eine reale Begebenheit den Dichter zur Darstellung reizte, indem das Unbewußte in ihm das Unbewußte im Helden verstand".[463]

Durch einen weiteren Einfluss aus Kat. III (Freuds, seit der Schulzeit bestehende Kenntnis der Ödipussage durch die Lektüre von Sophokles) fanden seine eigenen Erfahrungen einen Namen. Zusätzlich sind weitere Wechselwirkungen mit Freuds Phantasien (z. B. etwa durch seine Identifizierung mit dem Helden) denkbar. All diese Einflüsse sind wiederum mit einem dialogischen Prozess eines intensiven Ideenaustausches zwischen Freud und Fließ verbunden, einem wechselseitigen Generieren und Annehmen von Ideen, wobei es durch die Intensität der persönlichen Beziehung beider zueinander manchmal schwierig zu trennen ist, wessen Ideen wann und wo beginnen bzw. enden. Zusätzliche Unschärfen einer klaren Bestimmbarkeit der Ideeneinflüsse entstehen dadurch, dass nur Freuds Äußerun-

---

461 Freud an Fließ: Brief 139/ 21.9.1897 [1999: 284].
462 Freud an Fließ: Brief 142/ 15.10.1897 [1999: 293].
463 Freud an Fließ: Brief 142/ 15.10.1897 [1999: 293].

gen, nicht aber die von Fließ schriftlich erhalten sind. In diesem Beispiel stellt sich eine Komplexität des Wirkens verschiedener Einflüsse und gleichzeitig auch die Unvollkommenheit der Beschreibbarkeit der damit verbundenen Dynamik der Ideengenerierung anhand von Kategorien dar. Denn durch tendenziell zunehmende Komplexitäten von Ideenprozessen relativiert sich auch die Klarheit ihrer Erfassbarkeit durch z. B. die hier vorgeschlagenen Kategorien I-V der Einflussquellen Freuds. Die Kategorien sind daher nicht als in sich abgeschlossene Systeme zu verstehen, sondern sie sind als ungefähre Markierungen für dynamisch wirkende, miteinander interagierende Ideeneinflüsse bzw. Ideenprozesse bei Freud, sofern überhaupt auf eine Art und Weise nachvollziehbar, gedacht.

2.7 Phylogenetische und ontogenetische Auflassungen ehemaliger Sexualzonen

Im Brief von Freud an Fließ vom 14.November 1897 ist ein früher Beleg zum biogenetischen Grundgesetz zu finden. Freud entwickelte die Idee, dass es sich bei der Verdrängung um die Auflassung von ehemaligen Sexualzonen handelt. Er fand dazu „zu seinem Vergnügen" eine Parallele in den Arbeiten des Berliner Nervenarztes Albert Moll (1882-1931).[464]

Die Idee, kurz skizziert: Durch die Entwicklung des Menschen (aufrechter Gang, vom Boden abgehobene Nase) wurde eine Anzahl von früher interessanten Geruchssensationen, die an die Erde gebunden waren, widerlich.[465] Dadurch verloren ehemalige Zonen, wie die Afterregion und die Mund-Rachengegend ihre Bedeutung zur Erregung sexueller Entbindung. Diese Entwicklung vollzieht sich beim „normalen und reifen Menschen" zweifach: Erstens wirkt der Anblick bzw. die Vorstellung dieser Zonen nicht mehr erregend. Zweitens liefern – verglichen mit den eigentlichen Sexualorganen – die von ihnen ausgehenden Sensationen dann keinen Beitrag zu Libido mehr, da sie im Laufe der individuellen Entwicklung und Reifung zugunsten der Vorherrschaft der Genitalität aufgelassen werden (Verdrängung). Bei den Tieren bleiben anale und orale Lustzonen im Laufe ihrer Entwicklung intakt. Ebenso bei den Perversionen, in denen sich in der ontogenetischen Entwicklung einstmalige orale und anale Lust erregende Regionen der Verdrängung entziehen und beibehalten werden.

Freud fasst die Parallele zwischen Ontogenese und Phylogenese mit dem Satz „Das Zugrundegehen dieser anfänglichen Sexualzonen hätte ein Gegenstück in der Aufzehrung gewisser innerer Organe im Laufe der Entwicklung" zusammen.[466]

---

464 Freud validiert an dieser Stelle einen parallelen Verlauf zwischen seinen und Molls Ideen.

465 Bezüglich der Entwicklung des aufrechten Ganges beim Menschen erwähnt Haeckel Kants bereits 1771 formulierte Annahme, dass „der Mensch erst allmählich sein Haupt über seine alten Kameraden, die Tiere, so stolz erhoben hat" (Haeckel 1868 [1911: 91]). Weiters spricht Haeckel Kant Priorität in der Entdeckung des „Kampfes ums Dasein" und der „Selektionstheorie" zu (vgl. ebd.).

466 Vgl. Freud an Fließ: Brief 146/ 14.11.1897 [1999: 302].

Sinngemäß lässt sich ergänzen: im Laufe der phylogenetischen und ontogenetischen Entwicklung (Ideeneinfluss Kat. II, Haeckel).

Freuds Formulierung „Aufzehrung gewisser innerer Organe im Laufe der Entwicklung", also deren evolutionäre Rückbildung bzw. Verschwinden, ist auch ein möglicher impliziter Beleg für Freuds Anwendung von Lamarcks erstem Gesetz („Gesetz vom Gebrauch und Nichtgebrauch von Organen"), erschienen in seiner „Philosophie zoologique" (1809). Durch seine Beschreibung der Wechselwirkung zwischen Phylogenese und Ontogenese stellt Freud einen Bezug zwischen der stammesgeschichtlichen und der individuellen Entwicklung her (vgl. Haeckels biogenetisches Grundgesetz). Freud verbindet diese phylogenetischen Ideen mit gleichzeitig reifenden Begriffen des psychoanalytischen Theoriegebäudes: der somatischen bzw. psychosexuellen Entwicklung, der körperlich-psychischen Doppelnatur der Triebe, dem Abwehrmechanismus der Verdrängung sowie den Neurosen (hier am Beispiel der Perversionen).

2.8 Der Begriff „Endopsychische Mythen"

Zum ersten Mal taucht dieser Begriff bei Freud am 12. Dezember 1897 auf. Dazu zählt Freud u. a. in die Außenwelt projizierbare Darstellungen des psychischen Inneren, wie Gedanken über die Zukunft, Unsterblichkeit, Vergeltung und ein Jenseits.

Diese im Brief noch mit Zweifeln vorgebrachte Idee wird in späteren Jahren u. a. in Freuds 1901 veröffentlichter Schriften „Zur Psychopathologie des Alltagslebens" (1901b [G.W., IV: 287]), „Der Wahn und die Träume in W. Jensens ‚Gradiva'" (1907a [G.W., VII: 78]), „Bemerkungen über einen Fall von Zwangsneurose" (1909d [G. W., VIII: 389]) oder „Psychoanalytische Bemerkungen über einen autobiographisch beschriebenen Fall von Paranoia" (1911c [G. W., VIII: 315]) im Begriff „endopsychische Wahrnehmung" wiederkehren und eine unmittelbare Verbindung dieses Begriffes zu Bausteinen der freudschen psychoanalytischen Theorie, wie dem Abwehrmechanismus der Projektion, der „Allmacht der Gedanken", der Religion sowie zu Zwangsneurosen und der Paranoia bilden.

> *„Kannst Du Dir denken, was „endopsychische Mythen" sind? Die neueste Ausgeburt meiner Denkarbeit. Die unklare innere Wahrnehmung des eigenen psychischen Apparats regt zu Denkillusionen an, die natürlich nach außen projiziert werden und charakteristischerweise in die Zukunft und in ein Jenseits. Die Unsterblichkeit, Vergeltung, das ganze Jenseits sind solche Darstellungen unseres psychischen Inneren. Meschugge? Psycho-Mythologie?".*[467]

---

467 Freud an Fließ: Brief 150/ 12.12.1897 [1999: 311].

2.9 Freuds „Vorliebe für das Prähistorische"

Freuds Vorliebe für prähistorische Themen ist u. a. in einem Brief an Fließ vom 30. Januar 1899 dokumentiert:

> *„Zu meiner Erholung lese ich Burkhardts Griechische Kulturgeschichte, die mir unerwartete Parallelen liefert. Meine Vorliebe für das Prähistorische in allen menschlichen Formen ist im Gleichen geblieben".*[468]

Der Einfluss von Jakob Burghardt (1818-1897) schuf weitere Verbindungen zu den Kategorien III (z. B. griechische Denker) bzw. V (z. B. Mythologie). Zu den weiteren Autoren, die im Dialog zwischen Freud und Fließ erwähnt worden waren, gehörten nach Ernest Jones, neben Shakespeare die deutschen Klassiker, die Freud schon längst bekannt waren und die von ihm häufig zitiert wurden. Die Bücher die Freud las und Fließ gegenüber erwähnte, konnten nach den Angaben von Jones nur einen Bruchteil dessen dargestellt haben, was Freud in Wirklichkeit bewältigte. Darunter befanden sich u. a. Autoren wie: Gottfried Keller, Jens Peter Jacobsen (etwa dessen Roman „Niels Lyhne"), Multatuli, Guy de Maupassant, Jean Paul, Dante Alighieri, Giorgio Vasari, Conrad Ferdinand Meyer, Heinrich Friedjungs „Der Kampf um die Vorherrschaft in Deutschland" (1859-1866), Ludwig Laistners „Das Rätsel der Sphinx" (1889), Heinrich Schliemanns „llias" (1881) und Arthur Schnitzlers „Paracelsus" (1898) (vgl. Jones, 1953 [Bd. I, 1984: 402]).

Ideeneinflüsse (u. a.): IV-I, (Ödipuskomplex), IV-II (Fließ, dialogischer Ideenverlauf), IV-II (Haeckel), IV-II (Taine), IV-II-V (Einfluss von Mythen „via" Burghardt), IV-III (Lamarck), IV-III (Shakespeare), IV-III (Sophokles), IV-V (Volksglauben, Mythen, Kulte)
Verbindung zu psa. Theorieelementen (u. a.): Allmacht der Gedanken, Ätiologie der Neurosen, Metapsychologie, Neurosenlehre (Hysterie, Perversion), Ödipuskomplex, psychosexuelle Entwicklung, Projektion, Urphantasien, Verdrängung

3. Studien über Hysterie (1893-95d)

3.1 Symbolischer Ausdruck und Hysterie

Aus der Fülle an Material, die Breuers und Freuds Studien über Hysterie umfassen, soll in diese Sequenz entwicklungsgeschichtlicher Ideen Freuds Sammlung von Symbolisierungen seiner Patientin Cäcilie M. mit aufgenommen werden (Einflüsse aus Kat. II, Beobachtung von Patienten). Der symbolische Ausdruck der Patientin umfasste eine Reihe körperlicher Sensationen, die entweder psychischen Ursprungs waren oder von Freud mit einer „psychischen Deutung" versehen wurden und Me-

---

468 Freud an Fließ: Brief 190/ 30.1.1899 [1999: 374].

taphern der Patientin wie: „Es hat mir einen Stich ins Herz gegeben" (Kränkung), „Schlag ins Gesicht" (verletzende Anrede), „Es steckt mir etwas im Kopf" (hysterischer Kopfschmerz), „Das musste ich herunterschlucken" (Wahrnehmung der hysterischen Aura im Halse) beinhalten.[469] Freud zählt die hysterischen Sensationen und Innervationen zu dem, bereits von Darwin beschriebenen „Ausdruck der Gemütsbewegungen",[470] aber er ist sich aber nicht sicher, ob sich die Hysterie mittels Symbolisierung über die Sprache als Vorbild ausdrückt. Vielmehr vermutet er, sich auf Darwin berufend, einen gemeinsamen Ursprung:

> *„All diese Sensationen und Innervationen gehören dem ‚Ausdruck der Gemütsbewegungen' an, der, wie uns Darwin gelehrt hat, aus ursprünglich sinnvollen und zweckmäßigen Leistungen besteht; sie mögen gegenwärtig zumeist so abgeschwächt sein, daß ihr sprachlicher Ausdruck uns als bildliche Übertragung erscheint, allein sehr wahrscheinlich war das alles einmal wörtlich gemeint, und die Hysterie tut recht daran, wenn sie für ihre stärkeren Innervationen den ursprünglichen Wortsinn wieder herstellt. Ja, vielleicht ist es unrecht zu sagen, sie schaffe sich solche Sensationen durch Symbolisierung; sie hat vielleicht den Sprachgebrauch gar nicht zum Vorbilde genommen, sondern schöpft mit ihm aus gemeinsamer Quelle".*[471]

Demnach ist der symbolische Ausdruck der Hysterie eine Sprache aus vorsprachlicher Zeit.

Ideeneinflüsse (u. a.): IV-II (Breuer), IV-II (Cäcilie M.), IV-II (Darwin)
Verbindung zu psa. Theorieelementen (u. a.): Neurosenlehre (Hysterie), Symbolisierung

4. Zur Kritik der „Angstneurose" (1895f)

4.1 Die ätiologische Gleichung

Freuds Ansicht nach sind für das Zustandekommen einer Neurose zwei ätiologische Faktoren entscheidend: die Heredität und ein spezifisches sexuelles Moment. Diese Faktoren sind nicht als starre Kategorien, sondern als fließende Reihen, die einander unterstützen und ergänzen, zu verstehen. Die hereditäre Belastung ist das wichtigste Moment beim Zustandekommen von Angstneurosen. Dennoch ist die Heredität alleine nicht ausschlaggebend, denn sie braucht den Einfluss eines sexuellen Momentes, um zum Ausdruck zu kommen.[472] In diesen Gedanken beginnt sich Freuds Konzept der „Ergänzungsreihen" zu formen, in dem

---

469 Vgl. Breuer & Freud 1893 [G.W., I: 250].
470 Charles Darwin (1872): „The expression of the emotions in man and animals".
471 Breuer & Freud 1893 [G.W., I: 251].
472 Vgl. 1895f [G.W., I: 374].

„Ererbtes" und „Erworbenes" komplex zusammenwirken.[473]

Ideeneinflüsse: IV-II (Fließ), IV-II (Haeckel)
Verbindung zu psa. Theorieelementen: Ätiologie der Neurosen

5. Die Sexualität in der Ätiologie der Neurosen (1898a)

5.1 Morphologie und Ätiologie der Neurosen

Freud verwendet explizit den u. a. von Goethe und Haeckel mitgeprägten Ausdruck „Morphologie", das Gesamtsystem von zusammenhängenden, dynamisch interagierenden Formenverhältnissen, innerhalb derer sich die Beziehungen zwischen Sexualität und Neurosen entwickeln. Aus der Morphologie der Neurosen ist deren Ätiologie übersetzbar. Die (spezielle) Ätiologie ist die für jeden Menschen eigene Zusammensetzung an Komponenten innerhalb einer (allgemeinen) Morphologie:

> *„Anders aber, wenn man unsere Gesichtspunkte über die ursächlichen Beziehungen zwischen der Sexualität und den Neurosen annimmt. Dann erwacht ein neues Interesse für die Symptomatologie der einzelnen neurotischen Fälle, und es gelangt zur praktischen Wichtigkeit, daß man das komplizierte Bild richtig in seine Komponenten zu zerlegen und diese richtig zu benennen verstehe. Die Morphologie der Neurosen ist nämlich mit geringer Mühe in Ätiologie zu übersetzen, und aus der Erkenntnis dieser leiten sich, wie selbstverständlich, neue therapeutische Anweisungen ab".*[474]

Ideeneinflüsse: IV-II (Haeckel), IV-III (Goethe)
Verbindung zu psa. Theorieelementen: Ätiologie der Neurosen

---

473 Ralph Butzer & Roland Burkholz betonen im Zusammenhang mit den Ergänzungsreihen den Aspekt des Raumgewinnes durch Freuds Weiterentwicklung der Theorie: „Und um diesen Raum der Erwerbung ging es Freud. In seinem formalen Schema war darin nicht nur Platz für eine spezifische Ursache, sondern die Disposition selbst konnte ebenfalls erworben werden". (Butzer & Burkholz [1991: 24]).

474 Freud 1898a [G.W., I: 496].

6. Die Traumdeutung (1900a)

6.1 Manifeste und latente Trauminhalte

Der manifeste Inhalt eines Traumes knüpft an das rezent Erlebte, der latente Inhalt an das älteste Erlebte an.[475]

6.2 Dreiteiligkeit der Regression

Die Regression spielt eine ebenso wichtige Rolle in der Theorie der Symptombildung wie in der des Traumes. Freud unterscheidet drei Arten der Regression:

a. topisch (innerhalb der psychischen Systeme Ubw – Vbw – Bw)

b. zeitlich (auf ältere psychische Bildungen zurückgreifend)

c. formal (primitive Ausdrucks- und Darstellungsweisen ersetzen die gewohnten)

Diese drei Regressionsarten laufen nicht isoliert voneinander ab, sondern sind Ausdruck eines einzigen regressiven Vorganges. Das zeitlich Ältere ist gleichzeitig das formal Primitivere und ist dem Unbewussten, dem Rohmaterial der Erinnerungsspuren, näher.[476]

6.3 Ontogenetische und phylogenetische Kindheit

Im folgenden Beispiel tritt Haeckels biogenetisches Grundgesetz in dem Gedanken, dass die individuelle Kindheit (Ontogenese) der abgekürzten phylogenetischen Kindheit des Menschengeschlechts entspricht, implizit hervor. Lamarcks Theorie der Vererbung erworbener Eigenschaften ist in der „archaischen Erbschaft", dem seelisch Angeborenen, das bis in die dunkelsten und ältesten Phasen des Menschheitsbeginnes hineinreicht, enthalten. Freud würdigt hier auch Nietzsches Gedanken, dass sich im Traum „ein uraltes Stück Menschtum fortübt" (Ideeneinfluss aus Kat. II, Nietzsche) sowie die Bedeutung der Psychoanalyse als Wissenschaft zur Rekonstruktion dieser „ältesten und dunkelsten Phasen":

> *„Hinter dieser individuellen Kindheit wird uns dann ein Einblick in die phylogenetische Kindheit, in die Entwicklung des Menschengeschlechts, versprochen, von der die des einzelnen tatsächlich eine abgekürzte, durch die zufälligen Lebensumstände beeinflußte Wiederholung ist. Wir ahnen, wie treffend die Worte Fr. Nietzsches sind, daß sich im Traume ‚ein uraltes Stück Menschtum fortübt, zu dem man auf direktem Wege kaum mehr gelangen kann', und werden zur Erwartung veranlaßt, durch die Analyse der Träume zur Kenntnis der archaischen Erbschaft des Menschen zu kommen, das seelisch Angeborene in ihm zu erkennen. Es*

---

475 Vgl. Freud 1900a [G.W., II-III: 224].
476 Vgl. a.a.O.: 554.

scheint, daß Traum und Neurose uns mehr von den seelischen Altertümern bewahrt haben, als wir vermuten konnten, so daß die Psychoanalyse einen hohen
Rang unter den Wissenschaften beanspruchen darf, die sich bemühen, die ältesten
und dunkelsten Phasen des Menschheitsbeginnes zu rekonstruieren".[477]

6.4 Urzeit und Symbolbildung (Urworte)

Im folgenden Beispiel weist Freud auf die Verbindung zwischen Symbolik und
„einstiger Identität" in den „Urzeiten menschlicher Entwicklung" hin und bestätigt
die Annahme von Gotthilf H. Schubert (1780-1860), dass die Symbolgemeinschaft
über die Sprachgemeinschaft hinausreicht (Schubert, 1814). Symbole können so alt
wie die Sprachbildung sein oder ständig in der Gegenwart neu gebildet werden:

> „Was heute symbolisch verbunden ist, war wahrscheinlich in Urzeiten durch be-
> griffliche und sprachliche Identität vereint.[3] Die Symbolbeziehung scheint ein
> Rest und Merkzeichen einstiger Identität. Dabei kann man beobachten, daß die
> Symbolgemeinschaft in einer Anzahl von Fällen über die Sprachgemeinschaft hi-
> nausreicht, wie bereits Schubert (1814) behauptet hat. Eine Anzahl von Symbolen
> ist so alt wie die Sprachbildung überhaupt, andere werden aber in der Gegenwart
> fortlaufend neu gebildet (z. B. das Luftschiff, der Zeppelin)".[478]

In Fußnote 3 bezieht sich Freud auf Hans Sperbers Beitrag zur Erforschung der
sexuellen Bedeutung der Urworte („Über den Einfluß sexueller Momente auf Entstehung und Entwicklung der Sprache", veröffentlicht in Imago I, 1912). Sperber
vertrat die Ansicht, dass „die Urworte sämtlich sexuelle Dinge bezeichneten und
dann diese sexuelle Bedeutung verloren, indem sie auf andere Dinge und Tätigkeiten übergingen, die mit den sexuellen verglichen wurden" (ebd.).

6.5 Ödipale Konflikte in Mythen und der Gegenwart

In diesem Textbeispiel zieht Freud mit dem Blick der vergleichenden Anatomie
drei Verbindungslinien: Die erste vergleicht das ödipale Spannungsverhältnis zwischen Vater und Sohn anhand von Sagen aus der Urzeit oder von Mythen wie z. B.
Kronos und Zeus (Ideeneinfluss Kat. V). Die zweite Linie führt zur symbolischen
Verschiebung der ödipalen Thematik auf die Tierwelt (vgl. auch z. B. die „Analyse
der Phobie eines fünfjährigen Knaben", 1909b). Die dritte Linie führt zu strukturellen Verhältnissen der Jahrhundertwende hin. Sie skizziert das Gesellschaftsmodell
der bürgerlichen Familie, die von einem dominanten, den Sohn unterdrückenden
Vater angeführt wird:

---

477 Ebd.
478 A.a.O.: 357.

„Die dunklen Nachrichten, die in Mythologie und Sage aus der Urzeit der mensch-lichen Gesellschaft auf uns gekommen sind, geben von der Machtfülle des Vaters und von der Rücksichtslosigkeit, mit der sie gebraucht wurde, eine unerfreuliche Vorstellung. Kronos verschlingt seine Kinder, etwa wie der Eber den Wurf des Mutterschweins, und Zeus entmannt den Vater[114] und setzt sich als Herrscher an seine Stelle. Je unumschränkter der Vater in der alten Familie herrschte, desto mehr muß der Sohn als berufener Nachfolger in die Lage des Feindes gerückt, desto größer muß seine Ungeduld geworden sein, durch den Tod des Vaters selbst zur Herrschaft zu gelangen. Noch in unserer bürgerlichen Familie pflegt der Vater durch die Verweigerung der Selbstbestimmung und der dazu nötigen Mittel an den Sohn dem natürlichen Keim zur Feindschaft, der in dem Verhältnisse liegt, zur Entwicklung zu verhelfen".[479]

Ideeneinflüsse (u. a.): IV-II (Haeckel), IV-III (Lamarck), IV-II (Nietzsche), IV-III (Schubert), IV-II (Sperber), IV-V (Sagen, Mythen)
Verbindungen zu psa. Theorieelementen (u. a.): Metapsychologie, Ödipuskomplex, Psychosexuelle Entwicklung, Regression, Symbolik, Traumdeutung

7. Zur Psychopathologie des Alltagslebens (1901b)

7.1 Der Begriff „Endopsychische Wahrnehmung"

Freuds Ansicht nach ist ein Großteil der mythologischen Weltauffassung, inklusive der modernsten Religionen, nichts anderes als in die Außenwelt projizierte Psy-chologie. Durch „endopsychische Wahrnehmung" psychischer Faktoren und Ver-hältnisse des Unbewussten werden übersinnliche Realitäten konstruiert. Beispiele dafür sind Mythen vom Paradies und Sündenfall, von Gott, vom Guten und Bösen, von der Unsterblichkeit u. dgl. Durch die Wissenschaft (sinngemäß: durch die Wis-senschaft der Psychoanalyse) ist es möglich, diese Mythen aufzulösen und die Me-taphysik in Metapsychologie umzusetzen.[480] Die Idee einer „endopsychischen Wahrnehmung" hat ihren Ursprung in Freuds Ahnung bezüglich der Existenz „en-dopsychischer Mythen".[481]

Ideeneinflüsse (u. a.): IV-II (Fließ), IV-V (Mythen)
Verbindungen zu psa. Theorieelementen (u. a.): Allmacht der Gedanken, Meta-psychologie, Projektion, Religion, Urphantasien

---

479 Freud 1900a [G.W., II-III: 262f.].
480 Vgl. Freud 1901b [G.W., IV: 287f.].
481 Vgl. Freud an Fließ: Brief 150/ 12.12.1897 [1999: 311].

8. Drei Abhandlungen zur Sexualtheorie (1905d)

8.1 Inversion und archaische Konstitution

In diesem Beispiel schafft Freud eine Verbindung zwischen der Inversion und einer archaischen Konstitution bzw. primitiven psychischen Mechanismen:

> *„Bei den Inversionstypen ist durchwegs das Vorherrschen archaischer Konstitutionen und primitiver psychischer Mechanismen zu bestätigen. Die Geltung der narzißtischen Objektwahl und die Festhaltung der erotischen Bedeutung der Analzone erscheinen als deren wesentlichste Charaktere".* [482]

8.2 Historischer Niederschlag dreier Mächte: Ekel, Scham, Moralität

In dieser Stelle findet sich ein impliziter Beleg für Haeckels biogenetisches Grundgesetz. In der individuellen Ontogenese wiederholt sich die Phylogenese der Art. Ekel, Scham und Moralität sind „historische Niederschläge" äußerer, die Sexualität eindämmender Hemmungen. Als ontogenetische Wiederholung der phylogenetischen Entwicklung der Menschheit treten diese hemmenden Mechanismen in der Entwicklung des Individuums, unterstützt durch Erziehung, „zu ihrer Zeit" in Erscheinung.

> *„Man muß diese die Sexualentwicklung eindämmenden Mächte – Ekel, Scham und Moralität – andererseits auch als historische Niederschläge der äußeren Hemmungen ansehen, welche der Sexualtrieb in der Psychogenese der Menschheit erfahren hat. Man macht die Beobachtung, daß sie in der Entwicklung des Einzelnen zu ihrer Zeit wie spontan auf die Winke der Erziehung und Beeinflussung hin auftreten".* [483]

8.3 Hereditäre Fixierung von Hemmungen in der Latenzperiode

In diesem Zitat erweitert Freud das im Punkt 8.2 Beschriebene insoweit, als dass er eine organisch bedingte, durch Vererbung fixierte Hemmung durch Ekel, Scham und Moralität in der Latenzzeit des Kindes annimmt. Der elterlichen Erziehung wird nicht der Hauptverdienst an der kulturellen Entwicklung des Kindes eingeräumt; sie hat die Aufgabe, das „organisch Vorgezeichnete" zu unterstützen, es „etwas sauberer und tiefer auszuprägen". Die Vererbung erworbener Eigenschaften (Ideeneinfluss Lamarck, Kat. III) bezieht sich auf die Hemmmechanismen der phylogenetischen Entwicklung der Art, die sich in der ontogenetischen Entwicklung des Individuums während der Latenzperiode wiederholen (vgl. Biogenetisches Grundgesetz, Ideeneinfluss Kat. II, Haeckel). Triebhemmende Anpassungsmecha-

---

482 Freud 1905d [G.W., V: 45, Fn 10].
483 A.a.O.: 61 Fn 1.

nismen für die kulturelle Entwicklung, wie Ekel, Scham und Moralität, sind dem-nach phylogenetisch ererbt. Dieser Erbanteil kommt zeitlich fixiert während der Latenzperiode zum Vorschein (Ideeneinfluss Kat. II, Fließ). Der Anteil der elter-lichen Erziehung stellt einen weiteren Einfluss dar, der in der Ontogenese zu-sätzlich erworben wird und diese ererbten Mechanismen unterstützend verstärkt:

> „Während dieser Periode totaler oder bloß partieller Latenz werden die seeli-schen Mächte aufgebaut, die später dem Sexualtrieb als Hemmnisse in den Weg treten und gleichwie Dämme seine Richtung beengen werden (der Ekel, das Schamgefühl, die ästhetischen und moralischen Idealanforderungen). Man ge-winnt beim Kulturkinde den Eindruck, daß der Aufbau dieser Dämme ein Werk der Erziehung ist, und sicherlich tut die Erziehung viel dazu. In Wirklichkeit ist diese Entwicklung eine organisch bedingte, hereditär fixierte und kann sich gelegentlich ganz ohne Mithilfe der Erziehung herstellen. Die Erziehung verbleibt durchaus in dem ihr angewiesenen Machtbereich, wenn sie sich darauf einschränkt, das orga-nisch Vorgezeichnete nachzuziehen und es etwas sauberer und tiefer auszuprä-gen“.[484]

8.4 Einzigartigkeit der Latenzperiode beim Menschen

Verglichen mit den Tieren, ist beim Menschen der „zweizeitige“ Ansatz des Sexu-allebens, d. h. zwei von einer Latenzperiode unterbrochene Perioden sexueller Entwicklung, einzigartig. Freud ortet die Wurzeln der Zweizeitigkeit in der Urge-schichte des Menschen:

> „Die Tatsache des zweizeitigen Ansatzes der Sexualentwicklung beim Menschen, also die Unterbrechung dieser Entwicklung durch die Latenzzeit, erschien uns be-sonderer Beachtung würdig. Sie scheint eine der Bedingungen für die Eignung des Menschen zur Entwicklung einer höheren Kultur, aber auch für seine Neigung zur Neurose zu enthalten. Bei der tierischen Verwandtschaft des Menschen ist unseres Wissens etwas Analoges nicht nachweisbar. Die Ableitung der Herkunft dieser menschlichen Eigenschaft müßte man in der Urgeschichte der Menschenart su-chen“.[485]

8.5 Phylogenetische Festlegung der Triebreihenfolge

Freud nimmt ein phylogenetisch festgelegtes Schema bezüglich der Aktivierung einzelner Triebentwicklungen an:

> „Es scheint phylogenetisch festgelegt, in welcher Reihenfolge die einzelnen Trieb-regungen aktiviert werden, und wie lange sie sich äußern können, bis sie dem

---

484 A.a.O.: 78.
485 A.a.O.: 135.

Einfluß einer neu auftretenden Triebregung oder einer typischen Verdrängung un-
terliegen". [486]

Gleichzeitig mit der phylogenetischen Festlegung der Reihenfolge der einzelnen
Triebregungen räumt Freud sowohl bezüglich der zeitlichen Aufeinanderfolge, der
Zusammensetzung der Triebkomponenten, dem Verhältnis aus Strömung und Ge-
genströmung der Triebe als auch in der Zeitdauer erhebliche Variationen ein. Den
Grund für zeitliche Verwirrungen der Entwicklungsvorgänge weiß Freud nicht an-
zugeben. Eine Konfrontation mit biologischen und historischen Problemen ahnend,
beendet er diesen Gedankengang:

> *„Worauf solche zeitliche Verwirrungen der Entwicklungsvorgänge rückführbar*
> *sind, vermögen wir auch nicht in Andeutungen anzugeben. Es eröffnet sich hier ein*
> *Ausblick auf eine tiefere Phalanx von biologischen, vielleicht auch historischen*
> *Problemen, denen wir uns noch nicht auf Kampfesweite angenähert haben".* [487]

8.6 Akzidentelles/ Dispositionelles und Ontogenese/ Phylogenese (3. Aufl., 1915)

Im Vorwort zur dritten Auflage der „Drei Abhandlungen zur Sexualtheorie" aus
dem Jahre 1915 beschreibt Freud die Dynamik zwischen akzidentellen, im Vordergrund wirkenden (Ontogenese) und dispositionellen, im Hintergrund wirkenden
Momenten (Phylogenese). Wiederum bezieht sich Freud auf Haeckels biogenetisches Grundgesetz (Ideeneinfluss Kat. II, Haeckel). Das Verhältnis zwischen
Ontogenese und Phylogenese ist analog zum Verhältnis zwischen dem Akzidentellen und dem Dispositionellen. Das neuere Erleben des Einzelwesens (die Ontogenese) spielt die Hauptrolle in der Analyse. Die Ontogenese ist eine Wiederholung
der Phylogenese (der Anlage, des früheren Erlebens der Art). Die Wiederholung ist
aber nicht unbedingt deterministisch vorgegeben, denn durch rezenteres Erleben
des Individuums ergeben sich alternative Möglichkeiten für dessen Entwicklung:

> *„Das Akzidentelle spielt nämlich die Hauptrolle in der Analyse, es wird durch sie*
> *fast restlos bewältigt; das Dispositionelle kommt erst hinter ihm zum Vorschein als*
> *etwas, was durch das Erleben geweckt wird, dessen Würdigung aber weit über das*
> *Arbeitsgebiet der Psychoanalyse hinausführt. Ein ähnliches Verhältnis beherrscht*
> *die Relation zwischen Onto- und Phylogenese. Die Ontogenese kann als eine Wie-*
> *derholung der Phylogenese angesehen werden, soweit diese nicht durch ein re-*
> *zenteres Erleben abgeändert wird. Die phylogenetische Anlage macht sich hinter*
> *dem ontogenetischen Vorgang bemerkbar. Im Grunde aber ist die Disposition*
> *eben der Niederschlag eines früheren Erlebens der Art, zu welchem das neuere Er-*
> *leben des Einzelwesens als Summe der akzidentellen Momente hinzukommt".* [488]

---

486 A.a.O.: 143.
487 Ebd.
488 Freud 1905d [G.W., V: 29f.], Vorwort zur 3. Aufl., 1915.

Das Verhältnis und die Dynamik zwischen akzidentellen und konstitutionellen Faktoren wurde von Freud in dieser Schrift mit dem Modell der „Ergänzungsreihe" beschrieben.[489]

8.7 Erweiternde entwicklungsgeschichtliche Forschungen (6. Aufl., 1925)

8.7.1 Otto Rank (1909, 1924)

In Fußnote 14 der sechsten Auflage der „Drei Abhandlungen zur Sexualtheorie" aus dem Jahr 1925 berichtet Freud über die Fortschritte seines Mitarbeiters Otto Rank in der Erforschung der Zusammenhänge zwischen pubertären sexuellen Phantasien (Belauschen des elterlichen Geschlechtsverkehrs, frühe Verführung durch geliebte Personen, Kastrationsdrohung, Mutterleibsphantasien, „Familienroman") und der Mythologie („Der Mythus von der Geburt des Helden", 1909). Der Ödipuskomplex als „Kernkomplex der Neurosen" erhielt durch Ranks Buch „Das Trauma der Geburt" (1924) durch dessen Betonung der Mutterbindung in der frühen embryonalen Vorzeit eine Erklärung auf biologischer Grundlage.[490]

8.7.2 Sàndor Ferenczi (1924)

In Fußnote 18 aus derselben Auflage erwähnt Freud die „gewiß phantastische, aber überaus geistreiche" Schrift von Sándor Ferenczi („Versuch einer Genitaltheorie", 1924e), in der Ferenczi das Geschlechtsleben der höheren Tiere aus ihrer biologischen Entwicklungsgeschichte ableitet.[491] Die Beiträge von Rank bzw. Ferenczi stellten sowohl Einflüsse für Freud dar (Input) und bedeuteten andererseits auch Raumerweiterungen in der Entwicklung der Psychoanalyse (Output).

Ideeneinflüsse (u. a.): IV-II (Fließ), IV-II (Rank), IV-II (Ferenczi), IV-II (Haeckel), IV-III (Lamarck), IV-V (Mythen)
Verbindungen zu psa. Theorieelementen (u. a.): Ätiologie der Neurosen, Allmacht der Gedanken, Gegenbesetzungen, Kulturtheorie, Libidotheorie, Metapsychologie, Neurosenlehre, Ödipuskomplex, Projektion, Psychosexuelle Entwicklung, Religion, Urphantasien, Verdrängung

---

489 Freud 1905d [G.W., V: 141].
490 Vgl. a.a.O.: 127, Fn 14.
491 Vgl. a.a.O.: 130, Fn 18.

9. Zwangshandlungen und Religionsübungen (1907b)

9.1 Zusammenhänge zwischen Religion und Zwangsneurose

Nach Freuds Angaben aus der „Selbstdarstellung" (1925d) bedeutete diese Schrift den Beginn seiner Beschäftigung mit der Religionspsychologie. Freud stellte 1907 die Ähnlichkeit zwischen Zwangshandlungen und Religionsübungen (Ritus) fest, kannte aber zu diesem Zeitpunkt die näheren Zusammenhänge noch nicht. Einige der Zusammenhänge zwischen Religion und Zwangsneurose lauten, dass die Zwangsneurose eine verzerrte Privatreligion, die Religion eine universelle Zwangsneurose ist.[492] Fortschreitender Triebverzicht ist eine der Grundlagen menschlicher Kulturentwicklung. Religionen haben Anteil an der Triebverdrängung, da die Trieblust des Einzelnen für eine Gottheit geopfert wird.[493] Alle menschlichen Eigenschaften wurden den alten Göttern uneingeschränkt zugeschrieben. Es war verboten, die eigenen Frevel durch das göttliche Beispiel zu rechtfertigen.[494]

Ideeneinflüsse (u. a.): IV-V (Mythen)
Verbindungen zu psa. Theorieelementen (u. a.): Allmacht der Gedanken, Gegenbesetzungen, Identifizierung, Kulturtheorie, Neurosenlehre (Zwangsneurose), Ödipuskomplex, Projektion Religion, Sublimierung, Verdrängung

10. Freuds Korrespondenz mit Jung zwischen 1908 und 1911

10.1 Der Ödipuskomplex als gemeinsames Element von Neurosen und Mythen

In dieser Korrespondenz stellen sich Ideeneinflüsse von Jung (IV-II) sowie dialogische Ideenverläufe zwischen Freud und Jung dar. Zu den Leitmotiven zählen Freuds und Jungs gemeinsame Erschließung der Zusammenhänge zwischen dem Ödipuskomplex, Mythen und den damit verbundenen phylogenetischen Grundlagen der Neurosenlehre. Im folgenden Textbeispiel kommt Freuds Blickweise der vergleichenden Anatomie zum Ausdruck:

> *„Zusammenhänge haben mich auf die Mythologie gewiesen, und so dämmert mir, daß der Kern des Mythus derselbe ist wie [der] der Neurose".*[495]

---

492 Vgl. Freud 1925d [G.W., XIV: 92].
493 Vgl. Freud 1907b [G. W., VII: 139].
494 Diese Idee hat eine lange Geschichte, die u. a. über Feuerbach zurück bis zu den Vorsokratikern führt. In einem anderen Zusammenhang erwähnt Haeckel, dass Xenophanes (ca. 570-470 v. Chr.) mit „überzeugender Schärfe den Beweis" erbrachte, dass „alle Vorstellungen von persönlichen Göttern nur auf mehr oder weniger grobe Anthropomorphismen (Vermenschlichungen) hinauslaufen" (Haeckel 1868 [1911: 50]).
495 Freud an Jung, Brief vom 13.8.1908 in: Briefwechsel [1984: 82].

Im folgenden Briefausschnitt berichtet Jung Freud von den Fortschritten seiner Forschungen auf dem Gebiet der Mythologie und Archäologie:

„Für die phylogenetische Grundlegung der Neurosenlehre tun sich hier reiche Quellen auf. [...] Wenn ich im Frühling nach Wien komme, hoffe ich Ihnen verschiedene alte Neuigkeiten mitbringen zu können".[496]

Freuds postwendende Antwort auf dieses Schreiben drückt neben der Annahme, dass der Ödipuskomplex der gemeinsame Kernkomplex von Mythologie und Neurosen ist, auch seine Absicht, auch Jung davon zu überzeugen aus. Auch fühlt sich Freud durch Jungs Mitarbeit an der Entdeckung der mythologisch-phylogenetischen Zusammenhänge weniger einsam:

„... daß sie sich mit der Mythologie eingelassen haben, hat mich hell erfreut. Ein Stück Einsamkeit weniger. Ich bin sehr begierig auf ihre Entdeckungen. [...] Sie werden, hoff' ich, bald meine Erwartung teilen, daß der Kernkomplex der Mythologie derselbe ist wie der der Neurosen".[497]

Jungs anschliessender Brief bringt einen Beitrag zu den ödipalen Themen Inzest, Bestrafung (Geißelung, Selbstkastration) sowie Tod und Auferstehung eines phallischen Gottes in der ägyptischen, babylonischen und griechischen Mythologie. Was anhand dieses Materials für gemeinsame phylogenetische Wurzeln spricht, ist einerseits der transkulturelle Charakter der Mythen bei gleichzeitiger Ähnlichkeit der Muster, die gemeinsame Rhythmik (Überschreitung der Verbotsgrenzen – Bestrafung – Transformation – Ritualisierung) sowie die damit verbundene Betonung des Wiederholungscharakters eines außergewöhnlichen Geschehens („Repetition eines sagenhaften Ereignisses") durch Jung:

„Es ist eine Repetition eines sagenhaften Ereignisses: Ares auswärts erzogen, kehrt heim zu Mutter, um bei ihr zu schlafen. Die Diener erkennen ihn nicht und verwehren ihm den Eingang. Er geht in die Stadt, holt Hilfe, überwältigt die Diener und schläft bei seiner Mutter. Diese Flagellantenszenen wiederholen sich im Isiskult, bei der Kybele, ebenda auch Selbstkastration, ebenso bei Atargatis (in Hierapolis), bei Hekate Jünglingsgeißelung in Sparta. Der sterbende und wieder erwachende Gott (Orpheusmysterien, Thammuz, Osiris [Dionysos], Adonis etc. ist überall phallisch".[498]

10.2 Das phylogenetische Gedächtnis des Individuums

Freuds und Jungs Suche nach Spuren einer phylogenetischen Vergangenheit des Menschen ergab weitere Funde aus dem Gebiet der Ethnologie und Mythologie.

---

496 Jung an Freud, Brief vom 8.11.1909 in: Briefwechsel [1984: 123].
497 Freud an Jung, Brief vom 11.11.1909 in: Briefwechsel [1984: 124].
498 Jung an Freud, Brief vom 15.11.1909 in: Briefwechsel [1984:125].

Eine der Quellen Freuds dafür war das Buch „The Golden Bough, A Study in Magic and Religion, Vol. 1" (1890, 3. Aufl. 1911) des schottischen Ethnologen Sir James George Frazer (1854-1941).[499] Im folgenden Beispiel teilt Freud Jung eine Beobachtung über die Bedeutung der Nachgeburt bei primitiven Völkern mit. Unter der Annahme eines phylogenetischen Gedächtnisses des Individuums verbindet Freud dies mit dem unheimlichen Sujet des „Doppelgängers":[500]

> „Aber bei Frazer, ‚Golden Bough', vol. 1, kann man nachlesen, bei wieviel primitiven Völkern heute noch die Nachgeburt der Bruder (Schwester) oder der Zwilling heißt, entsprechend behandelt, genährt, und erhalten wird, was natürlich nicht lange angeht. Wenn es phylogenetisches Gedächtnis des Individuums gibt, was leider bald nicht zu leugnen sein wird, so ist das Unheimliche des ‚Doppelgängers' auch dieser Herkunft".[501]

Ideeneinflüsse (u. a.): IV-II (Jung, dialogischer Ideenverlauf), IV-II (Frazer), IV-V (Mythen)
Verbindungen zu psa. Theorieelementen (u. a.): Kulturtheorie, Mythologie, Ödipuskomplex, Psychosexuelle Entwicklung, Religion, Urphantasien

11. Eine Kindheitserinnerung des Leonardo da Vinci (1910c)

11.1 Wiederholung der Phylogenese in der Entwicklung des Menschen

Einen weiteren impliziten Einfluss von Haeckels biogenetischem Grundgesetz auf Freud weist folgende Textstelle auf:

> „Wir sind durch gewichtige biologische Analogien darauf vorbereitet, daß die seelische Entwicklung des Einzelnen den Lauf der Menschheitsentwicklung abgekürzt wiederhole, und werden darum nicht unwahrscheinlich finden, was die psychoanalytische Erforschung der Kinderseele über die infantile Schätzung der Genitalien ergeben hat".[502]

Ideeneinflüsse (u. a.): IV-II (Haeckel)
Verbindungen zu psa. Theorieelementen (u. a.): Psychosexuelle Entwicklung

---

499 Diese Auflage (1911) wurde von Freud auch für „Totem und Tabu" (1912-13a) verwendet.
500 Das Doppelgängermotiv wurde u. a. in Freuds Schrift „Das Unheimliche" (1919h) behandelt.
501 Freud an Jung, Brief vom 13.10.1911 in: Briefwechsel [1984: 199].
502 Freud 1910c [G. W., VIII: 167].

12. Brief an Else Voigtländer (1.10.1911)

12.1 Goethes „Dämon und Tychê" als Analogie für Ererbtes und Erworbenes

Ein Thema dieser Korrespondenz ist die einander ergänzende, kooperative Dynamik zwischen konstitutionellen (Anlagen) und akzidentellen Momenten (Erleben). Freuds Zitat „Δαιμων χαι Τυχη" bedeutet die Analogie aus „Dämon" (der Charakter, die geprägte Form, das Ererbte) und „Tychê" (das Zufällige) und bezieht sich (möglicherweise) auf die ersten beiden Stanzen in Goethes „Urworte. Orphisch".[503] Im Sinne Goethes betont Freud das verbindende Prinzip, das dynamisch miteinander wirkende Zusammenspiel der beiden Momente, die nach dem gleichen Muster wie Haeckels Biogenetisches Grundgesetz im Zusammenhang mit „Ererbten" und „Erworbenen" konzipiert sind:

> *„Wir finden in der Psychoanalyse, daß nicht eine Anlage jedes Mal zu berücksichtigen ist, sondern daß unendlich viele Anlagen vorliegen, die durch die akzidentellen Schicksale entwickelt und fixiert werden. Die Anlage ist sozusagen polymorph. Wir glauben auch, daß hier wieder ein Fall vorliegt, in dem die wissenschaftlich denkenden Menschen eine Kooperation zu einem Gegensatz entstellen. Die Frage, was bedeutsamer ist: Konstitution oder Erleben, welches der beiden Momente den Charakter bestimmt, lässt sich, meine ich nur dahin beantworten, daß Δαιμων χαι Τυχη und nicht eines oder das Andere maßgebend sind. Warum sollte auch ein Gegensatz bestehen, da die Konstitution doch nichts anderes ist als der Niederschlag des Erlebens der Ahnenreihe, und warum sollte dem eigenen Erleben keinen Anteil neben dem Erleben der Ahnen zugestanden werden?".*[504]

Wiederum betont Freud die Priorität des eigenen Erlebens (Akzidentien, Ontogenese) im Verhältnis zum Niederschlag des Erlebens der Ahnenreihe (Konstitution, Phylogenese):

> *„Was noch durch Durchforschung der Akzidentien als unerklärlich erübrigt, das darf der Konstitution zugeschoben werden".*[505]

Ideeneinflüsse (u. a.): IV-II (Haeckel), IV-III (Goethe), IV-III (Lamarck)
Verbindungen zu psa. Theorieelementen: Ätiologie der Neurosen

---

503 Insgesamt umfasst Goethes „Urworte. Orphisch" fünf Stanzen, die 1817 entstanden sind und 1820 in Goethes „Morphologischen Heften" und in seiner Zeitschrift „Über Kunst und Altertum" (Bd. 2, Heft 3) zweimal veröffentlicht wurden. Darin behandelte Themen sind die Metamorphose in den Stationen des Menschenlebens sowie die Faktoren, die darauf aktiv bzw. passiv Einfluss nehmen (vgl. Becker: 1999: 306).
504 Freud an Voigtländer, Brief vom 1.10.1911 in: Briefe [1980: 299f.].
505 Ebd.

13. Nachtrag zu psa. Bemerkungen über einen Fall von Paranoia (1912a)

13.1 Erweiterung der Psychoanalyse durch die phylogenetische Ebene

In diesem Textausschnitt, dem Nachtrag zu Freuds Abhandlung „Psychoanalytische Bemerkungen über einen autobiographisch beschriebenen Fall von Paranoia (Dementia Paranoides)" des Jahres 1911 (dem Fall „Schreber") validiert Freud die Ansicht Jungs bezüglich der Wichtigkeit des Einflusses Mythen bildender Kräfte auf die Menschheit (vgl. C.G. Jung: „Wandlungen und Symbole der Libido", 1911). Weiters tritt Freud mit der Ankündigung einer konzeptionellen Erweiterung der Psychoanalyse an die Öffentlichkeit: der Ergänzung der ontogenetischen Ebene durch die phylogenetische Ebene. Dies bedeutet eine Synthese der psychoanalytischen Erforschung des Individuums und der Gesellschaft in Verbindung mit weitreichenden religiösen, kulturellen, anthropologischen, evolutionsbiologischen und historischen Aspekten. Die „früher gemachte Andeutung", auf die sich Freud bezieht, stammt aus seiner Schrift „Zwangshandlungen und Religionsübungen":[506]

> „Dieser kleine Nachtrag zur Analyse eines Paranoiden mag dartun, wie wohlbegründet die Behauptung Jungs ist, daß die mythenbildenden Kräfte der Menschheit nicht erloschen sind, sondern heute noch in den Neurosen dieselben psychischen Produkte erzeugen wie in den ältesten Zeiten. Ich möchte eine früher gemachte Andeutung wieder aufnehmen, indem ich ausspreche, daß für die religionsbildenden Kräfte dasselbe gilt. Und ich meine, es wird bald an der Zeit sein, einen Satz, den wir Psychoanalytiker schon vor langem ausgesprochen haben, zu erweitern, zu seinem individuellen, ontogenetisch verstandenen Inhalt die anthropologische, phylogenetisch zu fassende Ergänzung hinzuzufügen. Wir haben gesagt: Im Traume und in der Neurose finden wir das Kind wieder mit den Eigentümlichkeiten seiner Denkweisen und seines Affektlebens. Wir werden ergänzen: auch den wilden, den primitiven Menschen, wie er sich uns im Lichte der Altertumswissenschaft und der Völkerforschung zeigt".[507]

Ideeneinflüsse (u. a.): IV-II (Jung), IV-II (Haeckel), IV-II (Schreber),
IV-III (Lamarck), IV-V (Mythen)
Verbindungen zu psa. Theorieelementen (u. a.): Ätiologie der Neurosen, Allmacht der Gedanken, Kulturtheorie, Neurosenlehre (Paranoia, Zwangsneurose), Ödipuskomplex, Psychosexuelle Entwicklung, Projektion, Religion, Traumdeutung, Urphantasien

---

506 Freud 1907b [G. W., VII: S. 127-139].
507 Freud 1912a [G.W., VIII: 319f.].

14. Zur Dynamik der Übertragung (1912b)

14.1 Wiederholungsmuster aus Ererbtem und Erworbenen

Analog zu den Wirkmechanismen des biogenetischen Grundgesetzes Haeckels wird in der folgenden Stelle das Zusammenspiel zwischen angeborenen Anlagen (dem phylogenetisch ererbten, konstitutionellen Moment) und Erfahrungen bzw. Einwirkungen der Kinderzeit im Laufe der Entwicklung eines Menschen (dem ontogenetisch erworbenen, akzidentellen Moment) beschrieben. In dieser Dynamik bilden sich individuelle Muster und Lebensweisen ab, die sich regelmäßig wiederholen und je nach Bedingungen, die in der Umwelt vorgefunden oder an sie gestellt werden, neu wie ein Klischee abgedruckt werden. Dieses Klischee ist durch rezente Eindrücke, erneute Einflüsse akzidenteller Momente, im Prinzip veränderbar:

„Machen wir uns klar, daß jeder Mensch durch das Zusammenwirken von mitgebrachter Anlage und von Einwirkungen auf ihn während seiner Kinderjahre eine bestimmte Eigenart erworben hat, wie er das Liebesleben ausübt, also welche Liebesbedingungen er stellt, welche Triebe er dabei befriedigt, und welche Ziele er sich setzt.[2] Das ergibt sozusagen ein Klischee (oder auch mehrere), welches im Laufe des Lebens regelmäßig wiederholt, neu abgedruckt wird, insoweit die äußeren Umstände und die Natur der zugänglichen Liebesobjekte es gestatten, welches gewiß auch gegen rezente Eindrücke nicht völlig unveränderlich ist".[508]

In Fußnote 2 entkräftet Freud den Vorwurf, dass die Psychoanalyse die akzidentellen Momente auf Kosten der konstitutionellen Momente zu sehr betont hätte:

„Verwahren wir uns an dieser Stelle gegen den mißverständlichen Vorwurf, als hätten wir die Bedeutung der angeborenen (konstitutionellen) Momente geleugnet, weil wir die der infantilen Eindrücke hervorgehoben haben. Ein solcher Vorwurf stammt aus der Enge des Kausalbedürfnisses der Menschen, welches sich im Gegensatz zur gewöhnlichen Gestaltung der Realität mit einem einzigen verursachenden Moment zufrieden geben will. Die Psychoanalyse hat über die akzidentellen Faktoren der Ätiologie viel, über die konstitutionellen wenig geäußert, aber nur darum, weil sie zu den ersteren etwas Neues beibringen konnte, über die letzteren hingegen zunächst nicht mehr wußte, als man sonst weiß".[509]

Wiederum kommen die (möglicherweise) von Goethe entlehnten Worte „Dämon" (Konstitutionelles) und „Tychê" (Zufälliges) zum Ausdruck. Erneut wird das Zusammenwirken beider Einflussquellen unterstrichen. Die Einschätzung, wie sich die vererbten, konstituierenden Anteile oder die des akzidentellen Erlebens jeweils zusammensetzen, ist von Fall zu Fall verschieden und vom Wissensstand bzw. der

---

508 Freud 1912b [G.W., VIII: 364].
509 Ebd.

Erkenntnis des Untersuchenden abhängig. Mit der Veränderung der Einsichten kann auch das Urteil modifiziert werden:[510]

> „Δαιμων χαι Τυχη bestimmen das Schicksal eines Menschen; selten, vielleicht niemals, eine dieser Mächte allein. Die Aufteilung der ätiologischen Wirksamkeit zwischen den beiden wird sich nur individuell und im einzelnen vollziehen lassen. Die Reihe, in welcher sich wechselnde Größen der beiden Faktoren zusammensetzen, wird gewiß auch ihre extremen Fälle haben. Je nach dem Stande unserer Erkenntnis werden wir den Anteil der Konstitution oder des Erlebens im Einzelfalle anders einschätzen und das Recht behalten, mit der Veränderung unserer Einsichten unser Urteil zu modifizieren".[511]

Am Ende dieser Fußnote spricht Freud die Vermutung aus, dass die Konstitution selbst der Niederschlag aller akzidentellen Erfahrungen der Ahnen ist:

> „Übrigens könnte man es wagen, die Konstitution selbst aufzufassen als den Niederschlag aus den akzidentellen Einwirkungen auf die unendlich große Reihe der Ahnen".[512]

Dieser Satz bringt zum Ausdruck, dass Akzidentelles und Konstitutionelles dem Wesen nach verschiedene Aspekte eines gesamten Entwicklungsprozesses sind. Was eine Ahnengeneration A erlebt hat (Akzidentelles), kann sich durch Weitergabe an die nächste Generation B als kumulierter, konstitutionell beeinflussender Niederschlag vererben. Bei Generation B kann sich dieses konstitutionelle Moment mit neuen Lernerfahrungen verknüpfen. Dies hat wiederum einen Einfluss auf die nachfolgende Generation C usw. Innerhalb dieses weiten phylogenetischen und ontogenetischen Entwicklungsbogens gibt es eine große Zahl von möglichen Variationen, die wiederum zu weiteren Modifikationen der Entwicklung – je nach Zusammenwirken zwischen Umwelteinflüssen und individuellen Erfahrungen – führen können.

Die daraus ableitbare Grundidee erinnert an Lamarcks Idee der Vererbung erworbener Eigenschaften bzw. an Haeckels System aus Vererbungs- und Anpassungsgesetzen: Im Laufe des Lebens erlebt ein Organismus Modifikationen in seiner Entwicklung durch Anpassungen an die Umwelt und gleichzeitige Veränderung derselben. Je nach Umständen übertragen sich dann diese Modifikationen auf verschiedene Weise auf die nächste Generation und hinterlassen dort ihre Spuren.

Ideeneinflüsse (u. a.): IV-II (Haeckel), IV-III (Goethe), IV-III (Lamarck)
Verbindungen zu psa. Theorieelementen: Ätiologie der Neurosen, Kulturtheorie, Religion

---

510 Charcots Motto „ça n'empêche pas d'exister" (siehe viertes Kapitel, S. 59-61) kommt hier implizit zum Ausdruck.
511 Freud 1912b [G.W., VIII: 364f., Fn 2].
512 Freud 1912b [G.W., VIII: 365 Fn 2].

15. Totem und Tabu (1912-13a)

Freuds erstes umfangreiches Werk in den Geistes- und Kulturwissenschaften umfasst vier Aufsätze und bedeutet einen umfassenden Entwurf einer Kulturtheorie aus der Verbindung der Psychoanalyse mit der Ethnologie. In einer durchgängig evolutionistischen Fragestellung werden Ursprung und das Werden von Religion und Kultur untersucht (vgl. Reichmayr 1995).

15.1 Ontogenetische und phylogenetische Entwicklung des Seelenlebens

In der Einleitungspassage der Vorfassung von „Über einige Übereinstimmungen im Seelenleben der Wilden und der Neurotiker" stellt Freud seinen Ausführungen zwei zentrale Gedanken voran: die parallele ontogenetische und phylogenetische Entwicklung des Seelenlebens (Ideeneinfluss Kat. II, Haeckels biogenetisches Grundgesetz) und die Idee, dass es Gemeinsamkeiten zwischen Geisteskranken, Neurotikern, Primitiven und dem Typus des kindlichen Seelenlebens gibt. Jungs Mitteilung über Übereinstimmungen von Phantasien Geisteskranker (Dementia praecox) mit mythologischen Kosmogonien alter Völker wird, vorgetragen durch einen seiner Schüler, gesondert hervorgehoben:[513]

> *„Für jeden an der Entwicklung der psychoanalytischen Forschung Beteiligten war es ein denkwürdiger Moment, als C. G. Jung auf einer privaten wissenschaftlichen Zusammenkunft durch einen seiner Schüler mitteilen ließ, daß die Phantasiebildungen gewisser Geisteskranker (Dementia praecox) in auffälligster Weise mit den mythologischen Kosmogonien alter Völker zusammenstimmten, von denen die ungebildeten Kranken eine wissenschaftliche Kunde unmöglich erhalten hatten. Es war hiermit nicht nur auf eine neue Ursprungsquelle der sonderbarsten psychischen Krankheitsproduktionen hingewiesen, sondern auch in nachdrücklichster Weise die Bedeutung des Parallelismus zwischen ontogenetischer und phylogenetischer Entwicklung auch für das Seelenleben betont. Der Geisteskranke und der Neurotiker rücken somit in die Nähe des Primitiven, des Menschen entlegener Vorzeit, und wenn die Voraussetzungen der Psychoanalyse richtig sind, muß, was ihnen gemeinsam ist, auf den Typus des kindlichen Seelenlebens zurückführbar sein".*[514]

Im Vorwort von Freuds späterem Werk „Totem und Tabu" (1912-13a) standen nicht mehr die Gemeinsamkeiten, sondern der methodische Gegensatz zu den völkerpsychologischen Arbeiten von Wilhelm Wundt und zur „Züricher psychoanalytischen Schule" im Vordergrund.[515] Eine Fußnote führt von der „Züricher psy-

---

513 Laut Angela Richards und Ilse Grubrich-Simitis handelte es sich dabei um Johann Jakob Honegger (vgl. 1912 [G.W., NB: 742]).
514 Freud 1912i [G.W., NB: 745].
515 Freud 1912-13a [G.W., IX: 3].

choanalytischen Schule" zum Namen „Jung", wobei dessen beiden Arbeiten „Wandlungen und Symbole der Libido" (1912) und „Versuch einer Darstellung der psychoanalytischen Theorie" (1913) angeführt werden.[516] Trotz dieser im Vergleich zur Erstfassung deutlichen formalen und inhaltlichen Veränderung erwähnt Freud den Einfluss der Arbeiten von Wundt bzw. Jung als „nächste Anregung" zu seinen eigenen Arbeiten.[517] Dass die Analogie Jungs zwischen den geistigen Produktionen von Neurotikern und Primitiven Freud Anlass gab, sich mit diesem Thema zu beschäftigen, wurde von Freud zwölf Jahre später in seiner „Selbstdarstellung" erneut validiert.[518]

15.2 Vorstufen der eigenen Entwicklung

Diese Passage liefert ein Beispiel für den Einfluss von Ideen auf Freuds Denken (Kat. IV), die in den Theorien eines „unilinearen Evolutionismus" bzw. einer „universalen" menschlichen Kulturgeschichte vertreten waren und im 19. Jahrhundert u. a. in den ethnologischen Theorien von Lewis Henry Morgan (1818-1881, Kat. II) oder Herbert Spencer (1820-1903, Kat. II) zum Ausdruck kamen:[519]

> *„Den Menschen der Vorzeit kennen wir in den Entwicklungsstadien, die er durchlaufen hat, durch die unbelebten Denkmäler und Geräte, die er uns hinterlassen, durch die Kunde von seiner Kunst, seiner Religion und Lebensanschauung, die wir entweder direkt oder auf dem Wege der Tradition in Sagen, Mythen und Märchen erhalten haben, durch die Überreste seiner Denkweisen in unseren eigenen Sitten und Gebräuchen. Außerdem aber ist er noch in gewissem Sinne unser Zeitgenosse; es leben Menschen, von denen wir glauben, daß sie den Primitiven noch sehr nahe stehen, viel näher als wir, in denen wir daher die direkten Abkömmlinge und Vertreter der früheren Menschen erblicken. Wir urteilen so über die sogenannten Wilden und halbwilden Völker, deren Seelenleben ein besonderes Interesse für uns gewinnt, wenn wir in ihm eine gut erhaltene Vorstufe unserer eigenen Entwicklung erkennen dürfen".*[520]

Einen zu den Ideen Spencers (z. B. seinem „law of organic progress") ähnlichen, aber doch alternativen theoretischen Ansatz für diesen stufenartigen Entwicklungsvorgang innerhalb verschiedener Entwicklungsstadien bietet Haeckels Konzept der „systematischen Entwicklung", das hier im sechsten Kapitel im Zuge der Besprechung des biogenetischen Grundgesetzes vorgestellt wurde und neben der phylogenetischen und der ontogenetischen Entwicklungsreihe die dritte Entwicklungsreihe

---

516 Diesbezüglich erwähnt Reichmayr den Zusammenhang zwischen der vorzeitigen Veröffentlichung von „Totem und Tabu" und dem sich zuspitzenden Konflikt zwischen Freud und Jung (vgl. Reichmayr 1995: 33f.).
517 Vgl. Freud 1912-13a [G.W., IX: 3].
518 Vgl. Freud 1925d [G.W., XIV: 92].
519 Vgl. Kubik 2003: 69.
520 Freud 1912-13a [G.W., IX: 5].

bildet. Eine kurze Wiederholung: Die systematische Entwicklung ist eine Stufenleiter von Formen, „welche zu irgend einer Zeit der Erdgeschichte" nebeneinander existieren.[521] Diese Formen sind gleichzeitig verschiedenartig, aber doch verwandt und miteinander zusammenhängend („ähnlich aber anders"). Innerhalb der Wissensdisziplin der vergleichenden Anatomie werden diese verschiedenen Formen der entwickelten Organismen mit dem Ziel, das gemeinsame Urbild zu erkennen, welches der Vielfalt an Organismen zugrunde liegt, untersucht. Diese Formen existieren gleichzeitig nebeneinander und sind sowohl untereinander vielfältig differenziert als auch ungleich fortgeschritten entwickelt.

Aus dieser Perspektive heraus ergibt sich die Annahme, dass Freuds Vergleiche „sogenannter" Wilder, Kosmogonien und Mythen, der verschiedenen Formen der Neurosen, der infantilen Sexualität und die Vergleiche der phylogenetischen und ontogenetischen Bedeutung des „Kernkomplexes" des Ödipuskomplexes sowie Freuds damit verbundene theoretische Überlegungen zu Kunst, Religion und Kultur Ausdruck seiner Anwendung der Wissensdisziplin der vergleichenden Anatomie auf dem Gebiet seiner eigenen Wissenschaft, der Psychoanalyse, sind.

Auch in seinen Kernideen zur Inzestscheu bzw. zum Totemismus kommt Freuds Perspektive der vergleichenden Anatomie zum Ausdruck: Aufgrund der im Vergleich zu den Kultivierten noch stärkeren Ausprägungen der Inzestscheu entwickelten sich unter den Primitiven besondere Abwehrmaßregeln. Die „Allmacht der Gedanken" bedeutet eine Überschätzung der seelischen Realität und bildet die Grundlage der Magie. Freud untersuchte die Beziehungen der Tabuverbote und der Gefühlsambivalenz und versuchte festzustellen, wie viele Voraussetzungen für primitives Geistesleben bei zwangsneurotischen Mechanismen noch in Kraft sind. Bezüglich des Totemismus vertritt Freud die Ansicht, dass alle, auch die höchststehenden Völker, einst ein totemistisches Stadium durchgemacht hatten. Der Totemismus ist das erste Organisationssystem primitiver Stämme und zeichnet sich durch drei Merkmale aus: durch 1) Anfänge einer sozialen Ordnung, 2) rudimentäre Religionsformen und 3) relativ wenige, aber unerbittliche Tabuverbote. Das „verehrte" Wesen ist ursprünglich immer ein Tier, von dem ein Clan abzustammen behauptet.[522]

Aus Freuds eigener Anwendung dieser Methodik heraus erklärt sich auch die Wichtigkeit, die er selbst der vergleichenden Anatomie in seiner Schrift „Nachwort zur Frage der Laienanalyse" (1927a) als Gegenstand in der Ausbildung von Psychoanalytikern beigemessen hatte (vgl. den hier im vierten Kapitel vorgenommenen „Input/Outputrelationen zweier Schriften Freuds", S. 97-101). Auch die Glieder und Elemente in der Sequenz entwicklungsgeschichtlicher Ideen sind immer wieder Ausdruck von Freuds Anwendung der u. a. auf die Arbeiten von Goethe und Haeckel aufbauenden Wissensdisziplin der vergleichenden Anatomie innerhalb der Psychoanalyse.

---

521 Haeckel 1868 [1911: 312].
522 Vgl. Freud 1925d [G.W., XIV: 92].

15.3 Erhöhte Ambivalenz bei Primitiven und Neurotikern als atavistischer Rest

Freud nimmt ein höheres Mass an Ambivalenz bei den Primitiven und Neurotikern im Verhältnis zum Kulturmenschen an. Beim Neurotiker ist ein „atavistischer Rest" an „archaistischer Konstitution" vorhanden. Die Kulturanpassung ist für Neurotiker mit enormem seelischen Aufwand verbunden:

„Von den Neurotikern, welche genötigt sind, diesen Kampf und das aus ihm hervorgehende Tabu zu reproduzieren, würden wir sagen, daß sie eine archaistische Konstitution als atavistischen Rest mit sich gebracht haben, deren Kompensation im Dienste der Kulturanforderung sie nun zu so ungeheuerlichem seelischen Aufwand zwingt".[523]

15.4 Weltanschauungen und ontogenetische Entwicklung der Libido

Aus den Angaben Freuds wurde eine Tabelle erstellt, die seinen Vergleich zwischen Weltanschauungen und den Stadien der Entwicklung der Libido des Individuums darstellt (vgl. 1912-13a [G.W., IX: 111]):

Weltanschauungen	Libidinöse Entwicklung des Individuums
Animistische Phase, Allmacht der Gedanken	Narzissmus
Religiöse Phase	Objektfindung (Bindung an die Eltern)
Wissenschaft	Anpassung an Außenwelt, Objektfindung außerhalb der Familie, Realitätsprinzip

Die Entwicklung der Weltanschauungen läuft nach Freud dreiphasisch, vom Archaischen hin zum höher Entwickelten, ab. Eine animistische, eine religiöse und eine wissenschaftliche Phase werden durchlaufen (vgl. das Prinzip der systematischen Entwicklung innerhalb von Haeckels biogenetischem Grundgesetz). Eine Sonderstellung in diesem Vergleich nimmt der Bereich der Kunst ein, durch den die „Allmacht der Gedanken" und die Funktion des Künstlers als Magier auch in „unserer Kultur" erhalten geblieben ist (vgl. ebd.).

Derselbe Phasenablauf aus Animismus, Religion und Wissenschaft findet sich auch in Frazers Buch „The Golden Bough", das gemeinsam mit seinem anderen Buch „Totemism and Exogamy" eine Fülle an ethnologischem Material,[524] eine

---

523 Freud 1912-13a [G.W., IX: 83].

524 Die Werke Frazers, dessen Denken wiederum von Herbert Spencer und John Stuart Mill erheblich beeinflusst war (vgl. Ackerman 1989: 34), bedeuteten für Freud gleichzeitig auch eine repräsentative Sammlung von Ideen aus der Primärliteratur anderer Autoren, die er in „Totem und Tabu" (1912-13a) verwenden konnte. Dazu zählten aus der dritten Auflage, Band I bzw. Band II der vierbändigen Ausgabe von Frazers „Totemism and Exogamy" aus dem Jahr 1910,

„Fundgrube wertvoller Tatsachen und Anregungen" (1925d [G.W., XIV: 93]) für Freuds „Totem und Tabu" (1912-13a) zur Verfügung stellte. Durch die intensive Beziehung Freuds zu Frazers Werken ist es denkbar, dass er die Idee der Phasensequenz „Animismus – Religion – Wissenschaft" von ihm übernommen hatte. Durch die Verbindung dieser Phasensequenz mit einer weiteren phasischen Abfolge – Freuds Entwicklungsphasen der Libido – bildet sich diese strukturelle Rhythmik innerhalb der phylogenetischen und ontogenetischen Entwicklung ab.

Als Beispiel von Frazers Verwendung der drei Phasen soll eine Stelle aus dem 69. Kapitel, dem Schlusskapitel namens „Farewell to Nemi" aus „The Golden Bough" wiedergegeben werden:

„In short, religion, regarded as an explanation of nature, is displaced by science [...] In the last analysis magic, religion, and science are nothing but theories of thought; and as science has supplanted its predecessors, and as science has supplanted its predecessors, so it may hereafter be itself superseded by some more perfect hypothesis, perhaps by some totally different way of looking at the phenomena – of registering the shadows on the screen – of which we in this generation can form no idea". [525]

Neben Frazers Analyse, dass Magie, Religion und Wissenschaft nichts anderes als verschiedene „Theorien des Denkens" darstellen, fällt in diesem Zitat auch auf, dass Frazer keinen starren, sondern einen sich weiterentwickelnden Wissenschaftsbegriff als Höhepunkt des Phasenablaufes „magisch (animistisch) – religiös – wissenschaftlich" setzte, indem er davon ausging, dass zukünftige Hypothesen die alten ersetzen werden bzw. vollkommen andere, für seine eigene Generation noch undenkbare Wege, Phänomene zu untersuchen, entstehen können.

Freud hob an verschiedenen Stellen Frazers konzeptionelle Offenheit für künftige Weiterentwicklungen der Wissenschaft gesondert hervor. Im folgenden Beispiel zitiert Freud Frazer in einer Fußnote des vierten Kapitels von „Totem und Tabu" (1912-13a). Das englische Zitat (im Original kursiv) stammt aus Frazers Vorrede im ersten Band seines Werkes „Totemism and Exogamy" (1910):

„Anläßlich einer solchen Sinnesänderung schrieb er den schönen Satz nieder: ‚That my conclusions on these difficult questions are final, I am not so foolish as to pretend. I have changed my views repeatedly, and I am resolved to change them again with every change of the evidence, for like a chameleon, the candid enquirer should shift his colours with the shifting colours of the ground he treads'". [526]

---

z..B. Robert Henry Codrington, August Kleintitschen, Lorimer Fison, Henri Alexandre Junod, William H. Rivers, und Charles Hill-Tout oder aus der dritten Auflage von Frazers zwölfbändigem Werk „The Golden Bough" (1870) aus dem Jahr 1911 James Owen Dorsay, William Brown, Engelbert Kämpfer, Adolf Bastian und William Mariner.

525 Frazer 1890 [1922: 172].
526 Freud 1912-13a [G.W., IX: 132 Fn 12].

Auch in Freuds eigenen Worten kommt die Bereitschaft, sich von wissenschaftlichen Vorstellungen wieder trennen zu können, zum Ausdruck, wie hier in seinen Gedanken zur topischen Gliederung des Unbewussten:

> *„Solche und ähnliche Vorstellungen gehören zu einem spekulativen Überbau der Psychoanalyse, von dem jedes Stück ohne Schaden und Bedauern geopfert oder ausgetauscht werden kann, sobald eine Unzulänglichkeit erwiesen ist. Es bleibt genug zu berichten übrig, was der Beobachtung näher steht“.*[527]

Das Modell der drei Phasen der Weltanschauung (Animismus – Religion – Wissenschaft) wurde von Freud über die nächsten 20 Jahre (gemessen an der Zeitspanne 1913-1933) beibehalten und in seiner letzten, der XXXV. Vorlesung seiner „Neuen Folge der Vorlesungen über die Psychoanalyse“ („Über eine Weltanschauung“, 1933a [G.W., XV: 170-197]), erneut erwähnt.[528]

15.5 Vergleich zwischen Totemismus und Ödipuskomplex

Zwischen der Entdeckung des Ödipuskomplexes als Kern der Psychoneurosen[529] und den nun von Freud in „Totem und Tabu“ (1912-13a) dargestellten Verbindungen des Ödipuskomplexes zum Totemismus primitiver Kulturen liegt mittlerweile eine Zeitspanne von 16 Jahren.[530]

Freuds Vergleich zwischen dem Totemismus und dem Ödipuskomplex ergibt, dass die beiden Tabusatzungen „Exogamie“ und „Tötungsverbot des Totems“ mit den beiden Verboten des Ödipuskomplexes (Inzest bzw. Vatertötung) übereinstimmen. Zwei weitere Analogien bilden sich durch Clan und Familie bzw. Totem (Urvater) und Vater ab:[531]

Totemismus	Ödipuskomplex
Verbot sexueller Beziehungen mit Frauen desselben Clans	Verbot sexueller Beziehungen zur Mutter
Verbot, Totem zu töten	Verbot, Vater zu töten

---

527 Freud 1925d [G.W., XIV: 58].

528 Die Idee einer dreiphasischen Entwicklung des menschlichen Geistes wurde in vergleichbarer Weise bereits von einem der Begründer der Soziologie, August Comte (1789-1857), angenommen. Comte unterschied zwischen theologischen, metaphysischen (abstrakten) und positivistischen (wissenschaftlichen) Stadien (vgl. Lange-Eichbaum & Kurth 1989: 30).

529 Vgl. Freud an Fließ: Brief 142/ 15.10.1897 [1999: 293].

530 Laplanche und Pontalis zufolge wurde der Begriff „Ödipuskomplex“ erst 1910 in Freuds Schrift „Über einen besonderen Typus der Objektwahl beim Manne“ erwähnt (vgl. Laplanche & Pontalis 1967 [1973: 351]). Gemessen am Datum von Freuds brieflicher Mitteilung an Fließ aus dem Jahr 1997 fand dies 13 Jahre später statt.

531 Quelle für diesen Vergleich: Freud 1925d [G.W., XIV: 93]).

15.6 Kindliche Tierphobien – negativer Totemismus

Bereits der Titel des vierten Kapitels „Die infantile Wiederkehr des Totemismus" stellt eine implizite Annahme von Haeckels biogenetischem Grundgesetz dar: Phylogenetisches, aus der Entwicklungsstufe des Totemismus stammendes Erleben der Art wiederholt sich in der Ontogenese des Kindes. In seiner „Analyse der Phobie eines fünfjährigen Knaben" (1909b), bekannt geworden unter dem Namen „Kleiner Hans", beschrieb Freud die Verschiebung ambivalenter Gefühle (Zärtlichkeit, Bewunderung, Angst, Feindseligkeit, Hass) des Sohnes dem Vater gegenüber auf ein Tier (Pferd). Eine wertvolle Tatsache für Freuds Untersuchungen des Totemismus bringt der in dieser Fallgeschichte neu gefundene Aspekt der Verschiebung eines Teils der durch den ödipalen Konflikt bedingten ambivalenten Gefühle vom Vater auf ein Tier (vgl. 1912-13a [G.W., IX: 157f.]).

15.7 Kindliche Tierperversion – positiver Totemismus

Ein klinischer Beleg einer infantilen Wiederkehr des Totemismus ist die von Ferenczi überlieferte Fallgeschichte des „kleinen Árpád", einer kindlichen Tierperversion („Ein kleiner Hahnemann", 1913k) unter der narzisstischen Voraussetzung des Ödipuskomplexes, der Kastrationsangst. Damit ergeben sich nach Freud zwei wertvolle Übereinstimmungen der ödipalen Dynamik mit dem Totemismus: die volle Identifizierung mit dem Totemtier bei gleichzeitiger ambivalenter Gefühlseinstellung gegen dasselbe (vgl. 1912-13a [G.W., IX: 158-160]). Eine weitere Folgerung Freuds ist, dass die Tötung des Vaters der Kern des Totemismus und der Ausgangspunkt der Religionsbildung ist (vgl. 1925d [G.W., XIV: 93]).

15.8 Die Urhorde

Freuds Versuch einer historischen Ableitung der Ursprünge der menschlichen Gesellschaft ist auf einer Hypothese von Darwin über den sozialen Urzustand des Menschen aufgebaut: Der Mensch hatte, sowie die höheren Affen, ursprünglich in kleineren Horden gelebt. Jede Horde stand unter Herrschaft eines einzigen starken, dominanten, eifersüchtigen und gewalttätigen Männchens (ebd.).

15.9 Der Mord am Urvater

Gemäß Atkinsons „Primal Law" (1903) führten die Verhältnisse innerhalb der darwinschen Urhorde zum Mord am tyrannischen Vater. Sich darauf beziehend beschreibt Freud den folgenden Hergang: Der Vater der Urhorde war unumschränkter Despot und nahm alle Frauen für sich in Anspruch. Alle von ihm als Rivalen gesehenen Söhne wurden von ihm getötet oder verjagt. Eines Tages rotteten sich die

Söhne zusammen und überwältigten den Urvater.[532] Gemeinsam töteten und verzehrten sie ihn, den Feind, der gleichzeitig auch ihr Ideal gewesen war (vgl. 1925d [G.W., XIV: 93]).

15.10 Die Folgen der Tat: Brüderclan und Exogamie

Nach der Tat konnten die Söhne nicht das Erbe des Vaters antreten, da sie sich gegenseitig im Wege standen. Durch Misserfolge und Reue lernten sie, miteinander auszukommen. Ein Brüderclan formte sich, unter dessen totemistischen Satzungen die Wiederholung des Urverbrechens, die einstige Tötung des Urvaters, ausgeschlossen werden sollte. Eine weitere Folge der Tat bedeutete den Ursprung der Exogamie: Alle Männchen der Brüderhorde verzichteten auf Frauen aus dem eigenen Clan, die einst dem getöteten Vater zugestanden waren. Sie waren gezwungen, Frauen eines anderen Clans zu suchen (vgl. ebd.).

15.11 Die Totemmahlzeit: Identifikation, Trauer und Fest

Die Totemmahlzeit war die Gedächtnisfeier für die ungeheuerliche Tat, in der der Ursprung des Schuldbewusstseins der Menschen, der Ursprung der „Erbsünde", liegt. Dieses Schuldbewusstsein begründete somit gleichzeitig den Anfang sozialer Organisation, der Religion und der sittlichen Beschränkung (vgl. ebd.).

Die Idee der Totemmahlzeit entnahm Freud dem Buch „The Religion of the Semites"[533] (1894 [1907]) von William Robertson Smith (1846-1894). Das Ritual bestand darin, dass einmal im Jahr das sonst heilig verehrte Totemtier gemeinsam feierlich getötet, verzehrt und betrauert wurde. Der Trauer folgte ein großes Fest (vgl. 1925d [G.W., XIV: 93]). Das Opfertier war das alte Totemtier, der getötete Gott, der ermordete (Ur-)Vater, der in diesem Ritual feierlich gegessen wurde. Durch die Speise eigneten sich alle die Eigenschaften des getöteten Vaters an. „Die opfernde Gemeinde, ihr Gott und das Opfertier waren eines Blutes, Mitglieder eines Clan" (vgl. 1912-13a [G.W., IX: 165]). Smith verwendete dafür das Wort „kinship", das eine Verbindung aller Clanangehörigen mit dem Gott über Fleisch und Blut ausdrückt. „Kinship bedeutet also einen Anteil haben an einer gemeinsamen Substanz" (vgl. a.a.O.: 164]).[534]

---

532 Eine von Freud in „Totem und Tabu" (1912-13a [G.W., IX: 172 Fn 74]) zitierte Stelle von Atkinson lautet wörtlich: „A youthful band of brothers living together in forced celibacy, or at most in polyandrous relation with some single female captive. A horde as yet weak in their impubescence they are, but they would, when strength was gained with time inevitably wrench by combined attacks renewed again and again and again, both wife and life from the paternal tyrant" (Atkinson 1903: 220f.).

533 Der Originaltitel von Smiths Buch lautet: „Lectures on the Religion of the Semites". First Series. The Fundamental Institutions. Adam and Charles Black, London 1894. Freud zitierte aus der zweiten Auflage der englischen Originalversion aus dem Jahr 1907.

534 Im Original kursiv.

Während der Trauer wurde das Opfertier beklagt und beweint. Freud fasst Atkinsons Ausführungen zusammen: Die Hauptabsicht dieser Trauer war, die eigene Verantwortung an der Tötung abzuwälzen. Freuds Fußnote (vgl. a.a.O.: 170 Fn 72]) folgend, lautet das Originalzitat Smiths: „And a chief object of the mourners is to disclaim responsibility for the god's death" (Smith 1894 [1907: 412]. Das der Trauer anschließende Fest war ein auferlegter Exzess, „ein feierlicher Durchbruch eines Verbotes" (1912-13a [G.W., IX: 70]). Von der Totemmahlzeit stammt die christliche Kommunion ab, die im Grunde die Verkörperung einer erneuten Beseitigung des Vaters und eine Wiederholung der zu sühnenden Tat ist. Durch Jesus, der stellvertretend für alle Menschen die Schuld am Vatermord auf sich genommen hatte und durch seinen Opfertod an die Stelle des Gottvaters getreten ist, wurde die Tat der Urzeit bei gleichzeitigem völligen Verzicht auf die dem Vater nun zur Gänze abgetretenen Frauen gesühnt und der Wechsel von der Vaterreligion zur Sohnesreligion vollzogen (vgl. a.a.O.: 186]).[535]

15.12 Die Wiederholung der Verbindung zum Urvater

In der Religion des Totem wurde es zur Pflicht, die drei Elemente „Triumph über den Vater", „Reue über dessen Ermordung" und „Versuch der Versöhnung" regelmäßig durch die Totemmahlzeit zu wiederholen. Dadurch kam es zur regelmäßigen Erneuerung und Verstärkung einer angestrebten dauerhaften Verbindung mit dem Urvater und innerhalb der Gemeinschaft (1912-13a [G.W., IX: 175f.]).

15.13 Die Vererbung psychischer Dispositionen

Freud wirft zwei Fragen auf: die erste bezieht sich auf die Möglichkeit einer psychischen Kontinuität innerhalb der Generationsreihen. Die zweite fragt nach der Art und Weise der Übertragung und Vererbung. Neben der Sprache und der Tradition sind dabei noch andere Mechanismen beteiligt. Durch die Annahme einer „Vererbung psychischer Dispositionen" ist ein impliziter Einfluss von Lamarck (Kat. III) erkennbar. Diese vererbten psychischen Dispositionen wirken aber nicht schicksalshaft determinierend, sondern werden erst durch Anstöße aus dem individuellen Leben aktiviert. Der Urheber des „Dichterwortes" ist Goethe (Kat. III):[536]

„Es erheben sich nun zwei neue Fragen, wieviel man der psychischen Kontinuität innerhalb der Generationsreihen zutrauen kann, und welcher Mittel und Wege sich die eine Generation bedient, um ihre psychischen Zustände auf die nächste zu übertragen. Ich werde nicht behaupten, daß diese Probleme weit genug geklärt

---

535 So gesehen ist das Zölibat das christliche Erbe des Ödipuskomplexes.
536 Das Zitat „Was du ererbt von deinen Vätern hast, Erwirb es, um es zu besitzen" stammt aus Goethes „Faust" (1808 [1993: 29]) und wird von Freud in seinem Spätwerk „Abriß der Psychoanalyse" (1940a; 1938 [G.W. XVII: 138]) noch ein weiteres Mal verwendet.

sind, oder daß die direkte Mitteilung und Tradition, an die man zunächst denkt, für das Erfordernis hinreichen. Im allgemeinen kümmert sich die Völkerpsychologie wenig darum, auf welche Weise die verlangte Kontinuität im Seelenleben der einander ablösenden Generationen hergestellt wird. Ein Teil der Aufgabe scheint durch die Vererbung psychischer Dispositionen besorgt zu werden, welche aber doch gewisser Anstöße im individuellen Leben bedürfen, um zur Wirksamkeit zu erwachen. Es mag dies der Sinn des Dichterwortes sein: Was du ererbt von deinen Vätern hast, erwirb es, um es zu besitzen“.[537]

15.14 Gefühlserbschaft durch unbewusstes Verständnis

Freuds Formulierung „Gefühlserbschaft durch unbewusstes Verständnis“ bedeutet einen weiteren impliziten Beleg für Lamarcks Theorie der Vererbung erworbener Eigenschaften. Unter dem Begriff einer „Gefühlserbschaft“ versteht Freud die Möglichkeit der Vererbbarkeit bedeutsamer seelischer Vorgänge zwischen den Generationen. Dieses Erbe umfasst ein unbewusstes Verständnis des ursprünglichen Verhältnisses zum Urvater, ausgedrückt durch Sitten, Zeremonien und Satzungen:

> „Dann dürfen wir aber annehmen, daß keine Generation imstande ist, bedeutsamere seelische Vorgänge vor der nächsten zu verbergen. Die Psychoanalyse hat uns nämlich gelehrt, daß jeder Mensch in seiner unbewußten Geistestätigkeit einen Apparat besitzt, der ihm gestattet, die Reaktionen anderer Menschen zu deuten, das heißt die Entstellungen wieder rückgängig zu machen, welche der andere an dem Ausdruck seiner Gefühlsregungen vorgenommen hat. Auf diesem Wege des unbewußten Verständnisses all der Sitten, Zeremonien und Satzungen, welche das ursprüngliche Verhältnis zum Urvater zurückgelassen hatte, mag auch den späteren Generationen die Übernahme jener Gefühlserbschaft gelungen sein“.[538]

Ideeneinflüsse (u. a.): IV-II (Jung), IV-II (Wundt), IV-II (Ferenczi), IV-II (Patienten), IV-II (Haeckel), IV-II (Frazer), IV-II (Darwin), IV-II (Atkinson), IV-II (Smith), IV-III (Lamarck), IV-III (Goethe), IV-V (Mythen, Folklore)
Verbindungen zu psa. Theorieelementen (u. a.): Ätiologie der Neurosen, Allmacht der Gedanken, Identifizierung, Introjektion, Kulturtheorie, Neurosenlehre (Paranoia, Phobie, Zwangsneurose), Ödipuskomplex, Psychosexuelle Entwicklung, Projektion, Religion, Symbolisierung, Totemismus, Urphantasien (Inzestwunsch, Kastrationsangst), Verdrängung, Verschiebung, Wiederholungszwang

---

537 Freud 1912-13a [G.W., IX: 190].
538 A.a.O.: 191.

16. Die Disposition zur Zwangsneurose (1913i)

16.1 Dispositionen als Entwicklungshemmungen

In dieser Textstelle setzt Freud wiederum den Akzent auf die ontogenetische Entwicklung im Vergleich zur phylogenetischen (Ideeneinfluss Kat. II, Haeckels Biogenetisches Grundgesetz). Im Rahmen einer stufenweisen Entwicklung wird eine langer und komplizierter Reifungsprozess der psychischen Funktionen des Individuums (Sexualfunktionen und Ichfunktionen) angenommen. Störungen innerhalb dieses Prozesses, die sich anhand von Fixierungen zeigen können, hemmen den Entwicklungsfortschritt. Freud weist auf Verbindungen zur biologischen Forschung hin und markiert damit eine Schnittstelle zwischen Psychoanalyse und Biologie. In Fußnote 1 wird die Erforschung zeitlicher und biologischer Zusammenhänge durch Wilhelm Fließ (z. B. Periodizitäten) erwähnt:

> *„Worin suchen wir die Herkunft dieser Dispositionen? Wir sind aufmerksam darauf geworden, daß die in Betracht kommenden psychischen Funktionen – vor allem die Sexualfunktion, aber ebenso verschiedene wichtige Ichfunktionen – eine lange und komplizierte Entwicklung durchzumachen haben, bis sie zu dem für den normalen Erwachsenen charakteristischen Zustand gelangen. Wir nehmen nun an, daß diese Entwicklungen nicht immer so tadellos vollzogen werden, daß die gesamte Funktion der fortschrittlichen Veränderung unterliege. Wo ein Stück derselben die vorige Stufe festhält, da ergibt sich eine sogenannte ‚Fixierungsstelle‘, zu welcher die Funktion im Falle der Erkrankung durch äußerliche Störung regredieren kann. Unsere Dispositionen sind also Entwicklungshemmungen. Die Analogie mit den Tatsachen der allgemeinen Pathologie anderer Krankheiten bestärkt uns in dieser Auffassung. Bei der Frage, welche Faktoren solche Störungen der Entwicklung hervorrufen können, macht aber die psychoanalytische Arbeit Halt und überläßt dies Problem der biologischen Forschung“*[1].539

> [Fußnote 1]: *„Seitdem die Arbeiten von W. Fließ die Bedeutung bestimmter Zeitgrößen für die Biologie aufgedeckt haben, ist es denkbar geworden, daß sich Entwicklungsstörung auf zeitliche Abänderung von Entwicklungsschüben zurückführt“*.540

---

539 Freud 1913i [G.W., VIII: 443].
540 Ebd.

214

Kernideen Freuds:

1. Dispositionen sind Entwicklungshemmungen (Fixierungen, Regression)

2. Annahme einer stufenweisen Entwicklung

3. Zusammenhänge zwischen Biologie und Rhythmik der Entwicklungsstufen

4. Schnittstelle zwischen Psychoanalyse und Biologie

5. Entwicklungsraum für zukünftige Forschungen der Biologie

Ideeneinflüsse (u. a.): IV-II (Fließ), IV-II (Haeckel), IV-III (Lamarck)
Verbindungen zu psa. Theorieelementen (u. a.): Ätiologie der Neurosen, Fixierungen, Neurosenlehre (Zwangsneurose), Psychosexuelle Entwicklung, Regression

17. Das Interesse an der Psychoanalyse (1913j)

17.1 Phasen der Weltanschauung und Anpassung an die Außenwelt

Freud wiederholt seine in Totem und Tabu (1912-13a) vorgestellten drei Phasen der Weltanschauung (Allmachtsglauben – Religion – Wissenschaft). Diese Phasen korrelieren mit dem Grad fortschreitender Anpassung an die Außenwelt und bilden den Entwicklungsfortschritt zum Realitätsprinzip. Für den aus der Anpassung an die Realität in Kauf genommenen Verzicht an Wunschbefriedigung dienen als Ersatz Mythus, Religion und Sittlichkeit:

E) Das kulturhistorische Interesse

„Das Prinzip der Unlustvermeidung beherrscht das menschliche Tun so lange, bis es durch das bessere der Anpassung an die Außenwelt abgelöst wird. Parallel zur fortschreitenden Weltbeherrschung des Menschen geht eine Entwicklung seiner Weltanschauung, welche sich immer mehr von dem ursprünglichen Allmachtsglauben abwendet, und von der animistischen Phase durch die religiöse zur wissenschaftlichen ansteigt. In diesen Zusammenhang fügen sich Mythus, Religion und Sittlichkeit als Versuche, sich für die mangelnde Wunschbefriedigung Entschädigung zu schaffen".[541]

17.2 Einfluss eines phylogenetischen Erbes in der kindlichen Entwicklung

Freud nimmt ein phylogenetisches Erbe des Individuums an. Das, was einst eine „urvorzeitliche Anforderung" war, wurde zum erblichen Besitz des Menschen. Darunter könnten zum Beispiel Arten der Modifikation menschlicher Organisationen infolge eines Anpassungsdruckes durch sich verändernde Umweltbedingun-

---

541 Freud 1913j [G.W., VIII: 416].

gen verstanden werden. Der Ideeneinfluss Lamarcks (Kat. III) ist hier in doppelter Weise repräsentiert: erstens mit der Betonung der Idee einer umweltbedingten adaptiven Variation (vgl. Mayr 1984 [2002:283]) und zweitens in der Möglichkeit, dass Formen der Adaption von einer Generation auf die nächste vererbt werden können. Die Wiederholung eines Stückes der Kulturgeschichte ist aus theoriebildender Sicht gleichzeitig auch eine Wiederkehr von Haeckels biogenetischem Grundgesetz (Kat. II). Diese kulturgeschichtlich erworbenen Einflüsse, hier am Beispiel der Triebverdrängung dargestellt, ermöglichen eine Kulturanpassung, die auch unabhängig von einem erzieherischen Einfluss wirksam ist:

G) Das soziologische Interesse

„Erziehung und Beispiel bringen die Kulturforderung an das jugendliche Individuum heran; wo sich bei diesem die Triebverdrängung unabhängig von den beiden einstellt, liegt die Annahme nahe, daß urvorzeitliche Anforderung endlich zum organisierten erblichen Besitz der Menschen geworden ist. Das Kind, welches spontan Triebverdrängungen produziert, würde auch damit nur ein Stück der Kulturgeschichte wiederholen. Was heute eine innere Abhaltung ist, war einmal nur eine äußere, vielleicht durch die Not der Zeiten gebotene, und so kann auch einmal zur internen Verdrängungsanlage werden, was heute noch als äußere Kulturforderung an jedes heranwachsende Individuum herantritt".[542]

17.3 Anwendungen des biogenetischen Grundgesetzes auf das Seelenleben

In einem Szenario, das das pädagogische Interesse an der Psychoanalyse skizziert, erwähnt Freud die Erweiterung der Psychoanalyse durch Haeckels Satz der Wiederholung der Phylogenie durch die Ontogenie (Ideeneinfluss Haeckel, Kat. III). In Fußnote 3 des folgenden Zitates nennt Freud ohne weiteren Kommentar die Namen Abraham, Spielrein und Jung.

H) Das pädagogische Interesse

„In den allerletzten Jahren hat sich die psychoanalytische Arbeit darauf besonnen, daß der Satz ‚die Ontogenie sei eine Wiederholung der Phylogenie' auch auf das Seelenleben anwendbar sein müsse und daraus ist eine neue Erweiterung des psychoanalytischen Interesses hervorgegangen".[543]

---

542 Freud 1913j [G.W., VIII: 418f.].
543 A.a.O.: 420.

Ideeneinflüsse (u. a.): IV-II (Fließ), IV-II (Haeckel), IV-III (Lamarck),
IV-II (Spielrein, Abraham, Jung)
Verbindungen zu psa. Theorieelementen (u. a.): Allmacht der Gedanken, Kulturtheorie, Ödipuskomplex, Psychosexuelle Entwicklung, Pädagogik, Religion, Verdrängung

18. Zur Einführung des Narzißmus (1914c)

18.1 Ontogenetische und phylogenetische Doppelexistenz des Menschen

Das Individuum führt eine Doppelexistenz, bestehend aus seiner ontogenetischen
Existenz (in diesem Textausschnitt mit „Selbstzweck" formuliert) und der phylogenetischen Existenz (als „Glied in einer Kette"):

> *„Zweitens machen sich biologische Rücksichten zu ihren Gunsten geltend. Das In-
> dividuum führt wirklich eine Doppelexistenz als sein Selbstzweck und als Glied in
> einer Kette, der es gegen, jedenfalls ohne seinen Willen dienstbar ist".*[544]

Ideeneinfluss (u. a.): IV-II (Haeckels biogenetisches Grundgesetz)

19. Freuds Korrespondenz mit Ferenczi zwischen 1915 und 1917

19. A. Aus dem Briefwechsel, Band II/1 (1914-1916)

Der hier wiedergegebene Briefwechsel zwischen Freud und Ferenczi bildet den
ungefähren Zeitraum ab, in dem sie eine gemeinsame Arbeit in Verbindung mit
Lamarcks evolutionsbiologischen Ideen geplant hatten. Der Briefwechsel ist an
dieser Stelle in zwei aufeinanderfolgende Teile (A bzw. B) aufgeteilt. Der erste
Teil (Teil A) dieser Auswahl enthält Material aus Band II/1 (eingeleitet von Axel
Hoffer), der zweite Teil (Teil B) Material aus Band II/2 (eingeleitet von Ernst Falzeder). Der erste das Lamarck-Thema betreffende Brief wurde von Freud am
12. Juli 1915 verfasst.

19. A.1 Der Plan zur gemeinsamen Arbeit über Lamarck

Den Impuls für dieses Projekt gab Ferenczi, dem Freud die Priorität an der La-
marck-Projektidee mit den Worten „Ihr Urheberrecht an dem Obigen ist evident",
bestätigte.[545] Beide nahmen einen phylogenetischen Faktor in der Verursachung
seelischer Krankheiten an und hoben die Rolle bedeutsamer traumatischer Ereignisse, die sich von Generation zu Generation vererbt hatten, hervor. Der phylogene-

---

544 Freud 1914c [G.W., X: 143].
545 Freud an Ferenczi, 12.7.1915, Briefwechsel II/ 1 [1996: 30].

tische Faktor hat seinen Ursprung in einer Reihe von Reaktionen, die zuerst adä-
quate Anpassungsreaktionen waren, später aber, als sich die klimatischen und
ziologischen Überlebensbedingungen veränderten, inadäquat wurden.[546]

19. A.2 Freuds und Ferenczis phylogenetische Grundannahmen

Freud und Ferenczi teilten folgende von Lamarck abgeleitete Annahmen:

1. Erinnerungsspuren früherer Generationen sind vererbbar („archaisches Erbe")

2. Es ist unsicher, welche Rolle der phylogenetische Anteil beim Individuum spielt

3. Bezüglich der Anforderungen des Lebens sind innere und äußere Anpassungsmechanismen wirksam: die eigene Veränderung bzw. die Veränderung der Außenwelt[547]

19. A.3 Zwei Bedingungen der künstlerischen Anlage

Freud teilte Ferenczi zwei Bedingungen der künstlerischen Anlage mit, die sich mit
Lamarcks Ideen in Einklang bringen liessen: ein Reichtum an phylogenetisch erworbenem Material („archaisches Erbe") und die Fähigkeit des Künstlers zu einer
sich selbst modifizierenden Anpassung („alloplastischer Mechanismus"):

*„Ob wir jetzt nicht schon zwei Bedingungen der künstlerischen Anlage kennen?
Erstens den Reichtum an phylogenetisch übertragenem Material wie beim Neurotiker, zweitens einen guten Rest der alten Technik, sich zu modifizieren anstatt der
Außenwelt (siehe Lamarck etc.). Diese Fähigkeit auf gewisse psychische Tätigkeiten angewendet, ergäbe die eigentümliche Mimikry des Künstlers, seine Vorstellungen von den Dingen diesen ähnlich zu machen und dann – zur Außenwelt zurück – diese Vorstellungen wiederum in Worten, Stoffen, Farben ... neu zu
schaffen. Schließlich derselbe Umweg, der für die Wunscherfüllung des Künstlers
überhaupt charakteristisch ist".[548]*

19. A.4 Autoplastischer Ausdruck phylogenetischer Regression

In der Zwischenzeit erhielt Freud Ferenczis Manuskript „Über zwei Typen der
Kriegsneurose" zur Durchsicht.[549] Das beim kriegsbedingten Trauma beobachtete
Symptom des Zitterns der Beine bezeichnete Ferenczi mit den Worten „piétiner sur
place".[550] Das Symptom deutete er als direkten Ausdruck einer phylogenetischen

---

546 Vgl. Axel Hoffer im Vorwort zu Briefwechsel II/ 1 [1996: 30f.].
547 Vgl. ebd.
548 Freud an Ferenczi, Brief vom 6.1.1916 in: Briefwechsel II/ 1 [1996: 171].
549 Diese Schrift wurde später in der Internationalen Zeitschrift für ärztliche Psychoanalyse Bd. 4,
Nr. 1 (1916-17) veröffentlicht.
550 Übersetzung: „auf der Stelle stampfen, treten".

Regression, als ein „nicht vom Fleck kommen“. Freud zeigte sich davon beeindruckt:

> *„Die Erklärung des Zitterns als maßgebendes Beispiel für die Wendung der Aktion durch innen, in dem von uns erkannten lamarckschen Sinn, als ,piétiner sur place' hat mich frappiert“.*[551]

19. B. Aus dem Briefwechsel, Band II/2 (1917-1919)

Im Vorwort des zweiten Bandes gibt der Herausgeber Ernst Falzeder einen Überblick über die allgemeine wissenschaftliche Rezeption von Lamarcks Ideen zu Freuds Zeiten sowie Freuds und Ferenczis spezielle Bezüge zu ihnen. Die Ideen Lamarcks waren im 19. Jahrhundert unter den Wissenschaftlern populär. Obwohl sie in den ersten Jahrzehnten des 20. Jahrhunderts nur mehr von wenigen Wissenschaftlern ernst genommen wurden, hielt Freud beharrlich an ihnen fest. Ferenczi hatte schon seit 1910 ein „phantastisches Programm“ entworfen, in dem ontogenetische Ideen mit der Entwicklung des Lebens (Eroberung des Landes vom Wasser aus, Eiszeiten) in Beziehung gebracht wurden. Freud war davon fasziniert und ging einen Schritt weiter, indem er einen Zusammenhang zwischen erd- und menschheitsgeschichtlichen Perioden und der Entwicklung der Neurosen herstellte. Viele dieser evolutionsbiologischen Gedanken wurden später in Ferenczis „Versuch einer Genitaltheorie“ (1924e) aufgenommen. Der Plan zu einer gemeinsamen Lamarck-Arbeit wurde aber nie realisiert.[552]

Eine Gemeinsamkeit der Pläne Freuds und Ferenczis liegt in der „Kommunikation“, der „Übertragung psychischer Inhalte unter Umgehung des Bewusstseins“, die entweder durch eine direkte unbewusste Verbindung (Gedankenübertragung) oder eine genetische Vermittlung individueller Erlebnisse an die nächste Generation, wie in Lamarcks Theorie, vonstatten geht.[553]

19. B.1 Die Verbindung zum Psycholamarckismus

Freuds Literaturrecherche begann mit der Lektüre von Lamarcks zentralem Werk, „Zoologische Philosophie“, am 1. Januar 1917.[554] Gegen Ende des Monats teilte er Ferenczi mit, einige weitere Bücher zu Lamarck erhalten zu haben. Weitere konzeptionelle Ideen begannen sich in Verbindung zu neolamarckistischen Ideen, z. B. zu denen von August Pauly, zu entwickeln:[555]

---

551 Freud an Ferenczi, Brief vom 26.2.1916 in: Briefwechsel II/ 1 [1996: 186]).
552 Vgl. Briefwechsel II/ 2 [1996: 11]).
553 Vgl. a.a.O.: 12, jeweils im Original kursiv.
554 Vgl. Freud an Ferenczi, Brief vom 1.1.1917 in: Briefwechsel II/ 2 [1996: 23].
555 August Pauly (1850-1914) war Professor für angewandte Zoologie an der Universität München. Zu seinen Büchern zählen u. a. „Darwinismus und Lamarckismus, Entwurf einer psychophysischen Teleologie“ (1905) sowie „Wahres und Falsches an Darwins Lehre“ (1910).

„Mein Eindruck ist, daß wir uns voll den Psycholamarckisten, etwa Pauly, an-
schließen und wenig ganz Neues zu sagen haben werden. Immerhin hat dann die
Psychoanalyse ihre Visitenkarte bei der Biologie abgegeben".[556]

19. B.2 Heteroplastische Anpassung

Am 14. Oktober 1917 schlug Ferenczi seine Hypothese einer „heteroplastischen
Anpassung", d. h. einer Anpassung der Umwelt an die Bedürfnisse des Individuums, vor. Voraussetzung dafür ist eine autoplastische Anpassung, d. h. die rudimentäre, phylogenetisch ältere Form der Anpassung des eigenen Körpers an die
Umweltbedingungen:

> *„Auch einen Einfall zur Lamarck-Idee habe ich aufgebracht. Der Mensch hat auf*
> *die Autoplastik fast vollkommen verzichtet und passt sich heteroplastisch an. Dazu*
> *ist aber nur befähigt mit Hilfe eines erhalten gebliebenen Restes seiner alten Plas-*
> *tizität. Ich denke an die Plastizität der quergestreiften Muskulatur, die unter dem*
> *Einfluss des Willens sofort die grade erforderliche Form und Konsistenz annimmt.*
> *Erst diese Eigenveränderung ermöglicht die Veränderung der Außenwelt".*[557]

19. B.3 Hysterische Konversion und Symbolik

Am 18. November 1917 teilte Ferenczi Freud die Idee für eine Arbeit mit, die die
Konversion und Symbolik der Hysterie mit dem Thema des Lamarckismus in Verbindung bringen sollte. Dieser Plan wurde durch Ferenczis Schrift „Hysterische
Materialisationsphänomene. Gedanken zur Auffassung der hysterischen Konversion und Symbolik" (1919) realisiert.[558]

Ideeneinflüsse (u. a.): IV-II (Ferenczi, dialogischer Ideenverlauf), IV-II (Haeckel),
IV-II (Pauly), IV-III (Lamarck)
Verbindungen zu psa. (u. a.): Allmacht der Gedanken, Anpassungsmechanismen,
Neurosenlehre (Hysterie, Trauma), Kunst, Regression, Symbolik, Telepathie, Über-
tragung

An den Ideenaustausch zwischen Freud und Ferenczi anschließend und zu einem
erweiternden Verständnis der Bedeutung der Begriffe „autoplastisch" und „heteroplastisch" („alloplastisch") sollen an dieser Stelle einige Gedanken von Michael
Bálint (1896-1970), einem Schüler Ferenczis und Herausgeber von dessen Werken,
eingeschoben werden, die eine weitere Verbindung zwischen evolutionsbiologischen und psychoanalytischen Ideen darstellen".[559] Bálint überträgt die Bezie-

---

556 Freud an Ferenczi, Brief vom 28.1.1917 in: Briefwechsel II/ 2 [1996: 36].
557 Ferenczi an Freud, Brief vom 14.10.1917 in: Briefwechsel II/ 2 [1996: 110].
558 Vgl. Ferenczi an Freud, Brief vom 18.11.1917 in: Briefwechsel II/ 2 [1996: 114].
559 Der Begriff „alloplastisch" ist ein alternativer Name für „heteroplastisch".

hungsverhältnisse aus autoplastischen und alloplastischen Wirkmechanismen auf die psychoanalytische Situation. Der nächste Textausschnitt stammt aus seinem Vortrag „Psychosexuelle Parallelen zum biogenetischen Grundgesetz" (1932):[560]

> „Bisher haben wir uns nur durch gut fundierte wissenschaftliche Tatsachen leiten lassen; was nun folgt, ist Phantasie: Die Umwandlungen der Tiere während der Phylogenese erfolgten autoplastisch. Das heißt wenn die Umweltbedingungen wechselten und dadurch einige Triebansprüche nicht mehr befriedigt werden konnten, so paßten sich die betreffenden Arten dadurch an, daß sie ihren Körper veränderten. Als Modell solcher Veränderung können wir die Hysterie betrachten. Bei ihr sind es ebenso wie bei der phylogenetischen Anpassung an die veränderte Realität starke, unbefriedigte Es-Wünsche, die den Körper umzuformen vermögen. Der Mensch hat aber eine andere, bessere Möglichkeit, mit der Realität fertig zu werden. Er hat sich im Laufe der Phylogenese ein neues Organ – körperlich das Gehirn, seelisch das Vbw – geschaffen, mit dessen Hilfe er nunmehr die Umwelt nach seinen Wünschen verändern kann. So wurde der Schritt von der Autoplastik zur Alloplastik getan. Wir erleben eben jetzt einen neuen Entwicklungsschub, der den Fortschritt, wie gewöhnlich durch eine Regression, ermöglicht. Das Vbw des Menschen fühlt sich stark genug, nicht nur die Umwelt nach seinen Wünschen zu gestalten, es versucht dasselbe mit seiner eigenen Seele – in der psychoanalytischen Kur. Er bedarf aber dazu noch äußerer Hilfe – des Analytikers. Die psychoanalytische Kur ist also ein Zwitterding, Autoplastik und Alloplastik zugleich".[561]

Auch auf einen Beitrag Abrahams („Anfänge und Entwicklung der Objektliebe", 1923) in Anknüpfung an Haeckels biogenetisches Grundgesetz nimmt Bálint Bezug. Abraham erwähnte, dass sich dieselbe phasische Reihenfolge der körperlichen Embryonalentwicklung in der psychosexuellen Entwicklung durch die Heranbildung „sexueller Leitzonen" (oral – anal – genital) in verzögerter Weise wiederholt. Bálint verwendet diesbezüglich den Begriff „Retardationsprinzip":

> „Der einzige, der diese Frage bisher aufgeworfen und sie ihrer Lösung beträchtlich nähergebracht hat, ist der uns so früh entrissene Abraham. In seinem Aufsatze: „Anfänge und Entwicklung der Objektliebe" hat er in der Reihenfolge der Embryogenese und der Entwicklung der Psychosexualität sehr merkwürdige Übereinstimmungen nachgewiesen. In der Embryogenese sind die ersten Organe, die gebildet werden, Urmund und Urdarm. Bei vielen (besonders bei primitiven) Chordaten wandert nun der Urmund von der definitiven Mundzone den Körper entlang zum entgegengesetzten Pol und wird hier zum After. Zu dieser Zeit erscheinen die Muskeln, allen voran die Kiefermuskulatur, und erst viel später die Keimdrüsen. Dies alles war längst bekannt. Abrahams Verdienst ist, darauf hin-

---

560 In derselben Ausgabe von „Imago" wurde auch Freuds Schrift „Zur Gewinnung des Feuers" (1932), in der der in Mythen häufig verwendete Gegensatz von Feuer und Wasser in seinen historischen, symbolisch-phantastischen und physiologischen Aspekten untersucht wird, erstmals veröffentlicht (Ideeneinfluss Kat. V).

561 Bálint 1932: 40.

gewiesen zu haben, daß die sexuellen Leitzonen in genau derselben Reihenfolge erscheinen. Abraham stellte noch eine „besondere Regel auf, „welche besagt, daß die psychosexuelle Entwicklung der organischen, somatischen Entwicklung stets in weitem Abstände nachhinkt, wie eine späte Neuauflage oder Wiederholung des gleichen Prozesses". Ich glaube, Abrahams ‚besondere Regel‘, die ich als Retardationsprinzip hervorheben möchte, ist eines der wichtigsten Gesetze der ganzen seelischen, aber auch körperlichen Entwicklung des Menschen". [562]

20. Zeitgemäßes über Krieg und Tod (1915b)

20.1 Das älteste Verbrechen der Menschheit

In dieser Schrift wiederholt Freud seine in „Totem und Tabu" (1912-13a) vorgestellten Hypothesen unter besonderer Hervorhebung des Einflusses von Smith, Atkinson und Darwin. Das „Zeitgemäße" dieser Schrift bezieht sich auf die Einwirkungen des damals gerade stattfindenden Ersten Weltkrieges. Die Urgeschichte der Menschheit ist von Mord erfüllt. Das, was in der Schule als Weltgeschichte unterrichtet wird, ist im Wesentlichen eine Aneinanderreihung von Völkermorden. Das „dunkle Schuldgefühl", das in den Menschen seit Urzeiten besteht, ist wahrscheinlich der Ausdruck einer Blutschuld, die sich z. B. im Christentum zur Erbsünde verdichtet hatte. Diese Blutschuld war die Tötung von Gott – Vater. Gemäß der Regel der Talion, dem Gesetz der Vergeltung „Gleiches mit Gleichem", forderte diese Sünde das Opfer seines Sohnes. Auf dieses älteste Verbrechen der Menschheit, der „Tötung des Urvaters der primitiven Menschenhorde, dessen Erinnerungsbild später zur Gottheit erklärt wurde", geht die Religion zurück. [563]

20.2 Die phylogenetische Abstammung von Mördern

Aus der im fünften Gebot (dem Tötungsverbot) des Alten Testamentes geforderten Notwendigkeit der Triebhemmungen kann die Stärke des Triebimpulses (der Mordlust) erschlossen werden. Mit den Worten „von einer unendlich langen Generationsreihe von Mördern abstammen" sowie der Metapher „im Blute liegen" betont Freud zusätzlich den phylogenetischen Erbanteil dieser Triebregung:

„Gerade die Betonung des Gebotes: Du sollst nicht töten, macht uns sicher, daß wir von einer unendlich langen Generationsreihe von Mördern abstammen, denen die Mordlust, wie vielleicht noch uns selbst, im Blute lag". [564]

---

562 A.a.O.: 16.
563 Vgl. Freud 1915b [G.W., X: 345f.].
564 A.a.O.: 350.

Ideeneinflüsse (u. a.): IV-II (Haeckel), IV-II (Frazer), IV-II (Darwin), IV-II (Atkinson), IV-II (Smith), IV-III (Lamarck)

Verbindungen zu psa. Theorieelementen (u. a.): Kulturtheorie, Metapsychologie, Religion

21. Triebe und Triebschicksale (1915c)

„Triebe und Triebschicksale" ist die erste der metapsychologischen Abhandlungen Freuds, von denen insgesamt zwölf geplant waren.[565] Zu Freuds Lebzeiten wurden insgesamt fünf davon veröffentlicht. Neben der genannten Schrift waren dies die vier weiteren Abhandlungen „Die Verdrängung" (1915d), „Das Unbewußte" (1915e), „Metapsychologische Ergänzung zur Traumlehre" (1917d [1915]) sowie „Trauer und Melancholie" (1916-17g [1915]). Die übrigen sieben Abhandlungen galten als verschollen, bis eine davon im Jahr 1983 in Ferenczis Nachlass von Ilse Grubrich-Simitis wieder aufgefunden und zwei Jahre später unter dem Titel „Übersicht der Übertragungsneurosen" (1985 [1915]) als zwölfte metapsychologische Abhandlung Freuds veröffentlicht wurde. Wie die Autorin vermutet, wurden die sechs anderen Manuskripte vernichtet.[566]

21.1 Phylogenetischer Einfluss der Außenwelt auf die Triebentwicklung

Freud nimmt einen mitgestaltenden Einfluss durch Reizwirkungen der Außenwelt auf die Bildung von Trieben im Verlauf der phylogenetischen Entwicklung der Organismen an:

> *„Natürlich steht nichts der Annahme im Wege, daß die Triebe selbst, wenigstens zum Teil, Niederschläge äußerer Reizwirkungen sind, welche im Laufe der Phylogenese auf die lebende Substanz verändernd einwirkten".*[567]

Dieser Gedanke Freuds entspricht im Wesentlichen den dynamischen Zusammenhängen zwischen Organismen und ihrer Umwelt, wie sie Lamarck in seinem ersten Gesetz (vgl. sechstes Kapitel, S. 136f.) formulierte. Durch Reizwirkungen der Umwelt werden in den Organismen Bedürfnisse hervorgerufen, auf die ein Organismus im Sinne einer adaptiven Variation in aktiver Art und Weise reagiert. Wie auf den Seiten 156-159 im sechsten Kapitel hingewiesen wurde, sind Lamarcks Ideen auch in Haeckels System aus Vererbungs- und Anpassungsgesetzen enthalten.

---

565 Zu den Triebschicksalen zählt Freud die Verkehrung ins Gegenteil, die Wendung gegen die eigene Person, die Verdrängung und die Sublimierung (vgl. Freud 1915c [G.W., X: 219]).

566 Vgl. Grubrich-Simitis 1987: 992.

567 Freud 1915c [G.W., X: 214].

21.2 Triebambivalenz als archaisches Erbteil

Die hier vertretene Annahme Freuds, dass eine ausgiebige Triebambivalenz als ein Indikator für ein archaisches Erbteil gilt, wurde bereits in „Totem und Tabu" als „atavistischer Rest" einer „archaistischen Konstitution" formuliert (1912-13a [G.W., IX: 83]). Implizit darin enthalten ist Lamarcks Idee der „Vererbung erworbener Eigenschaften". Eine weitere Überlegung Freuds lautet, dass die ungehemmte Ausprägung der Triebe in Urzeiten stärker als zu seinen Zeiten war.

> *„Eine ausgiebige Triebambivalenz bei einem heute Lebenden kann als archaisches Erbteil aufgefaßt werden, da wir Grund zur Annahme haben, der Anteil der unverwandelten aktiven Regungen am Triebleben sei in Urzeiten größer gewesen als durchschnittlich heute".*[568]

21.3 Die Einflüsse dreier Polaritäten auf das Seelenleben

Der Einfluss von drei das Seelenleben beherrschenden Polaritäten bestimmt das Schicksal von Trieben: Eine biologische Polarität (aktiv – passiv), eine reale Polarität (Ich – Außenwelt) und eine ökonomische Polarität (Lust – Unlust). Die Dynamik dieser drei Polaritäten wirkt formend auf die Triebe ein:

> *„Wir dürfen zusammenfassend hervorheben, die Triebschicksale bestehen im Wesentlichen darin, daß die Triebregungen den Einflüssen der drei großen das Seelenleben beherrschenden Polaritäten unterzogen werden. Von diesen drei Polaritäten könnte man die der Aktivität – Passivität als die biologische, die Ich – Außenwelt als die reale, endlich die von Lust – Unlust als die ökonomische bezeichnen".*[569]

Ideeneinflüsse (u. a.): IV-II (Haeckel), IV-III (Lamarck)
Verbindungen zu psa. Theorieelementen (u. a.): Metapsychologie, Triebtheorie

22. Das Unbewußte (1915e)

22.1 Einführung des Begriffes „Metapsychologie"

Zwischen der ersten privaten Nennung dieser Idee im Jahre 1896 (Freud an Fließ: Brief 160/ 10.3.1896 [1999: 329]) und der Veröffentlichung in Freuds dritter metapsychologischen Schrift lagen 19 Jahre ihrer Entwicklung. Die metapsychologische Betrachtungsweise wird hier von Freud als „Vollendung der psychoanalytischen Forschung" ausgewiesen. Sie bietet drei Perspektiven, aus denen psychisches Ge-

---

568 Freud 1915c [G.W., X: 224].
569 A.a.O.: 332.

schen analysiert werden kann: eine Perspektive aus dynamischen, eine aus topischen und eine aus ökonomischen Beziehungen:

> *„Wir merken, wie wir allmählich dazu gekommen sind, in der Darstellung psychischer Phänomene einen dritten Gesichtspunkt zur Geltung zu bringen, außer dem dynamischen und dem topischen den ökonomischen, der die Schicksale der Erregungsgrößen zu verfolgen und eine wenigstens relative Schätzung derselben zu gewinnen strebt. Wir werden es nicht unbillig finden, die Betrachtungsweise, welche die Vollendung der psychoanalytischen Forschung ist, durch einen besonderen Namen auszuzeichnen. Ich schlage vor, daß es eine metapsychologische Darstellung genannt werden soll, wenn es uns gelingt, einen psychischen Vorgang nach seinen dynamischen, topischen und ökonomischen Beziehungen zu beschreiben“.*[570]

22.2 Charaktere des Unbewussten

Die Wesenszüge des Unbewussten sind: keine Negation, kein Zweifel, keine Grade von Sicherheit. Diese Merkmale formen sich erst durch den Einfluss zensurierender Funktionen, die zwischen dem unbewussten – als Vorstufe einer höheren Organisation – und dem „höheren“, vorbewussten System wirksam sind. Im Unbewussten existieren nur mehr oder weniger stark besetzte Inhalte, die weit größere Besetzungsintensitäten und freie Beweglichkeit als jene im Vorbewussten aufweisen:

> *„Widerspruchslosigkeit, Primärvorgang (Beweglichkeit der Besetzungen), Zeitlosigkeit und Ersetzung der äußeren Realität durch die psychische sind die Charaktere, die wir an zum System Ubw gehörigen Vorgängen zu finden erwarten dürfen“* [3].[571]

Die Fußnote 3 verweist auf etwas, das Freud gleichzeitig ankündigt und zurückhält:

> *„Die Erwähnung eines anderen bedeutsamen Vorrechtes des Ubw sparen wir für einen anderen Zusammenhang auf“.*[572]

In einem Brief an Georg Groddeck, verfasst am 5. Juni 1917, wird Freud dieses „bedeutsame Vorrecht“ des Unbewussten erläutern.[573]

22.3 Unbewusste Erinnerungsspuren

Durch den Vorgang der Verschiebung kann eine Vorstellung den ganzen Betrag ihrer Besetzung an eine andere Vorstellung abgeben. Durch den Prozess der Ver-

---

570 A.a.O.: 280f.
571 Ebd.
572 Ebd., im Original ist an dieser Stelle das Wort „Ubw“ kursiv geschrieben.
573 Siehe auch dieses Kapitel, Punkt 27. 1. (S. 238).

dichtung kann eine Vorstellung die Besetzung mehrerer anderer Vorstellungen an sich nehmen. Erlebnisse des Unbewussten (Primärvorgang) fixieren sich in „Erinnerungsspuren", die Freud vom Begriff „Gedächtnis", das er als mit dem Vorbewussten (Sekundärvorgang) verknüpft vermutet, unterscheidet. Verglichen mit dem Primärvorgang sind im Sekundärvorgang Verschiebungen und Verdichtungen nur sehr eingeschränkt möglich oder sogar ausgeschlossen, da die Besetzungsenergie stärker an die jeweils besetzten Vorstellungsinhalte gebunden ist. In der folgenden Stelle bestätigt Freud uneingeschränkt die Bedeutung von Josef Breuers Annahme zweier verschiedener Zustände der Besetzungsenergie, der frei beweglichen und der tonisch gebundenen:

> *„Dieses Verhältnis hat J. Breuer veranlaßt, zwei verschiedene Zustände der Besetzungsenergie im Seelenleben anzunehmen, einen tonisch gebundenen und einen frei beweglichen, der Abfuhr zustrebenden. Ich glaube, daß diese Unterscheidung bis jetzt unsere tiefste Einsicht in das Wesen der nervösen Energie darstellt, und sehe nicht, wie man um sie herumkommen soll".*[574]

Ideeneinflüsse (u. a.): IV-II (Fließ), IV-II (Breuer)
Verbindungen zu psa. Theorieelementen (u. a.): Metapsychologie, Theorie des Unbewussten, Verdichtung, Verschiebung

23. Mitteilung eines d. psa. Theorie widersprechenden Falles v. Paranoia

23.1 Urphantasien

Phantasien, wie z. B. die Beobachtung des Geschlechtsverkehrs der Eltern, Verführung und Kastration, gehören nach Freud zu einem „Schatz unbewusster Phantasien". Freuds nicht näher spezifizierte Ankündigung seiner Untersuchung ihrer Herkunft und ihres Verhältnisses zum individuellen Erleben „an anderer Stelle" deutet darauf hin, dass Urphantasien Bestandteile des archaischen, phylogenetisch erworbenen Erbes sind.

> *„Ich heiße diese Phantasiebildungen, die der Beobachtung des elterlichen Geschlechtsverkehres, die der Verführung, der Kastration und andere, Urphantasien und werde an anderer Stelle deren Herkunft sowie ihr Verhältnis zum individuellen Erleben eingehend untersuchen".*[575]

---

574 Freud 1915e [G.W., X: 287].
575 Freud 1915f [G.W., X: 242].

24. Wir und der Tod (1915i)

24.1 Eine Weltgeschichte von Völkermorden

Freud streicht in diesem Vortrag, gehalten am 16. Februar 1915 im israelitischen Humanitätsverein, der Loge B'nai B'rith, den Zusammenhang zwischen dieser Blutschuld und der Weltgeschichte, die er als „Reihenfolge von Völkermorden" bezeichnet, hervor:

> *„Die Urgeschichte der Menschheit ist denn auch vom Morde erfüllt. Noch heute ist das, was unsere Kinder in der Schule als Weltgeschichte lernen, im Wesentlichen eine Reihenfolge von Völkermorden".*[576]

Ebenso wie in „Zeitgemäßes über Krieg und Tod" wiederholt Freud hier die aus „Totem und Tabu" (1912-13a) bekannte Hypothese der Urschuld (Blutschuld, Erbsünde, Verdichtung des Schuldgefühls der Urzeit, Bildung von Religionen). Die Opferung von Gottes Sohn Jesus im Christentum diente dazu, die Blutschuld für den Mord am Gottvater/ Urvater zu begleichen.

Ideeneinflüsse (u. a.): IV-II (Haeckel), IV-II (Frazer), IV-II (Darwin), IV-II (Atkinson), IV-II (Smith), IV-III (Lamarck)
Verbindungen zu psa. Theorieelementen (u. a.): Kulturtheorie, Religion

25. „Übersicht der Übertragungsneurosen" (1985 [1915])

25.1 Zur schematischen Darstellung von Freuds „phylogenetischer Phantasie"

Das Ziel des nächsten Arbeitsschrittes war, die Quintessenz aus Freuds „Übersicht der Übertragungsneurosen", der „phylogenetischen Phantasie" Freuds, in einem Schema zusammenzufassen. Die Komplexität und Dichte der Daten dieses, von Ilse Grubrich-Simitis im Jahr 1985 im Ferenczi-Nachlass gefundenen Manuskriptes von Freud, sollte auf einer Seite überschaubar dargestellt werden. Ebenso finden sich, wie in der gesamten Sequenz der phylogenetischen Ideen in Freuds Werk, Ideen von Lamarck (Kat. III), Haeckel (Kat. II) und – hier speziell – Ideen von Wittels (Kat. II), Ferenczi (Kat. II) und Atkinson (Kat. II) wieder.

Die obere Hälfte des Schemas bildet den ontogenetischen Teil ab und enthält Unterteilungen in Entwicklungsjahre, Libidophasen, Neurosenkategorien, Regressionen, Neurosenarten und gegenläufige Fixierungen. Die untere Hälfte des Schemas bildet den phylogenetischen Teil ab und ist in „Stammesgeschichtliche Entwicklung", „Wiederkehr vererbter Dispositionen" und „Kulturstufen" untergliedert.

---

576 Freud 1915i: 44.

In vertikaler Leserichtung ist erkennbar, wie die ontogenetischen und phylogenetischen Ebenen miteinander synchronisiert sind. Die ontogenetische Kindheit und Vorpubertät findet so beispielsweise eine phylogenetische Entsprechung im Überlebenskampf der eiszeitlichen Menschen. Ontogenetische Neurosenarten wie Angsthysterie, Konversionshysterie und Zwangsneurosen spiegeln sich in stammesgeschichtlichen Entwicklungsphasen und der Wiederkehr vererbter Dispositionen.

Das folgende Textzitat bezieht sich auf den Zusammenhang, den Freud zwischen dem Überlebenskampf der Menschen der Eiszeit (Phylogenese) und der Hysterie (Ontogenese) herstellte. Beiden gemeinsam ist der Konflikt zwischen Selbsterhaltung und Arterhaltung:

„Mit dem Fortschritt der harten Zeiten musste sich den in ihrer Existenz bedrohten Urmenschen der Konflikt zwischen Selbsterhaltung und Fortpflanzungslust ergeben, welcher in den meisten typischen Fällen von Hysterie seinen Ausdruck findet".[577]

Freud reduziert die Phylogenese nicht nur auf die Entwicklung des Menschengeschlechtes, sondern stellt die Spekulation auf, dass in ihr auch noch die ganze Entwicklungsgeschichte der Wirbeltiere enthalten ist. Er unterscheidet hier zwischen zwei Entwicklungslinien: die der Entwicklung der Libido, die die Phylogenese der Wirbeltiere enthält und die der Entwicklung des Ichs, das von der Phylogenese der Menschheit abhängig ist:

„Man bekommt dabei den Eindruck, daß die Entwicklungsgeschichte der Libido ein weit älteres Stück der [phylogenetischen] Entwicklung wiederholt als die des Ichs, erstere vielleicht Verhältnisse des Wirbeltierstammes wiederholt, während Letztere von der Geschichte der Menschenart abhängig ist".[578]

Im entwicklungsgeschichtlichen Teil dieses Entwurfes bezieht sich Freud explizit auf Ideen von Wittels (1912), Ferenczi (1913) und Atkinson (1903).

Idee einer einstigen paradiesischen Existenz des Menschen (Wittels, 1912)

Freud räumt Fritz Wittels die Priorität an der Idee ein, dass das „Urmenschentier" einst eine paradiesische Existenz in einem alle Bedürfnisse befriedigenden Milieu geführt hatte.[579]

---

577 Freud 1985 [1915: 645].
578 A.a.O.: 642. Ergänzung des Begriffes „phylogenetischen" durch die Hrsg.
579 A.a.O: 643. Quelle der Idee von Wittels: „Alles um Liebe; eine Urweltdichtung" (1912).

Idee des Kampfes mit den Eiszeiten (Ferenczi, 1913)

Freud erwähnt den Einfluss von Ferenczis Schrift „Entwicklungsstufen des Wirklichkeitssinnes" (1913h). Eine ganz dem ersten Gesetz von Lamarck entsprechende Annahme daraus lautet, dass der Urmensch durch die geologischen Erdschicksale gezwungen war, sich weiterzuentwickeln. Besonders die Eiszeiten brachten Anregungen zur Entwicklung der Kultur.[580]

Idee des Druckes des Urvaters auf die Söhne (Atkinson, 1903)

So wie in „Totem und Tabu" (1912-13a) verarbeitet Freud in dieser Übersicht Ideen von James Jasper Atkinson („Primal Law", 1903). Der „Druck des Urvaters auf seine Söhne" bestand darin, dass die älteren Söhne vertrieben oder kastriert wurden, während die jüngeren flohen bzw. Schutz bei der Mutter suchten. Unter dem Schutz der Mutter und Dank ihrer Interventionen beim Vater war es für den jüngsten Sohn möglich, der Nachfolger des alternden Familienoberhauptes zu werden. Obwohl sich in späteren Zeiten die sozialen Verhältnisse zugunsten eines Vorrechtes des älteren Sohnes verändert hatten, blieb das Thema des „Vorzuges des Jüngsten" in der Welt des Mythos und der Märchen erhalten.[581]

Weitere phylogenetische Reihen werden durch die „stammesgeschichtliche Entwicklung" und die „Wiederkehr vererbter Dispositionen" (vgl. Lamarcks Idee der Vererbung erworbener Eigenschaften) und „Kulturstufen" gebildet. Die „existenzielle Not", die notwendige Anpassung des Individuums und Kollektivs an die sich ändernden Bedingungen der Außenwelt, ist nach Freud die Voraussetzung zur Kulturentwicklung des Menschen. Dieser Gedanke entspricht der lamarckschen Idee einer adaptiven Variation. Die erworbenen Anpassungsmechanismen der einen Generation können auch als phylogenetische Disposition an die nächste Generation weitergegeben werden (Lamarcks zweites Gesetz). Dies ist aber nicht wie ein unentrinnbares Schicksal zu verstehen, denn laut Freud gibt es nicht nur eine einzig mögliche Disposition, da sich phylogenetisch Ererbtes mit dem durch ontogenetisches Erleben neu Erworbenen verbindet:

> *„Wo das konstitutionelle Moment der Fixierung in Betracht kommt, [ist] damit Erwerbung nicht beseitigt; sie rückt nur in noch frühere Vorzeit, da man mit Recht behaupten darf, daß die ererbten Dispositionen Reste der Erwerbung der Vorahnen sind. Hiermit stößt man an Problem der phylogenetischen Disposition hinter der individuellen oder ontogenetischen und darf keinen Widerspruch finden, wenn das Individuum zu seiner ererbten Disposition aufgrund früheren Erlebens neue Dispositionen aus eigenem Erleben hinzufügt".*[582]

---

580 Vgl. Freud 1985 [1915] G.W. NB: 643.
581 Vgl. a.a.O.: 648.
582 A.a.O.: 640.

Aus Gründen der Darstellbarkeit enthält dieses Schema einige Vereinfachungen, wie etwa bei der variablen Spaltenbreite der Entwicklungsjahre, den Libidophasen und gegenläufigen Fixierungen. Die Werte der Jahre für die Libidophasen sind ungefähre Werte. Deutlich zu erkennen sind die, hier durch Pfeile skizzierten gegenläufigen Regressionen der narzisstischen Neurosen in früheste Entwicklungsstadien im Verhältnis zu den Übertragungsneurosen, die zu ontogenetisch späteren Zeiten regredieren. Bei der Erstellung dieses Schemas wurde auch versucht, Freuds Annahme eines umgekehrten Verhältnisses zwischen dem Auftreten einer Neurose und deren Regressionspunkt in der Ontogenese mit einer groben Darstellung durch Richtungspfeile umzusetzen: Freuds Regel der „gegenläufigen Fixierungen" lautet, dass – je später eine Neurose in der individuellen Entwicklung auftritt – auf eine umso frühere Libidophase der Entwicklung ihre Fixierung fällt. Diese Regel hat zwei Ausnahmen. Erstens tritt die Paranoia später als die Dementia praecox in der Entwicklung auf, ebenso deren Fixierungen in den jeweiligen Entwicklungsjahren. Zweitens ließ Freud die zeitliche Zuordnung der Fixierungspunkte bei Melancholie und Manie offen, da sie für ihn nicht mit Sicherheit bestimmbar waren.[583]

Stilistisch ähnlich wie in „Totem und Tabu" (1912-13a), dessen Goethes Faust entlehnter Schlusssatz „Am Anfang war die Tat"[584] an die von Freud supponierte Ermordung des Urvaters erinnert, schließt auch das Manuskript von Freuds phylogenetischer Phantasie, das Grubrich-Simitis 70 Jahre nach dessen Entstehung aus der Vergessenheit befreit hatte, mit einem Hinweis auf einen Beginn. Im Unterschied zu „Totem und Tabu" handelt es sich hier aber nicht um einen destruktiven Akt, sondern um den Beginn der Erforschung dieses „phylogenetischen Faktors":

> „Es bleibt Raum für Neuerwerbung und für Einflüsse, die wir nicht kennen. Im ganzen sind wir nicht am Ende, sondern zu Anfang dieses phylogenetischen Faktors".[585]

---

583 Vgl. a.a.O.: 643.
584 Originalzitat: „Im Anfang war die Tat!" (Goethe 1808 [1993: 44]).
585 Freud 1985 [1915: 651].

ONTOGENESE

Entwicklungsjahr	Kindheit: 0a 1a 2a 3a 4a 5a 6a 7a 8a 9a	Vorpubertät: 10a 11a 12a	Pubertät und Adoleszenz: 13a 14a 15a 16a 17a 17a…
Libidophasen (ca.)	oral · anal · phallisch	Latenzperiode	Primat der Genitalien
Neurosenkategorie	ÜBERTRAGUNGSNEUROSEN		NARZISSTISCHE NEUROSEN
Regressionen	Regression gegen vollzogene Libidoentwicklung		Regression in Phasen vor Objektfindung

Neurosenart	Angsthysterie	Konversionshysterie	Zwangsneurose	Dementia praecox	Paranoia	Melancholie	Manie
Gegenl. Fixierungen	autoerot. sadist.	ödipal				Fixierungen zeitlich unsicher	

PHYLOGENESE

Geologisches Schicksal: Kampf mit Eiszeiten. Ideen Wittels (1912), Ferenczi (1913h)

Druck durch Urvater. Idee Atkinson (1903)

Neurose = Kulturerwerb

Entwicklung Stammesgeschichte	Anpassung an Gefahren der Außenwelt	Konflikt zwischen Selbsterhaltung und Fortpflanzungslust	Allmacht d. Urvaters, Egoismus, Eifersucht	Ältere Söhne: Vertreibung. Kastration	Jüngere Söhne: Flucht, Schutz durch Mütter, Brüderverbund	Mord am Urvater, Identifizierung	Tod u. Auferstehung
Wiederkehr vererbter Dispositionen	Realangst, Angst vor Libido	Abstinenz, Sprachlosigkeit	Animismus, Magie, Sprache, Erfindungen	Kastrationsangst, Erlöschen der Libido	Homosexualität, gesellsch. Sublimierung	Schuld, Trauer	Triumph, Freude
Kulturstufen	Kulturentwicklung durch existenzielle Not			Patriarchalisch		sozial (z. B. Religion)	

Abb. 8: Schema von Freuds „phylogenetischer Phantasie"

Bemerkenswert an Freuds „phylogenetischer Phantasie" ist die komplexe Interaktion verschiedener Systeme untereinander: Die ontogenetische Entwicklung, ihre Phasen und Fixierungen der Libido, ist mit der phylogenetischen Entwicklung, ihren dispositionellen Faktoren und entsprechenden Kulturentwicklungsstufen, synchronisiert. Freud fand in der Art und Qualität der ontogenetischen Neurosen entsprechende Abbilder in der Phylogenese und umgekehrt. Neben einer außerordentlichen Imaginationsfähigkeit bei gleichzeitiger Kritikfähigkeit ist auch sein durch die Wissensdisziplin der vergleichenden Anatomie beeinflusstes Denken für die Art und Ergebnisse dieser Betrachtungsweise mitverantwortlich.

Ideeneinflüsse (u. a.): IV-II (Ferenczi), IV-II (Wittels), IV-II (Atkinson), IV-II (Darwin), IV-II (Haeckel), IV-II (Smith), IV-III (Lamarck)
Verbindungen zu psa. Theorieelementen (u. a.): Allmacht der Gedanken, Identifizierung, Introjektion, Kulturtheorie, Neurosenlehre, Ödipuskomplex, Psychosexuelle Entwicklung, Projektion, Religion, Symbolisierung, Totemismus, Urphantasie, Verdrängung, Verschiebung, Wiederholungszwang

26. Vorlesungen zur Einführung in die Psychoanalyse (1916-17a)

Das 26. Glied in der Sequenz bildet eine Auswahl von vier aus insgesamt 28 Vorlesungen zur Einführung in die Psychoanalyse (1916-17a). Sie werden an dieser Stelle gemäß ihrer Anordnung in den Vorlesungen gereiht (XIII, XXII, XXIII, XXV) und mit den Buchstaben A bis D indiziert.

26. A. XIII. VO: Archaische Züge und Infantilismus des Traumes

26. A.1 Individuelle und phylogenetische Vorzeiten

Die Traumarbeit führt in eine „zweifache Vorzeit" zurück: in eine individuelle (ontogenetische) und in eine Vorzeit der Entwicklung der Menschheit (phylogenetische Vorzeit). Wiederum findet sich ein Beleg für Haeckels biogenetisches Grundgesetz: In der Kindheit (Ontogenese) erlebt das Individuum eine abgekürzte Wiederholung der Menschheitsgeschichte. Freud vermutet, dass die Symbolbeziehung Ausdruck einer phylogenetischen Erbschaft ist.
    Diese Idee enthält implizit Lamarcks Theorie der Vererbung erworbener Eigenschaften. Mit der Verbindung zu Träumen und Symbolbeziehungen bilden sich wichtige Schnittstellen zwischen den phylogenetischen Ideen und anderen psychoanalytischen Theorieelementen:

> *„Die Vorzeit, in welche die Traumarbeit uns zurückführt, ist eine zweifache, erstens die individuelle Vorzeit, die Kindheit, anderseits, insofern jedes Individuum in seiner Kindheit die ganze Entwicklung der Menschenart irgendwie abgekürzt wiederholt, auch diese Vorzeit, die phylogenetische. Ob es gelingen wird zu unterscheiden, welcher Anteil der latenten seelischen Vorgänge aus der individuellen,*

und welcher aus der phylogenetischen Urzeit stammt, – ich halte es nicht für un-
möglich. So scheint mir z. B. die Symbolbeziehung, die der Einzelne niemals er-
lernt hat, zum Anspruch berechtigt, als phylogenetisches Erbe betrachtet zu wer-
den".[586]

26. B. XXII. VO: Gesichtspunkte der Entwicklung und Regression. Ätiologie

26. B.1 Disponierende und akzidentelle Faktoren in der Ätiologie der Neurosen

Hier findet sich ein Teilstück, das sich in das Gebiet der „Ergänzungsreihen", in
das Verhältnis zwischen phylogenetisch ererbten, „disponierenden" und ontogenetisch erworbenen, „akzidentellen" Momenten einfügt. Sowohl die Fixierungen als
auch die Versagungen der Libido bilden die beiden Hauptfaktoren in der Ätiologie
der Neurosen. Freud rechnet die Fixierungen der Libido zu den disponierenden
(internen) und die Versagungen der Libido zu den akzidentellen (externen) Faktoren in der Ätiologie der Neurosen:

„Erinnern Sie sich nur daran, daß eine unvollkommene Libidoentwicklung sehr
ausgiebige, eventuell auch mehrfache Libidofixierungen an frühe Phasen der Or-
ganisation und Objektfindung hinterläßt, welche einer realen Befriedigung meist
nicht fähig sind, so werden Sie in der Libidofixierung den zweiten mächtigen Fak-
tor erkennen, der mit der Versagung zur Krankheitsverursachung zusammentritt.
In schematischer Verkürzung können Sie es aussprechen, daß die Libidofixierung
den disponierenden, internen, die Versagung den akzidentellen, externen Faktor
der Neurosenätiologie repräsentiert".[587]

26. B.2 Phylogenetische Erbschaft in der Entwicklung des Ichs und der Libido

Wiederum ist der implizite Einfluss von Haeckels biogenetischem Grundgesetz zu
finden. Sowohl die Entwicklung des Ichs als auch die der Libido haben einen Bezug zur phylogenetischen Entwicklung und stellen in der Ontogenese abgekürzte
Wiederholungen der Entwicklung der Menschheit dar:

„In der Beurteilung der beiden Entwicklungen, des Ichs wie der Libido, müssen
wir einen Gesichtspunkt voranstellen, der bisher noch nicht oft gewürdigt worden
ist. Beide sind ja im Grunde Erbschaften, abgekürzte Wiederholungen der Ent-
wicklung, welche die ganze Menschheit von ihren Urzeiten an durch sehr lange
Zeiträume zurückgelegt hat. Der Libidoentwicklung, möchte ich meinen, sieht man
diese phylogenetische Herkunft ohne weiteres an".[588]

---

586 Freud 1916-17a [G.W., XI: 203f.].
587 A.a.O.: 359.
588 A.a.O.: 367.

26. B.3 Notwendigkeit zur Anpassung durch „Ananke", durch die Not des Lebens

Im folgenden Textausschnitt wirken gleichzeitig implizite Einflüsse aus Haeckels biogenetischem Grundgesetz sowie Lamarcks Idee einer adaptiven Variation zusammen: Der phylogenetische Einfluss ist oft verschleiert, denn die Grenzen zwischen Phylogenese und Ontogenese sind unscharf. Was einst schaffend gewirkt hatte und vererbt worden ist (der phylogenetische Einfluss), wird ebenso auch individuell neu erworben (ontogenetischer Einfluss). Die „Not des Lebens" (Ananke) veranlasst das Individuum wie eine Erzieherin zur Anpassung an die Realität, z. B. durch adaptive Mechanismen beim Übergang vom Primärprozesshaften zum Sekundärprozesshaften in der Entwicklung. Mit dem u. a. auch in der griechischen Mythologie und von Plato verwendeten Begriff „Ananke" erwähnt Freud neben den bisher erwähnten Prinzipien „Dämon und Tychê" nun ein weiteres Prinzip, das er (möglicherweise) von Goethe aus seiner morphologischen Gedankensammlung „Urworte. Orphisch" übernommen hatte:[589]

> „Nur wird der phylogenetische Gesichtspunkt beim Menschen zum Teil durch den Umstand verschleiert, daß das, was im Grunde vererbt ist, doch in der individuellen Entwicklung neu erworben wird, wahrscheinlich darum, weil dieselben Verhältnisse noch fortbestehen und auf jeden einzelnen wirken, die seinerzeit zur Erwerbung genötigt haben. Ich möchte sagen, sie haben seinerzeit schaffend gewirkt, sie wirken jetzt hervorrufend. Außerdem ist es unzweifelhaft, daß der Lauf der vorgezeichneten Entwicklung bei jedem einzelnen durch rezente Einflüsse von außen gestört und abgeändert werden kann. Die Macht aber, welche der Menschheit eine solche Entwicklung aufgenötigt hat und ihren Druck nach der gleichen Richtung heute ebenso aufrechthält, kennen wir; es ist wiederum die Versagung der Realität, oder wenn wir ihr ihren richtigen großen Namen geben, die Not des Lebens: die Ἀνάγκη. Sie ist eine strenge Erzieherin gewesen und hat viel aus uns gemacht".[590]

26. C. XXIII. VO: Die Wege der Symptombildung

Diese Vorlesung bietet reiches Material an phylogenetischen Ideen in Verbindung mit psychoanalytischen Theoriebausteinen, wie mit der Regression und den Fixierungen, dem Lust- und Realitätsprinzip, den Anpassungsmechanismen, Urphantasien sowie den Konzepten der Ergänzungsreihen und der Symptombildung:

---

589 Goethe verwendete für den altgriechischen Begriff „Ananke" das Synonym „Nötigung" (vgl. „Urworte. Orphisch" im zwölften Kapitel, S. 323).
590 A.a.O.: 368.

26. C.1 Alloplastische Anpassung: Innere Anpassung statt äußerer Handlung

Freud hebt eine Eigenschaft der Symptome, sich vom Objekt abzuwenden und damit die Beziehung zur äußeren Realität aufzugeben, hervor. Die daran anknüpfende
Regression führt in autoerotische, objektlose Entwicklungsstadien. Freud erkennt in
dieser Regressionsart einen phylogenetisch bedeutsamen Zusammenhang: die Veränderung des eigenen Körpers anstatt der Veränderung der Außenwelt als früher,
alloplastischer Anpassungsmechanismus (Lamarcks Idee einer adaptiven Variation). Die inhaltliche Verwandtschaft der mit Ferenczi geplanten, in Punkt 19 der
entwicklungsgeschichtlichen Sequenz (S. 217-222) vorgestellten Lamarck-Arbeit
mit Freuds zu Lebzeiten unveröffentlichtem Manuskript „Übersicht der Übertragungsneurosen" kommt deutlich zum Ausdruck.[591]

> *„Wir verstehen dies als Folge der Abwendung vom Realitäts- und der Rückkehr
> zum Lustprinzip. Es ist aber auch eine Rückkehr zu einer Art von erweitertem Au-
> toerotismus, wie er dem Sexualtrieb die ersten Befriedigungen bot. Sie setzen an
> die Stelle einer Veränderung der Außenwelt eine Körperveränderung, also eine
> innere Aktion an die Stelle einer äußeren, eine Anpassung anstatt einer Handlung,
> was wiederum einer in phylogenetischer Hinsicht höchst bedeutsamen Regression
> entspricht".*[592]

26. C.2 Konstitutionelle Anlagen als phylogenetischer Erwerb

Zufällig in der Kindheit Erlebtes kann zu Fixierungen der Libido führen. Die konstitutionellen Anlagen beruhen auf der Möglichkeit der Vererbbarkeit erworbener
Erlebnisse der Vorfahren (impliziter Ideeneinfluss von Lamarcks Idee der Vererbung erworbener Eigenschaften). Der Prozess der Vererbung findet unaufhörlich,
von Generation zu Generation statt:

> *„Die Äußerung der angeborenen Anlage unterliegt ja keinem kritischen Bedenken,
> aber die analytische Erfahrung nötigt uns geradezu anzunehmen, daß rein zufälli-
> ge Erlebnisse der Kindheit imstande sind, Fixierungen der Libido zu hinterlassen.
> Ich sehe auch keine theoretische Schwierigkeit darin. Die konstitutionellen Anla-
> gen sind sicherlich auch die Nachwirkungen der Erlebnisse früherer Vorfahren,
> auch sie sind einmal erworben worden; ohne solche Erwerbung gäbe es keine He-
> redität. Und ist es denkbar, daß solche zur Vererbung führende Erwerbung gerade
> bei der von uns betrachteten Generation ein Ende nimmt?".*[593]

---

591 Siehe Punkt 25, S. 227-232 in diesem Kapitel.
592 A.a.O.: 381.
593 A.a.O.: 375f.

26. C.3 Freuds Schema der Ergänzungsreihen

In diesem Schema, das dem Originalschema von Freud nachgebildet ist, ist die Annahme skizziert, dass für die Verursachung einer Neurose ein akzidentelles traumatisches Erleben und eine dispositionelle Libidofixierung die zwei verantwortlichen Faktoren darstellen. Innerhalb der Disposition sind wiederum zwei Ergänzungsreihen wirksam: sexuelle Konstitution (prähistorisches Erleben) und infantiles, ontogenetisches Erleben. Im „prähistorischen" Erleben, der sexuellen Konstitution, ist, basierend auf Lamarcks zweitem Gesetz der Vererbung erworbener Eigenschaften und Haeckels biogenetischem Grundgesetz, das Erbe des Erlebens, der Erfahrungen der Ahnen (Phylogenese), enthalten (Ontogenese):

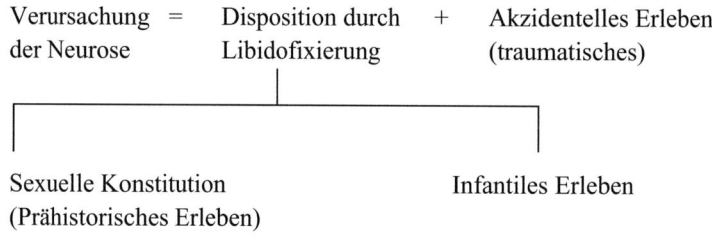

Verursachung = Disposition durch + Akzidentelles Erleben
der Neurose Libidofixierung (traumatisches)

Sexuelle Konstitution Infantiles Erleben
(Prähistorisches Erleben)

Abb. 9: Freuds Schema der Ergänzungsreihen

Auch diese beiden phylogenetischen (prähistorisches Erleben) und ontogenetischen (individuelle Erfahrungen) Ergänzungsreihen wirken dynamisch zusammen:

> *„Mit dem Faktor des infantilen Erlebens bildet die Sexualkonstitution wiederum eine ‚Ergänzungsreihe', ganz ähnlich der uns zuerst bekannt gewordenen zwischen Disposition und akzidentellem Erleben des Erwachsenen".*[594]

Durch den dynamischen Charakter der Ergänzungsreihen stellt Freud ein flexibles Instrument vor, das – je nach Patient bzw. Qualität der Neurosenart – unterschiedliche Mischungsverhältnisse zwischen dem real Erlebten und dem Phantasmatischen annehmen und nachvollziehen kann. In Freuds Konzept der Ergänzungsreihen spiegelt sich seine „ätiologische Gleichung" sowie das Verhältnis zwischen Morphologie und Ätiologie aus seiner Schrift „Die Sexualität in der Ätiologie der Neurosen" (1898a [G.W., I: 496]).[595]

Die Morphologie ist vergleichbar mit den interagierenden, Formen bildenden Wirkmechanismen der phylogenetischen, ontogenetischen und systematischen Entwicklungsreihen Haeckels. Die innerhalb der morphologischen Verhältnisse

---

594 A.a.O.: 376.
595 Siehe auch Punkt 5.1, S. 189.

wirksame (spezielle) Ätiologie ist das für jeden Menschen eigene Mischungsverhältnis aus dispositionellen und akzidentellen Faktoren bzw. aus infantilem und ererbtem prähistorischen Erleben.

26. C.4 Urphantasien als phylogenetischer Besitz

Ausgehend von der Erkenntnis, dass – im Gegensatz zum Realitätsprinzip – „in der Welt der Neurosen die psychische Realität die maßgebende ist",[596] bezieht sich Freud im folgenden Ausschnitt auf die Verknüpfung zwischen Urphantasien und phylogenetisch Erworbenem. In den Urphantasien kehrt das phylogenetische Erbe, das in der Urzeit Erlebte und dann auf die nachfolgenden Generationen Vererbte, als phantasmatische Vorstellung wieder. Im vorhin vorgestellten Schema der Ergänzungsreihen würde sich dies z. B. folgendermaßen darstellen: Ein fehlendes Stück der Erinnerung an eigenes, gegenwärtiges Erleben würde durch ein Stück der anderen Ergänzungsreihe (z. B. phantasiertes Erleben der Vorzeit in Form von Urphantasien) ergänzt werden. Als Beispiele für Urphantasien nennt Freud in der folgenden Textstelle Kinderverführung, Urszene und Kastration:

„Ich habe hier eine Antwort bereit, von der ich weiß, daß sie Ihnen gewagt erscheinen wird. Ich meine, diese Urphantasien – so möchte ich sie und gewiß noch einige andere nennen – sind phylogenetischer Besitz. Das Individuum greift in ihnen über sein eigenes Erleben hinaus in das Erleben der Vorzeit, wo sein eigenes Erleben allzu rudimentär geworden ist. Es scheint mir sehr wohl möglich, daß alles, was uns heute in der Analyse als Phantasie erzählt wird, die Kinderverführung, die Entzündung der Sexualerregung an der Beobachtung des elterlichen Verkehrs, die Kastrationsdrohung – oder vielmehr die Kastration, – in den Urzeiten der menschlichen Familie einmal Realität war, und daß das phantasierende Kind einfach die Lücken der individuellen Wahrheit mit prähistorischer Wahrheit ausgefüllt hat. Wir sind wiederholt auf den Verdacht gekommen, daß uns die Neurosenpsychologie mehr von den Altertümern der menschlichen Entwicklung aufbewahrt hat als alle anderen Quellen".[597]

26. D. XXV. VO: Die Angst

26. D.1 Der phylogenetische Kern von Affekten

Freud vermutet einen phylogenetischen Kern der Affekte:

„Bei einigen Affekten glaubt man tiefer zu blicken und zu erkennen, daß der Kern, welcher das genannte Ensemble zusammenhält, die Wiederholung eines bestimmten bedeutungsvollen Erlebnisses ist. Dies Erlebnis könnte nur ein sehr frühzeiti-

---

596 Vgl. Freud 1916-17a [G.W., XI: 383].
597 A.a.O.: 386.

ger Eindruck von sehr allgemeiner Natur sein, der in die Vorgeschichte nicht des Individuums, sondern der Art zu verlegen ist. Um mich verständlicher zu machen, der Affektzustand wäre ebenso gebaut wie ein hysterischer Anfall, wie dieser der Niederschlag einer Reminiszenz. Der hysterische Anfall ist also vergleichbar einem neugebildeten individuellen Affekt, der normale Affekt dem Ausdruck einer generellen, zur Erbschaft gewordenen Hysterie".[598]

26. D.2 Das phylogenetische Erbe der Geburtsangst

Als erste Angst im Leben eines Menschen nennt Freud die Geburtsangst, die Trennungsangst von der Mutter. Diese Geburtsangst erfuhr über unzählige Generationen phylogenetische Wiederholungen und Vererbungen. Auch dieser Gedanke Freuds baut auf dem impliziten Einfluss von Lamarcks Theorie der Vererbung erworbener Eigenschaften und Haeckels biogenetischem Grundgesetz auf:

„Der Name Angst – angustiae, Enge – betont den Charakter der Beengung im Atmen, die damals als Folge der realen Situation vorhanden war und heute im Affekt fast regelmäßig wiederhergestellt wird. Wir werden es auch als beziehungsreich erkennen, daß jener erste Angstzustand aus der Trennung von der Mutter hervorging. Natürlich sind wir der Überzeugung, die Disposition zur Wiederholung des ersten Angstzustandes sei durch die Reihe unzählbarer Generationen dem Organismus so gründlich einverleibt, daß ein einzelnes Individuum dem Angstaffekt nicht entgehen kann, auch wenn es wie der sagenhafte Macduff ,aus seiner Mutter Leib geschnitten wurde', den Geburtsakt selbst also nicht erfahren hat".[599]

Ideeneinflüsse (u. a.): IV-II (Ferenczi), IV-II (Haeckel), IV-III (Lamarck),
IV-III (Goethe)
Verbindungen zu psa. Theorieelementen (u. a.): Affekte (Angst), Ätiologie der
Neurosen (Ergänzungsreihen), Fixierung, Neurosenlehre, Regression, Symbolbeziehungen, Traumdeutung, Urphantasien (Kinderverführung, Urszene, Kastration),
Verdrängung

27. Brief an Georg Groddeck (5.6.1917)

27.1 Ferenczis Pathoneurosen und Lamarcks Entwicklungsgedanken

Ein Gedankengang aus Freuds Schrift „Das Unbewußte" (1915e) soll nun wieder aufgenommen werden: die Ankündigung eines „anderen bedeutsamen Vorrechtes des Unbewußten" (1915e [G.W., X: 286, Fn 3]).[600] Konkreteres nannte Freud an

---

598 A.a.O.: 410f.
599 A.a.O.: 411.
600 Vgl. Punkt 22. 2. („Charaktere des Unbewussten") im diesem Kapitel, S. 225f.

jener Stelle nicht. In einem Brief an Georg Groddeck nimmt Freud auf diese Ankündigung Bezug und eröffnet ihm das Verborgene:

„Ich will Ihnen verraten, was hier zurückgehalten worden ist: die Behauptung, daß der unbewußte Akt eine intensive plastische Einwirkung auf die somatischen Vorgänge hat, wie sie dem bewussten Akt niemals zukommt".[601]

Freud erwähnt in diesem Zusammenhang Ferenczis Arbeit „Über Pathoneurosen" (Ferenczi 1916 [1919]). Auf dessen Inhalte geht Freud im Brief an Groddeck nicht näher ein. Sie sollen an dieser Stelle kurz wiedergegeben werden: Anhand klinischer Beobachtungen schlägt Ferenczi den Begriff der „Pathoneurosen" (bzw. „Pathohysterie") vor und beschreibt damit folgendes Störungsbild: Als primäres Moment gilt eine organische Krankheit, ein körperlicher Defekt, gefolgt von dem sekundären Moment einer narzisstischen Regression mit Verschiebung der Libido auf das erkrankte Organ. Die erkrankte Stelle, das neue Objekt der Libido, nimmt „Genitalqualitäten" an, wird „genitalisiert", d. h., im betreffenden Organ entwickeln sich hysterische Symptome. Die Pathoneurosen grenzen sich von den Sexualneurosen Freuds ab, bei denen das primäre Moment eine Libidostörung und das sekundäre eine organische Funktionsstörung ist. Sie unterscheiden sich auch von der Hypochondrie, bei der nachweisbare organische Veränderungen fehlen.[602]

Im nächsten Gedanken leitet Freud direkt zu Lamarck über und bezieht sich indirekt auf die zum Zeitpunkt der Erstellung des Briefes an Groddeck gerade aktuellen Pläne zu einer Lamarck-Arbeit:

„Ja, derselbe Gesichtspunkt hat ihn für mich zu einem biologischen Versuch veranlasst, in dem gezeigt werden soll, wie eine konsequente Fortsetzung des Lamarckschen Entwicklungsgedankens zu einer Konsequenz der psychoanalytischen Anschauungen wird".[603]

Ideeneinflüsse (u. a.): IV-II (Ferenczi), IV-III (Lamarck, adaptive Variation)
Verbindungen zu psa. Theorieelementen (u. a.): Neurosenlehre (Hysterie), Symptombildung

28. Freuds Korrespondenz mit Abraham zwischen Okt. und Nov. 1917

28.1 Lamarcks Anpassungsmechanismen und die Psychoanalyse

In einem Schreiben an Abraham erwähnt Freud das geplante Lamarck-Projekt, ist sich aber nicht sicher, ob er bereits Abraham gegenüber eine solche Erwähnung

---

601 Freud an Groddeck, Brief vom 5.6.1917 in: Briefe [1980: 332].
602 Vgl. Ferenczi 1916 [1919: 7].
603 Freud an Groddeck, Brief vom 5.6.1917 in: Briefe [1980: 332].

gemacht hatte. Freud führt einen der Hauptgedanken jenes Projektes an: die einstige phylogenetische Realität der „Allmacht der Gedanken":

„Da ich Ihnen so selten schreibe, weiß ich nicht, ob ich Ihnen bereits von der La-marck-Arbeit Mitteilung gemacht habe, deren wesentlicher Inhalt sein soll, daß auch die ,Allmacht der Gedanken' einmal Realität war".[604]

Die Antwort von Abraham drückt Interesse an dieser Idee aus:[605]

„Nicht ganz verständlich war mir eine Andeutung von der Lamarck-Arbeit. Was ist's damit? Sie hatten mir davon bisher nicht geschrieben, meinten aber offenbar, es doch schon getan zu haben".[606]

Neun Tage später stellt Freud das Projekt in einem weiteren Brief vor. Es geht um die geplante Fusion der Psychoanalyse mit Lamarcks Ideen der Anpassungsmechanismen, die die Vollendung der Psychoanalyse bedeuten würde. Freud nennt „alloplastische" bzw. „heteroplastische" Mechanismen sowie eines der lamarckschen Schlüsselwörter: „Bedürfnis" (besoin). Freud bezieht sich auf Lamarcks Idee einer adaptiven Variation aus dessen erstem Gesetz, das die Anpassung durch aktive Um- bzw. Neubildung von Organen (autoplastisch) bzw. in weiterer Folge die Modifikation der Außenwelt (heteroplastisch) beschreibt. In psychoanalytischer Übersetzung bedeutet dieses „Bedürfnis" die mächtige Wirkung des Unbewussten über den eigenen Körper. Freud nennt als Beispiel dafür die Verbindung zwischen der „Allmacht der Gedanken" und der Hysterie:

„Ich habe ihnen also wirklich nicht von der Lamarck-Idee geschrieben? Das ist zwischen Ferenczi und mir entstanden, aber keiner von uns hat jetzt Zeit und Stimmung, sie anzurühren. Die Absicht ist, L. ganz auf unseren Boden zu stellen und zu zeigen, daß sein ,Bedürfnis', welches die Organe schafft und umschafft, nichts anderes ist als die Macht der unbewußten Vorstellung über den eigenen Körper, wovon wir Reste bei der Hysterie sehen, kurz die ,Allmacht der Gedanken'. Die Zweckmäßigkeit wäre dann wirklich psychoanalytisch erklärt; es wäre die Vollendung der Psychoanalyse. Zwei große Prinzipien der Veränderung des Fortschrittes würden sich herausstellen, die durch Anpassung des eigenen Körpers und die spätere durch Umbildung der Außenwelt (Autoplastisch und heteroplastisch) usw".[607]

---

604 Freud an Abraham, Brief vom 5.10.1917 in: Briefe [1965: 244].

605 Abrahams Tochter Hilda erwähnt, dass ihr Vater den Interessen Freuds, insbesondere an La-marck folgte: „Among those plans was a paper on Lamarck and his feelings of omnipotence. My father did not attempt to cheer Freud up with ,unanalytic' counter-arguments but he tried to enter into some of his interests, notably on Lamarck" (Abraham 1974: 66).

606 Abraham an Freud, Brief vom 2.11.1917 in: Briefe [1965: 245].

607 Freud an Abraham, Brief vom 11.11.1917 in: Briefe [1965: 247].

Ideeneinflüsse (u. a.): IV-II (Ferenczi), IV-III (Lamarck, adaptive Variation)
Verbindungen zu psa. Theorieelementen (u. a.): Allmacht der Gedanken,
Neurosenlehre (Hysterie), Symptombildung

29. Das Tabu der Virginität (1918a)

29.1 Verschiedene kulturelle Entwicklungsstufen zur gleichen Zeit

Der folgende Satz impliziert Freuds Annahme eines unilinearen Evolutionismus,
indem er „frühere" und „spätere" Entwicklungsstufen in der Entwicklung der
menschlichen Kultur voraussetzt, wobei die europäische Kultur als normativer
Gradmesser für die Beurteilung aller anderen Kulturformen angenommen wird:

> *„Wir vergessen bei solcher Forderung allzu leicht, daß auch die primitivsten Völ-*
> *ker in einer von der urzeitlichen weit entfernten Kultur leben, die zeitlich ebenso*
> *alt ist wie die unsrige, und gleichfalls einer späteren, wenn auch andersartigen*
> *Entwicklungsstufe entspricht".*[608]

Zusätzlich zur Deutung des Einflusses unilinear-evolutionistischer Ideen (z. B.
durch Spencer) kann es sich, wie bei Punkt 15. 2 („Vorstufen der eigenen Entwicklung", siehe S. 205 in diesem Kapitel) auch um einen Ideeneinfluss von Haeckels
„systematischer Entwicklung" handeln. Wie bereits auf S. 153-156 besprochen,
bilden eine breit gestreute Differenzierung und unterschiedliche Fortschrittsgrade
von gleichzeitig verschiedenen und miteinander zusammenhängenden Entwicklungsformen von zur selben Zeit existierenden Lebewesen die Hauptmerkmale der
systematischen Entwicklung.

Im vorigen Beispiel weist Freud darauf hin, dass „primitive" Völker gleichzeitig mit „unserer" Kultur leben und beide Kulturformen gleich weit von der Urzeit
entfernt sind. Beide Kulturen befinden sich in einem „späteren" Entwicklungssta-
dium, das jeweils einer „andersartigen Entwicklungsstufe" entspricht. Die Merkmale der systematischen Entwicklung treffen auch hier zu. Da es sich aber um keinen
von Freud validierten, expliziten Ideeneinfluss handelt, ist es schwierig, im Nach-
hinein mit Sicherheit zu beurteilen, ob Freud diesbezüglich mehr von Spencer oder
Haeckel oder einer anderen Person beeinflusst war, da deren Ideen diesbezüglich
ähnlich genug waren, sodass entweder die eine oder die andere Möglichkeit eines
Ideeneinflusses auf Freud denkbar ist. Dadurch erhöht sich die Unschärfe der eindeutigen Bestimmbarkeit.

Ideeneinflüsse (u. a.): Unilinearer Evolutionismus, z. B. IV-II (z. B. Spencer, Frazer, Tylor) bzw. systematische Entwicklung, IV-II (Haeckel)
Verbindungen zu psa. Theorieelementen (u. a.): Kulturtheorie

---

608 Freud 1918a [G. W., VIII: 170].

30. Aus der Geschichte einer infantilen Neurose (1918b) [„Wolfsmann"]

Der „Wolfsmann" zählt zu Freuds bekanntesten Fallgeschichten. Wie bei allen Fallgeschichten Freuds werden Ideeneinflüsse, die er aus Behandlungen von Patienten erhalten hatte, der Kat. II zugeordnet. Erneut bringt Freud in Anwendung von Haeckels biogenetischem Grundgesetz die beiden phylogenetischen und ontogenetischen Entwicklungsreihen miteinander in Verbindung, wobei er wiederum die Wichtigkeit der ontogenetischen Entwicklung im Vergleich zur phylogenetischen hervorhebt.

30.1 Phylogenetische Erbschaft oder ontogenetisches Erleben?

Freud lässt prinzipiell beide Möglichkeiten offen und nimmt generell die Möglichkeit einer Kombination aus ontogenetischen und phylogenetischen Erinnerungen beim Individuum an, wobei er einen Akzent auf die Wichtigkeit des Einflusses der Ontogenese setzt. Damit stellt die phylogenetische Erbschaft in der Gewichtung der Einflüsse auf das Individuum nicht etwa eine einzige, schicksalshaft wirkende, bestimmende Determinante, sondern einen möglichen Einflussfaktor dar. In Anwendung seiner Methodik der Ergänzungsreihen erläutert Freud, wie individuelle Lücken der Erinnerung, bestehend aus fehlendem eigenen Erleben („individuelle Wahrheit"), durch phylogenetisches Erleben („prähistorische Wahrheit") ergänzt werden. Wiederum betont Freud im Einklang mit Jung die Existenz einer phylogenetischen Erbschaft. Im Kontrast dazu legt Freud aber auf folgenden Unterschied großen Wert: Die Möglichkeiten der Ontogenese (die Erforschung der individuellen Entwicklungsgeschichte in der Kindheit) sollten zuerst ausgeschöpft werden, bevor zu phylogenetischen Erklärungen (zum Beispiel phylogenetische Erinnerungen, die in Gestalt von Urphantasien wiederkehren) gegriffen wird. Freuds letzter Satz in diesem Zitat schließt die Möglichkeit der Vererbung von phylogenetisch erworbenen Eigenschaften, die sich auch in organischen Veränderungen auswirken können, ein. Diese Annahme beinhaltet Lamarcks Idee der Vererbung erworbener Eigenschaften in Hinsicht auf Modifikationen der Organe und bedeutet die Verbindung seiner beiden Gesetze:

> *„Die Szenen von Beobachtung des elterlichen Sexualverkehrs, von Verführung in der Kindheit und von Kastrationsandrohung sind unzweifelhafter ererbter Besitz, phylogenetische Erbschaft, aber sie können ebensowohl Erwerb persönlichen Erlebens sein. Bei meinem Patienten war die Verführung durch die ältere Schwester eine unbestreitbare Realität; warum nicht auch die Beobachtung des elterlichen Koitus? Wir sehen nur in der Urgeschichte der Neurose, daß das Kind zu diesem phylogenetischen Erleben greift, wo sein eigenes Erleben nicht ausreicht. Es füllt die Lücken der individuellen Wahrheit mit prähistorischer Wahrheit aus, setzt die Erfahrung der Vorahnen an die Stelle der eigenen Erfahrung ein. In der Anerkennung dieser phylogenetischen Erbschaft stimme ich mit Jung (Die Psychologie der unbewußten Prozesse, 1917, eine Schrift, die meine ‚Vorlesungen' nicht mehr beeinflussen konnte) völlig zusammen; aber ich halte es für methodisch unrichtig,*

zur Erklärung aus der Phylogenese zu greifen, ehe man die Möglichkeiten der On-
togenese erschöpft hat; ich sehe nicht ein, warum man der kindheitlichen Vorzeit
hartnäckig eine Bedeutung bestreiten will, die man der Ahnenvorzeit bereitwillig
zugesteht; ich kann nicht verkennen, daß die phylogenetischen Motive und Produk-
tionen selbst der Aufklärung bedürftig sind, die ihnen in einer ganzen Reihe von
Fällen aus der individuellen Kindheit zu teil werden kann, und zum Schlusse ver-
wundere ich mich nicht darüber, wenn die Erhaltung der nämlichen Bedingungen
beim einzelnen organisch wiedererstehen läßt, was diese einst in Vorzeiten ge-
schaffen und als Disposition zum Wiedererwerb vererbt haben".[609]

30.2 Instinktiver phylogenetischer Besitz als Kern des Unbewussten

In diesem Textausschnitt betont Freud noch speziell einen instinktiven, phylogenetisch erworbenen Kern des Unbewussten, der sich in Form von primitiver Geistestätigkeit ausdrückt. Dieses instinktive Moment besitzt die Kraft, die phylogenetisch
später erworbene Menschheitsvernunft – die „höheren seelischen Vorgänge" – zu
sich herabzuziehen, wodurch die Neurosen gleichzeitig auch ein Stück an phylogenetischer Regression im Gegensatz zu einer kulturellen Progression sind:

„Gäbe es einen solchen instinktiven Besitz auch beim Menschen, so wäre es nicht
zu verwundern, wenn er die Vorgänge des Sexuallebens ganz besonders beträfe,
wenngleich er auf sie keineswegs beschränkt sein kann. Dieses Instinktive wäre
der Kern des Unbewußten, eine primitive Geistestätigkeit, die später durch die zu
erwerbende Menschheitsvernunft entthront und überlagert wird, aber so oft, viel-
leicht bei allen, die Kraft behält, höhere seelische Vorgänge zu sich herabzuzie-
hen. Die Verdrängung wäre die Rückkehr zu dieser instinktiven Stufe, und der
Mensch würde so mit seiner Fähigkeit zur Neurose seine große Neuerwerbung be-
zahlen und durch die Möglichkeit der Neurosen die Existenz der früheren instinkt-
artigen Vorstufe bezeugen. Die Bedeutung der frühen Kindheitstraumen läge aber
darin, daß sie diesem Unbewußten einen Stoff zuführen, der es gegen die Aufzeh-
rung durch die nachfolgende Entwicklung schützt. Ich weiß, daß ähnliche Gedan-
ken, die das hereditäre, phylogenetisch erworbene Moment im Seelenleben
betonen, von verschiedenen Seiten ausgesprochen worden sind, ja ich meine, daß
man allzu bereit war, ihnen einen Platz in der psychoanalytischen Würdigung ein-
zuräumen. Sie erscheinen mir erst zulässig, wenn die Psychoanalyse in Einhaltung
des korrekten Instanzenzuges auf die Spuren des Ererbten gerät, nachdem sie
durch die Schichtung des individuell Erworbenen hindurchgedrungen ist".[610]

30. 3 Phylogenetisch mitgebrachte Schemata

Freud vergleicht phylogenetisch mitgebrachte Schemata mit philosophischen Kategorien. Das bekannteste dieser Schemata ist der Ödipuskomplex. Freud betont hier

---

609 Freud 1918b [G.W., XII: 131].
610 A.a.O.: 156f.

auch sowohl den Ödipuskomplex als Niederschlag der menschlichen Kulturgeschichte in seinem phylogenetischen Aspekt als auch den Ödipuskomplex als individuelle, ontogenetische Realität. Wiederum bildet sich Haeckels biogenetisches Grundgesetz in Freuds psychoanalytischer Terminologie ab. Freud hebt hervor, dass der Ödipuskomplex als selbstständiges Schema, unabhängig vom individuellen Erleben, existiert. In speziellen Fällen, wie beim „Wolfsmann", dem russischen Adeligen Sergej Pankejeff (1886-1979), dominiert das phylogenetische Schema das individuelle, ontogenetische Erleben:

> *„Ich habe nun zu Ende gebracht, was ich über diesen Krankheitsfall mitteilen wollte. Nur noch zwei der zahlreichen Probleme, die er anregt, scheinen mir einer besonderen Hervorhebung würdig. Das erste betrifft die phylogenetisch mitgebrachten Schemata, die wie philosophische ‚Kategorien' die Unterbringung der Lebenseindrücke besorgen. Ich möchte die Auffassung vertreten, sie seien Niederschläge der menschlichen Kulturgeschichte. Der Ödipuskomplex, der die Beziehung des Kindes zu den Eltern umfaßt, gehört zu ihnen, ist vielmehr das bestgekannte Beispiel dieser Art. Wo die Erlebnisse sich dem hereditären Schema nicht fügen, kommt es zu einer Umarbeitung derselben in der Phantasie, deren Werk im einzelnen zu verfolgen, gewiß nutzbringend wäre. Gerade diese Fälle sind geeignet, uns die selbständige Existenz des Schemas zu erweisen".[611]*

Ideeneinflüsse (u. a.): IV-II (Patienten), IV-II (Haeckel), IV-III (Lamarck), IV-III (Aristoteles [„Kategorien"])
Verbindungen zu psa. Theorieelementen (u. a.): Ätiologie der Neurosen, Neurosenlehre, Ödipuskomplex, Traumdeutung, Urphantasien

31. Ein Kind wird geschlagen (1919e)

31.1 Die Zweizeitigkeit der sexuellen Entwicklung

Dieses Textbeispiel bedeutet eine Wiederholung von Freuds Gedanken zur Zweizeitigkeit der psychosexuellen Entwicklung, dem Ödipuskomplex und dessen Verbindungen zur Phylogenese:

> *„Über die Herkunft des Ödipuskomplexes selbst und über das den Menschen wahrscheinlich allein unter allen Tieren zugemessene Schicksal, das Sexualleben zweimal beginnen zu müssen, zuerst wie alle anderen Geschöpfe von früher Kindheit an und dann nach langer Unterbrechung in der Pubertätszeit von neuem, über all das, was mit seinem ‚archaischen Erbe' zusammenhängt, habe ich mich an anderer Stelle geäußert, und darauf gedenke ich hier nicht einzugehen".[612]*

---

611 A.a.O.: 155.
612 Freud 1919e [G.W., XII: 214].

31.2 Archaische Erbschaft als Kern des Unbewussten

In diesem Ausschnitt setzt Freud, neben der wiederholten Erwähnung einer „archaischen Erbschaft" als Kern des Unbewussten und als Erbstück früherer phylogenetischer Entwicklungsphasen, einen weiteren Akzent: Der Ödipuskomplex als Kernkomplex der Neurosen bildet den Inhalt der infantilen Sexualität, aus deren unbewussten Quellen die Haupttriebkraft für die Aufhebung der Verdrängung und die Symptombildung stammt:

> „Den Kern des seelisch Unbewußten bildet die archaische Erbschaft des Menschen, und dem Verdrängungsprozeß verfällt, was immer davon beim Fortschritt zu späteren Entwicklungsphasen als unbrauchbar, als mit dem Neuen unvereinbar und ihm schädlich zurückgelassen werden soll. Diese Auswahl gelingt bei einer Gruppe von Trieben besser als bei der anderen. Letztere, die Sexualtriebe, vermögen es, kraft besonderer Verhältnisse, die schon oftmals aufgezeigt worden sind, die Absicht der Verdrängung zu vereiteln und sich die Vertretung durch störende Ersatzbildungen zu erzwingen. Daher ist die der Verdrängung unterliegende infantile Sexualität die Haupttriebkraft der Symptombildung, und das wesentliche Stück ihres Inhalts, der Ödipuskomplex, der Kernkomplex der Neurose".[613]

Ideeneinflüsse (u. a.): IV-II (Haeckel), IV-III (Lamarck)
Verbindungen zu psa. Theorieelementen (u. a.): Ätiologie der Neurosen, Neurosenlehre, Ödipuskomplex, Psychosexuelle Entwicklung, Verdrängung

32. Vorrede zu Theodor Reiks „Das Ritual" (1919)

32.1 Der Ödipuskomplex in Ontogenese und Phylogenese

In Freuds Vorrede zu Theodor Reiks Buch „Probleme der Religionspsychologie, I. Teil: Das Ritual" (1919) sind lamarcksche Ideen einer adaptiven Variation und der Vererbung erworbener Eigenschaften sowie Haeckels biogenetisches Grundgesetz implizit vertreten („Was heute für den einzelnen Erbgut ist, das war einmal vor einer langen Reihe von Generationen, die es einander übertragen haben, Neuerwerb"). Auch einige Hypothesen von „Totem und Tabu" (1912-13a) sowie der Einfluss von W. R. Smith auf dieses Werk werden wiederholend erwähnt:

> „Der Ödipus-Komplex, d.i. die affektive Einstellung zur Familie, im engeren Sinne zu Vater und Mutter, ist jener Stoff, an dessen Bewältigung der einzelne Neurotiker scheitert, und der darum regelmäßig den Kern seiner Neurose bildet. Er verdankt aber seine Bedeutung keineswegs einem uns unverständlichen Zusammentreffen, sondern die biologischen Tatsachen der langen Unselbständigkeit und langsamen Reifung des jungen Menschen, sowie des komplizierten Entwicklungs-

---

613 A.a.O.: 225f.

ganges seiner Liebesfähigkeit drücken sich in dieser Betonung des Verhältnisses zu den Eltern aus und haben zur Folge, daß die Überwindung des Ödipus-Komplexes mit der zweckmäßigsten Bewältigung der archaischen, animalischen Erbschaft des Menschen zusammenfällt. In dieser sind zwar alle Kräfte enthalten, welche für die spätere Kulturentwicklung des Einzelnen benötigt werden, aber sie müssen erst ausgesondert und verarbeitet werden. So wie es der einzelne Mensch mitbringt, ist dieses archaische Erbgut für die Zwecke des sozialen Kulturlebens nicht zu brauchen.

Es bedarf eines Schrittes weiter, um den Ausgangspunkt für die psychoanalytische Betrachtung des religiösen Lebens zu finden. Was heute für den Einzelnen Erbgut ist, das war einmal vor einer langen Reihe von Generationen, die es einander übertragen haben, Neuerwerb. Auch der Ödipus-Komplex kann also seine Entwicklungsgeschichte haben und das Studium der Prähistorie kann dazu führen, diese zu erraten. Die Forschung nimmt an, daß das menschliche Familienleben sich in entlegenen Urzeiten ganz anders gestaltet hatte, als wir es heute kennen, und bestätigt diese Vermutung durch Befunde bei den heute lebenden Primitiven.

Unterzieht man das prähistorische und ethnologische Material darüber einer psychoanalytischen Bearbeitung, so stellt sich ein unerwartet präzises Ergebnis heraus: daß Gottvater dereinst leibhaftig auf Erden gewandelt und als Häuptling der Urmenschenhorde seine Herrschermacht gebraucht hat, bis ihn seine Söhne im Vereine erschlugen. Ferner, daß durch die Wirkung dieser befreienden Untat und in der Reaktion auf dieselbe die ersten sozialen Bindungen entstanden, die grundlegenden moralischen Beschränkungen und die älteste Form einer Religion, der Totemismus. Daß aber auch die späteren Religionen von demselben Inhalt erfüllt und bemüht sind, einerseits die Spuren jenes Verbrechens zu verwischen oder es zu sühnen, indem sie andere Lösungen für den Kampf zwischen Vater und Söhnen einsetzen, andererseits aber nicht umhin können, die Beseitigung des Vaters von neuem zu wiederholen. Dabei läßt sich auch im Mythus der Nachhall jenes, die ganze Menschheitsentwicklung riesengroß überschattenden Ereignisses erkennen. Diese auf den Einsichten von Robertson Smith fußende, von mir in ‚Totem und Tabu' 1912 entwickelte Hypothese hat Th. Reik seinen Studien über Probleme der Religionspsychologie zugrunde gelegt, von denen hier der erste Band ausgegeben wird".[614]

Ideeneinflüsse (u. a.): IV-II (Haeckel), IV-III (Lamarck)
Verbindungen zu psa. Theorieelementen (u. a.): Ätiologie der Neurosen, Neurosenlehre, Ödipuskomplex, Kulturtheorie, Religion, Verdrängung

---

614 Freud in: Reik 1919 [G. W., Bd. XII, S. 327-329].

33. Das Unheimliche (1919h)

33.1 Die Allmacht der Gedanken als phylogenetisches Erbe

Die „Allmacht der Gedanken" bedeutet die Gleichsetzung von Gedanken mit der Realität und ist ein Teil des unbewussten archaischen Erbes:[615]

> *„Greifen wir das Unheimliche der Allmacht der Gedanken, der prompten Wunscherfüllung, der geheimen schädigenden Kräfte, der Wiederkehr der Toten heraus. Die Bedingung, unter der hier das Gefühl des Unheimlichen entsteht, ist nicht zu verkennen. Wir – oder unsere primitiven Urahnen – haben dereinst diese Möglichkeiten für Wirklichkeit gehalten, waren von der Realität dieser Vorgänge überzeugt. Heute glauben wir nicht mehr daran, wir haben diese Denkweisen überwunden, aber wir fühlen uns dieser neuen Überzeugungen nicht ganz sicher, die alten leben noch in uns fort und lauern auf Bestätigung".*[616]

Ideeneinflüsse (u. a.): IV-II (Haeckel), IV-III (Lamarck)
Verbindungen zu psa. Theorieelementen (u. a.): Allmacht der Gedanken, Neurosenlehre (Zwangsneurose, Paranoia), Projektion, Religion, Urphantasien

34. Brief an Stefan Zweig (19.10.1920)

34.1 Das archaische Erbe der Ambivalenz und die russische Seele

In einem Brief an Stefan Zweig bildet Freud vergleichend-anatomische Analogien zwischen der aus dem „Seelenleben der Primitiven" stammenden, phylogenetisch ererbten Gefühlsambivalenz und der russischen Volksseele. Freuds Beispiele dafür stammen aus klinischen Beobachtungen (Fallgeschichte des „Wolfsmannes" Sergej Pankejeff, Kat. II), seiner Beurteilung der nicht neurotischen Russen sowie der Literatur (Bezug zu den Romanen Dostojewskis, Kat. II):

> *„Der Masochismus schließt das Schuldgefühl, das zur ‚Erlösung' drängt, in sich ein. Was Sie mit Vermeidung des Kunstwortes ‚Dualismus' nennen, heißt bei uns ‚Ambivalenz'. Diese Gefühlsambivalenz ist auch ein Erbstück aus dem Seelenleben der Primitiven, im russischen Volk aber weit besser erhalten und eher bewußtseinsfähig geblieben als anderwärts, wie ich es vor wenigen Jahren in der ausführlichen Krankengeschichte eines echt russischen Patienten darstellen konnte.[...] ... sehr deutlich ambivalent sind auch die nicht neurotischen Russen, ebenso wie die Gestalten Dostojewskis in fast allen Romanen".*[617]

---

615 Freuds Idee der „endopsychischen Mythen", die er ca. 22 Jahre vorher Fließ mitgeteilt hatte, ist ein unmittelbarer Vorläufer dieser Idee (vgl. dieses Kapitel, Punkt 2.8, S. 186).
616 Freud 1919h [G.W., XII: 261f].

617 Freud an Stefan Zweig, Brief vom 19.10.1920 in: Briefe [1980: 350].

Ideeneinflüsse (u. a.): IV-II (Patienten), IV-II (Dostojewski), IV-II (Haeckel), IV-III (Lamarck)

Verbindungen zu psa. Theorieelementen (u. a.): Ätiologie der Neurosen, Ambivalenz, Neurosenlehre, Ödipuskomplex, Kulturtheorie, Urphantasien

35. Jenseits des Lustprinzips (1920g)

Durch die Einführung des Konzeptes gegensätzlich wirkender Lebenstriebe (Eros) und Todestriebe erweitert Freud in dieser Schrift seine Triebtheorie.

35.1 Organische Elastizität und konservative Natur des Lebenden

Neben dem Drang zur Progression, zur Entwicklung und Veränderung stellt Freud eine weitere, regressive Qualität der Triebe, die sich in ihrer konservativen Natur im „Drang zur Wiederherstellung eines früheren Zustands" darstellt, vor. Implizit beschreibt Freud mit den Begriffen „äußere Störungskräfte" und „organische Elastizität" wiederum den lamarckschen Evolutionsgedanken einer adaptiven Variation in der Dynamik der Anpassung des eigenen Körpers an äußere, sich verändernde Umstände. Die Formulierung „Äußerung der Trägheit" impliziert die Möglichkeit einer konservativen Vererbung, wie sie u. a. auch von Haeckel in seinem System aus Vererbungs- und Anpassungsgesetzen zum Ausdruck kam:

> *„Ein Trieb wäre also ein dem belebten Organischen innewohnender Drang zur Wiederherstellung eines früheren Zustandes, welchen dies Belebte unter dem Einflusse äußerer Störungskräfte aufgeben mußte, eine Art von organischer Elastizität, oder wenn man will, die Äußerung der Trägheit im organischen Leben* ²".[618]

Freuds Fußnote 2 bei „Trägheit im organischen Leben" bezieht sich auf den konservativen Aspekt der Vererbung. Von wem genau diesbezügliche Äußerungen stammen hätten können, lässt Freud hier offen:

> *„Ich bezweifle nicht, daß ähnliche Vermutungen über die Natur der ‚Triebe' bereits wiederholt geäußert worden sind".*[619]

35. 2 Organischer Wiederholungszwang

Das folgende Beispiel aus der Embryologie bedeutet einen weiteren Einfluss von Haeckels biogenetischem Grundgesetz auf Freuds Theoriebildung:

> *„...dasselbe soll für die Wanderflüge der Zugvögel gelten, aber der Suche nach weiteren Beispielen enthebt uns bald die Mahnung, daß wir in den Phänomen*

618 Freud 1920g [G.W., XIII: 38].
619 Ebd.

der Erblichkeit und in den Tatsachen der Embryologie die großartigsten Beweise für den organischen Wiederholungszwang haben. Wir sehen, der Keim eines lebenden Tieres ist genötigt, in seiner Entwicklung die Strukturen all der Formen, von denen das Tier abstammt – wenn auch in flüchtiger Abkürzung – zu wiederholen, anstatt auf dem kürzesten Wege zu seiner definitiven Gestaltung zu eilen, und können dies Verhalten nur zum geringsten Teile mechanisch erklären, dürfen die historische Erklärung nicht beiseite lassen".[620]

35.3 Die Biologie als Reich der unbegrenzten Möglichkeiten

Der nächste Textausschnitt bringt Freuds Hinweis aus der XXIV. Vorlesung („Die gemeine Nervosität") in Erinnerung, der den Begriff (sinngemäß: ein noch unbekanntes) „organisches Fundament" enthält.[621] Gegen Ende von „Jenseits des Lustprinzips" lässt Freud für die Zukunft der Biologie alle naturwissenschaftlichen Möglichkeiten offen, inklusive jenen, die den „künstlichen Bau von Hypothesen" der Psychoanalyse erschüttern könnten:

„Hingegen wollen wir uns recht klar machen, daß die Unsicherheit unserer Spekulation zu einem hohen Grade durch die Nötigung gesteigert wurde, Anleihen bei der biologischen Wissenschaft zu machen. Die Biologie ist wahrlich ein Reich der unbegrenzten Möglichkeiten, wir haben die überraschendsten Aufklärungen von ihr zu erwarten und können nicht erraten, welche Antworten sie auf die von uns an sie gestellten Fragen einige Jahrzehnte später geben würde. Vielleicht gerade solche, durch die unser ganzer künstlicher Bau von Hypothesen umgeblasen wird".[622]

Ideeneinflüsse (u. a.): IV-II (Haeckel), IV-III (Lamarck)
Verbindungen zu psa. Theorieelementen (u. a.): Triebtheorie

36. Massenpsychologie und Ich-Analyse (1921c)

36.1 Unbewusstes Verdrängtes als archaische Erbschaft

Im Unterschied zum Begriff des Unbewussten bei Gustave Le Bon enthält Freuds Begriff des Unbewussten, zusätzlich zum archaischen Kern des Ichs (später „Es" genannt), noch das „unbewußte Verdrängte", das ebenfalls einen Anteil an der archaischen Erbschaft des Menschen besitzt:

„Eine gewisse Differenz zwischen der Anschauung Le Bons und der unserige stellt sich dadurch her, daß sein Begriff des Unbewußten nicht ganz mit dem von der

---

620 A.a.O.: 38f.
621 Dieser Begriff Freuds im Kontext des vollständigen Zitates (1916-17a [G.W., XI: 403]) wird auch im vierten Kapitel „Input/Outputrelationen zweier Schriften Freuds" auf S. 100 erwähnt.
622 Freud 1920g [G.W., XIII: 65].

Psychoanalyse angenommenen zusammenfällt. Das Unbewußte Le Bons enthält vor allem die tiefsten Merkmale der Rassenseele, welche für die individuelle Psychoanalyse eigentlich außer Betracht kommt. Wir verkennen zwar nicht, daß der Kern des Ichs (das Es, wie ich es später genannt habe), dem die ‚archaische Erbschaft' der Menschenseele angehört, unbewußt ist, aber wir sondern außerdem das ‚unbewußte Verdrängte' ab, welches aus einem Anteil dieser Erbschaft hervorgegangen ist. Dieser Begriff des Verdrängten fehlt bei Le Bon".[623]

36.2 Drei Arten der Identifizierung

Freud unterscheidet drei Arten der Identifizierung: Die erste Art der Identifizierung bedeutet die Annahme der Eigenschaften des geliebten Objektes. Das Ziel ist, so sein zu wollen wie die geliebte Person. In dieser Form tritt die Identifizierung an Stelle der Objektwahl; sie ist deren früheste, ursprünglichste Form. Das Objekt wird in das Ich introjiziert. Die zweite Art der Identifizierung entstammt dem Ödipuskomplex und drückt das „Haben-wollen" der begehrten Person aus. Freud nennt einen hysterischen Mechanismus als Beispiel: Die Tochter, die den Vater begehrt, nimmt ein Symptom (Husten) ihrer Rivalin, der Mutter, an. Die dritte Art der Identifizierung ist besonders häufig und bedeutsam. Sie wird auch „psychische Infektion" genannt und basiert auf Imitation, einer gemeinsamen Affektbeziehung mehrerer Personen zu einem Führer, z. B. unter den Mitgliedern einer Masse (vgl. 1921c [G.W., XIII: 117f.]).

Freud schafft eine Verbindung von der Identifizierung zur Nachahmung und von dort zur Einfühlung, d. h. „zum Verständnis des Mechanismus, durch den uns überhaupt eine Stellungnahme zu einem anderen Seelenleben ermöglicht wird". Durch die Identifizierung mit einer Person wird die Aggression ihr gegenüber gehemmt, man verschont sie und leistet ihr Hilfe. Aus ökonomischer Perspektive reduziert die Identifizierung Ambivalenz. Bezüglich der archaischen, totemistischen Wurzeln der Identifizierung zieht Freud wiederum Robertson Smiths Idee der Totemmahlzeit heran, bei der die Clangemeinschaft sich den getöteten Urvater über eine gemeinsam eingenommene Substanz symbolisch einverleibt und sich durch diesen rituellen Vorgang mit ihm identifiziert (Identifizierung der ersten Art).[624] Gleichzeitig findet dadurch auch eine Identifizierung der am Festmahl beteiligten Gruppenmitglieder untereinander in ihrem Verhältnis zum Vater statt (Identifizierung der dritten Art).

„Das Studium solcher Identifizierungen, wie sie zum Beispiel der Clangemeinschaft zugrunde liegen, ergab Robertson Smith das überraschende Resultat, daß sie auf der Anerkennung einer gemeinsamen Substanz beruhen (Kinship and Marriage, 1885), daher auch durch eine gemeinsam genommene Mahlzeit geschaffen werden können. Dieser Zug gestattet es, eine solche Identifizierung mit der von

---

623 Freud 1921c [G.W., XIII: 79, Fn 3].
624 Vgl. die Redensart „Du bist, was Du isst".

mir in ‚Totem und Tabu' konstruierten Urgeschichte der menschlichen Familie zu verknüpfen".[625]

36.3 Das „Ichideal" und dessen Entwicklung

In der nachstehenden Stelle beschreibt Freud das „Ichideal" und dessen Bildung innerhalb des Ichs durch Einflüsse aus der Umgebung. Dieser Prozess geht mit der Ausprägung von sekundärprozesshaften Funktionen (Selbstbeobachtung, moralisches Gewissen, Traumzensur) sowie dem Mechanismus der Verdrängung einher:

> *„Wir haben schon bei früheren Anlässen die Annahme machen müssen (Narziß-mus, Trauer und Melancholie), daß sich in unserem Ich eine solche Instanz entwickelt, welche sich vom anderen Ich absondert und in Konflikte mit ihm geraten kann. Wir nannten sie das ‚Ichideal' und schrieben ihr an Funktionen die Selbstbeobachtung, das moralische Gewissen, die Traumzensur und den Haupteinfluß bei der Verdrängung zu. Wir sagten, sie sei der Erbe des ursprünglichen Narziß-mus, in dem das kindliche Ich sich selbst genügte. Allmählich nehme sie aus den Einflüssen der Umgebung die Anforderungen auf, die diese an das Ich stelle, denen das Ich nicht immer nachkommen könne, so daß der Mensch, wo er mit seinem Ich selbst nicht zufrieden sein kann, doch seine Befriedigung in dem aus dem Ich differenzierten Ichideal finden dürfe. Im Beobachtungswahn, stellten wir ferner fest, werde der Zerfall dieser Instanz offenkundig und dabei ihre Herkunft aus den Einflüssen der Autoritäten, voran der Eltern, aufgedeckt".*[626]

36.4 Die phylogenetische Beziehung zwischen Masse und Urhorde

Mit einer erneuten Zusammenfassung der darwinschen Idee der Urhorde und deren phylogenetischen Konsequenzen stellt Freud neben den Zusammenhängen zwischen intrapsychischen Geschehnissen und den Anfängen der menschlichen Gesellschaft (Bildung von Religion, Sittlichkeit, Kultur) nun auch einen Bezug zu Phänomenen der Masse her:

> *„Im Jahre 1912 habe ich die Vermutung von Ch. Darwin aufgenommen, daß die Urform der menschlichen Gesellschaft die von einem starken Männchen unumschränkt beherrschte Horde war. Ich habe darzulegen versucht, daß die Schicksale dieser Horde unzerstörbare Spuren in der menschlichen Erbgeschichte hinterlassen haben, speziell, daß die Entwicklung des Totemismus, der die Anfänge von Religion, Sittlichkeit und sozialer Gliederung in sich faßt, mit der gewaltsamen Tötung des Oberhauptes und der Umwandlung der Vaterhorde in eine Brüdergemeinde zusammenhängt".*[627]

---

625 Freud 1921c [G.W., XIII: 121, Fn 5].
626 A.a.O.: 120f., Fn 4.
627 A.a.O.: 136.

36.5 Regression bei Masse und Urhorde

So wie der Urmensch in jedem einzelnen Menschen virtuell enthalten ist, so lebt die Urhorde in jeder Massenansammlung wieder auf. Die älteste Menschenpsychologie findet sich in der Massenpsychologie. Nach Freud sind die psychologischen Gemeinsamkeiten zwischen der Masse und der Urhorde durch Regression auf eine primitivere Seelentätigkeit mit folgenden Charakteristika gekennzeichnet:[628]

1. Schwund der bewussten Einzelpersönlichkeit

2. Kein singulärer Willen sondern nur ein Gemeinwillen

3. Vorherrschaft der Affektivität und des unbewussten Seelischen

4. Gleichgerichtete Gedanken, Gefühle und Taten innerhalb der Masse

5. Tendenz zur unverzüglichen Ausführung auftauchender Absichten

36.6 Archaische Erbschaft in Hypnose und Übertragung

Freud validiert die Idee von Ferenczi, dass der Hypnotiseur – durch seine Aufforderung an die zu hypnotisierende Person, einzuschlafen – in der Übertragung die Rolle der Eltern, mit ihren jeweiligen rollenspezifischen Methoden, das Kind zum Einschlafen zu bringen, einnimmt. Diese Übertragungsbeziehungen zu dem Hypnotiseur bzw. den Elternfiguren enthalten wiederum einen archaischen Rest in Form der Beziehung zu einem übermächtigen Vater, die Freud mit der Beziehung des Einzelnen der Urhorde zum Urvater phylogenetisch verknüpft. Auch die Qualität der Beziehungsdynamik (aktiv-gefährlicher, übermächtiger Urvater versus passiv-masochistischer, unterwürfiger Untertan) ist ein Teil dieses archaischen Erbes:

„Ferenczi hat richtig herausgefunden, daß sich der Hypnotiseur mit dem Schlafgebot, welches oft zur Einleitung der Hypnose gegeben wird, an die Stelle der Eltern setzt. Er meinte zwei Arten der Hypnose unterscheiden zu sollen, eine schmeichlerisch begütigende, die er dem Muttervorbild, und eine drohende, die er dem Vater zuschrieb. Nun bedeutet das Gebot zu schlafen in der Hypnose auch nichts anderes, als die Aufforderung, alles Interesse von der Welt abzuziehen und auf die Person des Hypnotiseurs zu konzentrieren; es wird auch vom Subjekt so verstanden, denn in dieser Abziehung des Interesses von der Außenwelt liegt die psychologische Charakteristik des Schlafes und auf ihr beruht die Verwandtschaft des Schlafes mit dem hypnotischen Zustand. Durch seine Maßnahmen weckt also der Hypnotiseur beim Subjekt ein Stück von dessen archaischer Erbschaft, die auch den Eltern entgegenkam und im Verhältnis zum Vater eine individuelle Wiederbelebung erfuhr, die Vorstellung von einer übermächtigen und gefährlichen Persönlichkeit, gegen die man sich nur passiv-masochistisch einstellen konnte, an die man seinen Willen verlieren mußte, und mit der allein zu sein, ‚ihr unter die Augen

---

628 A.a.O.: 136f.

zu treten' ein bedenkliches Wagnis schien. Nur so etwa können wir uns das Ver-
hältnis eines Einzelnen der Urhorde zum Urvater vorstellen".[629]

36.7 Urvater und Massenideal

Die in der Masse vorkommenden Suggestionsphänomene stammen von der Urhorde ab. Der Führer der Masse entspricht dem gefürchteten Urvater:

> *„Der Führer der Masse ist noch immer der gefürchtete Urvater, die Masse will*
> *immer noch von unbeschränkter Gewalt beherrscht werden, sie ist im höchsten*
> *Grade autoritätssüchtig, hat nach Le Bons Ausdruck den Durst nach Unterwer-*
> *fung. Der Urvater ist das Massenideal, das an Stelle des Ichideals das Ich be-*
> *herrscht. Die Hypnose hat ein gutes Anrecht auf die Bezeichnung: eine Masse zu*
> *zweit; für die Suggestion erübrigt die Definition einer Überzeugung, die nicht auf*
> *Wahrnehmung und Denkarbeit, sondern auf erotische Bindung gegründet ist".*[630]

36.8 Archaische Spuren im Mythus des Helden

Freud validiert den Einfluss seines Gedankenaustausches mit Otto Rank bezüglich
der Ideen zum Übergang von der Massenpsychologie zur Individualpsychologie
und den damit zusammenhängenden, mit dem Begriff des Mythus verbundenen
Ausführungen:

> *„Das hier Folgende steht unter dem Einflusse eines Gedankenaustausches mit Ot-*
> *to Rank. (Siehe ‚Die Don Juan-Gestalt', Imago, VIII, 1922); seither auch in Buch-*
> *form, 1924".*[631]

Freud wiederholt den „wissenschaftlichen Mythus" vom verehrten und gefürchteten tyrannischen Vater der Urhorde.[632] Er wurde von den eigenen Söhnen der Urhorde getötet und zerstückelt und danach von ihnen zu Gott, zum Weltschöpfer,
erhöht. Die darauf folgende Phase der Brüdergemeinschaft war durch strenge tote-
mistische Satzungen gekennzeichnet. Aufgrund der Unzufriedenheit mit dem Erreichten kam es zu neuen Entwicklungen: Die zwischenzeitliche Vorherrschaft der
Frauen wurde vom Mann, der sich wieder an die Stelle des Familienoberhauptes
gesetzt hatte, gebrochen. Muttergottheiten wurden als Entschädigung für den Bruch
der weiblichen Vorherrschaft anerkannt. Indem die den Muttergöttinnen dienenden
Priester kastriert wurden, wurde dem Verbot, mit den Frauen des Urvaters sexuelle
Beziehungen zu unterhalten, Folge geleistet. Diese neue Familienstruktur hatte im
Vergleich zur Urhorde mit dem Urvater viele Väter, deren Rechte sich gegenseitig

---

629 A.a.O.: 141f.
630 A.a.O.: 142f.
631 A.a.O.: 151 Fn 1.
632 A.a.O.: 151.

einschränkten. Aus diesen Verhältnissen heraus skizziert Freud die Genese des ersten epischen Dichters, der Schöpfung des ersten Heros und des ersten Ichideals:

> *„Damals mag die sehnsüchtige Entbehrung einen Einzelnen bewogen haben, sich von der Masse loszulösen und sich in die Rolle des Vaters zu versetzen. Wer dies tat, war der erste epische Dichter, der Fortschritt wurde in seiner Phantasie vollzogen. Der Dichter log die Wirklichkeit um im Sinne seiner Sehnsucht. Er erfand den heroischen Mythus. Heros war, wer allein den Vater erschlagen hatte, der im Mythus noch als totemistisches Ungeheuer erschien. Wie der Vater das erste Ideal des Knaben gewesen war, so schuf jetzt der Dichter im Heros, der den Vater ersetzen will, das erste Ichideal".*[633]

36.9 Ödipale Dynamik und archaische Symbolik des Heros

Freud vermutet, dass der jüngste, von der Mutter favorisierte Sohn von ihr vor der Eifersucht des Vaters beschützt wurde. Durch lügenhafte Umdichtungen der Urzeit wurde die Mutter zur Verführerin und Anstifterin des Mordes am Urvater. Die an der Tat beteiligten Mitglieder der Urhorde wurden ebenfalls durch Dichtung verfremdet und durch Symbolisierung in Mythen und Märchen bis in die Traumsymbolik hineinreichend überliefert:

> *„Die Anknüpfung an den Heros bot wahrscheinlich der jüngste Sohn, der Liebling der Mutter, den sie vor der väterlichen Eifersucht beschützt hatte, und der in Urhordenzeiten der Nachfolger des Vaters geworden war. In der lügenhaften Umdichtung der Urzeit wurde das Weib, das der Kampfpreis und die Verlockung des Mordes gewesen war, wahrscheinlich zur Verführerin und Anstifterin der Untat. Der Heros will die Tat allein vollbracht haben, deren sich gewiß nur die Horde als Ganzes getraut hatte. Doch hat nach einer Bemerkung von Rank das Märchen deutliche Spuren des verleugneten Sachverhaltes bewahrt. Denn dort kommt es häufig vor, daß der Held, der eine schwierige Aufgabe zu lösen hat – meist ein jüngster Sohn, nicht selten einer, der sich vor dem Vatersurrogat dumm, das heißt ungefährlich gestellt hat – diese Aufgabe doch nur mit Hilfe einer Schar von kleinen Tieren (Bienen, Ameisen) lösen kann. Dies wären die Brüder der Urhorde, wie ja auch in der Traumsymbolik Insekten, Ungeziefer die Geschwister (verächtlich: als kleine Kinder) bedeuten. Jede der Aufgaben in Mythus und Märchen ist überdies leicht als Ersatz der heroischen Tat zu erkennen".*[634]

36.10 Der Mythus als Schritt zur Einzelpsychologie

Freud unterscheidet zwischen zwei Arten des Mythos: einem ersten psychologischen Heroenmythus und einem weit späteren, erklärenden Naturmythos.

---

633 A.a.O.: 152.
634 A.a.O.: 152f.

Durch den Mythus, erschaffen durch den ersten Dichter, tritt der Einzelne (der Heros) aus der Massenpsychologie heraus. Mit dem Einzelnen entwickelt sich die Individualpsychologie aus der Massenpsychologie. Der Dichter, der den Helden (das Phantasma des Helden) erschaffen hatte, kehrt zur Masse (zur Realität) zurück, um die Taten seines Helden zu erzählen. Gleichzeitig ist der Dichter auch der Held und liefert den Hörern über seine Person eine phantasmatische Identifizierung mit dem Urvater, die Wiederaufnahme der „sehnsüchtigen Beziehung" der Masse zu ihm:[635]

> „Der Mythus ist also der Schritt, mit dem der Einzelne aus der Massenpsychologie austritt. Der erste Mythus war sicherlich der psychologische, der Heroenmythus; der erklärende Naturmythus muß weit später aufgekommen sein. Der Dichter, der diesen Schritt getan und sich so in der Phantasie von der Masse gelöst hatte, weiß nach einer weiteren Bemerkung von Rank doch in der Wirklichkeit die Rückkehr zu ihr zu finden. Denn er geht hin und erzählt dieser Masse die Taten seines Helden, die er erfunden. Dieser Held ist im Grunde kein anderer als er selbst. Er senkt sich somit zur Realität herab und hebt seine Hörer zur Phantasie empor. Die Hörer aber verstehen den Dichter, sie können sich auf Grund der nämlichen sehnsüchtigen Beziehung zum Urvater mit dem Heros identifizieren".[636]

36.11 Die drei Lügen des Mythus

Die Wirklichkeit wurde vom Dichter des Mythus „im Sinne seiner Sehnsucht" umgelogen. Nach der ersten Lüge, dass das Urweib „der Kampfpreis und die Verlockung des Mordes", die Verführerin und Anstifterin zum Mord am Urvater war, folgte die zweite Lüge, dass der Heros die Tat alleine ohne die Hilfe der Horde vollbracht haben soll.[637] Eine weitere Lüge bildet nach Freuds Ansicht den Höhepunkt: die Vergöttlichung des Heros als Ersatz für den getöteten Urvater. Auch eine Änderung der Reihenfolge der Gottheiten ist denkbar:

> „Die Lüge des heroischen Mythus gipfelt in der Vergottung des Heros. Vielleicht war der vergottete Heros früher als der Vatergott, der Vorläufer der Wiederkehr des Urvaters als Gottheit. Die Götterreihe liefe dann chronologisch so: Muttergöttin – Heros – Vatergott. Aber erst mit der Erhöhung des nie vergessenen Urvaters erhielt die Gottheit die Züge, die wir noch heute an ihr kennen".[638]

---

635 Am Ende dieser Textstelle (1921c [G.W., XIII: 153 Fn 2]) verweist Freud auf ein Referat von Hanns Sachs mit dem Titel „Gemeinsame Tagträume", gehalten auf dem VI. Psychoanalytischen Kongress in Den Haag, am 8.9.1920 (Ideeneinfluss Sachs, Kat. II). Das gleichnamige Buch ist 1924 im Imago-Verlag erschienen.
636 A.a.O.: 153.
637 A.a.O.: 152.
638 A.a.O.: 153.

Gegen Ende dieser Schrift bestätigt Freud, dass Hypnose und Massenbildung Beispiele für Erbniederschläge aus der Phylogenese der Libido sind:

> *„Beide Zustände, Hypnose wie Massenbildung, sind Erbniederschläge aus der Phylogenese der menschlichen Libido, die Hypnose als Disposition, die Masse überdies als direktes Überbleibsel".*[639]

Zusammenfassend stellen sich die Beziehungen zwischen Masse und Urhorde bzw. zwischen dem Anführer der Masse und dem Urvater wie folgt dar: Die Masse entspricht der Urhorde, der Anführer der Masse dem Urvater, der auch das Massenideal darstellt. Das Massenideal ersetzt das Ichideal im Individuum. Die Identifikation mit dem Urvater entspricht der Identifikation mit dem Anführer der Masse. Ebenso verhält sich die Beziehungsdynamik zwischen dem Urvater (dominant) und der Urhorde (submissiv) wie die zwischen Anführer (dominant) und Masse (submissiv). Die phylogenetisch erworbene Beziehungsdynamik zwischen Urvater und Urhorde wiederholt sich in Phänomenen der Massenpsychologie, der Hypnose, der Übertragung und der Identifizierungen in der Ontogenese des Individuums (vgl. Haeckels biogenetisches Grundgesetz) in der Interaktion mit den primären Bezugspersonen.[640] Diese Dynamik ist Teil der archaischen Erbschaft (vgl. Lamarcks zweites Gesetz). Sie beinhaltet weiters auch die Sehnsucht nach der Rückkehr des getöteten Urvaters. An dieser Ur-Sehnsucht, diesem Bedürfnis, knüpfen Erschaffungen des Menschen wie Mythus und Religion an.

Ideeneinflüsse (u. a.): IV-II (Le Bon) IV-II (Haeckel), IV-II (Rank), IV-II (Sachs), IV-II (Darwin), IV-III (Lamarck), IV-V (Mythos)
Verbindungen zu psa. Theorieelementen (u. a.): Symbolisierung, Kulturtheorie, Massenpsychologie, Mythos, psychische Instanzen (Ichideal), Religion, Traumdeutung, Übertragung, Verdrängung

37. „Psychoanalyse" und „Libidotheorie" (1923a)

Dieser Buchbeitrag, den Freud in seinem 68. Lebensjahr verfasste, enthält eine kompakte Übersicht über das Wesen der Psychoanalyse sowie den aktuellen psychoanalytischen Forschungsstand des Jahres 1923. Die Erstausgabe erschien im vom deutschen Dermatologen und Sexualwissenschaftler Max Marcuse (1877-1963) publizierten „Handwörterbuch der Sexualwissenschaften" (1923).

---

639 A.a.O.: 160.
640 Vgl. auch Phänomene der Übertragungsdynamik zwischen Therapeuten und Patienten.

37.1 Pathologie als phylogenetische Regression

In Bezug auf entwicklungsgeschichtliche Ideen in Freuds Werk ergeben sich aus dieser Quelle vier Textausschnitte. Im ersten erwähnt Freud den schon frühzeitig erkannten Zusammenhang zwischen Pathologie und Regression auf frühere phylogenetische Entwicklungsstufen:

„Frühzeitig schon stellten sich die Beziehungen zur menschlichen Phylogenese her. Man erkannte, wie häufig die pathologische Funktion nichts anderes ist als Regression zu einer früheren Entwicklungsstufe der normalen".[641]

37.2 Ödipuskomplex, Totemismus und die Folgen

Freud wiederholt die Übereinstimmung zwischen Ödipuskomplex und Totemismus aus „Totem und Tabu" (1912-13a) bezüglich der beiden Hauptverbote: Tötungsverbot des Ahnherren und Exogamie. Die weiteren Konsequenzen des Ödipuskomplexes betreffen Reaktionsbildungen aus der „Urzeit der Menschheit" ,inklusive der Entwicklungen von Recht, staatlicher Ordnung, Sittlichkeit und Religion.

In diesem Kontext nennt Freud die folgenden Ideeneinflüsse bzw. Ideenerweiterungen: Carl Gustav Jung (Phantasien der Dementia praecox und Mythenbildungen primitiver Völker), Otto Rank (Literaturgeschichte, Mythologie) und Oskar Pfister (Seelsorge, Pädagogik).[642]

37.3 Triebe: Die Elastizität des Organischen

Wie in „Jenseits des Lustprinzips" (1920g) erstmals formuliert, arbeiten Eros und Todestrieb als Antagonisten. Bezüglich der Natur der Triebe und der Wiederherstellung eines früheren Zustandes bezieht sich Freud wiederum auf deren „historische Bedingtheit", „konservative Natur" und deren „Trägheit oder Elastizität des Organischen". Dies indiziert einerseits einen impliziten Einfluss von Lamarcks Idee einer adaptiven Evolution bzw. Haeckels biogenetischem Grundgesetz innerhalb seiner fünf Gesetze der konservativen Vererbung auf Freuds Annahme, und andererseits bringt es Freuds diesbezügliche Erwähnung eines möglichen kryptomnestischen Ideeneinflusses von Empedokles in Erinnerung (vgl. viertes Kapitel in diesem Buch, S. 48 f.):

„Auf dem Boden dieser Auffassung läßt sich für die Triebe die Charakteristik geben, sie seien der lebenden Substanz innewohnende Tendenzen zur Wiederherstellung eines früheren Zustandes, also historisch bedingt, konservativer Natur, und gleichsam der Ausdruck einer Trägheit oder Elastizität des Organischen. Beide

---

641 Freud 1923a [G.W.,XIII: 228].
642 A.a.O.: 228f.

Triebarten, der Eros wie der Todestrieb, würden von der ersten Entstehung des Lebens an wirken und gegen einander arbeiten ".[643]

Ideeneinflüsse (u. a.): IV-II (Jung, Rank, Pfister), IV-II (Haeckel), IV-III (Lamarck), IV-III (Empedokles)
Verbindung zu psa. Theorieelementen (u. a.): Kulturtheorie, Libidotheorie, Ödipuskomplex, Regression, Reaktionsbildungen, Religion, Urphantasien, Verdrängung

38. Das Ich und das Es (1923b)

In dieser Schrift erweitert sich metapsychologisch der topische Gesichtspunkt des psychischen Apparates. Dem ersten topischen Modell (bestehend aus dem System Ubw – Vbw – Bw) wird ein mit der ersten Topik koexistierendes zweites topisches Modell hinzugefügt. Diese Erweiterung besteht aus den psychischen Instanzen Es, Ich und Über-Ich (vgl. Laplanche & Pontalis 1967 [1973: 508]).
Den Begriff des „Es" übernahm Freud von Georg Groddeck (vgl. 1923b [G.W. XIII: 251 Fn 3]). In einer weiteren Anmerkung vermutet Freud, dass Groddeck dem Beispiel Nietzsches gefolgt ist, bei dem der Begriff des „Es" als Ausdruck des Unpersönlichen und Naturnotwendigen „durchaus gebräuchlich ist" (ebd. Fn 4). Das „Über-Ich" umfasst Verbots- und Idealfunktionen. Es kommt in dieser Schrift in einem erweiterten, wenig differenzierten Sinn vor. Laplanche & Pontalis schlagen die Möglichkeit einer Differenzierung vor, in der das „Über-Ich" die übergeordnete Struktur bildet (Verkörperung der Gesetze sowie das Verbot, diese zu überschreiten) und die Substruktur durch den Begriff „Ichideal" (Idealfunktionen) repräsentiert wird (vgl. Laplanche & Pontalis 1967 [1973: 541]).

38.1 Phylogenetische und ontogenetische Entwicklung des Über-Ichs

Die folgende Textstelle bedeutet eine Verdichtung von theoretischen Überlegungen, die u. a. bereits in Freuds besprochenem Entwurf zur zwölften metapsychologischen Abhandlung, der „Übersicht der Übertragungsneurosen" (1985 [1915]) behandelt wurde:[644]
Freud nimmt zwei „höchst bedeutsame" biologische Faktoren in der Entstehung des Über-Ichs an: die lange kindliche Hilflosigkeit und Abhängigkeit des Menschen und den Ödipuskomplex inklusive der Unterbrechung der sexuellen Entwicklung durch die Latenzzeit und die dadurch bedingte Zweizeitigkeit des Sexuallebens. Mit der Latenzzeit verbindet Freud die durch die Eiszeit aufgenötigte Kulturentwicklung des Menschen (phylogenetischer Aspekt). Der Einfluss der

---

643 A.a.O.: 233.
644 Vgl. Punkt 25 in diesem Kapitel (S. 227-232).

Ideen, die sich aus den dialogischen Ideenverläufen mit Fließ bzw. Ferenczi entwickelt hatten, ist hier evident. In Freuds Gedanken finden sich auch wiederum Lamarcks Evolutionsmechanismen (aktive Anpassung und Modulation des Körpers im Verhältnis zu den Umweltbedingungen, Vererbung erworbener Eigenschaften) sowie Haeckels biogenetisches Grundgesetz, das sich bei Freud über das phylogenetische Erbe der Ahnen (phylogenetische Entwicklung) und über die elterliche Erziehung (ontogenetische Entwicklung) ausdrückt:

> *„Fassen wir die beschriebene Entstehung des Über-Ichs nochmals ins Auge, so erkennen wir es als das Ergebnis zweier höchst bedeutsamer biologischer Faktoren, der langen kindlichen Hilflosigkeit und Abhängigkeit des Menschen und der Tatsache seines Ödipuskomplexes, den wir ja auf die Unterbrechung der Libidoentwicklung durch die Latenzzeit, somit auf den zweizeitigen Ansatz seines Sexuallebens zurückgeführt haben. Letztere, wie es scheint, spezifisch menschliche Eigentümlichkeit hat eine psychoanalytische Hypothese als Erbteil der durch die Eiszeit erzwungenen Entwicklung zur Kultur hingestellt. Somit ist die Sonderung des Über-Ichs vom Ich nichts Zufälliges, sie vertritt die bedeutsamsten Züge der individuellen und der Artentwicklung, ja, indem sie dem Elterneinfluß einen dauernden Ausdruck schafft, verewigt sie die Existenz der Momente, denen sie ihren Ursprung verdankt".* [645]

38.2 Das Ichideal als archaische Erbschaft im Es

Ein weiterer Beleg für Lamarcks zweites Gesetz der Vererbung erworbener Eigenschaften und für Haeckels biogenetisches Grundgesetz findet sich im folgenden Textausschnitt, der das Verhältnis zwischen biologischer Formung, archaisch vererbten Schicksalen der Menschenart und dem individuellen Wiedererleben jener Einflüsse (z. B. im Ödipuskomplex) in Bezug auf die Ausbildung des Ichideals erläutert:

> *„Was die Biologie und die Schicksale der Menschenart im Es geschaffen und hinterlassen haben, das wird durch die Idealbildung vom Ich übernommen und an ihm individuell wieder erlebt. Das Ichideal hat infolge seiner Bildungsgeschichte die ausgiebigste Verknüpfung mit dem phylogenetischen Erwerb, der archaischen Erbschaft, des Einzelnen. Was im einzelnen Seelenleben dem Tiefsten angehört hat, wird durch die Idealbildung zum Höchsten der Menschenseele im Sinne unserer Wertungen".* [646]

---

645 Freud 1923b [G.W. XIII: 263].
646 A.a.O.: 264f.

Freuds Wiederholung seiner in Totem und Tabu (1912-13a) vorgestellten Hypothese, dass Religion, Moral und soziales Empfinden aus einer einzigen phylogenetischen Quelle, dem „Vaterkomplex", der Tötung des Urvaters, stammen, kann strukturell auch als eine Deszendenztheorie der Entwicklung des Religiösen, Moralischen, Sozialen und Kulturellen angesehen werden, die ausgehend von einer „Urtat" (der Tötung des Urvaters) ihren Anfang nahm.

Im Folgenden stellt sich Freud die Frage, auf welche Art und Weise genau sich die einzelnen Instanzen „Es", „Ich" und „Über-Ich" ausformten und vererbten.

a) Die Differenzierung zwischen „Ich" und „Es" bedeutet für Freud einen generellen Adaptionsmechanismus, der nicht nur beim primitiven Menschen, sondern auch bei viel einfacheren Lebewesen vorhanden ist. Der „notwendige Ausdruck des Einflusses der Außenwelt" führt zur Entwicklung des „Ich" aus dem „Es". Dieser Gedanke entspricht Lamarcks Idee der Anpassung des Organismus an die Bedingungen der Umwelt (Lamarcks Idee einer adaptiven Variation, ausgedrückt in seinem ersten Gesetz). Das Ich als „besonders differenzierter Anteil des Es", ist der Vertreter dieser Außenwelt und besteht aus dem, was durch die Außenwelt – die Realität – aus dem „Es" geformt worden ist.[647]

b) Jede Erfahrung, die das Es macht, geschieht über das Ich. Wenn sich diese Erfahrungen von vielen „Ich-Existenzen" (Individuen) über viele Generationen wiederholen, prägen sich diese Erfahrungen in das Es ein. Durch diese multiplen Einwirkungen „beherbergt das erbliche Es in sich die Reste ungezählt vieler Ich-Existenzen".[648] Dieser Vererbungsvorgang entspricht Lamarcks zweitem Gesetz, der Vererbung erworbener Eigenschaften, wobei in diesem Fall die Intensität der Wiederholungen vieler Individuen über viele Generationen hinweg ausschlaggebend ist.

Die nächsten Sätze sind für das Verständnis, wie sich Freuds Ansicht nach Erworbenes vererbt, von Bedeutung:

> „Die nächste Erwägung sagt uns, daß das Es kein äußeres Schicksal erleben oder erfahren kann außer durch das Ich, welches die Außenwelt bei ihm vertritt. Von einer direkten Vererbung im Ich kann man aber doch nicht reden. Hier tut sich die Kluft auf zwischen dem realen Individuum und dem Begriff der Art".[649]

Das Ich ist derjenige Teil des Es, der sich im Laufe der Entwicklung durch Anpassung an die Außenwelt als Repräsentant der Realität geformt hat. Die Vererbung erworbener Erfahrungen (Ideeneinfluss Lamarck, Kat. III) des Ich verläuft vom Ich

---

647 A.a.O.: 267.
648 Ebd.
649 Ebd.

über das Es, das als Reservoir kumulierter Erfahrungen vieler verschiedener Ich-Existenzen angesehen werden kann.

Woraus besteht nun die Kluft zwischen Phylogenese (der Art) und Ontogenese (dem realen Individuum), die Freud meint? Dadurch, dass die Phylogenese der Ontogenese in Freuds Gewichtung der Abläufe nicht zwingend vorangestellt ist, sondern Freud der Ontogenese grundsätzlich mehr Anteile an der seelischen Entwicklung einräumt, determiniert die Phylogenese nicht unbedingt die Ontogenese. Die Ontogenese muss daher nicht notwendigerweise wie eine Kopie der Phylogenese ablaufen.

Denn wäre dies der Fall, würden alle Erfahrungen des Individuums zu jeder Zeit bloß eine ontogenetische Wiederholung desselben phylogenetisch vorgegebenen Entwicklungsschemas bedeuten. Die individuelle Gegenwart wäre so eine variantenlose Wiederholung des menschheitsgeschichtlichen Vergangenen. Durch Freuds Gewichtung des Ontogenetischen im Vergleich zum Phylogenetischen wird Raum für die Wirkung „akzidenteller" Momente geschaffen, Raum für den individuellen Neuerwerb im Verhältnis zur bisherigen phylogenetischen Entwicklung der Art. Dadurch, dass die (individuelle) Gegenwart nicht vorgegebenermaßen die Kopie des Vergangenen (der Art) sein muss, entsteht eine Kluft.

Diese „Kluft", die Freud anspricht, bedeutet auch einen potentiellen ontogenetischen Raum für den Neuerwerb von Erfahrungen des Individuums, da sich eben nicht die phylogenetischen Schicksale der Art – die bisherigen im „Es" als Reservoir kumulierten archaischen, regressiv wirkenden Erfahrungen vieler Ich-Existenzen – zwingend logisch wiederholen müssen.[650]

Ebenso, wie sich das Ich phylogenetisch nicht über das Ich vererbt, sondern über das Es, schöpft das Ich sein Über-Ich wiederum nicht direkt aus dem Über-Ich, sondern wiederum aus dem des Es. Über das Reservoir des Es kommt es zu einer Wiederauferstehung einer Ahnenreihe vergangener „Ich-Gestaltungen" und zu einer Fortsetzung früher Konflikte des Ichs mit dem Es in Form von Konflikten mit dem Über-Ich:

> „Wenn das Ich sein Über-Ich aus dem Es schöpft, bringt es vielleicht nur ältere Ichgestaltungen wieder zum Vorschein, schafft ihnen eine Auferstehung [...] Die Entstehungsgeschichte des Über-Ichs macht es verständlich, daß frühe Konflikte des Ichs mit den Objektbesetzungen des Es sich in Konflikte mit deren Erben, dem Über-Ich, fortsetzen können".[651]

Dies bedeutet eine topische Verschiebung , bei der sich die Triebenergien des Es, falls sie durch mangelnde Identifizierung, Reaktionsbildung oder Sublimierung unzureichend gebunden sind, mit derselben Intensität auf eine zwar „höhere", aber

---

650 Dies wäre auch ein Raum, innerhalb dessen Psychotherapie wirksam sein kann.
651 Ebd.

genauso unbewusste Instanzenebene, das Idealich, verlagern, von wo aus sie weiterhin wirksam sind:[652]

> *„Wenn dem Ich die Bewältigung des Ödipuskomplexes schlecht gelungen ist, wird dessen dem Es entstammende Energiebesetzung in der Reaktionsbildung des Ich-ideals wieder zur Wirkung kommen. Die ausgiebige Kommunikation dieses Ideals mit diesen ubw Triebregungen wird das Rätsel lösen, daß das Ideal selbst zum großen Teil unbewußt, dem Ich unzugänglich bleiben kann. Der Kampf, der in tieferen Schichten getobt hatte, durch rasche Sublimierung und Identifizierung nicht zum Abschluß gekommen war, setzt sich nun wie auf dem Kaulbachschen Gemälde der Hunnenschlacht in einer höheren Region fort“.*[653]

Aus diesem metapsychologischen Gedankengang Freuds folgt, dass, wenn sich die Entwicklung des Individuums in Richtung Kulturerwerb über Anpassungsmechanismen des Ich an die Außenwelt vollzieht, dies mit einer Verringerung der Erblast der phylogenetisch akkumulierten Triebkräfte des Es auf das individuelle Ich korreliert. Ohne diese kulturellen Anpassungsmechanismen würden sich die Triebkräfte des Es in einem regressiven, archaischen Szenario als Ausdruck der aus den Tiefen des Es stammenden Todestriebe über das Ichideal, das mit einem aus phylogenetischer Erbschaft erworbenen, ideologisch verstärkten unbewussten Massenideal und damit mit der Dynamik zwischen Urvater und Urhorde verbunden wäre, ungehemmt entladen.

Es soll nun versucht werden, diese Mechanismen Freuds mit ähnlichen Mechanismen, die im System von Haeckels Anpassungs- und Vererbungsgesetzen, beschrieben wurden, zu vergleichen. Dazu soll nochmals Haeckels These Nr. 44 aus seiner ersten Formulierung des biogenetischen Grundgesetzes im Jahr 1866 in Erinnerung gerufen werden:

> *„44. Die vollständige und getreue Wiederholung der phyletischen durch die biontische Entwickelung wird gefälscht und abgeändert durch secundäre Anpassung, indem sich das Bion während seiner individuellen Entwickelung neuen Verhältnissen anpasst; daher ist die Wiederholung um so getreuer, je gleichartiger die Existenzbedingungen sind, unter denen sich das Bion und seine Vorfahren entwickelt haben“.*[654]

An diesem Gedanken Haeckels ist wesentlich, dass es hier für das Individuum um eine Möglichkeit von ontogenetischen Abweichungen von der bisherigen phylogenetischen Entwicklung geht, etwa durch neue Anpassungsleistungen des Individuums an sich verändernde Lebensbedingungen. Es ergeben sich folgende Relationen: Je mehr die Anpassungsleistungen des Individuums an die Realität im

---

652 Aus dynamischer bzw. ökonomischer Perspektive wäre aber keine Veränderung zu verzeichnen, da dieselben Konflikte und Triebenergien unmoduliert weiterwirken.
653 Ebd.
654 Haeckel 1866: 300.

Vergleich zu jenen der Vorfahren differieren, umso verschiedenartiger läuft die Entwicklung des Individuums (Ontogenese) im Vergleich zu der bisherigen Entwicklung der Art (Phylogenese) ab.

Bei Freud besteht das Ich aus demjenigen Teil des Es, der sich im Laufe seiner ontogenetischen Entwicklung durch Anpassung an die Außenwelt entwickelt. Das Ich hat gelernt, den Triebansprüchen des Es nicht mehr regressiv ausgeliefert zu sein und primärprozesshaft zu agieren, sondern sekundärprozesshaft im realen Leben zweckmäßig zu funktionieren. Der Grad der Anpassungsleistung (z. B. Impulskontrolle, Sublimierung, Kulturerwerb) bestimmt damit den Grad des strukturellen Entwicklungsfortschrittes in der Entwicklung des Individuums (Ontogenese) im Vergleich zu der bisherigen Entwicklung der Vorfahren (Phylogenese).

Somit können auch neue Existenzbedingungen geschaffen werden, die wiederum auf nachfolgende Generationen Einfluss nehmen. Lernt das Individuum aber nicht aus den phylogenetischen Erfahrungen der Ahnen, d. h. aus den kollektiven historischen Tragödien der menschlichen Existenz, dann wiederholen sich dieselben Verbrechen der metaphorischen Urhorde immer wieder auf jeweils andere Art und Weise von Neuem in der Realität.

38.4 Die phylogenet. Beziehung des Über-Ich und früherer Ichbildungen zum Es

Die nächste Textstelle bringt erneut nahe, wie eng die Verwandtschaft des Über-Ich zum phylogenetischen Reservoir des Es und zu den „Reinkarnationen früherer Ichbildungen" ist:

> *„Die Abkunft von den ersten Objektbesetzungen des Es, also vom Ödipuskomplex, bedeutet aber für das Über-Ich noch mehr. Sie bringt es, wie wir bereits ausgeführt haben, in Beziehung zu den phylogenetischen Erwerbungen des Es und macht es zur Reinkarnation früherer Ichbildungen, die ihre Niederschläge im Es hinterlassen haben. Somit steht das Über-Ich dem Es dauernd nahe und kann dem Ich gegenüber dessen Vertretung führen. Es taucht tief ins Es ein, ist dafür entfernter vom Bewußtsein als das Ich".*[655]

Ideeneinflüsse (u. a.): IV-II (Fließ), IV-II (Ferenczi), IV-II (Haeckel), IV-II (Darwin), IV-III (Lamarck)
Verbindung zu psa. Theorieelementen (u. a.): Ödipuskomplex, Kulturtheorie, Metapsychologie, psychische Instanzen, Reaktionsbildung, Religion, Sublimierung, Triebtheorie (Eros, Todestriebe), Verdrängung

---

655 Freud 1923b [G.W. XIII: 278].

39. Eine Teufelsneurose im siebzehnten Jahrhundert (1923d)

39.1 Phylogenetische ambivalente Gottes- und Teufelsvorstellungen

Diese Schrift behandelt Freuds Analyse der Fallgeschichte des Malers Christoph Haitzmann (1677-1700), der durch seinen Pakt mit dem Teufel Einzug in die Geschichte der Psychoanalyse fand. Im folgenden Textausschnitt ist ein Teil der Deutung Freuds dargestellt. Durch die Verschmelzung von archaischen Erinnerungsspuren mit kindlichen Vorstellungen bilden sich „Nachbilder des Urvaters". Phylogenetische und ontogenetische Gefühlsambivalenzen (Vatersehnsucht und Angst, Trotz) treten durch die Religionen in Gott und Teufel als Vaterersatz in personifizierter Form wieder auf:

> „Daß der Teufel zum Ersatz eines geliebten Vaters gewählt wird, klingt wirklich befremdend, aber doch nur, wenn wir zum erstenmal davon hören, denn wir wissen mancherlei, was die Überraschung mindern kann. Zunächst, daß Gott ein Vaterersatz ist oder richtiger: ein erhöhter Vater oder noch anders: ein Nachbild des Vaters, wie man ihn in der Kindheit sah und erlebte, der Einzelne in seiner eigenen Kindheit und das Menschengeschlecht in seiner Vorzeit als Vater der primitiven Urhorde. Später sah der Einzelne seinen Vater anders und geringer, aber das kindliche Vorstellungsbild blieb erhalten und verschmolz mit der überlieferten Erinnerungsspur des Urvaters zur Gottesvorstellung des Einzelnen. Wir wissen auch aus der Geheimgeschichte des Individuums, welche die Analyse aufdeckt, daß das Verhältnis zu diesem Vater vielleicht vom Anfang an ein ambivalentes war, jedenfalls bald so wurde, d.h. es umfaßte zwei einander entgegengesetzte Gefühlsregungen, nicht nur eine zärtlich unterwürfige, sondern auch eine feindselig trotzige. Dieselbe Ambivalenz beherrscht nach unserer Auffassung das Verhältnis der Menschenart zu ihrer Gottheit. Aus dem nicht zu Ende gekommenen Widerstreit von Vatersehnsucht einerseits, Angst und Sohnestrotz anderseits haben wir uns wichtige Charaktere und entscheidende Schicksale der Religionen erklärt".[656]

Ideeneinflüsse (u. a.): IV-II (Haeckel, biogenetisches Grundgesetz), IV-II (Darwin), IV-III (Haitzmann)
Verbindung zu psa. Theorieelementen (u. a.): Gefühlsambivalenz, Identifizierung, Kastrationskomplex, Neurosenlehre, Projektion, Religion, Spaltung, Verschiebung

40. Freuds Korrektur an Wittels (1923)

40.1 Randnotiz „Und die Phylogenese?"

Der digitale Katalog von Freuds Londoner Bibliothek enthält eine Bilddatei einer mit Anmerkungen Freuds versehenen Seite, die aus einem Vorabdruck des Buches „Sigmund Freud. Der Mann, die Lehre, die Schule" (1924) von Fritz Wittels

---

656 Freud 1923d [G.W. XIII: 330f.].

stammt.[657] Freud schickte diese Seite zusammen mit anderen Korrekturen am 18.12.1923 an Wittels. Einer der zahlreichen Kritikpunkte Freuds bestand darin, dass Wittels Freuds phylogenetische Überlegungen im Zusammenhang mit dem Ödipuskomplex außer Acht gelassen hatte. Freud notierte: „Und die Phylogenese?"

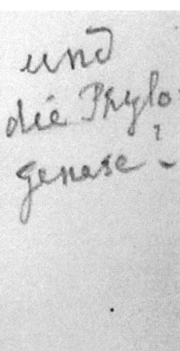

genannt hat. Da die orthodoxe Schule Freuds in emsiger Arbeit der letzten Jahre alle Perversionen und Neurosen *und* auf den Begriff der Kastrationsangst neu aufgebaut hat *die Phylo-* (Oedipuskomplex + Kastration), müßte man also glauben, daß die Androhung der Kastration von seiten der er- *genese –* ziehenden Autorität ein regelmäßiges Ereignis und für spätere Neurotiker von ausschlaggebender Bedeutung sei. Mädchen führten ihre körperliche und soziale Minder- wertigkeit auf den Mangel des Penis zurück, den sie beim männlichen Geschlechte bemerken. Buben, die

Abb. 10: Freuds Randnotiz an Wittels: „Und die Phylogenese?"

41. Neurose und Psychose (1924b)

41.1 Phylogenetische und ontogenetische Kindheitswünsche

Das folgende Textbeispiel liefert einen weiteren impliziten Beleg für Haeckels bio-genetisches Grundgesetz und steht in direktem Zusammenhang mit Freuds Konzept der Ergänzungsreihen in der Ätiologie der Neurosen. Die Versagung von ödipalen Triebwünschen sowohl auf ontogenetischer als auch auf der „ewig unbezwunge-nen" phylogenetischen Ebene bildet die gemeinsame Ätiologie für pathologische Entwicklungen:

> „*Die gemeinsame Ätiologie für den Ausbruch einer Psychoneurose oder Psychose bleibt immer die Versagung, die Nichterfüllung eines jener ewig unbezwungenen Kindheitswünsche, die so tief in unserer phylogenetisch bestimmten Organisation wurzeln*".[658]

Ideeneinflüsse (u. a.): IV-II (Haeckel, biogenetisches Grundgesetz)
Verbindung zu psa. Theorieelementen (u. a.): Ätiologie der Neurosen

---

657 Der Dateinamen der auf der CD-ROM gespeicherten Bilddatei lautet „p3632k.jpg", Katalog-nummer „LDFRD 2809" (vgl. Davies & Fichtner 2006). Die Abbildung entspricht Freuds Kommentar auf S. 145 des Vorabdruckes des 1924 erschienenen Buches von Wittels (Bildab-druck mit freundlicher Genehmigung des Verlages Brandes & Apsel).
658 Freud 1924b [G.W. XIII: 390].

42. Das ökonomische Problem des Masochismus (1924c)

42.1 Entwicklungsstufen des erogenen Masochismus

Die Phasen der Entwicklung der Libido enthalten ihnen entsprechende masochistische Phantasien. Die Beispiele, die Freud angibt, verweisen auf deren phylogenetische Wurzeln:

Organisationsstufe	Masochistische Phantasie
oral	Angst, vom Totemtier (Vater) gefressen zu werden
anal-sadistisch	Angst, vom Vater geschlagen zu werden
phallisch	Kastrationsangst
genital	Phantasien des Koitiertwerdens und Gebärens

„Der erogene Masochismus macht alle Entwicklungsphasen der Libido mit und entnimmt ihnen seine wechselnden psychischen Umkleidungen. Die Angst, vom Totemtier (Vater) gefressen zu werden, stammt aus der primitiven oralen Organisation, der Wunsch, vom Vater geschlagen zu werden, aus der darauffolgenden sadistisch-analen Phase; als Niederschlag der phallischen Organisationsstufe tritt die Kastration, obwohl später verleugnet, in den Inhalt der masochistischen Phantasien ein, von der endgültigen Genitalorganisation leiten sich natürlich die für die Weiblichkeit charakteristischen Situationen des Koitiertwerdens und des Gebärens ab". [659]

Ideeneinflüsse (u. a.): IV-II (Haeckel, biogenetisches Grundgesetz),
IV-II (Darwin), IV-II (Fließ), IV-III (Lamarck)
Verbindung zu psa. Theorieelementen (u. a.): Ätiologie der Neurosen, Neurosenlehre (Masochismus), psychosexuelle Entwicklung, Urphantasien

43. Der Untergang des Ödipuskomplexes (1924d)

43.1 Ontogenetische und phylogenetische Auffassungen

Freud geht der Frage nach, woran der Ödipuskomplex in der Entwicklung des Menschen zugrunde geht und nennt ontogenetische und phylogenetische Erklärungsmöglichkeiten, die nebeneinander bestehen können:

---

659 Freud 1924c [G.W., XIII: 377].

Ontogenetische Erklärung: Der Knabe bzw. das Mädchen erlebt schmerzhafte Enttäuschungen durch die Versagung ödipaler Wünsche, die im Laufe der Entwicklung in der Kindheit unvermeidlich sind.

Phylogenetische Erklärung: Der Ödipuskomplex ist ein hereditär angelegtes Programm innerhalb der Stufen der menschlichen Entwicklung, das sich relativ unabhängig von äußeren Anlässen entwickelt.[660]

„Beiden Auffassungen kann man ihr Recht nicht abstreiten. Sie vertragen sich aber auch miteinander; es bleibt Raum für die ontogenetische neben der weiter schauenden phylogenetischen".[661]

Das Wirkungsverhältnis zwischen den beiden ontogenetischen und phylogenetischen Szenarien ist hier vergleichbar mit dem Verhältnis des Zusammenwirkens von akzidentellen und hereditären Faktoren bei den Ergänzungsreihen bzw. den Wirkmechanismen in Haeckels biogenetischem Grundgesetz, mit dem Zusammenspiel zwischen „Dämon und Tyché". Wiederum verwendet Freud, ähnlich wie Haeckel oder Goethe, das integrierende Prinzip des „sowohl als auch" aus beiden miteinander verbundenen, dynamisch zusammenwirkenden Komponenten.

Ideeneinflüsse (u. a.): IV-II (Haeckel), IV-III (Goethe), IV-III (Lamarck)
Verbindung zu psa. Theorieelementen (u. a.): Ätiologie der Neurosen, Ödipuskomplex, psychosexuelle Entwicklung

44. Kurzer Abriß der Psychoanalyse (1924f)

44.1 Gemeinsame phylogenetische Wurzeln von Zwangshandlungen und Religion

In diesem Textbeispiel verweist Freud erneut auf die vergleichend-anatomischen Zusammenhänge zwischen der Gefühlsambivalenz bei Zwangsneurosen, religiösen Handlungen sowie deren historischen Bezüge zu dem aus dem in „Totem und Tabu" (1912-13a) beschriebenen Verhältnis zum Urvater. Dieselbe ödipale Dynamik wie bei Zwangsneurosen und Religion findet sich auch in den phylogenetischen, entwicklungshistorischen Wurzeln. Die ontogenetische Dynamik entspricht der phylogenetischen Dynamik (impliziter Einfluss von Haeckels biogenetischem Grundgesetz):

„Nichts ähnliches war für das religiöse Zeremoniell vermutet worden, bis es gelang, durch die Zurückführung des religiösen Gefühls auf das Vaterverhältnis als seine tiefste Wurzel auch hier die analoge dynamische Situation nachzuweisen".[662]

---

660 Freud 1924d [G.W., XIII: 395f.].
661 A.a.O.: 396.
662 Freud 1924f [G.W., XIII: 423].

Ideeneinflüsse (u. a.): IV-II (Haeckel), IV-II (Frazer), IV-II (Darwin), IV-II (Atkinson), IV-II (Smith), IV-III (Lamarck)
Verbindungen zu psa. Theorieelementen (u. a.): Ätiologie der Neurosen, Allmacht der Gedanken, Identifizierung, Introjektion, Kulturtheorie, Neurosenlehre, Ödipuskomplex, Projektion, Religion, Symbolisierung, Totemismus, Urphantasien, Verdrängung

45. Rundbrief an das Komitee (15.2.1924)

45.1 Phylogenetische Wurzeln der Inzestschranke

Im dritten Band der Freud-Biographie von Jones ist ein Schreiben von Freud von 15.2.1924 an das von Jones im Jahr 1913 gegründete geheime „Komitee zur Weiterentwicklung der Psychoanalyse", bestehend aus Otto Rank, Karl Abraham, Max Eitingon, Ernest Jones, Sándor Ferenczi und Hanns Sachs, abgedruckt. Unter anderem grenzt sich Freud in seiner phylogenetischen Betrachtung der Inzestschranke von Otto Rank ab, der diesen urgeschichtlichen Aspekt ablehnte und die Inzestangst als Wiederholung der ontogenetischen Geburtsangst interpretierte:

> „Warum haben sie die Inzestschranke errichtet? Meine Erklärung war eine historische und soziale, phylogenetische. Ich leite die Inzestschranke von der Urgeschichte der menschlichen Familie her und sah auch dann in dem wirklichen Vater das eigentliche Hindernis, das die Inzestschranke wieder neu aufrichtet".[663]

Ideeneinflüsse (u. a.): IV-II (Haeckel), IV-II (Darwin), IV-II (Atkinson), IV-II (Smith), IV-III (Lamarck)
Verbindungen zu psa. Theorieelementen (u. a.): Ödipuskomplex, Urphantasien

46. Der Realitätsverlust bei Neurose und Psychose (1924e)

46.1 Autoplastische und alloplastische Antworten auf die Realität

Der autoplastische Mechanismus bedeutet die Fähigkeit zu einer sich selbst modifizierenden Anpassung als aktive Antwort eines Organismus auf die Umwelt. Die Verwendung dieser Idee durch Freud steht mit Lamarcks Idee einer adaptiven Variation, einer evolutiven Anpassung (erstes Gesetz) in unmittelbarer Verbindung. Auf S. 218 wurde sie im Rahmen des Briefwechsels mit Ferenczi in Beziehung zum künstlerischen Prozess vorgestellt, auf S. 234 im Rahmen der XXII. Vorlesung „Die Wege der Symptombildung" (1916-17a) in Beziehung zur Symptombildung und autoerotischen Regression, auf S. 240 im Rahmen der Korrespondenz mit Abraham in Beziehung zur unbewussten Allmacht der Gedanken über den eigenen

---

663 Jones 1957 [Bd. III, 1984: 81].

Körper in Verbindung mit der Hysterie. Von der Hysterie erstreckt sich ein weiter Bogen zurück zur Zusammenarbeit mit Breuer in den „Studien über Hysterie" (1893-95d), die in diesem Buch in Punkt 2.1 auf S. 187-188 anhand der Phänomene des hysterischen Ausdruckes von Freuds Patientin Cäcilie M. beschrieben ist.

Durch die beiden ursprünglich nicht für die Öffentlichkeit bestimmten Briefe von Freud an Ferenczi bzw. von Freud an Abraham ist es möglich, einen direkten Zusammenhang zwischen Freud und Lamarck herzustellen, obwohl Lamarcks Name in Bezug auf Evolutionsmechanismen in den veröffentlichten Schriften Freuds nicht erwähnt worden ist.

In der vorliegenden Schrift vergleicht Freud einige Charakteristika der Neurosen und Psychosen. Beiden gemeinsam ist „ihr Ausdruck der Rebellion des Es gegen die Außenwelt, seiner Unlust oder wenn man will, seiner Unfähigkeit, sich der realen Not, der Ἀνάγκη anzupassen".[664] Die wesentlichen Unterschiede der beiden bestehen in folgenden Merkmalen: Die Neurose ist durch den „Erfolg einer missglückten Verdrängung" charakterisiert. Sie entflieht einem Stück der Realität, die sie zwar generell akzeptiert, aber von der sie nichts wissen will. Bei der Psychose wird die äußere Realität komplett verleugnet. Die „selbstherrliche" Schöpfung einer neuen Realität ist Ausdruck eines Reparationsversuches. Der Umbildungsprozess dieser neu und selbst geschaffenen psychotischen Realität verläuft autoplastisch durch angsterfüllte „Erinnerungstäuschungen, Wahnbildungen und Halluzinationen". Dem gegenüber steht im Sinne des Realitätsprinzips als „normales" bzw. „gesundes" Verhalten die alloplastische Abänderung der Außenwelt:

> „Normal oder ‚gesund‘ heißen wir ein Verhalten, welches bestimmte Züge beider Reaktionen vereinigt, die Realität so wenig verleugnet wie die Neurose, sich aber dann wie die Psychose um ihre Abänderung bemüht. Dies zweckmäßige, normale Verhalten führt natürlich zu einer äußeren Arbeitsleistung an der Außenwelt und begnügt sich nicht wie bei der Psychose mit der Herstellung innerer Veränderungen; es ist nicht mehr autoplastisch, sondern alloplastisch".[665]

Ideeneinflüsse (u. a.): IV-II (Ferenczi), IV-III (Lamarck)
Verbindungen zu psa. Theorieelementen (u. a.): Ätiologie der Neurosen, Allmacht der Gedanken, Neurosenlehre (Neurosen, Psychosen), Projektion, Realitätsprinzip, Symptombildung

---

664 „Ananke", möglicher Ideeneinfluss aus Goethes „Dämon und Tychê" (Kat. III).
665 Freud 1924e [G.W.,XIII: 365f.].

47. Selbstdarstellung (1925d)

47.1 Der Mord am Urvater und die Folgen (Zusammenfassung)

In dieser autobiographischen Schrift fasst Freud die in „Totem und Tabu" (1912-13a) beschriebenen Geschehnisse in Zusammenhang mit der Urhorde, der Tötung des Urvaters und den Folgen zusammen:

> *„Der Vater der Urhorde hatte als unumschränkter Despot alle Frauen für sich in Anspruch genommen, die als Rivalen gefährlichen Söhne getötet oder verjagt. Eines Tages aber taten sich diese Söhne zusammen, überwältigten, töteten und verzehrten ihn gemeinsam, der ihr Feind, aber auch ihr Ideal gewesen war. Nach der Tat waren sie außerstande, sein Erbe anzutreten, da einer dem anderen im Wege stand".*[666]

Ebenso gibt Freud Hinweise zu Einflüssen von Frazer, Ferenczi, Smith und Darwin auf „Totem und Tabu"(1912-13a).[667]

47.2 Hypnotisierbarkeit als archaische Erbschaft (Zusammenfassung)

Erneut gibt Freud einen Hinweis auf die Hypnotisierbarkeit als archaische Erbschaft aus dem Verhältnis zwischen Urvater und Urhorde:

> *„Auch zur Erklärung der Hypnotisierbarkeit habe ich die archaische Erbschaft aus der Urhordenzeit der Menschen herangezogen".*[668]

Ideeneinflüsse (u. a.): IV-II (Haeckel), IV-II (Darwin), IV-II (Atkinson), IV-II (Smith), IV-III (Lamarck)
Verbindungen zu psa. Theorieelementen (u. a.): Ätiologie der Neurosen, Allmacht der Gedanken, Identifizierung, Introjektion, Kulturtheorie, Neurosenlehre, Ödipuskomplex, Religion, Symbolisierung, Totemismus, Urphantasien, Verdrängung

48. Hemmung, Symptom, Angst (1926d)

48.1 Affektzustände als archaische Erbschaft

In diesem Werk findet sich ein erneuter impliziter Beleg für Haeckels biogenetisches Grundgesetz: Die „uralten traumatischen Erlebnisse" bilden die phylogenetischen Schemata für die „individuell erworbenen" hysterischen Anfälle der Ontogenese:

---

666 Freud 1925d [G.W., XIV: 93].
667 Vgl. ebd.
668 A.a.O.: 94f.

„Die Affektzustände sind dem Seelenleben als Niederschläge uralter traumatischer Erlebnisse einverleibt und werden in ähnlichen Situationen wie Erinnerungssymbole wachgerufen. Ich meine, ich hatte nicht Unrecht, sie den spät und individuell erworbenen hysterischen Anfällen gleichzusetzen und als deren Normalvorbilder zu betrachten".[669]

48.2 Totemistische Denkweise als archaische Erbschaft

Das Beispiel des „kleinen Hans" („Analyse der Phobie eines fünfjährigen Knaben", 1909b) wiederholend, erklärt Freud den Symptome und Neurosen bildenden Mechanismus der Verschiebung einer feindseligen, ursprünglich gegen den Vater gerichteten Triebregung auf ein Tier. Zu diesem ontogenetischen Moment kommt noch der phylogenetische Faktor eines Restes totemistischer Denkweisen aus der Phylogenese hinzu, der die Verschiebung begünstigt:

„Ermöglicht oder erleichtert wird sie durch den Umstand, daß die mitgeborenen Spuren totemistischer Denkweise in diesem zarten Alter noch leicht zu beleben sind".[670]

48.3 Phobien der frühen Kindheit als archaische Erbschaft

Freud nennt zwei Gruppen der Phobien der Kindheit, die beide archaische Erbanteile beinhalten. Wiederum ist Haeckels biogenetisches Grundgesetz durch die Verbindung von Phylogenese und Ontogenese implizit in diesen Gedanken Freuds enthalten:

Phobien der Kindheit	Angstqualität
Angst vor den Gefahren des Objektverlustes	Angst vor Alleinsein, Dunkelheit, fremden Pers.
Verkümmerte Reste einer angeborenen Vorbereitung auf reale Gefahren	Angst vor kleinen Tieren, Gewittern etc.

„Die rätselhaften Phobien der frühen Kinderzeit verdienen an dieser Stelle nochmalige Erwähnung. Die einen von ihnen – Alleinsein, Dunkelheit, fremde Personen – konnten wir als Reaktionen auf die Gefahr des Objektverlusts verstehen; für andere – kleine Tiere, Gewitter u. dgl. – bietet sich vielleicht die Auskunft, sie seien die verkümmerten Reste einer kongenitalen Vorbereitung auf die Realgefahren, die bei anderen Tieren so deutlich ausgebildet ist. Für den Menschen zweckmäßig

---

669 Freud 1926d [G.W., XIV: 120f.].
670 A.a.O.: 131.

271

ist allein der Anteil dieser archaischen Erbschaft, der sich auf den Objektverlust bezieht".[671]

Ideeneinflüsse (u. a.): IV-II (Patienten), IV-II (Haeckel), IV-II (Darwin), IV-II (Atkinson), IV-II (Smith), IV-III (Lamarck)
Verbindungen zu psa. Theorieelementen (u. a.): Ätiologie der Neurosen, Allmacht der Gedanken, Angst, Neurosenlehre (Phobien), Ödipuskomplex, Totemismus, Urphantasien, Verdrängung, Verschiebung

49. Die Frage der Laienanalyse (1926e)

49.1 Vier Manifestationen der Kastrationsangst

In diesem Textausschnitt fasst Freud unter dem Blickwinkel der vergleichenden Anatomie zusammen, wie sich das Phänomen der Kastrationsangst auf vierfache Weise in der ontogenetischen Entwicklung des Individuums, der Mythologie, der primitiven Menschheit und der Phylogenese, der Entwicklung der Art, darstellt:

> *„Nicht minder groß wird Ihre Überraschung sein zu hören, daß das männliche Kind unter der Angst leidet, vom Vater seines Geschlechtsgliedes beraubt zu werden, so daß diese Kastrationsangst den stärksten Einfluss auf seine Charakterentwicklung und die Entscheidung seiner geschlechtlichen Richtung nimmt. Auch hier wird Ihnen die Mythologie Mut machen, der Psychoanalyse zu glauben. Derselbe Kronos, der seine Kinder verschlingt, hatte auch seinen Vater Uranos entmannt und ist dann zur Vergeltung von seinem durch die List der Mutter geretteten Sohn Zeus entmannt worden. Wenn Sie zur Annahme geneigt haben, daß alles, was die Psychoanalyse von der frühzeitigen Sexualität der Kinder erzählt, aus der wüsten Phantasie der Analytiker stammt, so geben Sie doch wenigstens zu, daß diese Phantasie dieselben Produktionen geschaffen hat wie die Phantasietätigkeit der primitiven Menschheit, von der Mythen und Märchen der Niederschlag sind. Die andere, freundlichere und wahrscheinlich auch zutreffendere Auffassung wäre, daß im Seelenleben des Kindes noch heute dieselben archaischen Momente nachweisbar sind, die einst in den Urzeiten der menschlichen Kultur allgemein geherrscht haben. Das Kind würde in seiner seelischen Entwicklung die Stammesgeschichte in abkürzender Weise wiederholen, wie es die Embryologie längst für die körperliche Entwicklung erkannt hat".*[672]

Durch Freuds Bemerkung, dass das Kind in seiner seelischen Entwicklung (Ontogenese) die seelische Entwicklung der Stammesgeschichte (Phylogenese) in abgekürzter Form wiederholt, sowie durch seine diesbezügliche Betonung der Embryo-

---

671 A.a.O.: 201.
672 Freud 1926e [G.W., XIV: 240].

logie stellt dieser Textausschnitt einen weiteren impliziten Beleg für Haeckels genetisches Grundgesetz dar.

49.2 Vier Manifestationen von Inzestwünschen

Analog zum vorigen Beispiel der Kastrationsangst verknüpft Freud ein weiteres ödipales Thema, den Inzestwunsch, mit „der Kronzeugin der Urzeit", der Mythologie, den Genealogien der königlichen Geschlechter, der Phylogenese und der individuellen ontogenetischen kindlichen Entwicklung. Inzestwünsche sind „uraltes menschliches Erbgut" und wurden „niemals völlig überwunden". Ihre Erfüllung wurde den Göttern gegönnt, während die „Mehrheit der gewöhnlichen Menschenkinder" bereits darauf verzichten musste:

> „Wenden wir uns darum an unsere Kronzeugin für die Verhältnisse der Urzeit, die Mythologie. Sie hat uns zu berichten, daß die Mythen aller Völker, nicht nur der Griechen, überreich sind an Liebesbeziehungen zwischen Vater und Tochter und selbst Mutter und Sohn. Die Kosmologie wie die Genealogie der königlichen Geschlechter ist auf dem Inzest begründet. In welcher Absicht, meinen Sie, sind diese Dichtungen geschaffen worden? Um Götter und Könige als Verbrecher zu brandmarken, den Abscheu des Menschengeschlechts auf sie zu lenken? Eher doch, weil die Inzestwünsche uraltes menschliches Erbgut sind und niemals völlig überwunden wurden, so daß man ihre Erfüllung den Göttern und ihren Abkömmlingen noch gönnte, als die Mehrheit der gewöhnlichen Menschenkinder bereits darauf verzichten mußte. Im vollsten Einklang mit diesen Lehren der Geschichte und der Mythologie finden wir den Inzestwunsch in der Kindheit des Einzelnen noch heute vorhanden und wirksam".[673]

49. 3 Wiederholung der Phylogenese in der Kindheit

Ein weiterer impliziter Beleg für Haeckels biogenetisches Grundgesetz findet sich an der folgenden Stelle: In den wenigen Jahren der kindlichen Entwicklung (der Ontogenese) spult sich eine lange Reihe der menschlichen Entwicklung (die Phylogenese), beginnend in der Urzeit bis zum – aus der Sicht Freuds – „heutigen" Kulturmenschen, ab:

> „Unter der außerordentlichen Belastung dieser Kinderzeit – wir haben in wenigen Jahren die ungeheure Entwicklungsdistanz vom steinzeitlichen Primitiven bis zum Teilhaber der heutigen Kultur durchzumachen und dabei insbesondere die Triebregungen der sexuellen Frühperiode abzuwehren – nimmt unser Ich seine Zuflucht zu Verdrängungen und setzt sich einer Kinderneurose aus, deren Niederschlag es

---

673 A.a.O.: 243.

als Disposition zur späteren nervösen Erkrankung in die Reife des Lebens mitbringt ".[674]

49.4 Konstitutionelle Triebstärke des Es und Entwicklungshemmungen des Ichs

Entscheidend für den Ausbruch einer Neurose ist die Organisation des Ichs, seine relative konstitutionelle Schwäche bzw. Stärke. Wiederum spielen um den „Knoten- und Drehpunkt der ganzen Situation" (1926e [G.W., XIV: 276]) die „Ergänzungsreihen" (obwohl Freud diesen Begriff an dieser Stelle nicht explizit erwähnt) eine Rolle. Freud unterscheidet zwischen „normalen Ursachen der Nervosität" (kindliche Ich-Schwäche, Frühregungen der Sexualität, Einwirkungen der zufälligen Kindheitserlebnisse) und „konstitutionellen Ursachen", wie z. B. einer angeborenen exzessiven Triebstärke des Es, das das Ich überfordert und in weiterer Folge die Chancen einer Therapie vermindert. Freud räumt ein, dass über die Ursachen einer Entwicklungshemmung des Ichs noch zu wenig bekannt ist. Die in manchen Fällen angeborene massive Triebstärke des Es zählt zum phylogenetischen Erbe:

> *„Ist es aber nicht möglich, daß auch andere Momente eine Rolle spielen, die aus der Zeit vor dem Kinderleben stammen? Zum Beispiel eine angeborene Stärke und Unbändigkeit des Trieblebens im Es, die dem Ich von vornherein zu große Aufgaben stellt? Oder eine besondere Entwicklungsschwäche des Ichs aus unbekannten Gründen? Selbstverständlich müssen diese Momente zu einer ätiologischen Bedeutung kommen, in manchen Fällen zu einer überragenden. Mit der Triebstärke im Es haben wir jedesmal zu rechnen; wo sie exzessiv entwickelt ist, steht es schlecht um die Aussichten unserer Therapie. Von den Ursachen einer Entwicklungshemmung des Ichs wissen wir noch zu wenig. Dies wären also die Fälle von Neurose mit wesentlich konstitutioneller Grundlage. Ohne irgendeine solche konstitutionelle, kongenitale Begünstigung kommt wohl kaum eine Neurose zustande ".*[675]

Ideeneinflüsse (u. a.): IV-II (Haeckel), IV-III (Lamarck), II - V (Kosmologie, Mythologie, Märchen)
Verbindungen zu psa. Theorieelementen (u. a.): Ätiologie der Neurosen, Allmacht der Gedanken, Projektion, Urphantasien (Inzestwunsch, Kastrationsangst)

50. Die Zukunft einer Illusion (1927c)

50.1 Vater- und Gottescharakter der Naturkräfte nach phylogenetischem Vorbild

Dieser Gedanke knüpft an die, in „Totem und Tabu" (1912-13a) dargebrachte Charakterisierung des Animismus an. In einer magisch-animistischen, phylogenetisch

---

674 A.a.O.: 275.
675 A.a.O.: 276.

tradierten Weltanschauung werden Naturphänomene gemäß ihrer Auswirkungen auf die Menschen umgedeutet und erhalten durch diese Attributionen Vater- bzw. Gottescharakter:

„Ähnlich macht der Mensch die Naturkräfte nicht einfach zu Menschen, mit denen er wie mit seinesgleichen verkehren kann, das würde auch dem überwältigenden Eindruck nicht gerecht werden, den er von ihnen hat, sondern er gibt ihnen Vatercharakter, macht sie zu Göttern, folgt dabei nicht nur einem infantilen, sondern auch, wie ich versucht habe zu zeigen, einem phylogenetischen Vorbild".[676]

50.2 Religion als menschliche Zwangsneurose mit phylogenetischen Wurzeln

Im Wesentlichen bedeutet die folgende Stelle eine verkürzte Wiederholung der Beschreibung des Mordes am Urvater in Verbindung mit der daran anschließenden Entwicklung der Religion aus „Totem und Tabu" (1912-13a). Freud greift auch weitere Ideen wieder auf, die z. B. in der „Übersicht der Übertragungsneurosen" (1985 [1915]), eine bedeutende Rolle übernahmen: Ganze Menschheitsphasen (Phylogenese) können, analog zum Individuum (Ontogenese), in ihrer Entwicklung durch neurotische Phasen gehen. Diese Gedanken liefern weitere implizite Belege für Freuds Anwendung des haeckelschen biogenetischen Grundgesetzes. Der Ödipuskomplex bildet den Knotenpunkt, um den sich die Fäden dynamisch ver- bzw. entwickeln:

„Über das Menschenkind wissen wir, daß es seine Entwicklung zur Kultur nicht gut durchmachen kann, ohne durch eine bald mehr, bald minder deutliche Phase von Neurose zu passieren.[...] In ganz ähnlicher Weise hätte man anzunehmen, daß die Menschheit als Ganzes in ihrer säkularen Entwicklung in Zustände gerät, welche den Neurosen analog sind, und zwar aus denselben Gründen, weil sie in den Zeiten ihrer Unwissenheit und intellektuellen Schwäche die für das menschliche Zusammenleben unerläßlichen Triebverzichte nur durch rein affektive Kräfte zustande gebracht hat. Die Niederschläge der in der Vorzeit vorgefallenen verdrängungsähnlichen Vorgänge hafteten der Kultur dann noch lange an. Die Religion wäre die allgemein menschliche Zwangsneurose, wie die des Kindes stammte sie aus dem Ödipuskomplex, der Vaterbeziehung".[677]

Ideeneinflüsse (u. a.): IV-II (Haeckel), IV-II (Darwin), IV-II (Atkinson), IV-II (Smith), IV-III (Lamarck), II - V (Mythologie)
Verbindungen zu psychoanalytischen Theorieelementen (u. a.): Ätiologie der Neurosen, Allmacht der Gedanken, Ödipuskomplex, Projektion, Religion, Totemismus, Urphantasien

---

676 Freud 1927c [G.W., XIV: 339].
677 A.a.O.: 366f.

51. Ernest Jones zum 50. Geburtstag (1929a)

51.1 Die Universalität der psychoanalytischen Erkenntnisse

In seiner Geburtstagsrede für Ernest Jones akzentuiert Freud den internationalen, universellen Charakter der Psychoanalyse. Diese Universalität zeigt sich in der Erforschung ähnlicher Triebregungen, die allen lebenden Menschen trotz ihrer kulturellen und ethnischen Verschiedenheiten sowie jenen der Vorzeit und Urzeit gemeinsam sind Besonders deutlich kommt hier Freuds Geisteshaltung zum Ausdruck, das Gemeinsame unter den verschiedenen Formen bis hin zu ihren Ursprüngen zu erforschen, was eines der Wesensmerkmale der vergleichenden Anatomie (Einflüsse von u. a. Goethe und Haeckel) ist:

> *„Der Psychoanalyse fiel als erste Aufgabe zu, jene Triebregungen aufzudecken, die allen heute lebenden Menschen gemeinsam sind, ja die die heute Lebenden mit den Menschen der Vorzeit und der Urzeit gemeinsam haben. Es kostete sie also keine Anstrengung, sich über die Verschiedenheiten hinauszusetzen, die durch die Mehrheit der Rassen, der Sprachen, der Länder unter den Bewohnern der Erde hervorgerufen wurden. Sie war von Anfang an international, und es ist bekannt, daß ihre Anhänger eher als alle anderen die trennenden Einwirkungen des großen Krieges überwunden haben".*[678]

Ideeneinflüsse (u. a.): IV-II (Haeckel), IV-III (Goethe)
Verbindungen zu psa. Theorieelementen (u. a.): Verbindung zu allen Elementen

52. Das Unbehagen in der Kultur (1930a)

52.1 Seelische Erhaltung des Primitiven neben dem Umgewandelten

Im nächsten Textbeispiel bildet sich implizit wiederum Haeckels dritte Entwicklungsreihe aus dem biogenetischen Grundgesetz, die der systematischen Entwicklung, ab. Die systematische Entwicklung ist durch eine Stufenleiter des Entwicklungsfortschrittes charakterisiert, wobei gleichzeitig nebeneinander vorkommende, unterschiedliche Grade der Entwicklung verwandter Arten miteinander verglichen werden. Nach einer evolutionsbiologischen Analogie aus der Tierwelt wechselt Freud zum Begriff der „Entwicklungsspaltung" in der seelischen Entwicklung des Menschen, die durch das überaus häufige gleichzeitige Vorkommen des Primitiven neben dem aus ihm Umgewandelten, dem höher Entwickelten, gekennzeichnet ist:

> *„Für die Tierreihe halten wir an der Annahme fest, daß die höchstentwickelten Arten aus den niedrigsten hervorgegangen sind. Doch finden wir alle einfachen Lebensformen noch heute unter den Lebenden. Das Geschlecht der großen Saurier*

---

678 Freud 1929a [G.W. XIV: 554].

ist ausgestorben und hat den Säugetieren Platz gemacht, aber ein richtiger Vertreter dieses Geschlechts, das Krokodil, lebt noch mit uns. Die Analogie mag zu entlegen sein, krankt auch an dem Umstand, daß die überlebenden niedrigen Arten zumeist nicht die richtigen Ahnen der heutigen, höher entwickelten sind. Die Zwischenglieder sind in der Regel ausgestorben und nur durch Rekonstruktion bekannt. Auf seelischem Gebiet hingegen ist die Erhaltung des Primitiven neben dem daraus entstandenen Umgewandelten so häufig, daß es sich erübrigt, es durch Beispiele zu beweisen. Meist ist dieses Vorkommen Folge einer Entwicklungsspaltung. Ein quantitativer Anteil einer Einstellung, einer Triebregung, ist unverändert erhalten geblieben, ein anderer hat die weitere Entwicklung erfahren".[679]

52.2 Gleichzeitiger Fortbestand früherer Entwicklungsphasen („Rom-Metapher")

Eine metaphorische Darstellung des gleichzeitigen Fortbestehens psychischer Entwicklungsstadien ist in einer „Rom-Metapher", in der Freud zur Veranschaulichung historische und aktuelle Epochen der Stadt mit dem Seelenleben symbolisch in Bezug bringt, ausgedrückt. Die Metapher stellt das gleichzeitige Fortbestehen früherer, primitiverer Entwicklungsgrade neben aktuelleren, weiter entwickelten dar:

„Nun machen wir die phantastische Annahme, Rom sei nicht eine menschliche Wohnstätte, sondern ein psychisches Wesen von ähnlich langer und reichhaltiger Vergangenheit, in dem also nichts, was einmal zustande gekommen war, untergegangen ist, in dem neben der letzten Entwicklungsphase auch alle früheren noch fortbestehen".[680]

Freuds Vergleich mit der „Ewigen Stadt" wird auch von Gould erwähnt, der in diesem Zusammenhang auch auf den Unterschied zwischen der freudschen „psychischen Rekapitulation" und der haeckelschen „physischen Rekapitulation" hinweist: Die physischen Stadien nach Haeckel sind Durchgangsstadien („transient stages"), wobei die letzteren sequenziell die vorherigen ersetzen. Im Gegensatz dazu koexistieren, Goulds Ansicht nach, bei der freudschen psychischen Rekapitulation, die älteren neben den aktuellen Entwicklungen. Wesentlich für Freuds Theorie der Neurosen ist daher, dass eine „alte" psychische Entwicklungsphase nicht vollständig von einer späteren abgelöst wird, sondern – wenn auch verdrängt – gleichzeitig mit ihr fortbesteht (vgl. Gould 1977: 157).

Diese Behauptung soll an dieser Stelle kritisch betrachtet werden. Die Kritik richtet sich gegen den Gegensatz, den Gould zwischen Haeckel und Freud festzustellen meint. Dieser Gegensatz würde nicht bestehen, wenn Gould in diesem Zusammenhang die Existenz und das Wirken von Haeckels dritter Entwicklungsreihe, der „systematischen Entwicklung", einer verzweigten „Stufenleiter von Formen", die mit den beiden anderen Entwicklungsreihen (Phylogenese und Ontogenese) in

---

679 Freud 1930a [G.W., XIV: 425f.].
680 A.a.O.: 427.

„innigsten Beziehungen" steht (Haeckel 1868 [1911: 312]) und damit einen „Parallelismus der individuellen, der paläontologischen und der systematischen Entwicklung, des betreffenden Fortschrittes und der betreffenden Differenzierung" (a.a.O.: 314) bedeutet, in Betracht gezogen hätte. Das gleichzeitige Fortbestehen von unterschiedlich fortgeschrittenen Entwicklungsformen wurde nicht nur von Freud, sondern ebenfalls von Haeckel berücksichtigt, denn die haeckelsche „Stufenleiter des Fortschrittes" (a.a.O.: 312) nimmt gleichzeitig auftretende Streuungen der Individuen an, die je nach verschiedenen Umweltbedingungen und Anpassungsmodalitäten der Organismen verschiedene, nebeneinander auftretende Ausprägungsgrade der Entwicklung zeigen (vgl. auch die genauere Beschreibung dieser Entwicklungsreihe im sechsten Kapitel, S. 153-156).

52.3 Ontogenetische und phylogenetische Entwicklung des Gewissens

In der Ontogenese kommt es zu Reaktionsweisen von besonderer Intensität (Aggression, Strenge des Über-Ichs), die vom phylogenetischen Vorbild der Beziehung zum Urvater genährt werden. Das phylogenetische Erbe des Gewissens stammt aus dem Schuldgefühl nach dem Mord am Urvater (impliziter Beleg von Haeckels biogenetischem Grundgesetz):

> „Man kann auch sagen, wenn das Kind auf die ersten großen Triebversagungen mit überstarker Aggression und entsprechender Strenge des Über-Ichs reagiert, folgt es dabei einem phylogenetischen Vorbild und setzt sich über die aktuell gerechtfertigte Reaktion hinaus, denn der Vater der Vorzeit war gewiß fürchterlich und ihm durfte man das äußerste Maß von Aggression zumuten. Die Unterschiede der beiden Auffassungen von der Genese des Gewissens verringern sich also noch mehr, wenn man von der individuellen zur phylogenetischen Entwicklungsgeschichte übergeht. Dafür zeigt sich ein neuer bedeutsamer Unterschied in diesen beiden Vorgängen. Wir können nicht über die Annahme hinaus, daß das Schuldgefühl der Menschheit aus dem Ödipuskomplex stammt und bei der Tötung des Vaters durch die Brüdervereinigung erworben wurde".[681]

52.4 Vergleich zwischen kulturellem und individuellem Über-Ich

Eine Ähnlichkeit zwischen der Über-Ich-Bildung einer Kulturepoche (Phylogenese) und der des Individuums (Ontogenese) besteht im Eindruck, den große Führerpersönlichkeiten hinterlassen. Mit dem Schicksal von Jesus Christus knüpft Freud an den Mythos der Tötung und anschließenden Vergöttlichung des Vaters der Urhorde an:

> „Das Über-Ich einer Kulturepoche hat einen ähnlichen Ursprung wie das des Einzelmenschen, es ruht auf dem Eindruck, den große Führerpersönlichkeiten hinter-

---

681 Freud 1930a [G.W., XIV: 490].

lassen haben, Menschen von überwältigender Geisteskraft oder solche, in denen eine der menschlichen Strebungen die stärkste und reinste, darum oft auch einseitigste, Ausbildung gefunden hat. Die Analogie geht in vielen Fällen noch weiter, indem diese Personen – häufig genug, wenn auch nicht immer – zu ihrer Lebenszeit von den anderen verspottet, mißhandelt oder selbst auf grausame Art beseitigt wurden, wie ja auch der Urvater erst lange nach seiner gewaltsamen Tötung zur Göttlichkeit aufstieg. Für diese Schicksalsverknüpfung ist gerade die Person Jesu Christi das ergreifendste Beispiel, wenn sie nicht etwa dem Mythus angehört, der sie in dunkler Erinnerung an jenen Urvorgang ins Leben rief".[682]

Ideeneinflüsse (u. a.): IV-II (Haeckel), IV-II (Darwin), IV-II (Atkinson), IV-II (Smith), IV-III (Lamarck), II - V (Mythen)
Verbindungen zu psa. Theorieelementen (u. a.): Ätiologie der Neurosen, Kulturtheorie, Ödipuskomplex, psychische Instanzen, psychosex. Entwicklung, Religion

53. Neue Vorlesungen zur Einführung in die Psychoanalyse (1933a)

Das 53. Glied in dieser Sequenz bildet eine Auswahl von Freuds „Neuen Folgen der Vorlesungen zur Einführung in die Psychoanalyse" (1933a). Fünf der insgesamt sechs „neuen" Vorlesungen wurden dafür selektiert. Zur leichteren Übersichtlichkeit werden sie zusätzlich mit den Buchstaben A bis E indiziert.

53. A. XXX. VO: Traum und Okkultismus (1933a)

53. A.1 Archaische, direkte psychische Übertragung

In dieser Textstelle untersucht Freud, wie telepathische Vorgänge funktionieren können. Er vermutet diesbezüglich, dass ein seelischer Akt der einen Person „den nämlichen seelischen Akt bei einer anderen Person anregt". Der Begriff „direkte psychische Übertragung" als phylogenetisch älteste Form der menschlichen Kommunikation wird als Teil des archaischen Erbes als Möglichkeit für telepathische Vorgänge in Betracht gezogen. Als Beispiel dafür nennt Freud an dieser Stelle die Phänomene in Massen:

> *„Möglicherweise geschieht es auf dem Wege solch direkter psychischer Übertragung. Man wird auf die Vermutung geführt, daß dies der ursprüngliche, archaische Weg der Verständigung unter den Einzelwesen ist, der im Lauf der phylogenetischen Entwicklung durch die bessere Methode der Mitteilung mit Hilfe von Zeichen zurückgedrängt wird, die man mit den Sinnesorganen aufnimmt. Aber die ältere Methode könnte im Hintergrund erhalten bleiben und sich unter gewissen Bedingungen noch durchsetzen, z. B. auch in leidenschaftlich erregten Massen.*

---

682 A.a.O.: 501f.

Das ist alles noch unsicher und voll von ungelösten Rätseln, aber es ist kein Grund zum Erschrecken".[683]

53. B. XXXI. VO: Die Zerlegung der psychischen Persönlichkeit (1933a)

53. B.1 Struktur und Entwicklung der psychischen Instanzen

In folgendem Schema skizziert Freud die Strukturverhältnisse der seelischen Persönlichkeit:

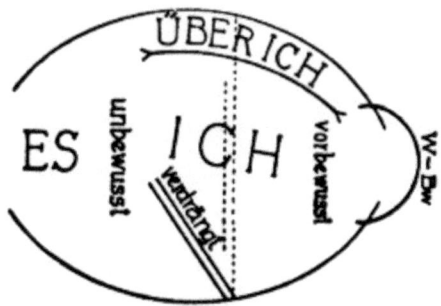

Abb. 11: Freuds Strukturmodell der seelischen Persönlichkeit

Wesentliche Informationen in diesem Schema (vgl. 1933a [G.W., XV: 85]) sind:[684]

1. Das Über-Ich taucht als „Erbe des Ödipuskomplexes" in das Es ein, mit dem es „intime Zusammenhänge" hat (ebd.).

2. Der Raum des Es ist „unvergleichlich größer" als es in der Skizze abbildbar ist.

3. Zwischen den psychischen Instanzen gibt es keine scharfen Grenzen.

4. Die „phylogenetisch letzte und heikelste" Sonderung der psychischen Instanzen ist die Differenzierung zwischen Ich und Über-Ich.

Die angenommenen Geschehnisse um die Tötung des Vaters der Urhorde tauchen in Freuds Formulierungen „Erbe des Ödipuskomplexes", „intime Zusammenhänge" und „phylogenetisch letzte und heikelste" (Sonderung) auf. Ergänzt kann werden, dass sich die phylogenetischen Verhältnisse auch auf der ontogenetischen Ebene abbilden. Mit diesem Gedankengang sind Lamarcks Theorie der Vererbung erworbener Eigenschaften und Haeckels biogenetisches Grundgesetz implizit verknüpft.

---

683 Freud 1933a [G.W., XV: 59f.].
684 Freud 1933a [G.W., XV: 85f.].

53. C. XXXII. VO: Angst und Triebleben (1933a)

53. C.1 Phylogenetische Verstärkung der Kastrationsangst

Die in der phallischen Phase auftretende Urphantasie der Kastrationsangst als Angst vor einer von außen drohenden Gefahr (z. B. Strafe für die Verliebtheit in die Mutter, Strafe für Onanie) erfährt beim Kind eine „phylogenetische Verstärkung" (implizite Annahme von Haeckels biogenetischem Grundgesetz, Ideeneinfluss Kat. II):

> *„Dazu hat es einigen Anlaß, denn man droht ihm oft genug mit dem Abschneiden des Gliedes während seiner phallischen Phase, in der Zeit seiner frühen Onanie, und Andeutungen dieser Strafe dürften regelmäßig eine phylogenetische Verstärkung bei ihm finden. Wir vermuten, in den Urzeiten der menschlichen Familie wurde die Kastration vom eifersüchtigen und grausamen Vater wirklich an den heranwachsenden Knaben vollzogen, und die Beschneidung, die bei den Primitiven so häufig ein Bestandteil des Mannbarkeitsrituals ist, sei ein gut kenntlicher Rest von ihr".*[685]

53. C.2 Konservative Natur der Triebe und Wiederholungszwang

Freuds Formulierungen „konservative Natur der Triebe" und „Wiederholungszwang" enthalten die Annahmen von Haeckels biogenetischem Grundgesetz, das sich in diesem Kontext in der seelischen und vegetativen Doppelnatur der Triebe darstellt. Freuds Bemerkung zur Organneubildung – auch in Verbindung mit dem „Heiltrieb" – ist mit Lamarcks Idee der Bildung neuer Organe verknüpft (Lamarcks erstes Gesetz). Freuds Hinweis auf das Forschungsgebiet der Embryologie deutet wiederum auf Haeckels konservative Vererbungsgesetze, unter ihnen sein biogenetisches Grundgesetz, hin:

> *„Die Triebe regieren nicht allein das seelische, sondern auch das vegetative Leben, und diese organischen Triebe zeigen einen Charakterzug, der unser stärkstes Interesse verdient. Ob es ein allgemeiner Charakter der Triebe ist, werden wir erst später beurteilen können. Sie enthüllen sich nämlich als Bestreben, einen früheren Zustand wiederherzustellen. Wir können annehmen, vom Moment an, da ein solcher einmal erreichter Zustand gestört worden, entsteht ein Trieb, ihn neu zu schaffen, und bringt Phänomene hervor, die wir als Wiederholungszwang bezeichnen können. So ist die Embryologie ein einziges Stück Wiederholungszwang; weit hinauf in die Tierreihe erstreckt sich ein Vermögen, verlorene Organe neu zu bilden, und der Heiltrieb, dem wir, neben den therapeutischen Hilfeleistungen, unsere Genesungen verdanken, dürfte der Rest dieser bei niederen Tieren so großartig entwickelten Fähigkeit sein. [...] Auch auf seelischem Gebiet brauchen wir nicht lange nach Äußerungen desselben zu suchen. Es ist uns aufgefallen, daß die*

---

685 A.a.O.: 93.

vergessenen und verdrängten Erlebnisse der früheren Kindheit sich während der analytischen Arbeit in Träumen und Reaktionen, besonders in denen der Übertragung reproduzieren, obwohl ihre Wiedererweckung dem Interesse des Lustprinzips zuwiderläuft, und wir haben uns die Erklärung gegeben, daß in diesen Fällen ein Wiederholungszwang sich selbst über das Lustprinzip hinaussetzt. Auch außerhalb der Analyse kann man Ähnliches beobachten. Es gibt Menschen, die in ihrem Leben ohne Korrektur immer die nämlichen Reaktionen zu ihrem Schaden wiederholen, oder die selbst von einem unerbittlichen Schicksal verfolgt scheinen, während doch eine genauere Untersuchung lehrt, daß sie sich dieses Schicksal unwissentlich selbst bereiten. Wir schreiben dann dem Wiederholungszwang den dämonischen Charakter zu".[686]

53. D. XXXIV. VO: Aufklärungen, Anwendungen, Orientierungen (1933a)

53. D.1 Ontogenetischer Erwerb phylogenetischer Kulturentwicklung

Wiederum findet sich ein impliziter Beleg für Haeckels biogenetisches Grundgesetz: Die Aufgabe der Kulturentwicklung in der Ontogenese liegt im Erwerb zweier phylogenetisch erworbener Eigenschaften: der Beherrschung der Triebe und der sozialen Anpassung:

„Wir haben verstanden, die Schwierigkeit der Kindheit liegt darin, daß das Kind in einer kurzen Spanne Zeit sich die Resultate einer Kulturentwicklung aneignen soll, die sich über Jahrzehntausende erstreckt, Triebbeherrschung und soziale Anpassung, wenigstens die ersten Stücke von beiden".[687]

53. E. XXXV. VO: Über eine Weltanschauung (1933a)

53. E.1 Die Allmacht der Gedanken in Animismus und Religion

Die in „Totem und Tabu" (1912-13a) auch bei Frazer zu beobachtende Abfolge der drei Phasen Animismus, Religion und Wissenschaft wird in dieser Vorlesung erneut erwähnt und mit Beispielen versehen. Wiederum erwähnt Freud die Verbindung zwischen Zwangsneurosen und Religion und dem Mechanismus der „Allmacht der Gedanken" bzw. den damit verbundenen Ritualen:

„Wir nehmen an, daß das Vertrauen in die Magie sich von der Überschätzung der eigenen intellektuellen Operationen ableitet, von dem Glauben an die ‚Allmacht der Gedanken', den wir übrigens bei unseren Zwangsneurotikern wiederfinden. Wir könnten uns vorstellen, daß die Menschen jener Zeit besonders stolz auf ihre Erwerbungen in der Sprache waren, mit denen eine große Erleichterung des Den-

---

686 A.a.O.: 113f.
687 A.a.O.: 158.

kens einhergehen mußte. Sie verliehen dem Wort Zauberkraft. Dieser Zug wurde später von der Religion übernommen. ‚Und Gott sprach: es werde Licht, und es ward Licht‘. Übrigens zeigt die Tatsache der magischen Handlungen, daß der animistische Mensch sich nicht einfach auf die Kraft seiner Wünsche verließ. Er erwartete den Erfolg vielmehr von der Ausführung eines Aktes, der die Natur zur Nachahmung veranlassen sollte. Wenn er Regen wollte, schüttete er selbst Wasser aus; wenn er den Boden zur Fruchtbarkeit anregen wollte, gab er ihm das Schauspiel eines Geschlechtsverkehrs auf dem Felde".[688]

53. E.2 Die Beziehung zwischen Philosophie und animistischer Denkweise

Auch die Philosophie ist für Freud, im Gegensatz zum Realitätsprinzip, ein Ausdruck der Allmacht der Gedanken:

> „Aber mehr noch, Sie werden das Urteil kaum abweisen können, daß unsere Philosophie wesentliche Züge der animistischen Denkweise bewahrt hat, die Überschätzung des Wortzaubers, den Glauben, daß die realen Vorgänge in der Welt die Wege gehen, die unser Denken ihnen anweisen will".[689]

53. E.3 Der böse Geist als „Überlebsel" der Vorzeit in der Religion

Freud spricht mit der Formulierung „Umsturz in den Verhältnissen der menschlichen Familie" den Mord am Urvater aus „Totem und Tabu" (1912-13a) und dessen Konsequenzen erneut an. Ein phylogenetisches „Überlebsel der Vorzeit" im religiösen System, dessen Hauptleistung die psychische Bindung der Dämonenangst ist, ist der „böse Geist" (des Getöteten):

> „Was den Übergang vom Animismus zur Religion erzwungen hat, wäre sehr wissenswert, aber Sie können sich vorstellen, welches Dunkel heute noch diese Urzeiten der Entwicklungsgeschichte des Menschengeistes verhüllt. Es scheint Tatsache, daß die erste Erscheinungsform der Religion der merkwürdige Totemismus war, die Tierverehrung, in dessen Gefolge auch die ersten ethischen Gebote, die Tabus, auftraten. Ich habe seinerzeit in einem Buche ‚Totem und Tabu‘ eine Vermutung ausgearbeitet, die diese Wandlung auf einen Umsturz in den Verhältnissen der menschlichen Familie zurückführt. Die Hauptleistung der Religion im Vergleich zum Animismus liegt in der psychischen Bindung der Dämonenangst. Doch hat sich als Überlebsel der Vorzeit der böse Geist eine Stelle im System der Religion gewahrt".[690]

---

688 A.a.O.: 178.
689 A.a.O.: 178.
690 A.a.O.: 179.

53. E.4 Psychoanalyse als Wissenschaft

Der entwicklungsgeschichtliche Aspekt betrifft in diesem speziellen Fall die Entwicklung der Psychoanalyse als Wissenschaft in Abgrenzung zu den vorhin erwähnten „Weltanschauungen", wie Animismus, Religion und Philosophie:[691]

> *„Lassen Sie mich zum Schluß zusammenfassen, was ich über die Beziehung der Psychoanalyse zur Frage der Weltanschauung zu sagen hatte. Die Psychoanalyse, meine ich, ist unfähig, eine ihr besondere Weltanschauung zu erschaffen. Sie braucht es nicht, sie ist ein Stück Wissenschaft und kann sich der wissenschaftlichen Weltanschauung anschließen. Diese verdient aber kaum den großtönenden Namen, denn sie schaut nicht alles an, sie ist zu unvollendet, erhebt keinen Anspruch auf Geschlossenheit und Systembildung. Das wissenschaftliche Denken ist noch sehr jung unter den Menschen, hat zuviele der großen Probleme noch nicht bewältigen können. Eine auf die Wissenschaft aufgebaute Weltanschauung hat außer der Betonung der realen Außenwelt wesentlich negative Züge, wie die Bescheidung zur Wahrheit, die Ablehnung der Illusionen".*[692]

Ideeneinflüsse (u. a.): IV-II (Haeckel), IV-II (Darwin), IV-II (Atkinson), IV-II (Smith), IV-II (Frazer), IV-III (Lamarck), II - V (Mythen, Riten)
Verbindungen zu psa. Theorieelementen (u. a.): Allmacht der Gedanken, Angst, Ätiologie der Neurosen, Kulturtheorie, Ödipuskomplex, psychische Instanzen

54. Warum Krieg? (1933b)

54. 1 Phylogenetische Kulturentwicklung und Zeitgeschichte

Auch in seiner Korrespondenz mit Albert Einstein (1879-1955) bezieht sich Freud auf die mit der Urhorde verbundenen Ereignisse. Mit dem Gedanken, dass sich unkultivierte Menschenrassen schneller vermehren als kultivierte, knüpft Freud an die Theorie von Thomas Robert Malthus (1766-1834) an:[693]

> *„Ich meine das Folgende: Seit unvordenklichen Zeiten zieht sich über die Menschheit der Prozeß der Kulturentwicklung hin. (Ich weiß, andere heißen ihn lieber:*

---

691 „Streng genommen gibt es ja nur zwei Wissenschaften, Psychologie, reine und angewandte, und Naturkunde" (a.a.O.: 194).

692 A.a.O.: 197.

693 Thomas Malthus (1798 [1826]): An Essay on the Principle of Population. 6th Edition. John Murray, London. Freud bezog sich in seiner Schrift „Die Sexualität in der Ätiologie der Neurosen" (1898) auf die „malthusianischen Tendenzen, die Anzahl der Konzeptionen in der Ehe einzuschränken" (vgl. 1898a [G.W., I: 506]). Malthus Ideen bezüglich des Missverhältnisses aus Bevölkerungsvermehrung und der Menge der zur Verfügung stehenden Nahrungsmittel beeinflusste u. a. auch Darwins „The Descent of Man" (Darwin 1871 [1875]). Wie Darwin Haeckel am 8.10.1864 brieflich mitteilte, war in ihm der Gedanke der „natürlichen Züchtung" während der Lektüre von Malthus aufgetaucht (vgl. Haeckel 1868 [1911: 119f.]).

Zivilisation.) Diesem Prozeß verdanken wir das Beste, was wir geworden sind, und ein gut Teil von dem, woran wir leiden. Seine Anlässe und Anfänge sind dunkel, sein Ausgang ungewiß, einige seiner Charaktere leicht ersichtlich. Vielleicht führt er zum Erlöschen der Menschenart, denn er beeinträchtigt die Sexualfunktion in mehr als einer Weise, und schon heute vermehren sich unkultivierte Rassen und zurückgebliebene Schichten der Bevölkerung stärker als hochkultivierte".[694]

Ideeneinflüsse (u. a.): IV-II (Haeckel), IV-II (Darwin), IV-II (Atkinson), IV-II (Smith), IV-III (Lamarck), IV-III (Malthus)
Verbindungen zu psa. Theorieelementen (u. a.): Ödipuskomplex, Kulturtheorie

55. Nachruf auf Sándor Ferenczi (1933d)

55.1 Ferenczis Versuch einer Genitaltheorie (1924e)

In seinem Nachruf auf Ferenczi würdigt Freud u. a. Ferenczis Beiträge zur biologischen und phylogenetischen Forschung im Rahmen der Psychoanalyse und erwähnt dessen Schrift „Versuch einer Genitaltheorie" (1924e), die auf Theoremen wie Haeckels biogenetischem Grundgesetz und Lamarcks Ideen der adaptiven Variation und der Vererbung erworbener Eigenschaften aufbaut:

„Das kleine Buch ist eher eine biologische als eine psychoanalytische Studie, eine Anwendung der Gesichtspunkte und Einsichten, die sich der Psychoanalyse ergeben hatten, auf die Biologie der Sexualvorgänge, des weiteren auf das organische Leben überhaupt, vielleicht die kühnste Anwendung der Analyse, die jemals versucht worden ist. Als Leitgedanke wird die konservative Natur der Triebe betont, die jeden durch äußere Störung aufgegebenen Zustand wiederherstellen wollen; die Symbole werden als Zeugen alter Zusammenhänge erkannt; an eindrucksvollen Beispielen wird gezeigt, wie die Eigentümlichkeiten des Psychischen die Spuren uralter Veränderungen der körperlichen Substanz bewahren".[695]

Ideeneinflüsse (u. a.): IV-II (Ferenczi), IV-II (Haeckel), IV-III (Lamarck)
Verbindungen zu psa. Theorieelementen (u. a.): Neurosenlehre (Hysterie), Ödipuskomplex, psychosexuelle Entwicklung, Triebtheorie

56. Nachschrift zur „Selbstdarstellung" (1935a)

56.1 Phylogenetische und ontogenetische Bühnen der psychischen Instanzen

Freud beschreibt mit seinen drei Werken „Totem und Tabu" (1912-13a), „Die Zukunft einer Illusion" (1927c) und „Das Unbehagen in der Kultur" (1930a) drei Stationen in der psychoanalytischen Erforschung der Ursprünge der Religion und der

---

694 Freud 1933b [G.W. XVI: 25f.].
695 Freud 1933d, GW XVI: 268.

Sittlichkeit. Mit der Formulierung „die gleichen Vorgänge, auf einer anderen Bühne wiederholt" bezieht sich Freud in vergleichend-anatomischer Weise auf ähnliche dynamische Konflikte zwischen den Instanzen Es, Ich und Über-Ich, die sich nicht nur intrapsychisch beim Individuum, sondern auch auf der phylogenetischen Bühne der Menschheitsgeschichte in verschiedenen Variationen darstellen (vgl. Haeckels biogenetisches Grundgesetz):

> „Bereits mitten auf der Höhe der psychoanalytischen Arbeit, im Jahre 1912, hatte ich in ‚Totem und Tabu‘ den Versuch gemacht, die neu gewonnenen analytischen Einsichten zur Erforschung der Ursprünge von Religion und Sittlichkeit auszunützen. Zwei spätere Essays ‚Die Zukunft einer Illusion‘ 1927 und ‚Das Unbehagen in der Kultur‘ 1930 setzten dann diese Arbeitsrichtung fort. Immer klarer erkannte ich, daß die Geschehnisse der Menschheitsgeschichte, die Wechselwirkungen zwischen Menschennatur, Kulturentwicklung und jenen Niederschlägen urzeitlicher Erlebnisse, als deren Vertretung sich die Religion vordrängt, nur die Spiegelung der dynamischen Konflikte zwischen Ich, Es und Über-Ich sind, welche die Psychoanalyse beim Einzelmenschen studiert, die gleichen Vorgänge, auf einer weiteren Bühne wiederholt".[696]

Ideeneinflüsse (u. a.): IV-II (Haeckel)
Verbindungen zu psa. Theorieelementen (u. a.): Allmacht der Gedanken, Ödipuskomplex, Kulturtheorie, psychische Instanzen, Religion, Urphantasien

57. Die endliche und die unendliche Analyse (1937c)

57.1 Weiterleben von Resten älterer Entwicklungsformen

Entwicklungsfortschritte der einzelnen Phasen der Libido finden nicht plötzlich, sondern allmählich statt. Reste von früheren Fixierungen an vorangegangene Phasen können, mit phylogenetischen Erbanteilen verbunden, neben der Entwicklung der neuen Phasen weiter bestehen. Die Entwicklung verläuft daher nicht nur in eine Richtung (progressiv), sondern kann gleichzeitig in mehrere Richtungen (progressiv bzw. regressiv) erfolgen, was wieder den impliziten Einfluss von Haeckels biogenetischem Grundgesetz und der systematischen Entwicklung verdeutlicht:

> „Wenn unsere erste Beschreibung der Libidoentwicklung gelautet hat, eine ursprüngliche orale Phase mache der sadistisch-analen und diese der phallisch-genitalen Platz, so hat spätere Forschung dem nicht etwa widersprochen, sondern zur Korrektur hinzugefügt, daß diese Ersetzungen nicht plötzlich, sondern allmählich erfolgen, so daß jederzeit Stücke der früheren Organisation neben der neueren fortbestehen, und daß selbst bei normaler Entwicklung die Umwandlung nie vollständig geschieht, so daß noch in der endgültigen Gestaltung Reste der frühe-

---

696 Freud 1935a [G. W., Bd. XVI: 32f.].

ren Libidofixierungen erhalten bleiben können. Auf ganz anderen Gebieten sehen wir das nämliche. Keiner der angeblich überwundenen Irr- und Aberglauben der Menschheit, von dem nicht Reste heute unter uns fortleben, in den tieferen Schichten der Kulturvölker oder selbst in den obersten Schichten der Kulturgesellschaft. Was einmal zu Leben gekommen ist, weiß sich zäh zu behaupten. Manchmal könnte man zweifeln, ob die Drachen der Urzeit wirklich ausgestorben sind".[697]

57.2 Ichverschiedenheiten durch präferierte Abwehrmechanismen als Disposition

Die nächste Verbindung zwischen entwicklungsgeschichtlichen Ideen und psychoanalytischen Theoremen ergibt sich durch Freuds Annahme von angeborenen Ichverschiedenheiten, insbesondere in Bezug auf individuell präferierte spezifische Abwehrmechanismen. Das Verhältnis zwischen angeborenen und erworbenen Eigenschaften ermisst Freud wiederum nicht als gegensätzlich, sondern als einander ergänzend („sowohl – als auch"):

„Es besteht kein Grund, die Existenz und Bedeutung ursprünglicher, mitgeborener Ichverschiedenheiten zu bestreiten. Schon die eine Tatsache ist entscheidend, daß jede Person ihre Auswahl unter den möglichen Abwehrmechanismen trifft, immer nur einige und dann stets dieselben verwendet. Das deutet darauf hin, daß das einzelne Ich von vornherein mit individuellen Dispositionen und Tendenzen ausgestattet ist, deren Art und Bedingtheit wir nun freilich nicht angeben können. Außerdem wissen wir, daß wir den Unterschied zwischen ererbten und erworbenen Eigenschaften nicht zu einem Gegensatz überspannen dürfen; unter dem Ererbten ist, was die Vorfahren erworben haben, gewiß ein wichtiger Anteil".[698]

57.3 Archaische Erbschaft psychischer kultureller Besonderheiten und Symbolik

Die archaische Erbschaft beschränkt sich nicht nur auf das Es, sondern umfasst auch das ursprünglich mit dem Es verbundene Ich in Bezug auf Dispositionen seiner späteren Entwicklung. Sie umfasst „psychologische Besonderheiten von Familien, Rassen und Nationen". Wiederum erwähnt Freud „psychische Inhalte", wie die Symbolik in Verbindung mit „erblicher Übertragung", sowie die „Niederschläge frühmenschlicher Entwicklung" in der Phylogenese (implizit: Lamarcks zweites Gesetz, Haeckels biogenetisches Grundgesetz):

„Wenn wir von ‚archaischer Erbschaft' sprechen, denken wir gewöhnlich nur an das Es und scheinen anzunehmen, daß ein Ich am Beginn des Eigenlebens noch nicht vorhanden ist. Aber wir wollen nicht übersehen, daß Es und Ich ursprünglich eins sind, und es bedeutet noch keine mystische Überschätzung der Erblichkeit, wenn wir für glaubwürdig halten, daß dem noch nicht existierenden Ich bereits

---

697 Freud 1937c [G.W., XVI: 73].
698 A.a.O.: 86.

*festgelegt ist, welche Entwicklungsrichtungen, Tendenzen und Reaktionen es spä-
terhin zum Vorschein bringen wird. Die psychologischen Besonderheiten von Familien, Rassen und Nationen auch in ihrem Verhalten gegen die Analyse lassen
keine andere Erklärung zu. Ja noch mehr, die analytische Erfahrung hat uns die
Überzeugung aufgedrängt, daß selbst bestimmte psychische Inhalte wie die Symbolik keine anderen Quellen haben als die erbliche Übertragung, und in verschiedenen völkerpsychologischen Untersuchungen wird uns nahegelegt, noch andere,
ebenso spezialisierte Niederschläge frühmenschlicher Entwicklung in der archaischen Erbschaft vorauszusetzen".*[699]

Ideeneinflüsse (u. a.): IV-II (Haeckel), IV-III (Lamarck)
Verbindungen zu psa. Theorieelementen (u. a.): Abwehrmechanismen, Ätiologie
der Neurosen, Fixierung, Kulturtheorie, psychosexuelle Entwicklung, Regression,
Symbolik

58. Der Mann Moses und die monotheistische Religion (1939a)

In diesem Spätwerk bezieht sich Freud u. a. auf Hypothesen des deutschen Theolo-
gen und biblischen Archäologen Ernst Sellin (1867-1946) aus dessen Buch „Mose
und seine Bedeutung für die israelitisch-jüdische Religionsgeschichte" (1922). Sellin nahm u. a. an, dass Moses von seinem eigenen Volk erschlagen und die von ihm
gegründete Religion aufgegeben wurde.[700]

58.1 Bestätigung phylogenetischer und ontogenetischer Zusammenhänge

Ein weiterer impliziter Beleg für Lamarcks Idee der Vererbung erworbener Eigenschaften und Haeckels biogenetisches Grundgesetz findet sich in der im Juni 1938
verfassten „Vorbemerkung II" zu dieser Schrift. Freud bekräftigt seine mittlerweile
ein Vierteljahrhundert zurückliegenden Überzeugungen aus „Totem und Tabu"
bezüglich der „Wiederkehr längst vergessener bedeutsamer Vorgänge in der Urgeschichte des Menschen" (Phylogenese) und ihren Zusammenhängen zur Religionsbildung und zwangsneurotischen Mechanismen des Individuums (Ontogenese):

> *„Nicht etwa, daß es mir an der Überzeugung von der Richtigkeit des Ergebnisses
> mangeln sollte. Diese habe ich mir schon vor einem Vierteljahrhundert erworben,
> als ich das Buch über ‚Totem und Tabu' schrieb, 1912, und sie hat sich seither nur
> verstärkt. Ich habe seit damals nicht mehr bezweifelt, daß die religiösen Phäno-
> mene nur nach dem Muster der uns vertrauten neurotischen Symptome des Indivi-
> duums zu verstehen sind, als Wiederkehren von längst vergessenen, bedeutsamen
> Vorgängen in der Urgeschichte der menschlichen Familie, daß sie ihren zwang-*

---

699 Ebd.
700 Vgl. Freud 1939a [G.W., XVI: 136].

haften Charakter eben diesem Ursprung verdanken und also kraft ihres Gehalts an historischer Wahrheit auf die Menschen wirken".[701]

58.2 Sprachsymbolik als Wiederholung phylogenetischer Denkdispositionen

Freud vermutet eine ubiquitäre, sich bei allen Völkern über die Verschiedenheit der Sprache hinwegsetzende Symbolik, ein „nicht erlernbares", „ursprüngliches Wissen", eine „archaische Erbschaft aus der Zeit der Sprachentwicklung" (implizit: Lamarcks Idee der Vererbung erworbener Eigenschaften). Eine alternative Erklärungsmöglichkeit ist, dass phylogenetische Denkbeziehungen („Denkdispositionen") zwischen Vorstellungen vererbt werden, die sich in der ontogenetischen Entwicklung – unter impliziter Annahme von Haeckels biogenetischem Grundgesetz – wiederholen:

> *„Die Symbolik setzt sich auch über die Verschiedenheiten der Sprachen hinweg; Untersuchungen würden wahrscheinlich ergeben, daß sie ubiquitär ist, bei allen Völkern die nämliche. Hier scheint also ein gesicherter Fall von archaischer Erbschaft aus der Zeit der Sprachentwicklung vorzuliegen, aber man könnte immer noch eine andere Erklärung versuchen. Man könnte sagen, es handle sich um Denkbeziehungen zwischen Vorstellungen, die sich während der historischen Sprachentwicklung hergestellt hatten und die nun jedesmal wiederholt werden müssen, wo eine Sprachentwicklung individuell durchgemacht wird. Es wäre dann ein Fall von Vererbung einer Denkdisposition wie sonst einer Triebdisposition und wiederum kein neuer Beitrag zu unserem Problem".*[702]

58.3 Archaische Erbschaft als ontogenetisch konstitutionelles Moment

Der Begriff „archaische Erbschaft" wird von Freud mit den Begriffen „bei der Geburt mitgebrachte Inhalte" und „Stücke phylogenetischer Herkunft" gleichgesetzt. Daraus ergeben sich Dispositionen für bestimmte Entwicklungsrichtungen und individuelle Reaktionsweisen gegenüber Reizen und Eindrücken. Das ontogenetische „konstitutionelle Moment" schließt Differenzen innerhalb dieser Dispositionen mit ein (implizit: Haeckels biogenetisches Grundgesetz):

> *„Eine neue Komplikation tritt aber hinzu, wenn wir auf die Wahrscheinlichkeit aufmerksam werden, daß im psychischen Leben des Individuums nicht nur selbsterlebte, sondern auch bei der Geburt mitgebrachte Inhalte wirksam sein mögen, Stücke von phylogenetischer Herkunft, eine archaische Erbschaft. Es entstehen dann die Fragen, worin besteht diese, was enthält sie, was sind ihre Beweise?*

---

701 A.a.O.: 160.
702 A.a.O.: 205f.

*Die nächste und sicherste Antwort lautet, sie besteht in bestimmten Dispositionen,
wie sie allen Lebewesen eigen sind. Also in der Fähigkeit und Neigung, bestimmte
Entwicklungsrichtungen einzuschlagen und auf gewisse Erregungen, Eindrücke
und Reize in einer besonderen Weise zu reagieren. Da die Erfahrung zeigt, daß
sich bei den Einzelwesen der Menschenart in dieser Hinsicht Differenzen ergeben,
so schließt die archaische Erbschaft diese Differenzen ein, sie stellen dar, was
man als das konstitutionelle Moment im Einzelnen anerkennt".*[703]

58.4 Keine archaische Erbschaft bei ähnlichem Erleben in der Kindheit

Ähnlichkeiten der Reaktionen auf ähnliches Erleben der Individuen in der Kindheit
werden von Freud nicht der archaischen Erbschaft zugerechnet:

*„Da nun alle Menschen wenigstens in ihrer Frühzeit ungefähr das Nämliche erle-
ben, reagieren sie darauf auch in gleichartiger Weise, und es konnte der Zweifel
entstehen, ob man nicht diese Reaktionen mitsamt ihren individuellen Differenzen
der archaischen Erbschaft zurechnen soll. Der Zweifel ist abzuweisen; durch die
Tatsache dieser Gleichartigkeit wird unsere Kenntnis von der archaischen Erbschaft nicht bereichert".*[704]

58.5 Archaische Erbschaft im Ödipus- und Kastrationskomplex

Die archaische Erbschaft umfasst nicht nur Dispositionen, sondern auch Inhalte wie
„Erinnerungsspuren aus dem Erleben früherer Generationen". Inhalte des Ödipus-
und Kastrationskomplexes im Verhalten des neurotischen Kindes (Ontogenese), die
nicht aus seinem individuellen Erleben heraus erklärt werden können, werden von
Freud dem phylogenetisch Erworbenen, der archaischen Erbschaft zugerechnet
(implizit: Lamarcks Idee der Vererbung erworbener Eigenschaften, Haeckels biogenetisches Grundgesetz):

*„Die analytische Arbeit hat aber auch anderes zu Tage gefördert, was in seiner
Tragweite über das Bisherige hinausreicht. Wenn wir die Reaktionen auf die frühen Traumen studieren, sind wir oft genug überrascht zu finden, daß sie sich nicht
strenge an das wirklich selbst Erlebte halten, sondern sich in einer Weise von ihm
entfernen, die weit besser zum Vorbild eines phylogenetischen Ereignisses paßt
und ganz allgemein nur durch dessen Einfluß erklärt werden kann. Das Verhalten
des neurotischen Kindes zu seinen Eltern im Ödipus- und Kastrationskomplex ist
überreich an solchen Reaktionen, die individuell ungerechtfertigt erscheinen und
erst phylogenetisch, durch die Beziehung auf das Erleben früherer Geschlechter,
begreiflich werden. Es wäre durchaus der Mühe wert, dies Material, auf das ich
mich hier berufen kann, der Öffentlichkeit gesammelt vorzulegen. Seine Beweis-
kraft erscheint mir stark genug, um den weiteren Schritt zu wagen und die Behaup-*

703 A.a.O.: 204f.
704 A.a.O.: 205.

tung aufzustellen, daß die archaische Erbschaft des Menschen nicht nur Dispositionen, sondern auch Inhalte umfaßt, Erinnerungsspuren an das Erleben früherer Generationen. Damit wären Umfang wie Bedeutung der archaischen Erbschaft in bedeutungsvoller Weise gesteigert".[705]

58.6 Zwei Arten der archaischen Vererbbarkeit zwischen den Generationen

Freud differenziert zwischen zwei Arten der Vererbbarkeit des von den Voreltern Erlebten, wobei „eine ohne die andere nicht vorstellbar ist":

1. Eine ererbte, „alte" Tradition, eine „schwer zu fassende" Vererbung erworbener Eigenschaften auf die Nachkommen, unabhängig von „direkter Mitteilung".

2. Eine durch „direkte Mitteilung" und „Einfluss von Erziehung fortgepflanzte Tradition", die „Erinnerungsspuren an äußere Eindrücke", „Greifbares", enthält.

Unter der Annahme des Fortbestehens von Erinnerungsspuren in der archaischen Erbschaft ist es erstens sowohl möglich, „die Kluft zwischen Individual- und Massenpsychologie zu überbrücken" und „Völker wie den einzelnen Neurotiker zu behandeln".[706]

Der Faktor des phylogenetisch Erworbenen steht Freuds Ansicht nach nicht im Einklang mit der Einstellung der biologischen Wissenschaft der späten 30er-Jahre des 20. Jahrhunderts, wohl aber mit Lamarcks Annahme der Vererbung erworbener Eigenschaften. Hier hält Freud ungeachtet der wechselnden biologischen Strömungen seiner Zeit am Lamarckismus fest. Mit der Annahme, dass das aus „Resterscheinungen der analytischen Arbeit" empirisch gewonnene Material auf das Vorhandensein von Erinnerungsspuren aus der archaischen Erbschaft (Phylogenese) schließen lässt, findet sich ein weiterer impliziter Bezug Freuds auf Haeckels biogenetisches Grundgesetz:

„Bei näherer Besinnung müssen wir uns eingestehen, daß wir uns seit langem so benommen haben, als stände die Vererbung von Erinnerungsspuren an das von Voreltern Erlebte, unabhängig von direkter Mitteilung und von dem Einfluß der Erziehung durch Beispiel, nicht in Frage. Wenn wir von dem Fortbestand einer alten Tradition in einem Volk, von der Bildung eines Volkscharakters sprechen, hatten wir meist eine solche ererbte Tradition und nicht eine durch Mitteilung fortgepflanzte im Sinne. Oder wir haben wenigstens zwischen den beiden nicht unterschieden und uns nicht klar gemacht, welche Kühnheit wir durch solche Vernachlässigung begehen. Unsere Sachlage wird allerdings durch die gegenwärtige Einstellung der biologischen Wissenschaft erschwert, die von der Vererbung erworbener Eigenschaften auf die Nachkommen nichts wissen will. Aber wir gestehen in aller Bescheidenheit, daß wir trotzdem diesen Faktor in der biologischen

---

705 A.a.O.: 206.
706 A.a.O.: 207.

Entwicklung nicht entbehren können. Es handelt sich zwar in beiden Fällen nicht um das Gleiche, dort um erworbene Eigenschaften, die schwer zu fassen sind, hier um Erinnerungsspuren an äußere Eindrücke, gleichsam Greifbares. Aber es wird wohl sein, daß wir uns im Grunde das eine nicht ohne das andere vorstellen können. Wenn wir den Fortbestand solcher Erinnerungsspuren in der archaischen Erbschaft annehmen, haben wir die Kluft zwischen Individual- und Massenpsychologie überbrückt, können die Völker behandeln wie den einzelnen Neurotiker. Zugegeben, daß wir für die Erinnerungsspuren in der archaischen Erbschaft derzeit keinen stärkeren Beweis haben als jene Resterscheinungen der analytischen Arbeit, die eine Ableitung aus der Phylogenese erfordern, so erscheint uns dieser Beweis doch stark genug, um einen solchen Sachverhalt zu postulieren. Wenn es anders ist, kommen wir weder in der Analyse noch in der Massenpsychologie auf dem eingeschlagenen Weg einen Schritt weiter. Es ist eine unvermeidliche Kühnheit".[707]

58.7 Das phylogenetische Wissen des Menschentieres um den Mord am Urvater

Freud schafft eine weitere Verbindung, die die „Kluft zwischen Mensch und Tier verringert". Beiden entspricht ein ähnliches Verhältnis zum archaisch Ererbten, aber in Verschiedenheit des Umfangs und der Inhalte. Während bei den Tieren das archaisch Ererbte den Instinkten entspricht, ist es beim „Menschentier" das Wissen um den einstigen Mord am Vater aus den prähistorischen Zeiten der Urhorde.

„Wir tun damit auch noch etwas anderes. Wir verringern die Kluft, die frühere Zeiten menschlicher Überhebung allzuweit zwischen Mensch und Tier aufgerissen haben. Wenn die sogenannten Instinkte der Tiere, die ihnen gestatten, sich von Anfang an in der neuen Lebenssituation so zu benehmen, als wäre sie eine alte, längst vertraute, wenn dies Instinktleben der Tiere überhaupt eine Erklärung zuläßt, so kann es nur die sein, daß sie die Erfahrungen ihrer Art in die neue eigene Existenz mitbringen, also Erinnerungen an das von ihren Voreltern Erlebte in sich bewahrt haben. Beim Menschentier wäre es im Grunde auch nicht anders. Den Instinkten der Tiere entspricht seine eigene archaische Erbschaft, sei sie auch von anderem Umfang und Inhalt. Nach diesen Erörterungen trage ich kein Bedenken auszusprechen, die Menschen haben es – in jener besonderen Weise – immer gewußt, daß sie einmal einen Urvater besessen und erschlagen haben".[708]

---

707 A.a.O.: 206f.
708 A.a.O.: 207f.

58.8 Zwei Fragen zu den Erinnerungsspuren der archaischen Erbschaft

Freud stellt zwei Fragen, um sie unmittelbar darauf zu beantworten:[709]

1. Unter welchen Bedingungen tritt eine Erinnerung in die archaische Erbschaft ein? Wenn das Ereignis wichtig genug war, sich oft genug wiederholt oder beides. Beide Punkte trafen bei der Tötung des Urvaters zu.

2. Wie kann jene Erinnerung aktiv werden, vom Es in das Bewusstsein vordringen (topischer Gesichtspunkt)? Es können viele Faktoren zutreffen, auch spontane Einflüsse wie bei der Ätiologie der Neurosen (akzidentelle Faktoren, vgl. Freuds Schema der Ergänzungsreihen). Von entscheidender Bedeutung ist der Wiederholungscharakter des Mordes am Vater der Urhorde: Eine „vergessene Erinnerungsspur" daran wird durch reale Wiederholungen dieses Ereignisses, wie z. B. den Mord an Moses oder den Mord an Christus erweckt.

Mit der Analogie „Was unsterblich im Gesang soll leben, muss im Leben untergehen" aus Schillers „Die Götter Griechenlands" schließt Freud diesen Gedankengang. Dieses Zitat weist auf zwei Aspekte hin: den konservierenden Charakter von Mythos und Kunst und den Einfluss der Verdrängung in der Realität des Lebens:

> *„Zwei weitere Fragen sind hier zu beantworten. Erstens, unter welchen Bedingungen tritt eine solche Erinnerung in die archaische Erbschaft ein; zweitens, unter welchen Umständen kann sie aktiv werden, d. h. aus ihrem unbewußten Zustand im Es zum Bewußtsein, wenn auch verändert und entstellt, vordringen? Die Antwort auf die erste Frage ist leicht zu formulieren: Wenn das Ereignis wichtig genug war oder sich oft genug wiederholt hat oder beides. Für den Fall der Vatertötung sind beide Bedingungen erfüllt. Zur zweiten Frage ist zu bemerken: Es mögen eine ganze Anzahl von Einflüssen in Betracht kommen, die nicht alle bekannt zu sein brauchen, auch ist ein spontaner Ablauf denkbar in Analogie zum Vorgang bei manchen Neurosen. Sicherlich ist aber von entscheidender Bedeutung die Erweckung der vergessenen Erinnerungsspur durch eine rezente reale Wiederholung des Ereignisses. Eine solche Wiederholung war der Mord an Moses; später der vermeintliche Justizmord an Christus, so daß diese Begebenheiten in den Vordergrund der Verursachung rücken. Es ist, als ob die Genese des Monotheismus diese Vorfälle nicht hätte entbehren können. Man wird an den Ausspruch des Dichters erinnert: „Was unsterblich im Gesang soll leben, muß im Leben untergehen".*[710]

58.9 Die Verdrängung als konservierendes Moment im Unbewussten

In diesem Gedankengang bezieht sich Freud wiederum auf die Gleichheit derselben Mechanismen bei der Zwangsneurose und der Religion und betont die Wichtigkeit der Verdrängung als konservierenden Mechanismus von Triebenergien. Durch ritu-

---

709 Vgl. a.a.O.: 208.
710 Ebd.

alisierte Aufhebung der Verdrängung, wie z. B. bei religiösen Zeremonien, entfalten verdrängte Inhalte „bei ihrer Wiederkehr so mächtige Wirkungen" (ökonomischer Aspekt):

> *„Zum Schluß eine Bemerkung, die ein psychologisches Argument beibringt. Eine Tradition, die nur auf Mitteilung gegründet wäre, könnte nicht den Zwangscharakter erzeugen, der den religiösen Phänomenen zukommt. Sie würde angehört, beurteilt, eventuell abgewiesen werden wie jede andere Nachricht von außen, erreichte nie das Privileg der Befreiung vom Zwang des logischen Denkens. Sie muß erst das Schicksal der Verdrängung, den Zustand des Verweilens im Unbewußten durchgemacht haben, ehe sie bei ihrer Wiederkehr so mächtige Wirkungen entfalten, die Massen in ihren Bann zwingen kann, wie wir es an der religiösen Tradition mit Erstaunen und bisher ohne Verständnis gesehen haben. Und diese Überlegung fällt schwer ins Gewicht, um uns glauben zu machen, daß die Dinge wirklich so vorgefallen sind, wie wir zu schildern bemüht waren, oder wenigstens so ähnlich" (1939a [G.W. XVI: 208f.]).*

58.10 Die phylogenetische und ontogenetische „Wiederkehr des Verdrängten"

Das „Verdrängte" bedeutet in diesem Kontext Vergangenes, Verschollenes und Überwundenes im Erleben eines Volkes. Freud setzt das kollektive, historische und phylogenetisch Verdrängte mit dem individuellen, ontogenetischen Verdrängten gleich. Wiederum baut er mit dieser Annahme auf Lamarcks Vererbung erworbener Eigenschaften und Haeckels biogenetischem Grundgesetz auf:

> *„Nachdem das Ensemble von Brüderklan, Mutterrecht, Exogamie und Totemismus eingerichtet war, setzte eine Entwicklung ein, die als langsame ‚Wiederkehr des Verdrängten' zu beschreiben ist. Den Terminus ‚das Verdrängte' gebrauchen wir hier im uneigentlichen Sinn. Es handelt sich um etwas Vergangenes, Verschollenes, Überwundenes im Völkerleben, das wir dem Verdrängten im Seelenleben des Einzelnen gleichzustellen wagen".*[711]

58.11 Psychische Niederschläge der Vorzeit als phylogenetisches Erbgut

1. Die psychischen Niederschläge aus den Urzeiten, entstammend aus den Ereignissen um den Mord am Vater der Urhorde und wurden Erbgut.

2. Dieses Erbgut wurde von Generation zu Generation weitervererbt.

3. Durch diese Vererbung brauchte dieses Erbgut nicht von jeder Generation neu erworben werden.

4. Daher brauchte es in jeder Generation nur wiedererweckt werden (sinngemäß: „Wiedererweckung statt Neuerwerbung").

---

711 A.a.O.: 241.

Beispiele für diese phylogenetische Erbschaft stellen eine „mitgeborene" Symbolik bei Kindern und Völkern (z. B. Sprachentwicklung) sowie die nicht dem eigenen Erleben entsprechenden, „instinktmäßigen, den Tieren vergleichbaren" Reaktionen von Kindern dar:

> „Wir entschließen uns endlich zur Annahme, daß die psychischen Niederschläge jener Urzeiten Erbgut geworden waren, in jeder neuen Generation nur der Erweckung, nicht der Erwerbung bedürftig. Wir denken hierbei an das Beispiel der sicherlich ‚mitgeborenen' Symbolik, die aus der Zeit der Sprachentwicklung stammt, allen Kindern vertraut ist, ohne daß sie eine Unterweisung erhalten hätten, und die bei allen Völkern trotz der Verschiedenheit der Sprachen gleich lautet. Was uns etwa noch an Sicherheit fehlt, gewinnen wir aus anderen Ergebnissen der psychoanalytischen Forschung. Wir erfahren, daß unsere Kinder in einer Anzahl von bedeutsamen Relationen nicht so reagieren, wie es ihrem eigenen Erleben entspricht, sondern instinktmäßig, den Tieren vergleichbar, wie es nur durch phylogenetischen Erwerb erklärlich ist".[712]

Ideeneinflüsse (u. a.): IV-II (Sellin), IV-II (Haeckel), IV-III (Lamarck)
Verbindungen zu psa. Theorieelementen (u. a.): Ätiologie der Neurosen, Ätiologie der Neurosen, Kulturtheorie, Massenpsychologie, Religion, Symbolik, Triebtheorie, Verdrängung, Völkerpsychologie, Wiederholungszwang

59. Abriß der Psychoanalyse (1938 [1940a])

59.1 Ontogenetische Wiederholung der Phylogenese in der Erziehung

Freuds Gedanke, dass sich der phylogenetische Entwicklungsweg der Menschheit zur Kultur und Zivilisation über die hereditäre Disposition des Individuums in dessen Ontogenese wiederholt, ist auf Haeckels biogenetischem Grundgesetz aufgebaut. Als zweites Element ist der zusätzliche Einfluss der Eltern zur allmählichen Bildung des Über-Ichs für den Prozess der Kulturentwicklung von Bedeutung:

> „Der kleine Primitive soll in wenigen Jahren ein zivilisiertes Menschenkind geworden sein, ein ungeheuer langes Stück der menschlichen Kulturentwicklung in fast unheimlicher Verkürzung durchgemacht haben. Dies wird durch hereditäre Disposition ermöglicht, kann aber fast niemals die Nachhilfe der Erziehung, des Elterneinflusses, entbehren, die als Vorläufer des Überichs die Aktivität des Ichs durch Verbote und Strafen einschränkt und die Vornahme von Verdrängungen begünstigt oder erzwingt".[713]

59.2 Der Traum als Quelle für phylogenetisches, prähistorisches Material

---

712 A.a.O.: 241.
713 Freud 1940a [G.W. XVI: 111f].

Trauminhalte, die weder aus dem aktuellen noch aus dem infantilen Leben des Träumers stammen, bilden für Freud einen Teil der von den Ahnen erworbenen, angeborenen archaischen Erbschaft. Weitere Teile der archaischen Erbschaft sind in den ältesten Sagen und den Gebräuchen der Menschheit enthalten:

> *„Darüber hinaus bringt der Traum Inhalte zum Vorschein, die weder aus dem reifen Leben noch aus der vergessenen Kindheit des Träumers stammen können. Wir sind genötigt, sie als Teil der archaischen Erbschaft anzusehen, die das Kind, durch das Erleben der Ahnen beeinflusst, vor jeder eigenen Erfahrung mit sich auf die Welt bringt. Die Gegenstücke zu diesem phylogenetischen Material finden wir dann in den ältesten Sagen der Menschheit und in ihren überlebenden Gebräuchen. Der Traum wird so eine nicht zu verachtende Quelle der menschlichen Vorgeschichte".*[714]

59.3 Das Über-Ich als Erbe des Ödipuskomplexes

Dieser Textausschnitt bringt, je nach Leseart, phylogenetische (Entwicklung der menschlichen Kultur nach dem Mord am Urvater) bzw. ontogenetische (Entwicklung des Individuums) Bedeutungen hervor:

> *„In der Tat ist das Überich der Erbe des Ödipuskomplexes und wird erst nach der Erledigung desselben eingesetzt. Seine Überstrenge folgt darum nicht einem realen Vorbild, sondern entspricht der Stärke der Abwehr, die gegen die Versuchung des Ödipuskomplexes aufgewendet wurde".*[715]

59.4 Phylogenetische und ontogenetische Facetten des Über-Ichs

Dieser Schlussteil aus dem „Abriß" enthält weitere implizite Einflüsse von Haeckel und Lamarck. Freud wiederholt hier komprimiert die komplexen Zusammenhänge zwischen phylogenetischer und ontogenetischer Entwicklung und deren Verbindungen zur Psychoanalyse, die ihn bis zu seinem Lebensende beschäftigt hatten.

Eine streng sondierte Zuordnung, in der die „Außenwelt" die „Macht der Gegenwart", das „Es" die organische Vergangenheit und das „Über-Ich" die „kulturelle Vergangenheit" repräsentiert, die das Individuum „gleichsam nacherleben soll" (vgl. Haeckels biogenetisches Grundgesetz) wäre eine Verallgemeinerung, deren allgemeine Gültigkeit Freud bezweifelt. Stattdessen wird der Bezugsrahmen des Über-Ichs von Freud massiv erweitert. Freuds Beschreibung dieser Instanz beinhaltet u. a. Berührungspunkte zu Ontogenese und Phylogenese, zu sozialen und kulturellen Einflüssen, zu räumlichen Dimensionen wie „Außenwelt" und „Innenwelt" und zu zeitlichen Vorstellungen wie „Vergangenheit" und „Gegenwart". Die „kulturellen Erwerbungen" des Über-Ichs vererben sich als „Niederschläge" im Es (vgl.

---

714 A.a.O.: 89.
715 A.a.O.: 137.

Lamarcks zweites Gesetz von der Vererbung erworbener Eigenschaften). Einiges, das vom Kind in der Ontogenese neu erlebt wird, erfährt durch die unbewusste Wiederholung phylogenetischen Erlebens eine Verstärkung (impliziter Einfluss von Haeckels biogenetischem Grundgesetz).

Gegen Ende dieser unvollendet gebliebenen Schrift wiederholt Freud das Zitat aus Goethes Faust, das bereits in „Totem und Tabu" (1912-13a) den Schlusspunkt gesetzt hatte. „Väter" steht stellvertretend für die phylogenetischen Ahnen vieler Generationen („Was Du ererbt von Deinen Vätern hast, erwirb es, um es zu besitzen"). Das Über-Ich nimmt eine „Mittelstellung zwischen Es und Außenwelt" ein, da es gleichzeitig Einflüsse der Vergangenheit und der Gegenwart enthält. Es beinhaltet sowohl das sich durch die ontogenetische Entwicklung kumulierende und internalisierende biologische und kulturelle Erbe der ontogenetischen Eltern als auch das phylogenetische Erbe einer langen Ahnenreihe bis hin zu den Ursprüngen der menschlichen Gesellschaft, bis hin zu den dramatischen Ereignissen zwischen Urhorde und dem Urvater mitsamt ihren Auswirkungen:

> *„In solcher Art setzt das Überich fort, die Rolle einer Aussenwelt für das Ich zu spielen, obwohl es ein Stück Innenwelt geworden ist. Es vertritt für alle späteren Lebenszeiten den Einfluss der Kinderzeit des Individuums, Kindespflege, Erziehung und Abhängigkeit von den Eltern, der Kinderzeit, die beim Menschen durch das Zusammenleben in Familien so sehr verlängert worden ist. Und damit kommen nicht nur die persönlichen Eigenschaften dieser Eltern zur Geltung, sondern auch alles, was bestimmend auf sie selbst gewirkt hat, die Neigungen und Anforderungen des sozialen Zustandes, in dem sie leben, die Anlagen und Traditionen der Rasse, aus der sie stammen. Bevorzugt man allgemeine Feststellungen und scharfe Sonderungen, so kann man sagen, die Aussenwelt, in der sich der Einzelne nach der Ablösung von den Eltern ausgesetzt finden wird, repräsentiere die Macht der Gegenwart, sein Es mit seinen vererbten Tendenzen die organische Vergangenheit und das später hinzugekommene Überich vor allem die kulturelle Vergangenheit, die das Kind in den wenigen Jahren seiner Frühzeit gleichsam nacherleben soll. Solche Allgemeinheiten können nicht leicht allgemein richtig sein. Ein Teil der kulturellen Erwerbungen hat gewiss seinen Niederschlag im Es zurückgelassen, vieles, was das Überich bringt, wird einen Widerhall im Es wecken; manches, was das Kind neu erlebt, wird eine verstärkte Wirkung erfahren, weil es uraltes phylogenetisches Erleben wiederholt (‚Was Du ererbt von Deinen Vätern hast, erwirb es, um es zu besitzen‘). So nimmt das Überich eine Art von Mittelstellung zwischen Es und Aussenwelt ein, es vereinigt in sich die Einflüsse von Gegenwart und Vergangenheit. In der Einsetzung des Überichs erlebt man gleichsam ein Beispiel davon, wie Gegenwart in Vergangenheit umgesetzt wird".*[716]

Ideeneinflüsse (u. a.): IV-II (Haeckel), IV-III (Goethe), IV-III (Lamarck), IV-V (Sagen)

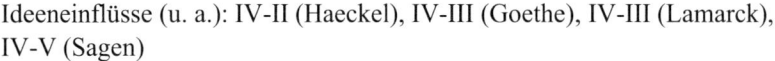

716 A.a.O.: 138.

Verbindungen zu psa. Theorieelementen (u. a.): Ätiologie der Neurosen, Kultur-theorie, Ödipuskomplex, psychische Instanzen, psychosexuelle Entwicklung, Symbolik, Traumdeutung, Triebtheorie, Verdrängung, Wiederholungszwang

60. Ergebnisse, Ideen, Probleme (1941f [1938])

60.1 Freuds letzte entwicklungsgeschichtliche Aufzeichnungen

Das 60. und letzte Glied dieser Sequenz entwicklungsgeschichtlicher Ideen besteht aus drei Sätzen aus Freuds Nachlass, die von ihm in seiner letzten Residenz in 20 Maresfield Gardens, London im Juni 1938, ca. 15 Monate vor seinem Tod verfasst wurden.[717] In ihnen verdichten sich die, bis zu seinem Lebensende entwickelten Ideen bezüglich Phylogenese, Ontogenese, des archaischen Erbes und der Anpassungsmechanismen des Subjekts und der Art. Wiederum zeigen sich implizite Einflüsse von Lamarcks Idee der Vererbung erworbener Eigenschaften bzw. Haeckels biogenetischem Grundgesetz:

> *„12. VII. Beim Neurotiker ist man wie in einer praehistorischen Landschaft, z. B. im Jura. Die grossen Saurier tummeln sich noch herum, und die Schachtelhalme sind palmenhoch (?).*
>
> *20. VII. Die Annahme von Erbspuren im Es ändert sozusagen unsere Ansichten darüber.*
>
> *20. VII. Dass das Individuum an seinen inneren Konflikten zugrunde geht, die Art im Kampf mit Aussenwelt, an die sie nicht mehr angepasst ist, verdient Aufnahme im Moses".*[718]

Ideeneinflüsse (u. a.): IV-II (Haeckel), IV-III (Lamarck)
Verbindungen zu psa. Theorieelementen (u. a.): Ätiologie der Neurosen, Kultur-theorie, Ödipuskomplex, psychische Instanzen, Triebtheorie, Wiederholungszwang

Appendix A: Übersicht über die Bereiche einer „archaischen Erbschaft"

In der nachstehenden Tabelle wurden diejenigen psychoanalytisch relevanten Bereiche der „archaischen Erbschaft" gesammelt, die an den jeweiligen Textstellen in

---

717 Das Wort „Residenz" klingt, ohne die biographisch-historischen Ursachen, die Freud in sein Exil getrieben hatten, zu berücksichtigen, wie eine romantisierende Verharmlosung. Unter lebensbedrohlichen gesundheitlichen und politischen Umständen gelang es Freud – nach dem Anschluss Österreichs am 13.3.1938 und den zunehmenden Verschärfungen antisemitischer Verfolgungen – über Intervention des amerikanischen Diplomaten William Bullit und durch Bezahlung einer „Reichsfluchtsteuer" durch Marie Bonaparte im Juni 1938 Wien mit seiner Familie zu verlassen (vgl. Roudinesco & Plon 1997 [2004: 308]).
718 Freud 1941f [1938], G. W., XVII: 151f.

der vorangegangenen Sequenz entwicklungsgeschichtlicher Ideen von Freud mindestens einmal genannt wurden.[719] Auffällig ist sowohl die Anzahl als auch die Streuung der Bereiche, die mit allen Gebieten der freudschen Psychoanalyse in Verbindung stehen.

Bereich	Werk/ Fundstelle	Quelle
Affekte	XXV. VO: Die Angst	(1916-17a [G.W., XI: 410f.])
Allmacht der Gedanken	Das Unheimliche	(1919h [G.W., XII: 261f])
Ambivalenz Gott/ Teufel (Beziehung zum Urvater)	Eine Teufelsneurose im 17. Jahrhundert	(1923d [G.W. XIII: 330f.])
Denkdispositionen	Der Mann Moses u. d. monoth. Rel.	(1939a [G.W., XVI: 205f.])
Entwicklung des Ichs/ der Libido	XXII. VO: Gesichtspunkte der Entwicklg. u. Regression. Ätiologie	(1916-17a [G.W., XI: 367])
Geburtsangst	XXV. VO: Die Angst	(1916-17a [G.W., XI: 411])
Gefühlsambivalenz	Brief an Stefan Zweig	Brief vom 19.10.1920 in: Briefe [1980: 350])
Gebräuche	Abriß der Psychoanalyse	(1940a [G.W. XVI: 89])
Hypnose (Beziehung zum Urvater)	Massenpsych. u. Ich-Analyse	(1921c [G.W., XIII: 141f.])
Ichideal	Das Ich und das Es	(1923b [G.W. XIII: 264f.])
Ichverschiedenheit (Abwehrmechanismen)	Die endl. u. d. unendl. Analyse	(1937c [G.W., XVI: 86])
Instinktmässige kindliche Reaktionen	Der Mann Moses u. d. monoth. Rel.	(1939a [G.W. XVI: 241])
Inzestwunsch	Die Frage der Laienanalyse	(1926e [G.W., XIV: 243])
Kastrationsangst	Die Frage der Laienanalyse	(1926e [G.W., XIV: 240])
Kastrationskomplex	Der Mann Moses u. d. monoth. Rel.	(1939a [G.W. XVI: 206])
Konstitutionelle Anlagen	XXIII. VO: Die Wege der Symptombildung	(1916-17a [G.W., XI: 375f.])

---

719 Obwohl Mehrfachzuordnungen möglich sind, wird jeweils nur eine exemplarische Fundstelle pro Bereich angeführt.

Kunst (konservierendes Moment)	Der Mann Moses u. d. monoth. Rel.	(1939a [G.W. XVI: 208])
Masochismus	D. ökonom. Probl. d. Masochismus	(1924c [G.W., XIII: 377])
Mythos (konservierendes Moment)	Der Mann Moses u. d. monoth. Rel.	(1939a [G.W. XVI: 208])
Mythos des Helden	Massenpsych. u. Ich-Analyse	(1921c [G.W., XIII: 152])
Ödipuskomplex	Der Mann Moses u. d. monoth. Rel.	(1939a [G.W. XVI: 206])
Ödipuskomplex – Schuldgefühl	Das Unbehagen in der Kultur	(1930a [G.W., XIV: 490])
Phänomene der Masse (Urhorde)	Massenpsych. u. Ich-Analyse	(1921c [G.W., XIII: 136f.])
Phobien der Kindheit	Hemmung, Symptom, Angst	(1926d [G.W., XIV: 201])
Primitive Geistestätigkeit als instinktiver Kern	Aus der Geschichte einer infantilen Neurose	(1918b [G.W., XII: 156f.])
Regressiver Aspekt der Pathologie	„Psychoanalyse" u. „Libidotheorie"	(1923a [G.W., XIII: 228])
Sagen	Abriß der Psychoanalyse	(1940a [G.W. XVI: 89])
Sprachsymbolik	Der Mann Moses u. d. monoth. Rel.	(1939a [G.W., XVI: 205f.])
Symbolik	Die endl. u. d. unendl. Analyse	(1937c [G.W., XVI: 86])
Telepathie (direkte psychische Übertragung)	XXX. VO: Traum und Okkultismus	(1933a [G.W., XV: 59f.])
Totemistische Denkweise	Hemmung, Symptom, Angst	(1926d [G.W., XIV: 131])
Träume	Abriß der Psychoanalyse	(1940a [G.W. XVI: 89])
Triebstärke des Es	Die Frage der Laienanalyse	(1926e [G.W., XIV: 276])
Triebdispositionen	Der Mann Moses u. d. monoth. Rel.	(1939a [G.W., XVI: 205f.])
Über-Ich	Das Ich und das Es	(1923b [G.W. XIII: 263])
Übertragung (Beziehung zum Urvater)	Massenpsych. u. Ich-Analyse	(1921c [G.W., XIII: 141f.])
Unbewusstes Verdrängtes	Massenpsych. u. Ich-Analyse	(1921c [G.W., XIII: 79])
Urphantasien	XXIII. VO: Die Wege der Symptombildung	(1916-17a [G.W., XI: 386])

Verdrängung (konservierendes Moment)	Der Mann Moses u. d. monoth. Rel.	(1939a [G.W. XVI: 208f.])
Wissen um den Mord am Urvater	Der Mann Moses u. d. monoth. Rel.	(1939a [G.W. XVI: 207f.])
Zwangshandlungen – Religion (Urvater)	Kurzer Abriß der Psychoanalyse	(1924f [G.W., XIII: 423])

Appendix B. Metapsychologisches zur „archaischen Erbschaft"

Auf metapsychologischer Ebene kommen alle drei dynamischen, ökonomischen und topischen Aspekte beim phylogenetischen[720] „archaischen Erbe" zum Ausdruck. Dem dynamischen Aspekt, über den während der analytischen Arbeit versucht wird, psychisches Geschehen bis hin zu dessen unbewussten Quellen von miteinander in Konflikt befindlichen Triebregungen aufzuspüren, entsprechen z. B. ödipale Konflikte wie Inzestwunsch, Gefühlsambivalenz oder Kastrationsangst.

Dem ökonomischen Aspekt, über den versucht wird, die verschiedenen Quantitäten, Qualitäten und Umwandlungen der psychischen Energie (z. B. Besetzungsgrößen, gebundene bzw. ungebundene psychische Energie, Triebabfuhr) zu bestimmen, entspricht z. B. die Stärke oder der Ausdruck der für Abwehrvorgänge aufgewendeten Energie, die z. B. gegen die Verführungen des Ödipuskomplexes eingesetzt wird (Stärke von Gegenbesetzungen, Verdrängungsaufwand, Intensität der Triebabfuhr etc.).

Dem topischen Aspekt, über den versucht wird, verschiedene Bereiche psychischer Vorgänge zu spezifizieren, entspricht z. B. die Verdrängung einer Erinnerung (z. B. die Erinnerung an den Mord am Urvater) im Unbewussten. Durch Aufheben der Verdrängung können unbewusste Inhalte in den Bereich des Bewussten übergehen. Ein weiterer topischer Aspekt auf phylogenetischer Ebene innerhalb der, mit dem System „Ubw – Vbw – Bw" koexistierenden psychischen Instanzen Es, Ich und Über-Ich bedeutet die Bildung des kulturellen Über-Ichs nach dem Untergang des stammesgeschichtlichen Ödipuskomplexes, nach den Ereignissen zwischen Urvater und Urhorde, durch Religion und Gesetze.

---

720 Ähnliche metapsychologische Relationen bilden sich auf der ontogenetischen Ebene ab, wobei der „Urvater" bzw. „die Urhorde" dem jeweiligen Vater bzw. der jeweiligen Familie des Individuums (Kat. I) entspricht.

IX. Ergebnisse

1. Ergebnisse aus der Sequenz entwicklungsgeschichtlicher Ideen

Die Untersuchung des Textmaterials brachte folgende Erkenntnisse:

1. In seiner Entwicklung der Psychoanalyse verwendete Freud bis zu seinen letzten überlieferten Aufzeichnungen des Jahres 1938 entwicklungsgeschichtliche Ideen und Konzepte, die (u. a.) durch Lamarcks und Haeckels entwicklungsgeschichtliche Theorien beeinflusst waren. Eine angebliche Distanzierung Freuds davon lässt sich nicht bestätigen.[721]

2. Lamarcks und Haeckels Ideeneinflüsse in Freuds Werk können als implizit beurteilt werden. Sie wurden von Freud nicht durch direkte Zitation der Namen „Haeckel" bzw. „Lamarck" expliziert, sondern er spielte indirekt durch spezielle Begriffe auf sie an (z. B. durch den Begriff „archaische Erbschaft" auf Lamarck oder durch „Ontogenese" bzw. „Phylogenese" auf Haeckel).

3. Die Ideeneinflüsse von Lamarck und Haeckel sind untrennbar mit Freuds Entwicklung der Psychoanalyse als Behandlungsmethode und Wissenschaft verbunden. Innerhalb der psychoanalytischen Theorie betreffen die Ideeneinflüsse Lamarcks und Haeckels nicht nur den Bereich von Freuds „angewandter Psychoanalyse"[722] (Biographien, Schriften zum Ursprung von Religion, Gesellschaft, Kunst, Literatur etc.), sondern auch den Bereich der psychoanalytischen Behandlung von Patienten (z. B. Abwehrmechanismen, Neurosenlehre, Traumdeutung, psychosexuelle Entwicklung) sowie die Metapsychologie.

4. Innerhalb des dynamischen Zusammenwirkens von phylogenetischen und ontogenetischen Entwicklungsverläufen ist eine klare Tendenz Freuds erkennbar, dem ontogenetischen Moment vor dem phylogenetischen z. B. bei der klinischen Deutungsarbeit, Vorrang einzuräumen. In beiden Entwicklungsverläufen bildet sich der Ödipuskomplex ab. Dies bedeutet aus Freuds Sicht eine Verbindung zwischen der psychosexuellen Entwicklung des Individuums und der biologischen, historischen, religiösen und soziokulturellen Entwicklung des Menschen.

5. Aus dem Gebiet der vergleichenden Anatomie übernahm Freud implizite Einflüsse von u. a. Goethe, Darwin und Haeckel sowie von seinen unmittelbaren Lehrern (z. B. Claus, Meynert, Brücke, Breuer). Freuds Vergleiche „sogenannter" Wilder, Kosmogonien und Mythen, der verschiedenen Formen der Neurosen, der infantilen Sexualität, der phylogenetischen und ontogenetischen Bedeutung des Ödipuskomplexes, sowie seine damit verbundenen theoretischen

---

721 Entgegen der diesbezüglichen Aussage von Roudinesco & Plon (vgl. sechstes Kapitel, S. 134).
722 Entgegen der Behauptung von Ritvo (vgl. sechstes Kapitel, S. 134).

Überlegungen zu Kunst, Religion und Kultur sind Ausdruck dieser vergleichend-anatomischen Betrachtungsweise.

6. In seinem „Nachtrag zu psychoanalytischen Bemerkungen über einen Fall von Paranoia (1912a)" kündigte Freud der Öffentlichkeit die phylogenetische Ebene als ergänzende Erweiterung zur ontogenetischen Ebene der Psychoanalyse an (siehe Punkt 13.1 in der „Sequenz entwicklungsgeschichtlicher Ideen", S. 200).

7. Untersuchungsergebnisse zum Einfluss Lamarcks auf Freud: Nicht nur Lamarcks Idee einer Vererbung erworbener Eigenschaften (Lamarcks zweites Gesetz), sondern auch seine Ideen bezüglich einer adaptiven Variation und dem Gebrauch bzw. Nichtgebrauch von Organen (Lamarcks erstes Gesetz) wurden von Freud in Verbindung mit der Psychoanalyse, insbesondere mit alloplastischen bzw. heteroplastischen Interaktionsmechanismen zwischen Individuum und Umwelt, gebracht. Diesbezügliche Belege stammen z. B. aus Freuds Briefwechsel mit Ferenczi, Groddeck und Abraham.[723]

8. Untersuchungsergebnisse zum Einfluss Goethes auf Freud: Mit seinen (möglichen) Bezügen zu Goethes Schrift „Urworte. Orphisch" (Dämon und Tychê) (impliziter Ideeneinfluss Kat. III) stellt Freud auch eine Verbindung zwischen der psychoanalytischen Theoriebildung (Ergänzungsreihen in der Ätiologie der Neurosen) und Goethes morphologischen Arbeiten her.[724]

9. Untersuchungsergebnisse zum Einfluss Haeckels auf Freud: Haeckels biogenetisches Grundgesetz wurde nicht als ein so starrer Entwicklungsvorgang konzipiert, wie es durch eine reduktionistische Interpretation wie „Die Ontogenese wiederholt die Phylogenese" erscheinen mag. Auch das Wirken der – neben der phylogenetischen und ontogenetischen – dritten Ergänzungsreihe, der „systematischen Entwicklung", sowie die Interaktionen dieser drei Reihen innerhalb von Haeckels Vererbungs- und Anpassungsgesetzen sind für ein differenziertes Verständnis des biogenetischen Grundgesetzes, wie es von Haeckel konzipiert wurde, von wesentlicher Bedeutung.[725] Strukturelle Ähnlichkeiten zwischen den Konzepten der haeckelschen Entwicklungsreihen und Freuds Ergänzungsreihen fallen auf. Zwischen Haeckel und Freud wurden in diesem Buch weitere Verbindungen herausgearbeitet, die über Freuds Verwendung von Haeckels biogenetischem Grundgesetz hinausreichen. In all diesen Fällen publizierte Haeckel diese Bezüge 49 Jahre vor Freud, blieb aber von Freud in dessen eigenen Schriften diesbezüglich namentlich unerwähnt. Eine dieser Verbindungen verläuft über Haeckels und Freuds gemeinsame Bezüge zu Schillers „Hunger

---

723 Vgl. Punkt 19, S. 217-222 (Ferenczi), Punkt 27, S. 238-239 (Groddeck) und Punkt 28, S. 239-240 (Abraham) im achten Kapitel.
724 Vgl. Punkt 12. 1 (S. 199-200) bzw. Punkt 26. B. 3 (S. 234) im achten Kapitel.
725 Vgl. sechstes Kapitel, S. 148-156.

und Liebe" in dessen Gedicht „Die Weltweisen" (1795), dadurch auch zu den beiden Triebgruppen der Vererbung und Anpassung, die sowohl ursprünglich Darwin, dann Haeckel und auch Freud in seiner ersten Triebtheorie angenommen hatten.[726] Auch zu Empedokles und dessen Idee eines kontinuierlichen Kampfes der einander gegensätzlichen Naturkräfte Liebe und Hass stellten sowohl Haeckel als auch Freud Bezüge her und integrierten sie innerhalb ihrer unterschiedlichen Systeme. Die Grundzüge beider Triebtheorien Freuds lassen sich somit in Haeckels System, das seinerseits wiederum eine Synthese von Ideen anderer Personen (u. a. Lamarck, Goethe, Darwin, Empedokles) beinhaltet, zwar in einem anderen systemischen Zusammenhang, aber in ähnlicher Wirkungsweise erkennen. Eine weitere Verbindung zwischen beiden bildet sich aus ihren ähnlichen kritischen Bezügen zu geozentrischen bzw. anthropozentrischen Dogmata.[727]

2. Weitere Ergebnisse

Neben den Einflüssen von Lamarck und Haeckel auf Freud, die sich als umfangreicher und komplexer herausstellten, als sie in der hier untersuchten Sekundärliteratur beschrieben wurden, brachte vor allem das Erkennen von morphologischen Strukturen und Freuds Bezügen zu Vererbungs- und Anpassungsmechanismen einen wertvollen Erkenntnisgewinn während der Arbeit an der Sequenz entwicklungsgeschichtlicher Ideen.

Wenn die Umwelt auf einen Organismus laufend einwirkt und dieser innerhalb seiner Möglichkeiten der Anpassung einen Weg findet, auf diese Umwelteinflüsse in aktiver Weise zu antworten, dann stellte sich für Freud (und Andere) die Frage, wie sich diese ursprüngliche Idee Lamarcks in psychischen Bereichen darstellt. An dieser Stelle soll, anknüpfend an Punkt 36.4, der Entwicklung des Ichideals aus Freuds „Massenpsychologie und Ich-Analyse" (1921c), als Gedankenexperiment versucht werden, die Bildung jener Instanz nach dem Mechanismus eines Anpassungsvorganges zu überlegen. Durch den Gedanken, dass die Eltern als Übermittler der vererbten Anlagen des Kindes gleichzeitig auch (in den meisten Fällen) dessen biographisch zuerst einwirkende Umwelt (Kat. I) darstellen, eröffnet sich im Verhältnis zwischen „Anlagen" („Ererbtem") und „Umwelt" (Erworbenem) eine interessante Perspektive. Aus diesem Aspekt ist die Beziehung zwischen „Anlage (Ererbtes) und Umwelt (Erworbenes) – vergleichbar mit dem, was Lamarck, Haeckel und Freud zwar in jeweils unterschiedlichen Konzepten, aber auf zueinander ähnliche Weisen angenommen hatten – ein dynamisches Geschehen und Ausdruck von

---

726 Vgl. sechstes Kapitel, S. 159-163.
727 Vgl. sechstes Kapitel, S. 164-165 („Kopernikus-Metapher").

304

einander wechselseitig beeinflussenden, intersubjektiven Prozessen innerhalb der Realität.[728]

Das bedeutet, dass durch Einflüsse der primären Umwelt (z. B. Interaktionen mit den Eltern und deren Regeln) soziale Anpassungsanforderungen an das Kind gestellt werden, die dazu führen, dass sich im Kind intrapsychisch eine Instanz heranbildet, die diese Anforderungen – z. B. über Identifizierungen mit den Bezugspersonen – im Laufe der Zeit internalisiert und repräsentiert. Diese, ontogenetisch neu erworbene Instanz steht sowohl mit anderen intrapsychischen Instanzen als auch mit der realen Außenwelt in Beziehung, indem sie, wie, z. B. in Konflikte geraten können. So gesehen bilden die von den Eltern, der primären Umwelt des Kindes, übernommenen Gebote, Verbote, Ideale, moralischen Werte etc. Einflüsse, aus denen sich das Über-Ich intrapsychisch bildet. Über weitere Erwerbungen, wie Identifizierungen (z. B. Vorbilder) und Formen der Anpassung, bzw. über aktive, heteroplastische Mitgestaltung der, sich erweiternden Umwelt (z. B. Familie, Schule, Arbeitsplatz, Gesellschaft) entwickelt sich in vielfältigen formenden Prozessen die Persönlichkeit des Individuums. Innerhalb dieser Entwicklungsmöglichkeiten sind vielfältige Differenzierungen und verschiedene Grade der Entwicklung möglich.

Gedanken über die Beziehungen zwischen Individuum und Umwelt mit damit verbundenen alloplastisch und heteroplastisch formenden Mechanismen sind auch von Interesse für die Psychotherapiewissenschaft. Aus dieser Perspektive betrachtet, stellt Psychotherapie eine Art von Umwelteinfluss auf transformative Prozesse des subjektiven Erlebens innerhalb eines behandlungstechnischen, methodenspezifischen Settings dar. Über Kontakt mit dieser „therapeutischen Umwelt" können sich Ressourcen, Reflexionsfähigkeit und Interaktionsmechanismen eines oder mehrerer Individuen entwickeln. Damit ist Psychotherapie auch eine Gelegenheit zur individuellen Evolution unter kontrollierten, für die Persönlichkeitsentwicklung eines Menschen förderlichen Bedingungen innerhalb dieser therapeutischen, beziehungsfokussierten Umwelt.[729]

Das gesamte Buch hat neben der primären Forschungsfrage, wer Freud Ideen gab, auch mit dem Erkennen und Erforschen von Entwicklungsprozessen und damit verbundenen Unschärfen zu tun. Der Forschungsprozess führte über die Ent-

---

728 Einer der Unterschiede zwischen dem Modell von Freuds Bildung der Instanz „Ichideal" bzw. „Über-Ich" und dem Lamarckschen Modell der Organbildung (Lamarcks erstes Gesetz) liegt darin, dass es sich bei Lamarck primär um das „besoin" (Bedürfnis) des Individuums handelt. Bei der Bildung des Ichideals ist es aber das Bedürfnis der Anderen, das sich über soziale Regeln etc. darstellt und bei Konflikten im Gegensatz zu den narzisstischen Bedürfnissen (z. B. nach sofortiger Triebbefriedigung) des Individuums steht („Ähnlich aber anders").

729 Innerhalb dieser therapeutischen Umwelt wirken methodenspezifisch unterschiedlich formulierte und gewichtete Qualitäten. In der psychoanalytischen Methode sind dies z. B. Begriffe wie: therapeutische Beziehung, freie Assoziation, Übertragung, Widerstand, Agieren, unbewusste Prozesse, szenisches Verstehen, Traumdeutung etc.

wicklung einer dafür eigens konzipierten Methodik zu Möglichkeiten, einige von Freuds Ideeneinflüssen in seiner Entwicklung der Psychoanalyse systematisch nachzuvollziehen.

In der Sequenz entwicklungsgeschichtlicher Ideen wurde besonderen Ideeneinflüssen auf Freud durch vor allem Lamarck und Haeckel intensiv nachgegangen. Diese Sequenz bildet somit auch ein Stück Entwicklungsgeschichte der Psychoanalyse aus einer subjektiven Perspektive ab.

Ein weiterer Gedanken, der durch die Arbeit an dieser Sequenz genährt wurde, ist der, dass die Entwicklung des Menschen als Art nicht nur von evolutionsbiologisch-historischem Interesse ist, sondern dass diese Entwicklungsprozesse auch fortlaufend in der Gegenwart stattfinden. Die Entwicklung eines Individuums schreibt sich so gleichzeitig auch in die gegenwärtige Entwicklung der Menschenart ein, die wiederum einen Einfluss auf die Entwicklung des Individuums bedeutet. Gemessen an der zahlenmäßigen Bedeutung des Einzelnen innerhalb der Gesamtheit der Menschheit und an den individuellen Lebensspannen im Vergleich zur Geschichte der Hominiden bedeutet das zwar einen äußerst geringen und nicht einfach einzuschätzenden Anteil, aber dennoch: Jeder Einzelne leistet in seinem Leben seinen individuellen Beitrag zur Conditio humana. Im Gegenwärtigen verbinden sich die historischen Einwirkungen der Vergangenheit mit den momentanen Geschehnissen. Im Gegenwärtigen liegen neben den Keimen der Entwicklung des Zukünftigen genauso Reinszenierungen, die aus der „Wiederkehr des Verdrängten" stammen. So gesehen wird die Phylogenese von morgen auch die Summe aller heutigen Ontogenesen mitsamt ihren Einflüssen aus der Vergangenheit in Form von Erinnerungen, Erfahrungen, kulturellen Errungenschaften bzw. Zerstörungen derselben und damit in Verbindung stehenden Entwicklungen beinhalten.

Von diesen entwicklungsgeschichtlichen Themen zum Hauptthema zurückkehrend, stellen sich, zum Ende dieses Buches kommend die Fragen, woraus ihr Succus besteht und worin ihr psychotherapiewissenschaftlicher Beitrag bestehen kann.

Die Antwort auf die Forschungsfrage „Wer Freud Ideen gab" besteht sowohl aus der, hier durchgeführten Nennung von Namen, die für Ideeneinflüsse auf Freud infrage kommen, als auch in der Aussage, dass Freud selbst (Kat. IV) es war, der aus diesen Ideeneinflüssen innerhalb der zeit- und ideengeschichtlichen Bedingungen und innerhalb seiner spezifischen biographischen Umstände die Psychoanalyse entwickelt hatte. Es wurde versucht, nicht das Trennende, sondern die Wechselbeziehungen all dieser Komponenten differenziert zu betrachten und bei der Beantwortung der Forschungsfrage zu berücksichtigen.

Neben der Konstruktion einer Sequenz phylogenetischer Ideen in Freuds Werk (S. 174-298) und einer Zusammenstellung von Namen, die einige von Freud validierte Ideeneinflüsse darstellen (S. 307-314), bilden häufig verwendete Begriffe, wie „Ideen", „Einflüsse", „Beziehungen", „Verbindungen", „Entwicklungen", sowie der Versuch, die mit der Forschungsfrage verbundenen Unschärfen im Forschungsprozess zu erkennen und zu integrieren, die Hauptmerkmale dieses Buches. Durch den Bezug zu Freud bilden all diese Elemente eine gemeinsame Richtung und einen gemeinsamen Fokus. Mit den Kategorien zur Bestimmung von

Ideeneinflüssen, dem damit verbundenen Modell und der methodischen Perspektive „Ähnlich aber anders", wurden qualitativ-methodische Instrumente entwickelt und angewendet, die dem Forschungsprozess nützlich sein sollten, indem durch sie versucht wurde, Ideeneinflüsse und ihre Wechselwirkungen systematisch erfassbar und darstellbar zu machen. Die Arbeit knüpfte so an vieles bereits Bestehendes an und bietet wiederum Anknüpfungspunkte für weitere Forschungen und Diskurse.

3. Sammlung von Personen und deren Ideen, die Einfluss auf Freud hatten

Unter Berücksichtigung der im fünften Kapitel „Unschärfen bei der Bestimmung von Freuds Ideeneinflüssen" (S. 101-128) besprochenen Varianten, die die Bestimmung von Ideeneinflüssen komplex gestalten, sind in der folgenden Tabelle einige Namen und mit ihnen in Beziehung stehende Ideen verzeichnet.

Diese Sammlung entbehrt einen Anspruch auf Vollständigkeit sowohl bezüglich Personen als auch der mit ihnen verbundenen Ideen. Sie ist als Ausgangsbasis, die weitere Forschungsarbeiten dienlich sein kann, gedacht, wobei hier sowohl extensive (z. B. ein Herausgeberband mit alphabetisch gereihten Kurzbiographien und Einflüssen jener Personen auf Freud) als auch intensive (z. B. Spezialisierungen auf ausgewählte Personen und Themenbereiche) Erweiterungen und Formen für weitere Arbeiten denkbar sind. Die Personen in dieser Tabelle und die mit ihnen in Verbindung stehenden Ideen wurden von Freud an den jeweils angegebenen Textstellen durch Nennung ihres Namens validiert. Ausnahmen davon (Attributionen anderer Autoren) sind speziell gekennzeichnet.

Name	Kat.	Idee	Quelle
Abel, Karl (1837-1906)	II	Urworte (Abel, 1884)	Die Traumdeutung (1900a [G.W., II-III: 323) Über den Gegensinn d. Urworte (1910f [G.W., VIII: 215])
Abraham, Karl (1877-1925)	II	Mitteilung eines Falles von kindlicher Tierphobie	Totem u. Tabu, Vorwort (1912-13a [G.W., IX: 155])
	II	Zusammenhang Melancholie u. Trauer	Trauer u. Melancholie (1916-17g [G.W., X: 428])
Adler, Alfred (1870-1937)	II	Triebverschränkung	Analyse d. Phobie eines fünfjährigen. Knaben. (1909b [G. W., VII: 341])

	II	Freud übernahm von Adler Begriffe, wie: Triebverschränkung, Verkehrung eines Triebes in sein Gegenteil, Richtung des Triebes auf die eigene Person, Aggressionstrieb. Freud führte den Begriff „Ichideal" kurz nach dem Begriff von Adlers „Persönlichkeitsideal" ein. Freuds „Über-Ich" enthält Hauptmerkmale von Adlers „Gegenfiktion"[730]	Vgl. Ansbacher & Ansbacher 1956 [2004: 22]
Albertus Magnus (ca. 1200-1280)	III	Erste Nennung der „Regression"	Die Traumdeutung (1900a [G.W., II-III: 547])
Aristoteles (384-322 v. Chr.)	III	Traum ist Fortsetzung des Denkens im Schlafzustand	Die Traumdeutung (1900a [G.W., II-III: 555])
	III	Freuds Analogie zwischen „phylogenetischen Schemata" und den „Kategorien" des Aristoteles	Aus der Geschichte einer infantilen Neurose (1918b [G.W., VIII: 155])
Atkinson , J.J.	II	Mord am Urvater durch Vereinigung der vertriebenen Söhne, Brüderhorde als nächste soziale Stufe	Totem u. Tabu (1912-13a [G.W., IX: 172])
	II	Nennung von Atkinsons Einfluß auf Totem und Tabu (1912-13a)	Zeitgemäßes über Krieg u. Tod (1915b [G.W., X: 345])
Bachofen J. J. (1815-1887)	II	Parallele zwischen Stadien der Evolution der menschlichen Gesellschaft und Stadien der Libidoentwicklung	Ellenberger 1970 [2005: 753f.]
Benedikt, Moriz (1835-1920)	II	Rolle der Tagträume	Die Traumdeutung (1900a [G.W., II-III: 495])
Börne, Ludwig (1786-1837)	III	Frei assoziatives Schreiben (1832)	Zur Vorgeschichte der analyt. Technik (1920c [G.W., XII: 307-312])
Bleuler, Eugen (1857-1939)	II	Begriff „Komplexbereitschaft"	Zur Psychopathie d. Alltagslebens (1901b [G.W., IV: 294])
	II	Begriff „Ambivalenz"	Drei Abhandlungen z. Sexualth. (1905d [G.W., V: 99])
	II	Begriff „Schizophrenie"	Psychoanalyt. Bemerkungen über einen Fall von Paranoia (1911c [G. W., VIII, S. 298])

---

730 Diskrepanz zwischen validierten (Freud) und attribuierten (Ansbacher) Inhalten.

	II	Brückenschlag von Experimentalpsychologie zur Psychoanalyse (gemeinsam mit Jung)	VI. VO: Voraussetzungen und Technik der Deutung (1916-17a [G.W., XI:107])
Breuer, Josef (1842-1925)	II	Frei bewegliche bzw. tonisch gebundene Zustände der Besetzungsenergie	Das Unbewußte (1915e [G.W., X: 287])
	II	Unbewußte Mechanismen der Symptombildung. Bewußtmachung der Vorbedingungen führt zum Verschwinden der Symptome	XVIII. VO: „Die Fixierung an das Trauma, das Unbewusste" (1916-17a [G.W., XI: 289])
Charcot, Jean M. (1825-1893)	II	Hypnotismus als Vorläufer der Psychoanalyse	Kurzer Abriß der Psychoanalyse (1924f [G.W., XIII: 407])
Darwin, Charles (1809-1882)		Vergleich zwischen Innervationsphänomenen (Symbolisierungen) der Hysterika und Darwins „Ausdruck der Gemütsbewegungen" bei Freuds Pat. „Cäcilie M."	Studien über Hysterie (Breuer & Freud 1893 [G.W. I: 250f.])
	II	Urhorde als sozialer Urzustand des Menschen	Totem u. Tabu (1912-13a [G.W., IX: 152])
	II	Menschen lebten ursprünglich in Horden, deren jede unter der Herrschaft eines einzigen, starken, gewalttätigen und eifersüchtigen Männchens stand („The Descent of Man", 1871)	Selbstdarstellung (1925d [G.W., XIV: 93])
	II	Darwins Einfluß auf Totem und Tabu (1912/13a)	Zeitgem. über Krieg und Tod (1915b [G.W., X: 345])
	II	Unumschränkt beherrschte Horde durch ein starkes Männchen als Urform der menschlichen Gesellschaft	Massenpsych. u. Ich-Analyse (1921c [G.W., XIII: 136])
	II	Bestätigung der Ideen Darwins aus „Totem und Tabu" (1912-13a)	Der Mann Moses und die monoth. Religion (1939a [G.W. XVI: 239])
Elisabeth v. R	II	Vorschlag der Methode der „freien Assoziation"	Vgl. Ellenberger 1970 [2005: 755]
Ellis, Havelock (1859-1939)	II	Begriff: „autoerotisch"	Drei Abhandlungen z. Sexualth. (1905d [G.W., V: 82])
Empedokles (ca. 495-435 v. Chr.)	III	Liebe (philia) und Streit (neikos) – vgl. Lebens- und Todestriebe (Freud)	Die endl. u. d. unendl. Analyse (1937c [G.W., XVI: 90-93])

Exner, Sigmund (1846-1926)	II	Exners Arbeiten (gemeinsam mit Paneth) gaben Freud Anregung für „Zur Auffassung der Aphasien" (1891b)	Zur Auffassung der Aphasien (1891b: 68, Fn. 14)
Fechner, Gustav Th. (1801-1887)	II	Tendenz zur Stabilität	Jenseits des Lustprinzips (1920g [G.W., XIII: 5])
	II	Freud übernahm von Fechner die Hauptkonzepte der Metapsychologie: Topisches Seelenmodell, Konzept der seelischen Energie, Lust- Unlust-Prinzip, Konstanzprinzip, das Prinzip der Wiederholung und (möglicherwei-se) die Vorstellung vom Überwiegen des Destruktionstriebes gegenüber dem Eros[731]	Ellenberger 1970 [2005: 754]
	II	Schauplatz der Träume ein anderer als der des wachen Vorstellungslebens	Die Traumdeutung (1900a [G.W., II-III: 51, 541])
Ferenczi, Sándor (1873-1933)	II	Entwicklungsstadien der Ichtriebe (1913h)	Die Disposition z. Zwangs-neurose (1913i [G.W., VIII: 451])
	II	Ableitung des Geschlechtslebens der höheren Tiere aus ihrer Entwick-lungsgeschichte (1924e)	Drei Abhandlungen z. Sexu-alth. (1905d [G.W., V: 130 Fn 18]), 6. Aufl., 1925
	II	Kindliche Tierperversion (1913k)	Totem u. Tabu (1912-13a [G.W., IX: 157-160]) Selbstdarstellung (1925d [G.W., XIV: 93])
	II	Idee zur gemeinsamen Arbeit über Lamarck	Freud an Ferenczi, 12.7.1915, Briefwechsel II/ 1 [1996: 30])
	II	Kampf der Urmenschen mit den Eis-zeiten (1913h)	Übersicht d. Übertraggsneur. (1985 [1915] G.W. NB: 643)
	II	Pathoneurosen (1916 [1919])	Freud an Groddeck, Brief vom 5.6.1917 in: Briefe [1980: 332])
	II	Begriff „Introjektion" (1909c)	Laplanche & Pontalis 1967 [1973: 235-237]

---

731 Diskrepanz zwischen validierten (Freud) und attribuierten (Ellenberger) Inhalten.

	II	Vergleich Hypnotiseur und Elternübertragung (Ferenczi 1909c)	Massenpsych. u. Ich-Analyse (1921c [G.W., XIII: 141f.])
Fließ, Wilhelm (1858-1928)	II	Begriff: „Latenzperiode"	Freud an Fließ: Brief 98/ 30.5.1896 [1999: 197]), Fußnote d. Hrsg.
	II	Historische Perioden	Freud an Fließ: Brief 107/ 9.10.1896 [1999: 211])
	II	Dauernde, notwendige Bisexualität der Lebewesen und der Psyche	Fließ an Freud: Brief 286/ 26.7.1904 [1999: 510f.]
	II	Zusammenhang zwischen Änderung biologischer Periodizitäten und Entwicklungsstörungen	Die Disposition z. Zwangsneurose (1913i [G.W., VIII: 443])
Frazer, James G. (1854-1941)	II	Literarische Hauptquellen für Totem u. Tabu „Totemism and Exogamy" (1910),„The Golden Bough" (1890)	Selbstdarstellung (1925d [G.W., XIV: 93])
Goethe, Johann Wolfgang v. (1749-1832)	III	(möglich) „Dämon und Tychê" aus den „orphischen Urworten" (1820)	Freud an Else Voigtländer, Brief vom 1.10.1911 in: Briefe [1980: 299f.])
Groddeck, Georg (1866-1934)	II	Begriff des „Es" (1923), entlehnt von Nietzsche	Das Ich und das Es (1923b [G.W. XIII: 251 Fn 3])
Honegger, Johann J. Jr. (1885-1911)	II	Einfluß von Honeggers Vortrag „Über paranoide Phantasien" (1910) auf Freuds „Nachtrag zur Schreber-Analyse" (1912a). Von Honegger übernahm Freud Haeckels Parallelismus zwischen Ontogenese und Phylogenese[732]	Edit. Vorbemerkung von Angela Richards unter Mitwirkung von Ilse Grubrich-Simitis (Freud 1912 [G.W., NB: 742]).
Jackson, John H. (1835-1911)	II	Argumente gegen Lokalisationstheorie	Zur Auffassung d. Aphasien (1891b: 63)
	II	Idee der „Dis-involution" (vgl. Freuds Konzept der „Regression")	Zur Auffassung d. Aphasien (1891b: 89)
Jones, Ernest (1879-1958)	II	Mithrasverehrung: Tötung des Stieres (Vatermord) durch Heros	Der Mann Moses und die monoth. Religion (1939a [G.W. XVI: 193, Fn 1])

---

732 Es wurde im Entstehungsprozeß dieser Arbeit keine Angabe von Freud gefunden, die bestätigt, dass er gerade von Honegger das biogenetische Grundgesetz übernommen hatte.

Jung, Carl Gustav (1875-1961)	II	Jung betonte, so wie Freud, die Idee einer „phylogenetischen Erbschaft". Jungs Schrift „Die Psychologie der unbewußten Prozesse" (1917) hatte, so Freud, aber keinen Einfluß auf Freuds „Vorlesungen" (1916-17a)	Aus der Geschichte einer infantilen Neurose (1918b [G.W., VIII: 131])
	II	Brückenschlag von Experimentalpsychologie zur Psychoanalyse (gemeinsam mit Bleuler)	VI. VO: „Voraussetzungen und Technik der Deutung" (1916-17a [G.W., XI:107])
	II	Idee der Übereinstimmung von Phantasien von Geisteskranken (Dementia Praecox) mit mythologischen Kosmogonien alter Völker, vorgetragen von Johann Jakob Honegger (1885-1911) am Psa. Kongreß, Nürnberg, 1910	Einleitungspassage der Vorfassung: „Über einige Übereinstimmungen im Seelenleben der Wilden und der Neurotiker" (1912i [G.W., NB: 745])
Kant, Immanuel (1724-1804)	III	Für Freud ist das Tabu „nichts anderes als der kategorische Imperativ Kants"	Totem u. Tabu, Vorwort (1912-13a [G.W., IX: 4])
	III	Freud vergleicht „Über-Ich" mit Kants „kategorischem Imperativ"[733]	Das ökonom. Probl. d. Masoch. (1924c [G.W., XIII: 380])
Le Bon, Gustave (1841-1931)	II	Phänomene der Masse, „Massenseele" (Le Bon,1919)	Massenpsych. u. Ich-Analyse (1921c [G.W., XIII: 76-87])
Lipps, Theodor (1851-1914)	II	Unbewußtes als allgemeine Basis des psychischen Lebens	Die Traumdeutung (1900a [G.W., II-III: 617])
Lipps, Theodor	II	Lipps „Komik und Humor" (1898) gab Freud Anregung zu dessen Buch (1905c) und „den Mut und die Möglichkeit, diesen Versuch zu wagen"	Der Witz u. s. Beziehg. z. Ubw (1905c [G.W., VI: 6])
	II	Begriffe: „Abfuhr", „psychische Energie", psychische Energie als Quantität	Der Witz u. s. Beziehg. z. Ubw (1905c [G.W., VI: 165])
	II	Das eigentlich psychisch Wirkungsfähige ist die Priorität ubw. psychischer Vorstellungen über deren Bewußtseinsinhalte (1883)	Der Witz u. s. Beziehg. z. Ubw (1905c [G.W., VI: 165])

---

733 „Das Über-Ich, das in ihm wirksame Gewissen, kann nun hart, grausam, unerbittlich gegen das von ihm behütete Ich werden. Der kategorische Imperativ Kants ist so der direkte Erbe des Ödipuskomplexes" (1924c [G.W., XIII: 380]).

Low, Barbara (1877-1955)	II	Begriff: „Nirwanaprinzip"	Das ökonom. Probl. d. Masoch. (1924c [G.W., XIII: 372]
			Jenseits des Lustprinzips (1920g [G.W., XIII: 60])
Mill, John Stuart (1806-1873)	II	Objektvorstellung = Sinneseindrücke mit beliebig langer Assoziationskette	Zur Auffassung der Aphasien (1891b: 68, Fn. 14)
Moll, Albert (1862-1939)	II	Verdrängung = Auflassung ehemaliger Sexualzonen (paralleler Ideeneverlauf)	(Freud an Fließ: Brief 146/ 14.11.1897 [1999: 302])
Nietzsche, F. W. (1844-1900)	II	Fortübung eines uralten Stückes Menschtum im Traum	Die Traumdeutung (1900a [G.W., II-III: 554])
	II	Begriff des „Es", der von Groddeck und Freud entlehnt wurde	Das Ich und das Es (1923b [G.W. XIII: 251])
Paneth, Josef (1857-1890)	II	Paneths Arbeiten (gemeinsam mit Exner) gaben Freud Anregung zur kritischen Studie „Zur Auffassung der Aphasien" (1891b)	Zur Auffassung der Aphasien (1891b: 68, Fn. 14)
Plato (ca. 427-347 v. Chr.)	III	Eros („via" Nachmahnsohn und „via" Pfister, beide Kat. II)	Vorwort zur 4. Aufl. der Traumdeutung aus dem Jahr 1920 (1900a [G.W., II-III: 32])
			Massenpsych. u. Ich-Analyse (1921c [G.W., XIII: 99])
Rank, Otto (1884-1939)	II	Beziehung „Familienroman" und Mythus (1909)	Drei Abhandlungen z. Sexualth. (1905d [G.W., V: 127, Fn 14]) 6. Aufl., 1925
	II	Zurückführung der Mutterbindung auf die embryonale Vorzeit. Biologische Grundlagen des Ödipuskomplexes (1924)	Drei Abhandlungen z. Sexualth. (1905d [G.W., V: 128, Fn 14]) 6. Aufl., 1925
	II	Gedankenaustausch mit Freud bezügl. Massen- und Individualpsych., Mythos u. Heros (1922)	Massenpsych. u. Ich-Analyse (1921c [G.W., XIII: 151])
Schopenhauer, Arthur (1788-1860)	II	Idee der Verdrängung (1819)	Zur Geschichte der psa. Bewegg. (1914d [G.W., X: 43])
	II	Freud sctzt dic Bcgriffe „unbewusster Wille" (Schopenhauer) mit „seelischen Trieben" (Freud) gleich	Eine Schwierigkeit d. Psychoanalyse (1917a [G.W. XII: 12])

Schreber, Daniel P. (1842-1911)	II	Schrebers Autobiographie (1903) diente als Ausgangspunkt der Fallgeschichte für Freuds Erforschung der Paranoia	Psychoanalytische Bem. über einen autobiogr. beschr. Fall von Paranoia (Dementia paranoides) [Schreber] (1911c [G. W., VIII: 248])
Schubert, Gotthilf H. (1780-1860)	II	Symbolbeziehung kann über Sprachgrenzen hinausgehen (1814)	Die Traumdeutung (1900a [G.W., II-III: 357])
Sellin, Ernst (1867-1946)	II	Sellins Idee: Erschlagung von Moses durch die Juden, danach wurde dessen Religion aufgegeben (1922)	Der Mann Moses und die monoth. Religion (1939a [G.W. XVI: 136])
Silberer, Herbert (1882-1923)	II	Begriff: „anagogische Abkürzung": Bsp: Wiedergeburtsphantasie ist eine Milderung, ein Euphemismus, eine „anagogische Abkürzung" für die Phantasie des inzestuösen Verkehrs mit der Mutter	Aus d. Geschichte einer infantilen Neurose (1918b [G.W., VIII: 136])
Smith, William R. (1846-1894)	II	Idee d. Totemmahlzeit, „kinship" (1889)	Totem u. Tabu (1912-13a [G.W., IX: 161-171])
	II	Identifizierungen durch Anerkennung einer gemeinsamen Substanz („kinship") als Grundlage der Clangemeinschaft (1885)	Massenpsych. u. Ich-Analyse (1921c [G.W., XIII: 121, Fn 5])
Sperber, Hans (1885-1963)	II	Einfluß der Sexualität auf die Sprachentwicklung (1912)	Die Traumdeutung (1900a [G.W., II-III: 357]) Das Interesse an der Psychoanalyse (1913j [G.W., VIII: 404]) X. VO: „D. Symbolik i. Traum" (1916-17a [G.W., XI: 169])
Stekel, Wilhelm (1868-1940)	II	Teilweiser Einfluß auf Freud bezüglich Würdigung der Traumsymbolik	Zur Geschichte d. psa. Bewegg. (1914d [G.W., X: 58])
Taine, Hippolyte (1828-1893)	II	Freud erwähnt Einfluß von Taine (1870) auf seine metapsychologischen Ideenprozesse	Freud an Fließ: Brief 87/ 13.2.1896 [1999: 181]
Wittels, Fritz (1880-1950)	II	Idee einer einstigen paradiesischen Existenz (1912)	Übersicht d. Übertraggsneur. (1985 [1915] G.W. NB: 643)

X. Ausblicke

Die Bearbeitung des Themas „Wer Freud Ideen gab" bildet einen Mosaikstein im Gefüge einer beständig wachsenden Anzahl an psychotherapiewissenschaftlichen Beiträgen. Dieser setzt sich wiederum aus vielen anderen Mosaiksteinen, die mit einer darauf speziell abgestimmten Methodik zusammengetragen und miteinander verknüpft wurden, zusammen. Als Thema, das sich mit der Entstehungsgeschichte der Psychoanalyse beschäftigt, wurden in erster Linie Ideeneinflüsse anderer Personen auf Freud sowie seine Art, Ideen zu generieren untersucht.

Nun lässt sich aus der Sicht des Jahres 2013 die Frage stellen, was dieses historische Thema mit der Psychoanalyse von heute, mit der Psychotherapiewissenschaft und mit anderen Wissensbereichen zu tun hat, denn die Forschungsfrage, „Wer Freud Ideen gab" hat grundsätzlich mit Vergangenem zu tun. Freud ist so sehr „Geschichte", wie es auch alle Personen, die mit seinem Denken in Ideen generierenden Prozessen in Verbindung gestanden hatten, (Kat. I, II, III) mittlerweile geworden sind. Ist daher das Thema ausschließlich von historischem Interesse?

Nicht nur. Denn unter der Annahme, dass Ideen prinzipiell von vielen Menschen gemeinsam in verschiedenen Varianten gedacht werden und sich auch über die Lebensspanne eines Individuums hinaus weiter entwickeln und verbreiten können, gibt es Möglichkeiten, zwischen diesem Beitrag zur Geschichte der Psychoanalyse und der Gegenwart einen Bezug herzustellen, der neuen Raum für künftige Entwicklungen der Psychoanalyse eröffnen kann. Damit verbindet sich die nächste Frage, ob sich dafür Hinweise bei Freud finden lassen, die als Anknüpfungspunkte für Verbindungen der Vergangenheit mit den Möglichkeiten der Gegenwart verwendet werden können.

1. Synergien zwischen Psychoanalyse und anderen Wissenschaften

Freud positionierte die Psychoanalyse u. a. als eine von der Medizin autonome Wissenschaft und Behandlungsmethode, als Unterbau bzw. als Fundament der Psychologie.[734] Dieses Fundament sah er gleichzeitig als einen Überbau, „der irgend einmal auf sein organisches Fundament aufgesetzt werden soll; aber wir kennen dieses noch nicht".[735] Die Biologie nannte Freud „ein Reich der unbegrenzten Möglichkeiten".[736] Von ihr erwartete er sich „die überraschendsten Aufklärungen", von denen man nicht erraten kann, „welche Antworten sie auf die von uns an sie gestellten Fragen einige Jahrzehnte später geben würde. Vielleicht gerade solche, durch die unser ganzer künstlicher Bau von Hypothesen umgeblasen wird".[737]

---

734 Vgl. Freud 1927a [G.W., XIV: 289]).
735 Freud 1916-17a [G.W., XI: 403]).
736 Freud 1920g [G.W., XIII: 65].
737 Ebd.

Aus der Sicht des Jahres 2013 ergibt sich die Frage, aus welchen Elementen dieser Unterbau zusammengesetzt sein könnte. Wie könnte sich ein Ausblick auf künftige Forschungsarbeiten, die Verbindungen zwischen der Psychoanalyse und aktuellen Forschungen in Bereichen wie z. B. den Neurowissenschaften, der Biochemie, der Psychosomatik, der Evolutionsbiologie, der Psychotraumatologie, der Affektregulierungsforschung, der Mentalisierungsforschung, der Bindungsforschung, der Intersubjektivitätsforschung oder der Epigenetik sowie ihrer Synergien zum Thema haben, gestalten?

Einige von mittlerweile möglichen Beispielen aus der Epigenetik, dem schnell expandierenden Spezialgebiet der Biologie, sollen erwähnt werden. Ihnen gemeinsam ist die Idee, dass die so oft entwertete, aber von Freud mit der Psychoanalyse beständig in Verbindung gebrachte Idee Lamarcks, dass erworbene Merkmale vererbbar sein können, unter jeweils unterschiedlichen Parametern möglich ist.

In ihrem Buch „Evolution in Four Dimensions" (2005) untersuchen Eva Jablonka und Marion J. Lamb mit dem genetischen, dem epigenetischen, dem verhaltensbezogenen und dem symbolischen Vererbungssystem (Sprache und andere Formen der symbolischen Kommunikation) vier miteinander verbundene Vererbungssysteme, die in der Geschichte und Evolution des Lebens eine Rolle spielen.[738] In dieser Synthese ist u. a. von Bedeutung, dass erworbene Eigenschaften vererbt werden können (vgl. Jablonka & Lamb 2005: 1).

Bezüglich des Themas der Vererbung traumatischer Erfahrungen an die Folgegenerationen konnte das Forscherteam der französischen Neurobiologin Isabelle Mansuy an der Universität Zürich bei Mäusen erstmals auf molekularer Ebene nachweisen, dass durch Traumatisierung entstandene Verhaltensauffälligkeiten auch an die folgenden Generationen vererbt werden. Der experimentelle Nachweis gelang bis in die dritte Nachfolgegeneration auf molekularer Basis. Die Schädigungen wurden auf epigenetischem Wege über Veränderungen des Methylierungsprofils bestimmter Gene bei unveränderter DNA-Sequenz weitergegeben.

Die Traumatisierungen wurden dadurch induziert, dass neugeborene Mäuse von ihrem ersten bis zum 14. Lebenstag an chronischen und unvorhersehbaren Trennungen von ihrer Mutter ausgesetzt wurden (Franklin et al, 2010). Die Resultate aus dem Mäuseversuch sind deshalb möglicherweise auf Menschen übertragbar, da die Symptome der traumatisierten Mäuse denen von Borderline-, Depressions- oder Schizophrenie-Patienten ähneln, vermutet Mansuy in einem Interview mit „ETH-Life", dem Online-Magazin der Eidgenössischen Technischen Hochschule Zürich, in dem sie auch erwähnt, dass es schwierig war, ihre brisanten Ergebnisse, die für sie nach mittlerweile acht Jahren Forschungsarbeit als abgesichert gelten, zu veröffentlichen, da die scientific community sich sehr zurückhaltend gezeigt hatte, die erbliche Weitergabe von erworbenen epigenetischen Veränderungen zu akzeptieren (Rüegg 2010).

---

738 Vgl. Punkt 58.2 (Sprachsymbolik als ontogenetische Wiederholung phylogenetischer Denkdispositionen) in der „Sequenz entwicklungsgeschichtlicher Ideen", S. 289.

Aus psychoanalytischer Perspektive ist diese Aussage in Bezug auf die Forschungsfrage dieses Buches von doppeltem Interesse, denn neben dem Bezug zu Lamarck und Freud und dem Fortschritt der wissenschaftlichen Methoden des 21. Jahrhunderts verknüpft sich diese Aussage mit der Frage, woher dieser Widerstand gegen eine Idee wie jene von Lamarck herrühren könnte. Diese Frage lässt an die von Freud erwähnte zweite und dritte große Kränkung der Menschen denken: die biologische Kränkung, die ein Ende des Anrechts der Vorherrschaft des Menschen über die Tiere bedeutete bzw. die psychologische Kränkung, die darin besteht, dass der Mensch nicht mehr Herr in seinem eigenen Haus ist (vgl. 1917a [G.W. XII: 8] bzw. sechstes Kapitel, S. 164-165). Daraus ergibt sich eine weitere Frage, die an dieser Stelle nur in den Raum gestellt werden soll: Wenn es sich hier um eine Kränkung des Menschen, die dadurch entsteht, dass erworbene Merkmale tatsächlich vererbt werden könnten, handelt: Welche Ängste vor welchen Eigenschaften, die von den Eltern bzw. Ahnen an das „Neu-Geborene" weitergegeben werden, werden hier verdrängt?

Welche Bedeutung die Epigenetik in der transgenerationalen Weitergabe von (Kindheits-)Traumata einnimmt, wird u. a. vom deutschen Psychotherapeuten Harald Schickedanz erörtert. Neben den beiden traditionellen Hypothesen psychischer Störung und deren Übertragung von einer Generation auf die andere – Vulnerabilität (Genetik) und Stress (Bindung, Erfahrung, Lernen) – bildet die Epigenetik in ihrer Erforschung der Einflüsse von Umweltbedingungen auf die individuelle und transgenerationale Regulation von Genen mittlerweile eine dritte Hypothese.[739]

2. Beiträge für die Psychotherapiewissenschaft

Im Kapitel „Input/Outputrelationen zweier Schriften Freuds" auf den Seiten 96-99 wurden seine Vorstellungen zu wechselseitigen Einflüssen zwischen der Psychoanalyse und anderen Wissensgebieten vergleichend untersucht. Sowohl auf der Inputseite als auch auf der Outputseite der Psychoanalyse sind deckungsgleiche geistewissenschaftliche, kulturhistorische, soziologische, entwicklungsgeschichtliche und biologische Bezüge zu finden. Die von Freud erwähnten Gebiete, in denen Ausbildungskandidaten und -kandidatinnen der Psychoanalyse Kenntnisse besitzen sollten, sollen auch im 21. Jahrhundert nicht in Vergessenheit geraten.

Mittlerweile hat sich mit der Psychotherapiewissenschaft eine selbstständige, integrative und interdisziplinäre Forschungsrichtung gebildet, die ein weit gefächertes Spektrum an psychotherapeutischen Methoden untersucht. Dieses Buch liefert mit seiner Fragestellung, seinem Forschungsweg und seinem Ertrag einen Beitrag für die scientific community der psychodynamischen Psychotherapiewissenschaft. Diese ist sowohl in den Geistes- als auch in den Naturwissenschaften (Neuropsychoanalyse, Neurobiologie) verankert und beschäftigt sich mit dem

---

739 Schickedanz in: Huber & Plassmann 2012, S. 71-76. In seinem Artkel zieht der Autor auch eine historische Verbindungslinie von der Epigenetik zu Lamarck (vgl. a.a.O: 72).

menschlichen Grundbedürfnis, den Dingen auf den Grund zu gehen, nach ihren Ursprüngen zu fragen und dem Leben einen Sinn abzugewinnen.[740] In ihr werden u. a. Elemente, wie die aristotelische Ursachenlehre (causa efficiens und causa finalis), eine sowohl analytische als auch ganzheitliche Betrachtungsweise sowie das Analogiedenken und die eigene Persönlichkeitsentwicklung durch Selbsterfahrung berücksichtigt.[741]

Die Bedeutung interdisziplinären, integrativen Arbeitens

All diesen Elementen gemeinsam ist eine interdisziplinäre Grundhaltung und ein integratives, multikausales Denken in „Sowohl/ als auch"-Relationen. Dieses Buch liefert zahlreiche Beispiele dafür, u. a. Lamarcks Integration von Wechselbeziehungen zwischen Individuum und Umwelt, Haeckels Biogenetisches Grundgesetz sowie seine systemische Integration der Entwicklungstheorien von Lamarck, Goethe und Darwin, Freuds Integration aus Induktion und Deduktion, sein Junktim des Heilen und des Forschens, sein Konzept der Ergänzungsreihen sowie seine Beschreibungen ontogenetischer und phylogenetischer Zusammenhänge. Auch die hier vorgestellte dreiteilige Methodik (theoretische, empirische und selbstreflexive Aspekte) sowie die methodische Perspektive „Ähnlich aber anders" – ihrerseits wiederum ein Abkömmling der vergleichenden Anatomie – liefern Beiträge dazu.

Die Bedeutung historischer und gegenwärtiger Zusammenhänge

Dieses Buch gibt auch durch Untersuchungen zu historischen Ursprüngen, Zusammenhängen und Entwicklungsverläufen sowie deren Bezügen zur Gegenwart auch Impulse in Richtung einer entwicklungsgeschichtlichen Denkweise.

Von zentraler Bedeutung ist hier der Begriff der Entwicklung. Unter der ideologischen Prämisse, dass das Leben des Individuums auch dessen Evolution bedeutet, kann der Mensch als ein Wesen angesehen werden, das sich – wie alle Lebewesen und Arten – prinzipiell in ständigen Entwicklungsverläufen von seiner Entstehung an bis zum Tod befindet. Diese Entwicklungsverläufe bilden Bestandteile des subjektiven Erlebens und können je nach Lebensumständen und Ermessen verschiedene Formen annehmen (z. B. progredient, stagnierend, regressiv, mehr oder weniger funktional/ dysfunktional) und sich auf mehreren, komplementär zusammenwirkenden Ebenen abbilden (inter- und intrapsychisch, emotional, kognitiv, psychosexuell, psychosomatisch, neurobiologisch, psychosozial, sozioökonomisch, soziokulturell, spirituell etc.). All diese Entwicklungsverläufe und Ebenen stehen miteinander in komplexen, wechselseitigen Beziehungen. Sie sind jeweils mehr oder weniger bewusst und umfassen geschichtliche, gegenwärtige und zu-

---

740 Rieken, pers. Mitteilung vom 11.12.2012.
741 Vgl. Rieken; Sindelar; Stephenson 2012: 411-415.

künftige Dimensionen. Sie bilden auch für jede Generation eine individuelle und kulturelle Erbschaft, deren Inhalte und Werte – auch in verdrängter Art und Weise – wiederum an die nachfolgenden Generationen übermittelt werden.

Während der Entstehung dieses Buches gab es mindestens zwei Momente, in denen ich mir gewünscht hatte, dass die Geschichte einen anderen Verlauf genommen hätte als sich dies in Freuds Werken abzeichnete und dass sich durch fortschreitende Persönlichkeitsbildung Menschen von Generation zu Generation aus ihren brutalen historischen und gegenwärtigen Verfehlungen im Sinne einer kulturellen Weiterentwicklung entgegen des Wiederholungszwanges lernfähig sind.

Der erste Moment betrifft seine Schrift „Massenpsychologie und Ich-Analyse" (1921c), in der gerade jene psychodynamischen Phänomene zwischen Anführer und Masse analysiert wurden, die spätestens ab 1933 zu den destruktiven, menschenverachtenden Entwicklungen und bis in die Gegenwart spürbaren tragischen Folgen des Nationalsozialismus geführt hatten. Der zweite Moment betrifft „Zeitgemäßes über Krieg und Tod" (1915b), in der sich der Gedanke, dass das, was in der Schule als Weltgeschichte unterrichtet wird, im Wesentlichen eine Aneinanderreihung von Völkermorden darstellt und sich bis in die Gegenwart hinein weiterhin wiederholt. Ob nun dabei Freuds (bzw. Atkinsons) Analogie eines prähistorischen Urvaters, der von seiner Urhorde ermordet und später als Gott verehrt worden war vom jeweiligen Leser akzeptiert wird oder nicht, ist dabei gar nicht so maßgeblich, denn blutige Geschehnisse, die jedes Mal ähnliche archaische Übertragungsdynamiken zwischen Massen und Anführern abbilden, schreiben sich sowohl aktuell als auch historisch wiederholend in das kollektive Gedächtnis der Menschheit ein.[742]

Es gab aber auch Momente, in denen ich mir Fragen stellte, ob bzw. wieviel von dem, was die Älteren geschrieben hatten, vor allem – gemessen an meinem Geburtsjahr 1965 – für jüngere Generationen noch überhaupt von Interesse ist. Was hat sich hier verändert? Welche Umwelt und welcher Resonanzraum bietet sich im oft schnell- und kurzlebigen „Heute" für eine Psychologie der Tiefe des Seelenlebens oder gar die Schriften derer, von denen Freud Einflüsse aufgenommen hatte? Wie sehr an ihre Zeit und damaligen Verhältnisse gebunden bzw. wie zeitlos übertragbar sind die jeweiligen Erkenntnisse?

Dazu ein Beispiel aus einem aktuellen Beitrag zum Thema Bindung und Genetik: Der deutsche Psychoanalytiker Karl Heinz Brisch kommt, sich auf aktuelle wissenschaftliche Arbeiten beziehend, zum Schluss, dass nach jahrzehntelangen teilweise erbitterten wissenschaftlichen Diskussionen, ob genetische Einflussfaktoren, unterschiedliche Lern- und Umwelterfahrungen oder intrapsychische Dynamiken bzw. zwischenmenschliche Probleme psychopathologische Störungen erklären können, „genetische Prozesse heute eher in einem Wechselspiel zwischen Umwelt- und

---

742 Während der Entstehung dieses Buches war dies z. B. am Phänomen des „arabischen Frühlings" erkennbar. Anführer wie u. a. Ben Ali (Tunesien), Mubarak (Ägypten), Gaddafi (Lybien) oder Assad (Syrien) bildeten Variationen zum Thema der Dynamik zwischen Urvater und Masse.

Verhaltensfaktoren gesehen werden".[743] Würde man diesen Gedanken aufnehmen, ohne der Anwendung von vergleichbaren „Sowohl/ als auch"-Relationen zwischen Individuum und Umwelt in den Arbeiten von z. B. Lamarck, Goethe, Haeckel oder Freud jemals gewahr geworden zu sein, läge der verführerische Schluss nahe, dass eine wissenschaftlich aktuelle Betrachtungsweise, die ein Wechselspiel verschiedener Faktoren in Betracht zieht, tatsächlich ein neues Paradigma darstellt. Interessanterweise ist aber diese Betrachtungsweise ähnlicher zu den historisch länger zurückliegenden von Lamarck, Goethe, Haeckel oder Freud als zu segregierenden „Entweder/ oder"-Denkhaltungen aus Diskursen der letzten Jahrzehnte.[744]

Für eine psychodynamische Psychotherapiewissenschaft wäre hier ein möglicher Erkenntnisgewinn, dass wissenschaftlich als „neu" angenommene und publizierte Ergebnisse sich im historischen Kontext – sofern dieser bekannt oder rekonstruierbar ist bzw. man den Aufwand nicht scheut, ihn mit einzubeziehen – durchaus auch als Wiederentdeckungen herausstellen können, die zwar momentan als „neu" gewertet und interpretiert werden, im historischen Zusammenhang sich aber als Bestätigungen für ähnliche, bereits vorher gewonnene Erkenntnisse herausstellen. Entwertet dieses Kriterium dadurch die Qualität der Ergebnisse? Nicht unbedingt, denn dies kann auch bedeuten, dass sich bedeutsame Zusammenhänge auch wiederholt bestätigen. Insofern kann die Psychotherapiewissenschaft auch eine Wissenschaft sein, die nicht nur auf der Suche nach unbedingt neuen, tagesaktuellen Erkenntnissen ist, sondern bestimmte Bedeutungsqualitäten in historischen und gegenwärtigen Zusammenhängen erforscht.

So könnte etwa – der Möglichkeit von Unschärfen erzeugenden Kontextverschiebungen eingedenk – ein Zitat wie das folgende eine brauchbare Hypothese zur aktuellen Traumaforschung ergeben. Als „äussere Ursache" (causa efficiens) könnten z. B. länger andauernde erlebte Kränkungen durch andere Personen angenommen werden, die „Veränderung", „Funktion" und „Formbildung" wären auftretende Symptome und eine dysfunktionale Entwicklung, der „Erfolg" dieser Entwicklung der einer psychischen Störung (z. B. kumulatives Trauma), eine mögliche „causa finalis" wäre der unter Leidensdruck unternommene Versuch des Individuums, sich an diese, dysfunktionale Entwicklungen fördernden Bedingungen anzupassen:

„... dass die Veränderung des Organismus, welche zunächst in seiner Funktion und weiterhin in seiner Formbildung sich äußert, entweder durch lange andauernde oder doch oft wiederholte Einwirkungen einer äußeren Ursache veranlasst

---

743 Brisch in: Huber & Plassmann 2012, S. 101. Die Arbeiten, auf die sich der Autor bezieht, stammen u. a. von Rutter (2002), Ogren & Lombroso (2008) und Meany (2010).
744 Das Denken in „Entweder/ oder"-Relationen ist aber z. B. bei differentialdiagnostischen Überlegungen (in Kombination mit dem „Sowohl/ als auch-Denken) unumgänglich.

wird. Die kleinste Ursache kann durch Häufung oder Kumulation ihrer Wirkung die größten Erfolge erzielen".[745]

Dieser Gedanke ist zwar nicht neu, aber bedeutsam. Er wurde bereits von Haeckel im Jahr 1868 in einem allgemeineren, nicht an psychopathologische Phänomene gebundenen Kontext seiner Gesetze der kumulativen, gehäuften Anpassung formuliert. Versuche, Zusammenhänge dieser Art zu ergründen, bedeuten somit auch integratives Arbeiten sowohl in ihren historischen als auch ihren gegenwärtigen Dimensionen im Sinne einer Kontinuität der Entwicklung wissenschaftlicher Ideen. Wie vor allem u. a. anhand der „Sequenz entwicklungsgeschichtlicher Ideen" gezeigt wurde, können sich dadurch komplexe Verbindungslinien zwischen einzelnen Personen und einer Genealogie von anderen Personen und ihren Ideen in zeitlichen und kulturellen Dimensionen, die die eigene Lebenszeit des jeweiligen Individuums transzendieren kann, ergeben. Auch das universelle Modell zur Bestimmung von Ideeneinflüssen (S. 24) eignet sich dazu, diese Ideeneinflüsse systematisch zu erforschen. Als therapeutisches Instrument kann es auch für selbstreflektive Prozesse und die Arbeit mit Patienten (u. a. auch zur Exploration transgenerationaler und transkultureller Aspekte) eingesetzt werden.

Die Bedeutung der Berücksichtigung von Unschärfen

Einen dritten Beitrag dieses Buches zur Psychotherapiewissenschaft stellen die hier zusammengestellten Arten von Unschärfen dar.[746] Gerade bei der Erforschung von Fragestellungen aus einer subjektiven Perspektive beinhaltet die Berücksichtigung von Unschärfen eine selbstreflexive Grundhaltung sowohl in der Rolle des Forschers als auch in der des Therapeuten, denn sowohl in der Forschungsarbeit als auch in der therapeutischen Arbeit lauern Verführungen durch eigene Affekte und Vorurteile, die zu Verzerrungen aller Art führen können. Unschärfen wurden bereits in verschiedenen Kontexten thematisiert, u. a. von Devereux, Heisenberg und Goethe.[747]

---

745 Haeckel 1868 [1911: 220]. Dieses Gesetz bildet das zweite aus Haeckels acht Gesetzen der direkten Anpassung (vgl. auch Abb. 4 auf S. 146 in diesem Buch).

746 Siehe fünftes Kapitel, S. 101-128.

747 Auch zwischen diesen Dreien bestehen Verbindungen. So nimmt Devereux auf die Unschärferelation des deutschen Quantenphysikers Werner Heisenberg (1901-1976) Bezug (vgl. Devereux 1962 [1992: 349]). Heisenberg wiederum ehrte Goethe u. a. in seinem Vortrag „Das Naturbild Goethes und die technisch-naturwissenschaftliche Welt" im Rahmen der Goethe-Gesellschaft in Weimar am 21.5.1967.

XI. Epilog

Aus der Fülle an Ideen, aus denen Freud schöpfte (Kat. I, II, III, V) und die sich mit seinen Denkprozessen (Kat. IV) verbanden, wurden besonders diejenigen intensiver untersucht, die mit entwicklungsgeschichtlichen Gedanken verknüpft waren. Es wurde dargestellt, wie sie sein ganzes Werk durchströmten und wie Freud sie absorbierte, verarbeitete und je nach Umständen neu zusammensetzte.

Metaphorisch sind Ideen so lange am Leben, solange sie gedacht werden können, solange Menschen mit ihnen in Verbindung stehen. Somit können Ideen in künftigen Generationen weiterleben. Gehen die Verbindungen aber verloren, geraten Ideen in Vergessenheit. Sie befinden sich solange in einem Zustand der Vergessenheit, bis sie durch das Denken eines oder mehrerer Menschen wieder gedacht werden. Durch erneutes Nachdenken und Mitdenken können wiederum neue Verbindungen und Entwicklungen entstehen. So wie Organismen wachsen, gedeihen und sterben Ideen in Entwicklungsverläufen. Sie sind im Austausch mit der Umwelt, indem sie mit anderen Menschen, die mit diesen Ideen mit der Fähigkeit ihres Denkens in Kontakt treten, in Resonanz stehen. „Der Erfolg eines Menschen hängt weitgehend davon ab, ob er der Wortführer zeitgenössischer kultureller und sozialer Strömungen ist". Gleichzeitig sind „zeitgenössische Strömungen selbst häufig Wiederbelebungen früherer Bewegungen".[748]

Gegen Ende seines Lebens führt Freud Charles Darwins Evolutionslehre als Beispiel dafür an, wie Ideen erst allmählich von künftigen Generationen anerkannt werden:

> *„Greifen wir z. B. das Schicksal einer neuen wissenschaftlichen Theorie wie der Darwinschen Evolutionslehre heraus. Sie findet zunächst erbitterte Ablehnung, wird durch Jahrzehnte heftig umstritten, aber es braucht nicht länger als eine Generation, bis sie als großer Fortschritt zur Wahrheit anerkannt wird. Darwin selbst erreicht noch die Ehre eines Grabes oder Kenotaphs in Westminster".*[749]

Eine solche Anerkennung einer wissenschaftlichen Theorie zu dem, was Freud unter dem Begriff „Fortschritt zur Wahrheit" verstand, war das Ziel seines Wirkens. Diese Idee, eine von Freuds wichtigsten und eine, die er in erster Linie sich selbst gab, verfolgte er mit der Entwicklung der Psychoanalyse.

---

748 Ellenberger 1970 [2005: 877].
749 Freud 1939a [G.W. XVI: 170].

XII. Ausschnitte aus Goethes „Urworte. Orphisch"[750]

Δαιμων, Dämon

Wie an dem Tag, der dich der Welt verliehen,
Die Sonne stand zum Gruße der Planeten,
Bist alsobald und fort und fort gediehen
Nach dem Gesetz, wonach du angetreten.
So mußt du sein, dir kannst du nicht entfliehen,
So sagten schon Sibyllen, so Propheten,
Und keine Zeit und keine Macht zerstückelt
Geprägte Form, die lebend sich entwickelt.

Τυχη, das Zufällige

Die strenge Grenze doch umgeht gefällig
Ein Wandelndes, das mit und um uns wandelt;
Nicht einsam bleibst du, bildest dich gesellig,
Und handelst wohl so, wie ein andrer handelt:
Im Leben ist's bald hin-, bald widerfällig,
Es ist ein Tand und wird so durchgetandelt.
Schon hat sich still der Jahre Kreis geründet,
Die Lampe harrt der Flamme, die entzündet.

Αναγκη, Nötigung

Da ist's denn wieder, wie die Sterne wollten:
Bedingung und Gesetz; und aller Wille
Ist nur ein Wollen, weil wir eben sollten,
Und vor dem Willen schweigt die Willkür stille;
Das Liebste wird vom Herzen weggescholten,
Dem harten Muß bequemt sich Will und Grille.
So sind wir scheinfrei denn nach manchen Jahren
Nur enger dran, als wir am Anfang waren.

---

750 Goethe 1820 [1993: 403-407].

Bibliographie

ABEL, Karl (1884): Über den Gegensinn der Urworte. Wilhelm Friedrich, Leipzig

ABRAHAM, Hilda C. (1974): Karl Abraham: An Unfinished Biography. International Review of Psycho-Analysis 1, 17-72

ABRAHAM, Karl (1909): Freuds Schriften aus den Jahren 1893-1909 (einschließlich der mit Breuer gemeinsam veröffentlichten Arbeiten). In: Jahrbuch für psychoanalytische und psychopathologische Forschungen. Hrsg. von Prof. Dr. E. Bleuler und Prof. Dr. S. Freud. I. Bd. Franz Deuticke, Leipzig und Wien, 1909

-   (1912): Ansätze zur psychoanalytischen Erforschung und Behandlung des manisch-depressiven Irreseins und verwandter Zustände. In: Cremerius, Johannes (Hrsg.), Karl Abraham. Psychoanalytische Studien II. Ges. Werke in zwei Bänden. S. Fischer, Frankfurt a. M. 1971, 146-164

-   (1923): Anfänge und Entwicklung der Objektlibido. In: Cremerius, Johannes (Hrsg.), Karl Abraham. Psychoanalytische Studien I. Ges. Werke in zwei Bänden. S. Fischer, Frankfurt a. M. 1971, 165-183

ACKERMAN, Robert (1987): J. G. Frazer: His Life and Work. Cambridge Univ. Press

ADLER, Alfred (1956): The Individual Psychology of Alfred Adler. A Systematic Presentation in Selection from his Writings. H. L. Ansbacher and R. R. Ansbacher (Eds.). Basic Books, New York. Alfred Adlers Individualpsychologie. Eine systematische Darstellung seiner Lehre in Auszügen aus seinen Schriften. Übersetzung: Gerd Janßen. 5. Aufl. Reinhardt, München, 2004

ANDERSSON, Ola (1962). Studies in the prehistory of psychoanalysis. The etiology of psychoneuroses and some related themes in Sigmund Freud's scientific writings and letters 1886-1896. Svenska Bokförlaget, Stockholm

ATKINSON, James J. (1903): Primal Law. (with LANG, Andrew: Social Origins). Longmans, Green and Co, New York and Bombay

BAKAN, David (1958): Sigmund Freud and the Jewish Mystical Tradition. D. Van Nostrand Co., Princeton

BÁLINT, Michael (1932): Psychosexuelle Parallelen zum biogenetischen Grundgesetz. In: Imago. Zeitschrift für Anwendung der Psychoanalyse auf die Natur- und Geisteswissenschaften XVIII. Heft 1 (1932). Int. Psychoanalytischer Verlag, Wien, 14-41

BECKER, Hans Joachim (1999): Goethes Biologie: Die wissenschaftlichen und die autobiographischen Texte. Eingel. von Hans Joachim Becker. Königshausen und Neumann, Würzburg

BENNET, Edward A. (1965): The Freud-Janet Controversy: An Unpublished Letter, British Medical Journal 1965 January 2; 1 (5426): 52- 53

BENTHIEN, Claudia; BÖHME Hartmut; STEPHAN, Inge (Hrsg.) (2010): Freud und die Antike. Wallstein, Göttingen 2010

BERNFELD, Siegfried & BERNFELD-CASSIRER, Suzanne (1962): Bausteine der Freud-Biographik. Eingel., hrsg. und übers. von Ilse Grubrich-Simitis. Erste Aufl. Suhrkamp-Taschenbuch Wissenschaft 727, Frankfurt a. M., 1988

BION, Wilfred R. (1962): Learning from Experience. Basic Books, New York. Lernen durch Erfahrung. Dt. Übersetzung: Erika Krejci. Erste Aufl. Suhrkamp Taschenbuch Wissenschaft 1021, Frankfurt a. M. 1992

BÖRNE, Ludwig (1823). Gesammelte Schriften. Neue vollständige Ausgabe. Erster Bd. Verlag der Börne'schen Schriften. Hoffmann & Campe, Hamburg, 1862

BREDEKAMP, Horst (2005): Darwins Korallen. Frühe Evolutionsmodelle und die Tradition der Naturgeschichte. Wagenbach-Verlag, Berlin

BREUER, Josef & FREUD, Sigmund (1893-95): Studien über Hysterie. Erstveröff.: Studien über Hysterie. Verf. von Dr. Josef Breuer und Dr. Sigm. Freud. Franz Deuticke, Leipzig und Wien. 1895. G. W., Bd. I, 75-312

BRISCH, Karl Heinz (2012): Intergenerationale Bindungen, Trauma und Dissoziation: Ursachen, Therapie und Prävention. In: Huber, Michaela & Plassmann, Reinhard (Hrsg.): Transgenerationale Traumatisierung. Tagungsband zur DGTD-Tagung im Sept. 2011 in Bad Mergentheim. Junfermann, Paderborn 2012, S. 99-126

BROOK, Andrew (2003): Kant and Freud. In: Man Cheu Cheung & Colin Feltman (eds.): Psychoanalytic Knowledge and the Nature of Mind. Palgrave Macmillan, Houndmills, Basingstoke, Hampshire; New York

BUTZER, Ralph J. & BURKHOLZ, Roland (1991): Urvater und Eiszeit. Biologisch-evolutionäres und psycholamarckistisches Denken bei Freud. In: LUZIFER/AMOR. Zeitschrift zur Geschichte der Psychoanalyse, 4. Jg. Heft 8, 24-49

CARUS, Carl Gustav (1846): Psyche. Diederichs-Verlag, Jena (1926)

CREMERIUS, Johannes (1971): S. Freud – ein großer Verhüller. Neue Rundschau 82, 187-191

CRITCHLEY, Macdonald & CRITCHLEY Eileen (1998): John Hughlings Jackson – Father of English Neurology. Oxford Univ. Press, Oxford

DARWIN, Charles (1859): The Origin of Species. The Harvard Classics, edited by Charles W Eliot. P F Collier & Son, New York (1909)

-       (1871): The Descent of Man; and Selection in Relation to Sex. 2nd, new edition, revised and augumented, complete in one volume. D. Appleton, New York (1875)

-       (2008): Das Lesebuch. Herausgegeben, Eingel. und mit Begleittexten versehen von Julia Voss. S. Fischer, Frankfurt a. M

DATLER, Wilfried & STEPHENSON, Thomas (1999): Tiefenpsychologische Ansätze in der Psychotherapie. In: Slunecko, Th., Sonneck, G. (Hrsg.): Einführung in die Psychotherapie. Facultas/ UTB, Wien 1999, 77-139

DAVIES, J. Keith (comp., ed.) & FICHTNER, Gerhard (comp., ed.), (2006): Freud's Library. A comprehensive catalogue. Sources and Studies on the History of Psychoanalysis. In: Schröter, Michael (ed.), Monograph Series of Luzifer-Amor, Vol. 2 and CD. Freuds Bibliothek. Vollständiger Katalog. In: Schröter, Michael (Hrsg.), Quellen und Abhandlungen zur Geschichte der Psychoanalyse. Schriftenreihe von Luzifer-Amor, Vol. 2 und CD. The Freud Museum, London. edition diskord, Tübingen

DEVEREUX, Georges (1967): From Anxiety to Method in the Behavioral Sciences. Edition Mouton & Co., Paris. Angst und Methode in den Verhaltenswissenschaften. Dt. Übersetzung: Caroline Neubaur und Karin Kesten. Dritte Aufl. Suhrkamp Taschenbuch Wissenschaft 461, Frankfurt a. M. 1992

DIDEROT, Denis (1769): Le rêve de d'Alembert (dt. Der Traum d'Alemberts). Frommann, Stuttgart 1923

DORER, Maria (1932): Historische Grundlagen der Psychoanalyse. Felix Meiner, Leipzig

EISLER, Rudolf (1899): Wörterbuch der philosophischen Begriffe. Erste Ausgabe: Berlin 1899. Zweite, völlig neu bearbeitete Aufl. Bd. 2. Mittler, Berlin 1904

ELLENBERGER, Henri F. (1964): La Maladie créatrice. Dialogue, Canadian Philosophical Review, Bd. 3, 25-41

-       (1970): The Discovery of the Unconscious. The History and Evolution of Dynamic Psychiatry. Basic Books Publishers, New York. Die Entdeckung des Unbewußten. Geschichte der dynamischen Psychiatrie von den Anfängen bis zu Janet, Freud, Adler und Jung. Dt. Übersetzung: Gudrun Theusner-Stampa. 2. Aufl. Diogenes, Zürich 2005

ERDHEIM, Mario (1988): Psychoanalyse und Unbewußtheit in der Kultur. 3. Aufl. Suhrkamp Taschenbuch Wissenschaft, Frankfurt a. M., 1994

FERENCZI, Sándor (1909c): Introjektion und Übertragung. Jahrbuch für psychoanalytische und psychopathologische Forschungen. Bd. I. Franz Deuticke, Leipzig, Wien1909

-       (1913h): Entwicklungsstufen des Wirklichkeitssinnes. Erstveröff.: Int. Zeitschrift für ärztliche Psychoanalyse, Bd. I, Nr. 2. Hugo Heller & Cie, Leipzig und Wien, 124-138

-       (1913k): Ein kleiner Hahnemann. Erstveröff.: Int. Zeitschrift für ärztliche Psychoanalyse, Bd. I, Nr. 3. Bausteine zur Psychoanalyse, II. Bd.: Praxis. Int. psychoanalytischer Verlag Leipzig/ Wien/ Zürich 1927, 185-195

- (1916-17): Über zwei Typen der Kriegsneurose. Erstausgabe: Int. Zeitschrift für ärztliche Psychoanalyse, Bd. 4, Nr. 21. Hugo Heller & Cie, Leipzig und Wien, 131-145
- (1916 [1919]): Über Pathoneurosen. In: (ders.): Hysterie und Pathoneurosen. Int. Psychoanalytischer Verlag. Leipzig und Wien, 3-15
- (1924e): Versuch einer Genitaltheorie. In: (ders.): Schriften zur Psychoanalyse Bd. II. Hrsg. von Michael Bálint. Fischer Taschenbuch Verlag, Frankfurt a. M. 1982, 317-400

FINK, Bruce (1997): A Clinical Introduction to Lacanian Psychoanalysis, Theory and Technique. Harvard Univ. Press, Cambridge, London. Eine klinische Einführung in die Lacansche Psychoanalyse. Theorie und Technik. Dt. Übersetzung: Erik M. Vogt. Verlag Turia+Kant, Wien, 2005

FRANKLIN, Tamara B., RUSSIG, Holger, WEISS, Isabelle C., GRÄFF, Johannes, LINDER, Natacha, MICHALON, Aubin, VIZI, Sandor, MANSUI, Isabelle M. (2010): Epigenetic Transmission of the Impact of Early Stress Across Generations. Biological Psychiatry Vol. 68, Issue 5, 408-415

FRAZER, James George (1890): The Golden Bough. A Study in Magic and Religion. Abridged ed. Macmillan, New York, 1922

FREUD, Sigmund (Werkausgaben)
- (1882a): Über den Bau der Nervenfasern und Nervenzellen beim Flußkrebs. Sitzungsbericht der Akad. Wiss. Wien (Math.-Naturwiss. Kl.), 3. Abt., Bd. 85 (1882), 9-46
- (1884e): Über Coca. Erstveröff.: Zentralblatt für die gesamte Therapie, Bd. 2, 289-314
- (1884f): Die Struktur der Elemente des Nervensystems. Jahrbücher für Psychiatrie, Bd. 5. 1884, 221-229
- (1895f): Zur Kritik der „Angstneurose". Erstveröff.: Wiener Klinische Rundschau, 1895. G. W., Bd. I, 355-376
- (1891b): Zur Auffassung der Aphasien. Eine kritische Studie. Mit 10 Holzschnitten im Texte. Franz Deuticke, Leipzig, Wien
- (1893f): Charcot. Erstveröff.: Wiener Medizinische Wochenschrift Nr. 37, 1893. G. W., Bd. I, 19-35
- (1895f): Zur Kritik der „Angstneurose". Erstveröff.: Wiener Klinische Rundschau. G. W., Bd. I, 355-376
- (1896b): Weitere Bemerkungen über die Abwehr- Neuropsychosen. In: Neurologisches Zentralblatt, Bd. 15, 434-448. G. W., Bd. I, 377-403
- (1896c): Zur Ätiologie der Hysterie. Erstveröff.: Wiener Klinische Rundschau, Nr. 22-26 (1896), nach einem Vortrag im Verein für Psychiatrie und Neurologie in Wien am 2. Mai 1896. G. W., Bd. I, 423-459
- (1898a): Die Sexualität in der Ätiologie der Neurosen. Erstveröff.: Wiener Klinische Rundschau. Nr. 2, 4, 5, 7. 1898. G. W., Bd. I, 489-516
- (1900a): Die Traumdeutung. Über den Traum. Erstveröff.: Franz Deuticke, Leipzig und Wien. G.W., Bd. II-III
- (1900a): Die Traumdeutung. Studienausgabe, Bd. II. Elfte, Korr. Aufl. S. Fischer Verlag, Frankfurt a. M. 2001
- (1901b): Zur Psychopathologie des Alltagslebens. Über Vergessen, Versprechen, Vergreifen, Aberglaube und Irrtum. Erstveröff.: Monatsschrift für Psychiatrie und Neurologie, Bd. X, Heft 1 und 2. G.W., Bd. IV, 1-130
- (1904e): Professor S. Hammerschlag [Nachruf]. „Neue Freie Presse" (Morgenblatt), 11. Nov. 1904, S. 8. G.W., NB., 733f.
- (1905c): Der Witz und seine Beziehung zum Unbewußten. Erstveröff.: Franz Deuticke, Wien. G.W., Bd. VI, 1-269
- (1905d): Drei Abhandlungen zur Sexualtheorie. Erstveröff.: Franz Deuticke, Wien. 2. Aufl. 1910, 3. Aufl. 1915, 4. Aufl. 1920. 5. Aufl. 1922. 6., durchgesehene Aufl. 1925. G.W., Bd. V, 27-145
- (1905e [1901]): Bruchstück einer Hysterie-Analyse. [„Dora"]. Erstveröff.: Monatsschrift für Psychiatrie und Neurologie. Hrsg. von C. Wernicke und Th. Ziehen. Bd. XXVIII, Heft 4, 1905. G. W., Bd. V, 161-286

- (1906a [1922]): Meine Ansichten über die Rolle der Sexualität in der Ätiologie der Neurosen. Erstveröff. in Löwenfeld: Sexualleben und Nervenleiden. G.W., Bd. V, S. 147-159. G. W., Bd. V, 147-159
- (1907a): Der Wahn und die Träume in Wilhelm Jensens „Gradiva". Erstveröff.: Schriften zur angewandten Seelenkunde. 1. Heft. Hugo Heller & Co., Wien 1907. G. W., Bd. VII, 29-125
- (1907b): Zwangshandlungen und Religionsübungen. Erstveröff.: Zeitschrift für Religionspsychologie. Hrsg. von Bresler u. Vorbrodt, Bd. I, Heft 1, 1907. G. W., Bd. VII, 127-139
- (1909b): Analyse der Phobie eines fünfjährigen Knaben [„Kleiner Hans"]. Erstveröff.: Jahrbuch für psychoanalytische und psychopathologische Forschungen. Bd. I, Franz Deuticke, Leipzig, Wien1909. G. W., Bd. VII, 241-377
- (1909d): Bemerkungen über einen Fall von Zwangsneurose. Erstveröff.: Jahrbuch für psychoanalytische und psychopathologische Forschungen, Bd. I. Franz Deuticke, Leipzig und Wien. G. W., Bd. VIII, 317-320
- (1910a): Über Psychoanalyse. Erstveröff.: Franz Deuticke, Leipzig, Wien. G. W., Bd. VIII, 1-60
- (1910c): Eine Kindheitserinnerung des Leonardo da Vinci. Erstveröff.: Schriften zur angewandten Seelenkunde. Heft VII. Franz Deuticke, Leipzig, Wien. G. W., Bd. VIII, 127-211
- (1910e): Über den Gegensinn der Urworte. Erstveröff.: Jahrbuch für psychoanalytische und psychopathologische Forschungen. Bd. II. Franz Deuticke, Leipzig, Wien. G. W., Bd. VIII, 213-221
- (1910f): Brief an Dr. Friedrich Salomo Krauss über die Anthropophyteia. Anthropophyteia. Jahrbuch für folkloristische Erhebungen und Forschungen zur Entwicklungsgeschichte der geschlechtlichen Moral. 1910. G. W., Bd. VIII, 223-225
- (1910h): Über einen besonderen Typus der Objektwahl beim Manne. Beitrag I im Jahrbuch für psychoanalytische und psychopathologische Forschungen. Bd. II. Franz Deuticke, Leipzig, Wien 1910. G. W., Bd. VIII, 65-77
- (1911c [1910]): Psychoanalytische Bemerkungen über einen autobiographisch beschriebenen Fall von Paranoia (Dementia paranoides) [Schreber]. Erstveröff.: Jahrbuch für psychoanalytische und psychopathologische Forschungen. Bd. III. Franz Deuticke, Leipzig, Wien 1911. G. W., Bd. VIII, 239-320
- (1912a [1911]): Nachtrag. Psychoanalytische Bemerkungen über einen autographisch beschriebenen Fall von Paranoia (Dementia paranoides). Erstveröff.: Jahrbuch für psychoanalytische und psychopathologische Forschungen, Bd. III. Franz Deuticke, Leipzig, Wien 1912. G. W., Bd. VIII, 317-320
- (1912b): Zur Dynamik der Übertragung. Erstveröff.: Zentralblatt für Psychoanalyse. Bd. 2, Verlag Bergmann, Wiesbaden 1912. G. W., Bd. VIII, 363-374
- (1912i): Einleitungspasage zu „Über einige Übereinstimmungen im Seelenleben der Wilden und der Neurotiker". Erstveröff.: Imago. Teil I: Bd. 1. 1912, S. 17-18. G. W., NB, 743-745
- (1912-13a): Totem und Tabu. Einige Übereinstimmungen im Seelenleben der Wilden und der Neurotiker. Hugo Heller & Cie., Wien 1913. G. W., Bd. IX, 1-194
- (1913i): Die Disposition zur Zwangsneurose. Ein Beitrag zum Problem der Neurosenwahl. Erstveröff.: Int. Zeitschrift für ärztliche Psychoanalyse (Vortrag auf dem psychoanalytischen Kongress in München), Bd. I. G.W., Bd. VIII, 441-452
- (1913j): Das Interesse an der Psychoanalyse. Erstveröff.: Scientia. 7. Jhrg., Bologna 1913. G. W. Bd. VIII, 389-420
- (1914c): Zur Einführung des Narzißmus. Erstveröff.: Jahrbuch für psychoanalytische und psychopathologische Forschungen, Bd. VI. Franz Deuticke, Leipzig, Wien. G.W., Bd. X, 137-170

- (1914d): Zur Geschichte der psychoanalytischen Bewegung. Erstveröff.: Jahrbuch für psychoanalytische und psychopathologische Forschungen, Bd. VI. Franz Deuticke, Leipzig, Wien 1914. G. W. Bd. X, 43-113

- (1915b): Zeitgemäßes über Krieg und Tod. Erstveröff.: Imago. Bd. IV. 1915. G.W., Bd. X, 323-355

- (1915c): Triebe und Triebschicksale. Erstveröff.: Zeitschrift für Psychoanalyse. Bd. II. G. W., Bd. X, 209-232

- (1915d): Die Verdrängung. Erstveröff.: Zeitschrift für Psychoanalyse. Bd. III. G. W., Bd. X, 247-261

- (1915e): Das Unbewußte. Erstveröff.: Zeitschrift für Psychoanalyse. Bd. III. G. W., Bd. X, 263-303

- (1915f): Mitteilung eines der psychoanalytischen Theorie widersprechenden Falles von Paranoia. Erstveröffntlichung: Zeitschrift für Psychoanalyse. Bd. III. 1915. G. W., Bd. X, 233-246

- (1915i): Wir und der Tod. Zweimonats- Bericht für die Mitglieder der österreichisch-israelischen Humanitätsvereine B'nai B'rith. Bd. 18, Nr. 1, 41-51

- (1916-17a): Vorlesungen zur Einführung in die Psychoanalyse. In 3 Teilen. Hugo Heller & Cie., Leipzig und Wien. 1. Teil 1916, 2. und 3. Teil 1917. G.W., Bd. XI, 1-482

- (1916-17g): Trauer und Melancholie. Erstveröff.: Zeitschrift für Psychoanalyse, Bd. IV. G. W., Bd. X, 427-446

- (1917a): Eine Schwierigkeit der Psychoanalyse. Erstveröff.: Imago. Bd. V., 1917. G. W., Bd. XII, 1-12

- (1917d [1915]): Metapsychologische Ergänzung zur Traumlehre. Erstveröff.: Zeitschrift für Psychoanalyse. Bd. IV 1916/ 17. G. W., Bd. X, 411-426

- (1918a): Das Tabu der Virginität. Beiträge zur Psychologie des Liebeslebens III. G. W., Bd. VIII, 161-180

- (1918b): Aus der Geschichte einer infantilen Neurose [„Der Wolfsmann"]. Erstveröff.: Sammlung kleiner Schriften zur Neurosenlehre. Hugo Heller, Leipzig, Wien. G.W., Bd. XII, 27-157

- (1919e): Ein Kind wird geschlagen. Erstveröff.: Int. Zeitschrift für ärztliche Psychoanalyse. Bd. V, 1919. G. W., Bd. XII, 195-226

- (1919h): Das Unheimliche. Erstveröff.: Imago, Bd. V, 1919. G. W., Bd. XII, 227-268

- (1920c): Zur Vorgeschichte der analytischen Technik. Erstveröff.: Int. Zeitschrift für Psychoanalyse, Bd. VI. G.W., Bd. XII, 307-312

- (1920g): Jenseits des Lustprinzips. Erstveröff.: Int. Psychoanalytischer Verlag, Leipzig, Wien, Zürich. G.W., Bd. XIII, 1-69

- (1920g [1922]): Beyond the Pleasure Principle. Authorized translation from the 2nd German edition by C. J. M. Hubback. The International Psycho- Analytical Library No. 4. Edited by Ernest Jones. The International Psycho- Analytical Press, London Vienna

- (1921c): Massenpsychologie und Ich-Analyse. Erstveröff.: Int. Psychoanalytischer Verlag, Leipzig, Wien, Zürich. G.W., Bd. XIII, 71-161

- (1923a): „Psychoanalyse" und „Libidotheorie". Erstveröff. in: Marcuse, Max (Hrsg.): Handwörterbuch der Sexualwissenschaften. Marcuse & Weber, Bonn. G.W., Bd. XIII, 209-233

- (1923b): Das Ich und das Es. Erstveröff.: Int. Psychoanalytischer Verlag Leipzig, Wien, Zürich 1923. G.W., Bd. XIII, 235-289

- (1923d): Eine Teufelsneurose im siebzehnten Jahrhundert. Erstveröff.: Imago, Bd. IX. 1923. G. W., Bd. XIII, 313-352

- (1924b): Neurose und Psychose. Erstveröff.: Int. Zeitschrift für Psychoanalyse. Bd. X, 1924. G. W., Bd. XIII, 385-391

- (1924c): Das ökonomische Problem des Masochismus. Erstveröff.: Int. Zeitschrift für Psychoanalyse. Bd. X, 1924. G. W., Bd. XIII, 369-383

- (1924d): Der Untergang des Ödipuskomplexes. Erstveröff.: Int. Zeitschrift für Psychoanalyse. Bd. X. 1924. G. W., Bd. XIII, 393-402

- (1924e): Der Realitätsverlust bei Neurose und Psychose. Int. Zeitschrift für Psychoanalyse. Bd. X, 1924. G. W., Bd. XIII, 361-368
- (1924f): Kurzer Abriss der Psychoanalyse. Erstveröff. unter dem Titel: „These eventful years. The twentieth century in the making, as told by many of its makers". Als Kapitel LXXIII, übers. v. A. A. Brill. Verlag Encyclopædia Britannica, London, New York. G.W., Bd. XIII, 403-427
- (1925d): Selbstdarstellung. Erstveröff. in: Prof. Dr. L. R. Grote (Hrsg.): Die Medizin der Gegenwart in Selbstdarstellungen, IV. Bd. Verlag Felix Meiner, Leipzig. G.W., Bd. XIV, 31-96
- (1925d [1936]): Selbstdarstellung. Zweite durchgesehene und erweiterte Aufl. Int. Psychoanalytischer Verlag Wien, 1936
- (1926d): Hemmung, Symptom und Angst. Erstveröff.: Int. Psychoanalytischer Verlag, Leipzig, Wien, Zürich. G.W., Bd. XIV, 111-205
- (1926e): Die Frage der Laienanalyse. Unterredungen mit einem Unparteiischen. Erstveröff.: Int. Psychoanalytischer Verlag, Leipzig, Wien, Zürich. G.W., Bd. XIV, 207-296
- (1927a): Nachwort zur Frage der Laienanalyse. Erstveröff.: Int. Zeitschrift für Psychoanalyse, XIII. Jg, Heft 2 und 3. G. W., Bd. XIV, 287-296
- (1927c): Die Zukunft einer Illusion. Int. Psychoanalytischer Verlag, Leipzig, Wien, Zürich 1927. G. W., Bd. XIV, 323-380
- (1929a): Ernest Jones zum 50. Geburtstag. Erstveröff.: Int. Zeitschrift für Psychoanalyse. Bd. XV, 1929. G. W., Bd. XIV, 554-555
- (1930a): Das Unbehagen in der Kultur. Erstveröff.: Int. Psychoanalytischer Verlag, Leipzig, Wien, Zürich 1930. G. W., Bd. XIV, 419-506
- (1930e): Goethe-Preis 1930. Erstveröff.: Psychoanalytische Bewegung Bd. II, 1930. G. W., Bd. XIV, 543-550
- (1931d): Das Fakultätsgutachten im Prozess Halsmann. Erstveröff.: Psychoanalytische Bewegung, Bd. III. G. W., Bd. XIV, 539-542
- (1932b): Geleitwort zu Hermann Nunbergs „Allgemeine Neurosenlehre auf psychoanalytischer Grundlage". Erstveröff.: Hans Huber, Bern 1932. G. W., Bd. XVI, 273
- (1933a): Neue Vorlesungen zur Einführung in die Psychoanalyse. Erstveröff.: Int. Psychoanalytischer Verlag. Leipzig, Wien, Zürich 1933. G. W., Bd. XV, 1-197
- (1933b): „Warum Krieg?", „Pourquoi la guerre?", „Why war?" (Dt., Frz. Engl.). Correspondance, Open letters. 2. Bd. Institut International de Coopération Intellectuelle, Paris. G. W., Bd. XVI, 11, 13-27
- (1933d): Sándor Ferenczi †. Erstveröff.: Int. Zeitschrift für Psychoanalyse. Bd. 19. G. W., Bd. XVI, 267-269
- (1935a): Nachschrift 1935 [zur Selbstdarstellung]. Erstveröff.: Almanach der Psychoanalyse. Int. Psychoanalytischer Verlag, Leipzig, Wien, Zürich 1936. G. W., Bd. XVI, 31-34
- (1937c): Die endliche und die unendliche Analyse. Erstveröff.: Int. Zeitschrift für Psychoanalyse, Bd. 23. G. W., Bd. XVI, 57-99
- (1938b): Some elementary lessons in Psychoanalysis. Erstveröff.: aus dem Nachlaß (teilw.): Int. Zeitschrift für Psychoanalyse. Imago, Bd. XXV, Heft 1, 1940. G. W. Bd. XVII, 139-147
- (1939a): Der Mann Moses und die monotheistische Religion. Erstveröff.: I. Abhdl. in Imago, Bd. 23, Heft 1, 1937. II. Abhdl. in Imago, Bd. 23, Heft 4, 1937. G. W., Bd. XVI, 101-246
- (1940a [1938]): Abriß der Psychoanalyse. G. W., Bd. XVII, 64-138
- (1941f [1938]): Ergebnisse, Ideen, Probleme. G. W., Bd. XVII, 149-152
- (1950a [1895]): Entwurf einer Psychologie. Aus dem Nachlaß veröffentlichtes titelloses Manuskript. In: Aus den Anfängen der Psychoanalyse. Briefe an Wilhelm Fließ. Abhandlungen und Notizen aus den Jahren 1887-1902. Hrsg. von Marie Bonaparte, Anna Freud und Ernst Kris, London. Korr. Nachdruck. S. Fischer, Frankfurt. a. M. 1975, 297-384

- (1985 [1915]): Übersicht der Übertragungsneurosen. Entwurf der zwölften metapsychologischen Abhandlung von 1915. Ed. von Ilse Grubrich-Simitis. G. W., NB, 627-651

FREUD, Sigmund (Briefausgaben)
- Briefe 1873-1939. Ausgewählt und herausgegeben von Ernst und Lucie Freud. Dritte, Korr. Aufl. S. Fischer, Frankfurt a. M. 1968, 1980
- Sigmund Freud. Unser Herz zeigt nach dem Süden. Reisbriefe 1895-1923. Hrsg. von Christfried Tögel unter Mitarbeit von Michael Molnar. Zweite Aufl. Aufbau Taschenbuch Verlag, Berlin 2002
- The complete Letters of Sigmund Freud to Wilhelm Fliess 1887-1904. Ed. by Jeffrey Moussaieff Masson. The Belknap Press of Harvard Univ. Press, Cambridge, Massachusetts and London, England, 1985. Briefe an Wilhelm Fließ 1887-1904. Bearbeitung der dt. Fassung: Michael Schröter. Transkriptionen von Gerhard Fichtner. Ungekürzte Ausgabe. Zweite Aufl. S. Fischer, Frankfurt a. M. 1999
- Sigmund Freud- Karl Abraham: Briefe 1907-1926. Hrsg. von Hilda C. Abraham und Ernst L. Freud. S. Fischer, Frankfurt a. M. 1965
- Sigmund Freud- C. G. Jung: Briefwechsel. Hrsg. von William McGuire und Wolfgang Sauerländer. S. Fischer, Frankfurt a. M. 1984
- Sigmund Freud- Sándor Ferenczi: Briefwechsel. Bd. II/ 1: 1914-1916. Hrsg. von Ernst Falzeder und Eva Brabant. Unter Mitarbeit von Patrizia Giampieri-Deutsch. Wiss. Leitung: André Haynal. Transkription von Ingeborg Meyer-Palmedo. Böhlau Verlag Wien Köln Weimar 1996
- Sigmund Freud- Sándor Ferenczi: Briefwechsel. Bd. II/ 2: 1917-1919. Hrsg. von Ernst Falzeder. Unter Mitarbeit von Patrizia Giampieri- Deutsch. Wiss. Leitung: André Haynal. Transkription von Ingeborg Meyer- Palmedo. Böhlau, Wien Köln Weimar 1996
- Sigmund Freud- Arnold Zweig: Briefwechsel. Hrsg. von Ernst L. Freud. S. Fischer, Frankfurt a. M. 1968
- Sigmund Freud/ Martha Bernays: Sei mein, wie ich mir's denke. Die Brautbriefe, Bd. 1. Hrsg. v. Gerhard Fichtner, Ilse Grubrich-Simitis und Albrecht Hirschmüller. S. Fischer, Frankfurt a. M. 2011

FREUD- MARLÉ, Lilly (2006): Mein Onkel Sigmund Freud. Erinnerungen an eine große Familie. Christfried Tögel (Hrsg). Aufbau Verlag, Berlin

GAY, Peter (1988): Freud: A Life for Our Time. W. W. Norton, New York. Freud. Eine Biographie für unsere Zeit. Dt. Übersetzung: Joachim A. Frank. Ungekürzte Neuausgabe. Dritte Aufl. Fischer Taschenbuch Verlag, Frankfurt a. M. 2006
- (2001): Review: „Freud: Darkness in the Midst of Vision" by Louis Breger (2000). In: Journal of the American Psychoanalytic Association 49: (3), 1073-1076

GOETHE, Johann W. v.: (1783): Die Natur. Fragment. Aus dem „Tiefurter Journal" 1783. In: Erich Trunz (Hrsg.): J. W. v. Goethe. Hamburger Ausgabe in 14 Bänden, Bd. 13. Naturwissenschaftliche Schriften I. 13. Aufl. 2002. C. H. Beck, München, 48
- (1795): Betrachtung über Morphologie. Aus: Nachschriften und Sammlungen. In: Erich Trunz (Hrsg.): J. W. v. Goethe. Hamburger Ausgabe in 14 Bänden, Bd. 13. Naturwis-senschaftliche Schriften I. 13. Aufl. 2002. C. H. Beck, München, 120-127
- (1808): Faust. Eine Tragödie. Erster Teil. In: Erich Trunz (Hrsg.): J. W. v. Goethe. Hamburger Ausgabe in 14 Bänden, Bd. 3. Dramen I. 15., durchgesehene Aufl. 1993. C. H. Beck, München, 7-364
- (1817/20): Meteore des literarischen Himmels. In: Goethe's Werke. Vollständige Ausgabe letzter Hand. Fünfzigster Band. J.G. Cottas'che Buchhandlung. Stuttgart und Tübingen, 1833
- (1820): Urworte. Orphisch. In: Erich Trunz (Hrsg.): J. W. v. Goethe. Hamburger Ausgabe in 14 Bänden, Bd. 1. Geschichten und Epen I. 15., durchgesehene Aufl. 1993. C. H. Beck, München, 403-407
- (1828): Erläuterung zu dem aphoristischen Aufsatz „Die Natur". Goethe an den Kanzler v. Müller. In: Erich Trunz (Hrsg.): J. W. v. Goethe. Hamburger Ausgabe in 14 Bänden, Bd. 13. Naturwissenschaftliche Schriften I. 13. Aufl. 2002. C. H. Beck, München, 48f.

\-   (1833): Maximen und Reflexionen. In: Erich Trunz (Hrsg.): J. W. v. Goethe. Hamburger Ausgabe in 14 Bänden, Bd. 12. Kunst und Literatur. 12., durchgesehene Aufl. 1994

GOMPERZ, Theodor (1922): Griechische Denker. Eine Geschichte der antiken Philosophie. Bd. I-III. Vierte Aufl. Nachdruck der Ausgabe 1922. De Gruyter, Berlin 1973

GOULD, Stephen Jay (1977): Ontogeny and Phylogeny. Harvard Univ. Press, Boston

\-   (2003): Freud's Evolutionary Fantasy. In: I have landed. Splashes and Reflections in Natural History. Vintage, Random House Group London, Australia, New Zealand, South Africa, 147-158

GRODDECK, Georg (1923): Das Buch vom Es. Psychoanalytische Briefe an eine Freundin. Int. Psychoanalytischer Verlag, Leipzig/ Wien/ Zürich

GRUBRICH-SIMITIS, Ilse (1971): Freuds Lebensgeschichte und die Anfänge der Psychoanalyse. Einleitung zu Sigmund Freud: Selbstdarstellung. Schriften zur Geschichte der Psychoanalyse. Ilse Grubrich-Simitis (Hrsg.). S. Fischer, Frankfurt a. M

\-   (1987): Trauma oder Trieb- Trieb und Trauma. Lektionen aus Sigmund Freuds phylogenetischer Phantasie von 1915. Psyche, Bd. LXI, 992-1023

\-   (1993): Zurück zu Freuds Texten. Stumme Dokumente sprechen machen. S. Fischer, Frankfurt a. M.

HAECKEL, Ernst (1866): Generelle Morphologie der Organismen. Allgemeine Grundzüge der organischen Formen-Wissenschaft, mechanisch begründet durch die von Charles Darwin reformierte Descendenz-Theorie. Zweiter Bd.: Allgemeine Entwickelungsgeschichte der Organismen. Georg Reimer, Berlin

\-   (1868): Natürliche Schöpfungsgeschichte. Gemeinverständliche wissenschaftliche Vorträge über die Entwickelungslehre im allgemeinen und diejenige von Darwin, Goethe und Lamarck im besonderen. Elfte verbesserte Aufl. 1911. Georg Reimer, Berlin

\-   (1874): Anthropogenie oder Entwickelungsgeschichte des Menschen. Keimes- und Stammesgeschichte. Vierte, umgearbeitete und vermehrte Aufl. Erster Theil. Keimesgeschichte oder Ontogenie. Wilhelm Engelmann, Leipzig, 1891

\-   (1883): Indische Reisebriefe. Erste Aufl. Gebr. Paetel, Berlin

\-   (1906): Prinzipien der Generellen Morphologie der Organismen. Wörtlicher Abdruck eines Teiles der 1865 erschienenen Generellen Morphologie (Allgemeine Grundzüge der organischen Formen-Wissenschaft mechanisch begründet durch die von Charles Darwin reformierte Descendenz-Theorie). Georg Reimer, Berlin

\-   (1909): Das Weltbild von Darwin und Lamarck. Festrede zur hundertjährigen Geburtstagfeier von Charles Darwin am 12. Februar 1909 gehalten im Volkshause zu Jena von Ernst Haeckel. Zweite Aufl. Alfred Kröner, Leipzig

HARTMANN, Heinz (1956): Die Entwicklung des Ich-Begriffes bei Freud. In: Ich-Psychologie. Studien zu psychoanalytischen Theorie. Klett, Stuttgart 1972, 261-287

HELLER, Agnes (1977): Aufklärung und Radikalismus. Kritik der psychologischen Anthropologie Erich Fromms. Zuerst veröffentlicht in: A. Heller, Instinkt, Aggression, Charakter. Einleitung zu einer marxistischen Sozialanthropologie. Verlag für das Studium der Arbeiterbewegung, Hamburg/ Berlin 1977, S. 7-53. Wiederabgedruckt in: A. Reif (Hg), Erich Fromm, Materialien zu seinem Werk. Eurpaverlag, Wien 1978, 162-213

HEMECKER, Wilhelm W. (1991): Vor Freud. Philosophiegeschichtliche Voraussetzungen der Psychoanalyse. Philosophia, München; Hamden; Wien

HEISENBERG, Werner (1967): Das Naturbild Goethes und die technisch- naturwissenschaftliche Welt. In: Andreas B. Wachsmuth (Hrsg.): Jahrbuch der Goethe-Gesellschaft, 29. Band. Weimar 1967

HIRSCHMÜLLER, Albrecht (1978): Physiologie und Psychoanalyse in Leben und Werk Josef Breuers. Jahrbuch der Psychoanalyse/ Beiheft 4. Hans Huber, Tübingen

HITSCHMANN, Eduard (1932): Psychoanalytisches zur Persönlichkeit Goethes. Vortrag, gehalten am 11. Januar 1930 im Wiener Goethe- Verein. Int. Psychoanalyt. Verl., Wien

HOLT, Robert (1982): The Manifest and Latent Meanings of Metapsychology. Annual of Psychoanalysis 10, 233-255

HYMAN, Edgar S. (1954): Freud and Boas: Secular Rabbis? Commentary Bd. 17, Nr. 3, 264-267

JABLONKA, Eva & LAMB, Marion J. (2005): Evolution in Four Dimensions Genetic, Epigenetic, Behavioral and Symbolic Variation in the History of Life. With Illustrations by Anna Zeligowski. MIT Press, Cambridge

JACKSON, John Hughlings (1878): On Affections of Speech from Diseases of the Brain I. In: Selected Writings of John Hughlings Jackson, Vol. 1. J. Taylor (ed.). Basic Books, New York (1958)

JONES, Ernest (1953-1957): The Life and Work of Sigmund Freud. Vol I-III. Dt. Übersetzung: Katherine Jones (Vol. I, II) und Gertrud Meili- Dworetzki (Vol. II, III). Sigmund Freud. Leben und Werk, Bd. I-III. DTV, München, 1984

- (1913): Papers on Psycho-Analysis. Baillière, Tindall & Cox, London

JUNG, Carl Gustav (1911): Wandlungen und Symbole der Libido. Jahrbuch für psychoanalytische und psychopathologische Forschungen. III. Bd, I. Hälfte. Franz Deuticke, Leipzig und Wien, 120-227

- (1917): Die Psychologie der unbewußten Prozesse. Rascher, Zürich

KANDEL, Eric R. (2012): The Age of Insight: The Quest to Understand the Unconscious in Art, Mind, and Brain, from Vienna 1900 to the Present. Random House, New York

KANT, Immanuel (1798): Anthropologie in pragmatischer Hinsicht. Zweyte, verbesserte Aufl. Friedrich Nicolovius, Königsberg, 1800

KARPINSKA, Luise (1914): Über die psychologischen Grundlagen des Freudismus. Int. Zeitschrift für Psychoanalyse 1914, Heft 2, 305-326

KITCHER, Patricia (1992): Freud's Dream: A Complete Interdisciplinary Science of Mind. First MIT Press Paperback edition, Massachusetts Institute of Technology, 1995

KITCHER, Patricia & WILKES, Kathleen V. (1988): What Is Freud's Metapsychology? Proceedings of the Aristotelian Society, Supplementary Volumes, Vol. 62 (1988), published by Blackwell Publishing on behalf of The Aristotelian Society, 101-115

KRAUSS, Friedrich S. (1911b): Besprechung: Zentralblatt für Psychoanalyse. Anthropophyteia VIII, 486-489

- (1912a): Besprechung: W. Stekel, Störungen des Trieb- und Affektlebens. Anthropophyteia IX, 567-570

- (1912b): Besprechung: S. Freud, Die Traumdeutung. 3. Aufl. Anthropophyteia IX, 570-573

KRÜLL, Marianne (1979): Freud und sein Vater – Die Entstehung der Psychoanalyse und Freuds ungelöste Vaterbindung. Erstveröff.: C. H. Beck-Verlag, München. Neuaufl: Psychosozial-Verlag, Gießen, 2004

KUBIK, Gerhard (1994): Ethnicity, cultural identity and the psychology of culture contact. In: Gerard H. Béhauge (ed.): Music and Black ethnicity. The Carribean and South Africa. Transaction Publishers, New Brunswick, 17-46

- (2003): Zur ontogenetischen Basis der Inzestscheu. Ein kulturvergleichender Ansatz. Studien zur Ethnopsychologie und Ethnopsychoanalyse Bd. 3. LIT-Verlag, Münster

- (2004): Totemismus. Ethnopsychoanalytische Forschungsmaterialien und Interpretationen aus Ost- und Zentralafrika, 1962-2002. Studien zur Ethnopsychologie und Ethnopsychoanalyse Bd. 2. LIT-Verlag, Münster

- (2007): „Floating" – eine ethnopsychoanalytische Feldforschungstechnik. Österreichische Zeitschrift für Volkskunde Bd. LXI/ 110, Wien

LAMARCK, Jean (1809): Philosophie zoologique, ou, Exposition des considérations relative à l'histoire naturelle des animaux. Dentu, Paris. Zoologische Philosophie. Übersetzung und Einleitung: Heinrich Schmidt. Mit einem Anhang: Das phylogenetische System der Thiere nach Haeckel. Alfred Kröner, Leipzig 1909 (Kröners Volksausgabe)

LANGE-EICHBAUM, Wilhelm & KURTH, Wolfram (1989): Genie, Irrsinn und Ruhm. Bd. 7: Die Philosophen und Denker. Siebente, von Wolfgang Ritter neubearbeitete Aufl. Ernst Reinhardt Verlag, München, Basel

LAPLANCHE, Jean & PONTALIS, Jean- Bertrand (1967): Vocabulaire de la Psychanalyse. © Presses Universitaires de France 1967 Paris. Das Vokabular der Psychoanalyse. Dt. Übersetzung: Emma Moersch. Erste Aufl. Suhrkamp Taschenbuch Wissenschaft 7, Frankfurt a. M. 1973

LEHRS, Karl (1856): Populäre Aufsätze aus dem Alterthum, vorzugsweise zur Ethik und Religion der Griechen. B. G. Teubner, Leipzig

LE RIDER, Jaques (2002): Freud – von der Akropolis zum Sinai. Die Rückwendung zur Antike in der Wiener Moderne. Passagen Verlag, Wien

LIPPS, Theodor (1898): Komik und Humor. Voss, Hamburg und Leipzig

LOHMANN, Hans-Martin (2006): Sigmund Freud. Neuausgabe. Rowohlt Taschenbuch Verlag, Reinbek bei Hamburg

MAHONY, Patrick J. (1982): Freud as a writer. © International Univ. Press 1982, rev. ed. Yale Univ. Press 1987. Der Schriftsteller Sigmund Freud. Dt. Übersetzung: Helmut Junker. Erste Aufl. Suhrkamp, Frankfurt a. M. 1989

MALTHUS, Thomas (1798 [1826]): An Essay on the Principle of Population. 6th Edition. John Murray, London.

MANNONI, Octave (1967): Freud par lui même. © Éditions du Seuil, Paris. Freud. Dt. Übersetzung: Susanne Schöttmer. Fünfte Aufl. Rowohlt Taschenbuch Verlag, Reinbek bei Hamburg 1974

MAYR, Ernst (1984): Die Entwicklung der biologischen Gedankenwelt. Vielfalt, Evolution und Vererbung. Nachdruck der Aufl. von 1984. Springer Verlag Berlin Heidelberg New York 2002

MEANEY, Michael J. (2010): Epigenetics and the Biological Definition of Gene and Environment Interactions. In: Child Development, 81, Issue 1, pp. 41-79, Jan/Feb 2010

MENDELSSOHN, Felix de (2006): Die jüdische Tradition in Freuds Werk. In (ders.): Die Gegenbewegung der Engel. Psychoanalytische Schriften zu Kunst und Gesellschaft. Sigmund Freud Privatuniversitätsverlag, Wien, 2010

MEYHÖFER, Annette (2006): Eine Wissenschaft des Träumens. Sigmund Freud und seine Zeit. Knaus Verlag/ Random House, München

MEYNERT, Theodor (1884): Psychiatrie. Klinik der Erkrankungen des Vorderhirns; begründet auf dessen Bau, Leistungen und Ernährung. Braumüller, Wien

MICHLER, Werner (1999): Darwinismus und Literatur. Naturwissenschaftliche und literarische Intelligenz in Österreich 1859-1914. Böhlau Verlag, Wien Köln Weimar

MÜHLLEITNER, Elke & REICHMAYR, Johannes (1992): Biographisches Lexikon der Psychoanalyse.Die Mitglieder der Psychologischen Mittwoch-Gesellschaft und der Wiener Psychoanalytischen Vereinigung 1902-1938. Brandes & Apsel, Frankfurt a. M.

NACHMANSOHN, Max (1915): Freuds Libidotheorie verglichen mit der Eroslehre Platos, Int. Zeitschrift für Psychoanalyse, III, Heft 2, S. 65-83

NITZSCHKE, Bernd (1989): Freud und Fechner. Einige Anmerkungen zu den psychoanalytischen Konzepten „Lustprinzip" und „Todestrieb". In: Nitzschke, B. (Hrsg.): Freud und die akademische Psychologie. Beiträge zu einer historischen Kontroverse. Psychologie VerlagsUnion, München, 80-96

-       (1998): Aufbruch nach Inner-Afrika. Essays über Sigmund Freud und die Wurzeln der Psychoanalyse. Vandenhoeck & Ruprecht, Göttingen

NUNBERG, Hermann (1932): Allgemeine Neurosenlehre auf psychoanalytischer Grundlage. Verlag Hans Huber, Bern

OGREN, Marilee P. & LOMBROSO, PAUL J. (2008): Epigenetics: Behavioral Influences on Gene Function, Part I. Maternal Behavior Permanently Affects Adult Behavior in Offspring. In: J. of the Am. Acad. of Child & Adolescent Psychiatry, 47: 3, pp. 240-244

PETERS, Uwe Henrik (1997): Wörterbuch der Psychiatrie und medizinischen Psychologie. Bechtermünz-Verlag, Augsburg

PFENNIG, Richard (1906): Wilhelm Fließ und seine Nachentdecker O. Weininger und H. Swoboda. Emil Goldschmidt, Berlin

PFISTER, Oskar (1921): Plato als Vorläufer der Psychoanalyse. Int. Zeitschrift für Psychoanalyse, VII, Heft 3, 264-269

POINCARÉ, Henri (1908): Science et méthode. Flammarion, Paris. Science and method. English translation by Francis Maitland, with a preface by the hon. Bertrand Russell. Nelson, London, 1914

RANK, Otto (1909): Der Mythus von der Geburt des Helden. Versuch einer psychologischen Mythendeutung. Franz Deuticke, Leipzig und Wien

- (1911): Schopenhauer über den Wahnsinn. Zentralblatt für Psychoanalyse, 1. Jahrgang, Heft 1/ 12, 69-71

- (1922): Die Don Juan- Gestalt. Ein Beitrag zum Verständnis der sozialen Funktion der Dichtkunst. Imago, Bd. VIII, 142-196

- (1924): Das Trauma der Geburt und seine Bedeutung für die Psychoanalyse. Int. Psychoanalytischer Verlag, Leipzig/ Wien/ Zürich

RAPAPORT, David (1960): The structure of psychoanalytic theory. A systematizing attempt. Psychological Issues 2, no 2, mono. International Universities Press, New York

RÉGIS, Emmanuel & HESNARD, Angelo (1922): La Psychoanalyse des névroses et des psychoses. 2e édition. Alcan, Paris

REICHMAYR, Johannes (1994): Spurensuche in der Geschichte der Psychoanalyse. Mit einem Vorwort von Paul Parin. Ungekürzte Ausgabe. Fischer, Frankfurt a. M.

- (1995): Einführung in die Ethnopsychoanalyse. Geschichte, Theorien und Methoden. Fischer Taschenbuch Verlag, Frankfurt a. M.

REIK, Theodor (1919): Probleme der Religionspsychologie, I. Teil: Das Ritual. Vorrede von Sigmund Freud. Int. Psychoanalytische Bibliothek, Nr. V. Int. Psychoanalytischer Verlag, Leipzig, Wien 1919. G. W., Bd. XII, 325-329

- (1940): From thirty years with Freud. Farrar & Rinehart, New York

RICOEUR, Paul (1969): Die Interpretation. Ein Versuch über Freud. Suhrkamp, Frankfurt a. M.

RIEKEN, Bernd; SINDELAR, Brigitte; STEPHENSON, Thomas: Psychoanalytische Individualpsychologie in Theorie und Praxis. Psychotherapie – Pädagogik – Gesellschaft. Wien, New York: Springer 2011, S. 411–415

RITVO, Lucille B. (1965): Darwin as the Source of Freud's Neo-Lamarckianism. Journal of the American Psychoanalytic Association 13: 499-517

- (1974): The Impact of Darwin on Freud. Psychoanalytic Quarterly, 43: 177-192

- (1990): Darwins Influence on Freud: A Tale of Two Sciences. Yale Univ. Press, New Haven & London

ROUDINESCO, Élisabeth & PLON, Michel (1997): Dictionnaire de la Psychanalyse. © Librairie Arthème Fayard, Paris. Wörterbuch der Psychoanalyse. Aus dem Französischen übersetzt von Christoph Eissing-Christophersen, Marion Müllerburg, Renate Nentwig, Michel Ramaharomanana, Franziska Roelcke und Michael Wiesmüller. Springer-Verlag, Wien New York 2004

RUTTER, Michael (2002): The Interplay of Nature, Nurture, and Developmental Influences. The Challenge Ahead for Mental Health. Archives of General Psychiatry, 59 : 996-1000

SALUZINSKY, Imre (1986): An Interview w. Harold Bloom. Scripsi v4, #1 July 1986, 69-88

SCHICKEDANZ, Harald (2012): Die Bedeutung der Epigenetik bei der transgenerationalen Weitergabe von (Kindheits-)Traumen und deren Folgen. In: Huber, Michaela & Plassmann, Reinhard (Hrsg.): Transgenerationale Traumatisierung. Tagungsband zur DGTD-Tagung im Sept. 2011 in Bad Mergentheim. Junfermann, Paderborn 2012, S. 71-76

SCHILLER, Friedrich v. (1781): Die Räuber. Ein Schauspiel von fünf Akten. Hrsg.v. Friedrich Schiller. Frankfurt und Leipzig 1787, 214 S.

- (1795): Die Weltweisen. Schillers Sämmtliche Werke. Erster Band. J. G. Cotta'sche Buchhandlung, Stuttgart 1879, S. 257-258

SCHOPENHAUER, Arthur (1819): Die Welt als Wille und Vorstellung. F. A. Brockhaus, Leipzig

SCHREBER, Daniel Paul (1903): Denkwürdigkeiten eines Nervenkranken, nebst Nachträgen und einem Anhang über die Frage: „Unter welchen Voraussetzungen darf eine für geisteskrank erachtete Person gegen ihren erklärten Willen in einer Heilanstalt festgehalten werden?" Mutze, Leipzig

SCHUBERT, Gotthilf Heinrich (1814): Die Symbolik des Traumes. Kunz, Bamberg

SCHULTZE, Fritz (1882): Philosophie der Naturwissenschaft. 1. Buch. Günther, Leipzig

SCHUR, Max (1972): Freud: Living and Dying. Estate of Max Schur. Sigmund Freud. Erste Auflage. suhrkamp Taschenbuch Verlag, Frankfurt a. M., 1982

SELLIN, Ernst (1922): Mose und seine Bedeutung für die israelitisch-jüdische Religionsgeschichte. A. Deichert, Leipzig und Erlangen

SMITH, William Robertson (1894): Lectures on the Religion of the Semites". First Series. The Fundamental Institutions. Adam and Charles Black, London 1894

SOLMS, Mark & TURNBULL, Oliver (2002): The Brain and the Inner World. An introduction to the neuroscience of subjective experience. Karnac/ Other Press, London. Das Gehirn und die innere Welt. Neurowisenschaft und Psychoanalyse. Dt. Übersetzung: Elisabeth Vorspohl. Patmos, Düsseldorf, 2007

SPENCER, Herbert (1865): Illustrations of Universal Progress. A series of discussions. With a note of Spencers „New System of Philosophy". D. Appleton and Company, New York

SPERBER, Hans (1912): Über den Einfluss sexueller Momente auf Enstehung und Entwicklung der Sprache. Imago, 1 (5), 405-453

SPIELREIN, Sabina (1912): Die Destruktion als Ursache des Werdens. Jahrbuch für psychoanalytische und psychopathologische Forschungen, Bd. IV/ 1. Franz Deuticke, Leipzig, Wien 1912, 465-503

STEKEL, Wilhelm (1911): Die Sprache des Traumes. Eine Darstellung der Symbolik und Deutung des Traumes in ihren Bezeihungen zur kranken und gesunden Seele, für Ärzte und Psychologen. J.F. Bergmann, Wiesbaden

STORR, Anthony (1989): Freud. Oxford Univ. Press, Oxford/ New York. Freud. Dt. Übersetzung: Johannes Vetter. Deutsche Erstausgabe. Verlag Herder/ Spektrum Meisterdenker, Freiburg im Breisgau, Basel, Wien 2004

SULLOWAY, Frank J. (1979): Freud, Biologist of the Mind. Beyond the Psychoanalytic Legend. Basic Books, New York. Paperback: Harvard Univ. Press, Cambridge, 1992

SULLY, James (1898): Handbuch der Psychologie für Lehrer. Eine Gesamtdarstellung der pädagogischen Psychologie für Lehrer und Studierende. Einzige autor. Übersetzung. Mit Erlaubnis des Verfassers nach der 4. Aufl. des Originals aus dem Englischen von Joseph Stimpfl. Verlag Ernst Wunderlich, Leipzig

TAINE, Hippolyte (1870): De l'intelligence. 2 vol. Hachette et Cie., Paris

TÖGEL, Christfried (1994): „ ... und gedenke die Wissenschaft auszubeuten". Sigmund Freuds Weg zur Psychoanalyse. edition diskord, Tübingen

- (2005): Freud für Eilige. Aufbau Taschenbuch Verlag, Berlin

TRAVERSO, Paola (2003): „Psyche ist ein griechisches Wort…". Rezeption und Wirkung der Antike im Werk von Sigmund Freud. Suhrkamp, Frankfurt a. M.

WATSON, Peter (2005): Ideas. A History of Thought and Invention, from Fire to Freud. Harper Collins, New York

WEININGER, Otto (1903): Geschlecht und Charakter. Eine prinzipielle Untersuchung. Elfte unveränderte Aufl. Braumüller, Wien und Leipzig, 1909

WITTELS, Fritz (1912): Alles um Liebe. Eine Urweltdichtung. Fleischel, Berlin

- (1924): Sigmund Freud. Der Mann, die Lehre, die Schule. E. P. Tal, Leipzig, Vienna, Zurich

ZARETSKY, Eli (2004): Secrets of the Soul. Alfred A. Knopf, New York. Freuds Jahrhundert. Die Geschichte der Psychoanalyse. Dt. Übersetzung: Klaus Binder, Bernd Leineweber. Ungekürzte Ausgabe. DTV, München 2009

ZIRKLE, Conway (1946): The Early History of the Idea of the Inheritance of Acquired Characters and Pangenesis. Transactions of the American Philosophical Society n.s. 335: 91-151

Quellen aus dem Internet (Aktualität geprüft bis 15.7.2013):

Tögel, Christfried: „Sigmund Freud – Leben und Werk: Verpflichtet sich der Biograph zur Lüge?" Vortragstext, 13. Symposion „Zur Geschichte der Psychoanalyse, Tübingen 18.-20.2.2000: www.freud-biographik.de/vorbio2.htm

Vigil in der Osternacht. Predigt von Papst Benedikt XVI. Petersdom. Ostersamstag, 23.4.2011: http://www.vatican.va/holy_father/benedict_xvi/homilies/2011/documents/hf_ben-xvi_hom_20110423_veglia-pasquale_ge.html

Persönliche Mitteilungen: Gespräch mit Heiko Lassek, 17.12.2009, Gespräch mit Peter Swales, 21.10.2010, E-Mail von Gerhard Fichtner, 5.8.2011, E-Mail von Bernd Rieken, 11.12.2012

Sonstige Quellen: CD-ROM „Freud im Kontext". Professional Edition. 1. Auflage 2010. Karsten Worm, InfoSoftWare, Berlin

Personenverzeichnis

Abbildungsverzeichnis